Guia de Tai Chi da Faculdade de Medicina de Harvard

Guia de Tai Chi da Faculdade de Medicina de Harvard

12 SEMANAS PARA TER UM CORPO SAUDÁVEL, CORAÇÃO FORTE E MENTE ALERTA

Peter M. Wayne, Ph.D.

Professor Assistente de Medicina da Faculdade de Medicina de Harvard,
Diretor de Pesquisa do Centro Osher de Medicina Integrativa do Hospital Brigham da Mulher
e da Faculdade de Medicina de Harvard

com Mark L. Fuerst

Tradução
MIRTES FRANGE DE OLIVEIRA PINHEIRO

Editora
Pensamento
SÃO PAULO

Título original: *The Harvard Medical School Guide to Tai Chi.*

Este livro foi negociado através da Ute Körner Literary Agent, S.L., Barcelona – www.uklitag.com e Book Crossing Borders, Inc., Nova York.

Texto de acordo com as novas regras ortográficas da língua portuguesa.

1ª edição 2016.

Editor: Adilson Silva Ramachandra
Editora de texto: Denise de Carvalho Rocha
Gerente editorial: Roseli de S. Ferraz
Preparação de originais: Marta Almeida de Sá
Consultoria técnica: Profª Angela Soci – Diretora da Sociedade Brasileira de Tai Chi Chuan/ Yang Chengfu Tai Chi Chuan Center – Brasil
Produção editorial: Indiara Faria Kayo
Editoração eletrônica: Fama Editora
Revisão: Nilza Agua

Dados Internacionais de Catalogação na Publicação (CIP)
(Câmara Brasileira do Livro, SP, Brasil)

Wayne, Peter M.
Guia de Tai chi da Faculdade de Medicina de Harvard : 12 semanas para ter um corpo saudável, coração forte e mente alerta / Peter M. Wayne com Mark L. Fuerst ; tradução Mirtes Frange de Oliveira Pinheiro. – São Paulo : Pensamento, 2016.

Título original: The Harvard medical school guide to tai chi
Bibliografia.
ISBN 978-85-315-1945-1

1. Saúde – Promoção 2. Tai chi – Uso terapêutico I. Fuerst, Mark L. II. Título.

16-03686 CDD-613.7148

Índices para catálogo sistemático:
1. Tai chi : Terapêutica 613.7148

Direitos de tradução para o Brasil adquiridos com exclusividade pela
EDITORA PENSAMENTO-CULTRIX LTDA., que se reserva a
propriedade literária desta tradução.
Rua Dr. Mário Vicente, 368 – 04270-000 – São Paulo – SP
Fone: (11) 2066-9000 – Fax: (11) 2066-9008
http://www.editorapensamento.com.br
E-mail: atendimento@editorapensamento.com.br
Foi feito o depósito legal.

Dedico este livro aos meus pais e à minha família, pelo seu amor, apoio e estímulo durante a elaboração deste trabalho, e a todos os meus professores e mentores, do Oriente e do Ocidente, por sua sabedoria, generosidade e inspiração.

Sumário

Prefácio

A área da saúde está em contínua mudança. Doenças antigas desaparecem ou são curadas, e surgem outras. Novas curas às vezes são acompanhadas de problemas inesperados. As expectativas pessoais e da sociedade em relação à saúde e longevidade mudam radicalmente. Hoje, os pacientes ocidentais querem mais prevenção e manutenção da saúde. Mais do que alta tecnologia, muitas pessoas hoje buscam um "toque humano". Embora muitos problemas agudos aparentemente estejam sob controle, não existem soluções suficientes para se conviver ou controlar as doenças crônicas. Novas descobertas e orientações são continuamente avaliadas.

Em parte, a busca por novas soluções implica uma reavaliação do modo como as doenças eram abordadas antes. Será que as terapias que podem fornecer respostas para novos problemas resistiram ao teste do tempo? Não há dúvida de que a popularidade e as novas pesquisas científicas sobre acupuntura e medicina ayurvédica indicam que, paralelamente à globalização, os sistemas não biomédicos são hoje vistos com outros olhos. Eu mesmo tenho ocupado um lugar privilegiado nessa perspectiva global emergente, estabelecendo vínculos entre a medicina asiática e a moderna medicina. Estava fazendo muita falta um livro que fizesse uma ponte entre a sabedoria do Tai Chi e a perspectiva científica da biomedicina. Este excepcional livro finalmente foi escrito, nitidamente no contexto de uma escola de medicina de ponta, fornecendo a plataforma necessária para unir Oriente e Ocidente.

O *Guia de Tai Chi da Faculdade de Medicina de Harvard* é um livro maravilhoso e excelente que aborda as tensões entre ciência e arte, pesquisa moderna e sabedoria tradicional, movimento e imobilidade e esforço e suavidade. Os autores escreveram um livro sobre Tai Chi que incorpora a graciosidade do Tai Chi. Ideias, descobertas, conceitos, sínteses e detalhes baseados, por exemplo, em neuroimagens cerebrais e Lao-Tzu são reunidas em uma combinação elegante e rítmica. Eles transformam o movimento do Tai Chi chamado "Mover as Mãos como Nuvens" tanto em visualização como em intuição, assim como um movimento preciso e mensurável com efeitos fisiológicos quantificáveis.

Este livro estabelece uma ligação entre tradições milenares que olham para o passado sob os olhos da ciência de ponta que continuamente repensa um novo futuro. Ele respeita tanto a sabedoria e a experiência do Oriente quanto a ciência e os experimentos do Ocidente. As diferenças tornam-se oportunidades de enxergar as conexões. Os limites são considerados apenas indicadores para se manter uma conversação em um tópico linear (ao menos por algum tempo).

O próprio Peter Wayne é a personificação dessas tensões. Acadêmico e pesquisador da área médica em Harvard – um cara simples do Brooklyn, filho de imigrantes, formado em biologia evolutiva e professor prestigiado e reverenciado de Tai Chi – ele escreveu um livro baseado em evidências que capta a poesia do Tai Chi. Este é um livro audacioso. Nele, as ideias se cruzam, as metodologias mudam e as tensões alimentam umas às outras. O Tai Chi é desmembrado em componentes terapêuticos, enquanto a ciência é usada para demonstrar a conexão entre mente e corpo e a importância da imaginação e do ritual. O mundo natural visto através da lente da evolução se conecta com as noções cosmológicas de Yin e Yang. Natureza e cultura são separadas e, ainda assim, se fundem. Da mesma forma como o livro desconhece fronteiras, você será suavemente direcionado para lugares novos e inesperados. No final, terá experimentado e vivenciado a vastidão de um poema com implicações sem limites. Ideias inspiradoras sobre quietude meditativa são contrabalançadas com informações provenientes de estudos randomizados e controlados. Ambas acompanhadas de recomendações práticas sobre como encontrar, por exemplo, um bom professor de Tai Chi.

Peter escreveu um livro que vem bem a calhar, acessível e importante para diversos públicos, que atende a muitas necessidades. Se você quer aprender e incorporar o Tai Chi à sua vida pessoal, vai achar este livro uma aventura estimulante. Se você já é um praticante experiente de Tai Chi e de práticas psicossomáticas e está interessado em compreender a relevante ciência emergente, aqui você encontrará um guia de apoio. Médicos, profissionais da área da saúde e profissionais de terapias alternativas que desejam fazer recomendações a seus pacientes encontrarão uma fonte de conhecimento. Por fim, os responsáveis pelas políticas de saúde que têm dúvidas sobre o Tai Chi encontrarão aqui as respostas para as suas perguntas.

O Capítulo 1 traz um resumo objetivo e fácil de entender sobre a história e os avanços atuais do Tai Chi. O capítulo vai além do aspecto mítico (embora aborde alguns dos mitos) e apresenta o Tai Chi como prática em constante evolução que, necessariamente, passa por mudanças quando chega ao mundo Ocidental e deve envolver ciência e pesquisas médicas.

O Capítulo 2 apresenta uma contribuição particular deste livro – a articulação daquilo que Peter chama de "Os Oito Ingredientes Ativos do Tai Chi". Com conexões com os textos clássicos de Tai Chi e a ciência moderna, o capítulo oferece uma explicação clara sobre os componentes terapêuticos do Tai Chi. Ele disseca o Tai Chi em componentes inesperados e, mesmo assim, de alguma maneira consegue recombiná-los formando um todo harmonioso. Além disso, permite que você examine o território e o estimula a fazer alguns movimentos novos.

No Capítulo 3, os oito ingredientes ativos do Tai Chi são integrados em um programa muito prático de treinamento de Tai Chi, semelhante aos programas utilizados nos estudos clínicos de Peter. Ao longo deste capítulo, é possível ouvir a voz calma e acolhedora de Peter. É como se você realmente estivesse na aula dele.

Os Capítulos 4 a 9 apresentam um resumo muito acessível e interessante das pesquisas médicas e científicas sobre Tai Chi. De forma equilibrada e objetiva, as pesquisas abrangem o que se sabe sobre o impacto do Tai Chi na saúde, desde a prevenção de quedas e fatores de risco cardiovascular até como administrar a dor crônica e a depressão. Em alguns casos, de forma criativa, Peter vai além das pesquisas sobre Tai Chi para mostrar possíveis direções futuras. No Capítulo 8, por exemplo, sua análise de estudos clínicos e fisiológicos das pesquisas sobre imagens motoras está magnificamente conectada ao conceito tradicional chinês de intenção (*yi*). Aqui, as evidências são apresentadas não propriamente para documentar o que a ciência já sabe até o presente, mas para abrir portas para novas discussões.

Nos Capítulos 10 a 14, Peter realinha e reúne todas as discussões anteriores da ciência, incorporando-as às atividades práticas do dia a dia. O Tai Chi molda as interações sociais no trabalho e em casa, assim como seus esforços criativos, inclusive nas artes e nos esportes. Por fim, ele fornece informações práticas sobre a adesão à prática regular de Tai Chi, onde encontrar cursos de Tai Chi e o que se deve procurar em um bom programa de Tai Chi.

Este livro fornece informações e mensagens vistas de diversos ângulos que, de alguma forma, são importantes para vários tipos de pessoas. E o que é mais surpreendente, Peter Wayne reúne essas perspectivas diferentes em uma única dança que é a essência do Tai Chi — um abraço do fluxo e movimento do próprio cosmos.

TED KAPTCHUK
Professor Adjunto da Faculdade de Medicina de Harvard
Autor de *The Web That Has No Weaver:*
Understanding Chinese Medicine

Agradecimentos

Este livro não seria possível sem os ensinamentos, o apoio e a contribuição de muitas pessoas, tantas que é impossível citar todas aqui.

O Centro Osher de Medicina Integrativa da Faculdade de Medicina de Harvard e o Hospital Brigham da Mulher foram uma incrível incubadora de muitas das ideias deste livro. Devo muito a meus mentores e amigos Julie Buring, Ted Kaptchuk, Sally Andrews e David Eisenberg, pelo apoio que me deram para eu fazer a transição acadêmica da biologia evolutiva para as pesquisas em medicina integrativa, por sua visão e por exemplificar e exigir os mais elevados padrões científicos; aos meus colegas e colaboradores em pesquisa, muitos teceram comentários sobre partes do livro ou contribuíram diretamente para as pesquisas originais nas quais o livro se baseia: Andrew Ahn, Gloria Yeh, Paolo Bonato, Helene Langevin, Richard Hammerschlag, William Stason, Eric Jacobson, Cathy Kerr, Brad Manor, Ge Wu, Rebecca Wells, Suzie Bertisch, Ellen Connors, Mary Anne Ryan, Andrea Hrbek, Gurjeet Birdee, Donald Levy, Rosa Schnyer, Russell Phillips, Doug Kiel, Harriet Samuelson, Adi Haramati, Steven Wolf, Jeff Hausdorff, Lew Lipsitz, Vera Novak, C. K. Peng, Ary Goldberger e Weidong Lu; e aos meus mentores e colegas que deram forma às minhas ideias sobre biologia evolutiva e ecologia, entre eles William Drury, Craig Greene, John Connolly, Fahkri Bazzaz, Tim Sipe, David Ackerly, Suzanne Morse e David Folger.

Grande parte das pesquisas deste livro não seria possível sem o generoso apoio da Fundação Bernard Osher; o patrocínio federal do Centro Nacional de Medicina Complementar e Alternativa do Instituto Nacional de Saúde; o apoio da Fundação Kohlberg; e a visão pessoal e confiança de duas mentoras/patrocinadoras, Elizabeth McCormack e Betsy Aron.

Sou grato também aos meus professores de Tai Chi e artes de cura afins, por compartilharem generosamente comigo os conhecimentos e a sabedoria que adquiriram por meio do comprometimento inabalável com suas próprias jornadas. Meu agradecimento especial aos meus dois professores de Tai Chi e artes marciais internas, Robert Morningstar e Arthur Goodridge, por seus ensinamentos sobre Tai Chi e várias práticas afins, e ao seu estímulo para que eu pensasse de maneira independente e compartilhasse essas práticas com outras pessoas; a Charles Genoud, cujos ensinamentos em *Gesture of Awareness* transformaram meu entendimento de Tai Chi; a Mantak Chia, Michael Winn e Marie Favarito, por seus ensinamentos sobre Qigong e alquimia interna; a Calvin Chin, por sua paciência em me ensinar Kung Fu; e a Carol Caton, cuja sabedoria e ensinamentos desafiam qualquer categorização. Sou grato também a meus professores de artes curativas, muitos dos quais me ajudaram a me manter saudável durante a minha jornada, entre eles Xiaoming Cheng, Weidong Lu, Eric Jacobson, Randall Ferrell, Kuei Kuahara, Matthew Kowalski, Art Madore e Edgar Miller.

Meus alunos e ex-alunos de Tai Chi e Qigong, inclusive todos os voluntários que participaram dos nossos estudos, me serviram de inspiração com sua prática e comprometimento, me mantiveram honesto e me motivaram a explorar e a enriquecer minha própria prática, tornando a tarefa de dar aulas uma atividade divertida e leve. Quero demonstrar aqui meu reconhecimento em especial pela camaradagem e amizade de meus alunos mais antigos. Muitos deles ajudaram a ensinar em nossos estudos clínicos, contribuindo significativamente para o material deste livro; entre eles, Jane Moss, Stanwood Chang, Regina Gibbons, Chris Lavancher, Deborah Cake, Marty Heitz, Pam Cobb e Chris Zarza.

Pessoalmente, agradeço aos meus pais por sua coragem, força e amor, e à minha irmã Debbie por seu apoio contínuo. Por fim, não tenho palavras para expressar minha gratidão a Liz, minha parceira de vida e melhor amiga, e a Sam, meu filho, minhas maiores fontes de alegria. Obrigado a vocês dois por tolerarem minha vida sempre ocupadíssima, lembrando-me a cada dia daquilo que realmente importa.

Foi maravilhoso trabalhar com meu coautor, e agora amigo, Mark Fuerst. Este livro nunca teria sido possível sem sua excelente redação, comprometimento em aprender Tai Chi durante a elaboração deste livro, bem como paciência, generosidade e otimismo inesgotáveis. Gostaríamos de agradecer a Beth Frankl, nossa editora na Shambhala; Julie Silver, editora-chefe de livros da Harvard Health Publications; e Linda Konner, nossa agente; por compartilharem conosco seu conhecimento do setor editorial e por seu apoio irrestrito para o projeto deste livro. Agradecemos também a C. J. Allen, por seu grande talento para fotografia, e a Dan Litrownik por sua ajuda com as notas de rodapé.

Além disso, Mark Fuerst deseja agradecer o amor e apoio de sua esposa Margie, seu filho Ben e sua filha Sarah durante o tempo passado longe deles enquanto escrevia e editava; o amor incondicional de sua mãe, Peppy; a camaradagem, a troca de ideias e o estímulo dos escritores do Brooklyn Brown Bag Lunch Group; e a sabedoria, bondade e paciência de seus dois professores de Tai Chi, Phil Catapano e Rebecca Wolf.

Guia de Tai Chi da
Faculdade de Medicina de Harvard

Introdução

O Oriente Encontra o Ocidente na Faculdade de Medicina de Harvard

Em julho de 2009, juntamente com outros seis pesquisadores de Tai Chi e da teoria psicossomática que representavam importantes escolas de medicina dos Estados Unidos, fiz parte de um grupo com cinco dos mais renomados grão-mestres de Tai Chi – equivalentes aos Dalai Lamas do Tai Chi. Essa reunião sem precedentes entre pesquisadores e mestres de Tai Chi era parte do Primeiro Simpósio Internacional sobre Tai Chi realizado no *campus* da Faculdade de Medicina da Universidade Vanderbilt, um evento histórico para essa arte. Pela primeira vez, mestres que representavam os principais estilos de Tai Chi reuniam-se em um local para ensinar e compartilhar pessoalmente sua paixão pelo Tai Chi, mostrar unidade em todos os estilos e falar sobre o futuro dessa arte marcial milenar. Mais de 500 entusiastas do Tai Chi, pesquisadores da área médica, formuladores de políticas e lobistas da área da saúde participaram do evento histórico.

Para mim, o fato de que o objetivo do simpósio daquela noite era analisar o papel da pesquisa científica ocidental no desenvolvimento e na integração do Tai Chi à assistência médica do Ocidente era ainda mais extraordinário. Trabalhando durante o dia como pesquisador médico dedicado a estudar objetivamente a ciência do Tai Chi e à noite como instrutor de Tai Chi, durante muitos anos percorri a metafórica linha em forma de "S" que divide a metade mais racional da metade mais intuitiva do símbolo do Yin e Yang do Tai Chi. Tanto como cientista quanto como instrutor/praticante, analisei qual seria a melhor forma de unir o conhecimento subjacente às minhas duas vocações, ou no jargão do Tai Chi, como o Yin e o Yang podem moldar um ao outro.

Sob vários aspectos, o simpósio foi um sucesso. Algumas discussões enriquecedoras entre os mestres e pesquisadores destacaram a promessa do Tai Chi de melhorar a saúde da população que está envelhecendo, por exemplo, prevenindo doenças cardíacas e fraturas causadas por quedas. Outras discussões giraram em torno do potencial da instrumentação científica de ponta para elucidar o impacto do Tai Chi sobre processos fisiológicos no cérebro, no coração e no sistema musculoesquelético. Um breve debate sugeriu que a tecnologia moderna poderia ajudar a compreender melhor os conceitos da Medicina Tradicional Chinesa (MTC) desconhecidos da maioria dos ocidentais, como o Qi, ou fluxo de energia do corpo.

No entanto, apesar dessas trocas de ideias sem precedentes, no final do dia eu estava um pouco insatisfeito e queria saber muito mais. Em outras palavras, eu achava que apenas algumas horas eram muito pouco para abordar tópicos tão ricos. Entretanto, no fundo eu sentia que a profundidade das discussões era limitada pelas enormes barreiras culturais, linguísticas e epistemológicas entre os mestres e os cientistas de Tai Chi. Não temos ainda uma linguagem ou estrutura bem desenvolvida para fazer uma ponte entre a prática e a ciência do Tai Chi. Diante da interface entre duas culturas tão diferentes – artes orientais de cura e ciência ocidental – eu me dei conta de que ainda havia muito trabalho a ser feito. Parte da minha missão, e um objetivo central deste livro, é explorar essa interface entre o Oriente e o Ocidente por meio do Tai Chi.

A ciência do Tai Chi está comprovando o que os praticantes de Tai Chi sabem há séculos – que o Tai Chi aumenta o vigor, a energia, a flexibilidade e a sensação de bem-estar e melhora o equilíbrio e a mobilidade. Atualmente, pesquisas de ponta corroboram as antigas afirmações de que o Tai Chi tem um impacto positivo na saúde do coração, dos ossos, nervos e músculos, do sistema imunológico e da mente. Essas pesquisas também ajudam a entender os mecanismos fisiológicos que explicam como o Tai Chi funciona. Graças a esse conhecimento, meus colegas da Faculdade de Medicina de Harvard e eu pudemos transformar os elementos essenciais do Tai Chi em programas adequados a um estilo de vida ocidental moderno e integrar a prática do Tai Chi de forma eficiente à reabilitação e prevenção de muitos problemas de saúde.

"Yin e Yang – A Mãe das Dez Mil Coisas"

Como esta citação de Lao-Tzu sugere, o nome Tai Chi é derivado do conceito de Yin e Yang ☯, conhecido também como o símbolo do Tai Chi. Yin e Yang é um conceito central da medicina, filosofia e ciência tradicionais chinesas e um dos pilares mais profundos da cultura chinesa. O símbolo Yin-Yang, muito popular agora também no Ocidente, exibe dois polos opostos e complementares que, juntos, criam um todo dinâmico, equilibrado, integrado e interdependente.

O treinamento de Tai Chi incorpora o conceito de Yin-Yang em diversos níveis. No nível mais óbvio, o físico, Tai Chi é um exercício que tem como objetivo fortalecer, dar equilíbrio e coordenar e integrar as metades esquerda e direita do corpo, as metades superior e inferior do corpo e as extremidades do corpo com o interior ou núcleo. Em um nível mais sutil, o Tai Chi integra corpo e mente. Os movimentos corporais são coordenados com respiração rítmica e consciente e diversos componentes cognitivos e emocionais – inclusive atenção focada, maior conscientização, visualização, imagens mentais e intenção.

Em um nível talvez ainda mais sutil, o Tai Chi sensibiliza e integra você ao seu ambiente social e físico. Em um nível interpessoal, o fato de estar sintonizado com outras pessoas no seu ambiente social o ajudará a aprender a interpretar e reagir adequadamente às suas dicas. Esta integração interna/externa é um dos segredos do Tai Chi como arte marcial – ao se tornar extremamente sensível aos movimentos do seu adversário, você aprende a conduzir neutralizando e seguindo. Conectar-se à natureza também pode ser parte integral do treinamento de Tai Chi. A prática ao ar livre em um parque pode proporcionar a sensação de estar sendo recarregado ou nutrido pelo ambiente natural. Para algumas pessoas, a maior conscientização de si mesmo, assim como a conexão e integração com o mundo natural, também pode proporcionar uma dimensão espiritual – aumentando a sensação de fazer parte de um processo natural vital mais amplo.

Para alguém de fora que assiste um mestre praticar Tai Chi, a integração Yin-Yang bem-sucedida se reflete na conexão contínua de movimentos graciosos, um após o outro, bem como em uma sensação de foco, calma e paz. É possível sentir que o mestre tem uma integração e conscientização interior e exterior e que está em sintonia com o ambiente que o rodeia. No Tai Chi, assim como acontece com o Yin e Yang, tudo está interconectado. O mestre de Tai Chi reflete aquilo que o professor Ted Kaptchuk, meu colega na Faculdade de Medicina de Harvard e erudito em medicina chinesa, chama de "Teia que não tem tecelão".[1]

Essa visão oriental holística e ecológica do corpo, da mente e da saúde está se tornando cada vez mais reconhecida e adotada pela comunidade médica ocidental. Elementos dessa perspectiva holística sempre estiveram implícitos ao longo da história daquilo que hoje chamados de medicina convencional, ou biomedicina; porém, a moderna comunidade médica do Ocidente tem se baseado em uma estrutura reducionista para definir saúde, controlar doenças e formar médicos. O princípio central desse modelo reducionista moderno é se concentrar nas causas da doença, como, por exemplo, agentes infecciosos, anomalias genéticas ou de desenvolvimento e lesões. A abordagem reducionista parte do pressuposto que problemas complexos podem ser resolvidos se forem divididos em partes menores e mais simples, ou em unidades mais tratáveis. Outro colega da Faculdade de Medicina de Harvard e colaborador, o dr. Andrew Ahn, denominou essa estratégia "dividir e vencer".[2]

Obviamente, o reducionismo na moderna medicina resultou em sucessos extraordinários, inclusive o desenvolvimento de medicamentos, marcadores genéticos, diagnósticos por imagem e cirurgias curativas. No entanto, o reducionismo tem seus limites e suas desvantagens. Como diz Ahn: "O reducionismo se torna menos eficaz quando o ato de desmembrar um problema em partes leva à perda de informações importantes sobre o todo".[3]

Essa limitação inerente ao desmembramento de um problema ocorre, sobretudo, no caso das doenças crônicas complexas, como diabetes, doença arterial coronariana ou dor lombar recorrente, em que raramente um único fator é responsável pelo desenvolvimento ou apresentação da doença. Ao contrário, em geral são identificados diversos fatores, e a doença evolui por meio de interações complexas entre eles. Além de perder a visão do todo por concentrar-se nos detalhes, outros problemas do reducionismo são o fato de não considerar a pessoa como um todo, a despersonalização da medicina, a falta de comunicação entre especialistas e até custos mais altos devido à falta de um tratamento coordenado.

Harvard Olha para o Oriente

Na Faculdade de Medicina de Harvard, assim como em muitos outros centros médicos acadêmicos dos Estados Unidos, existem sinais do pensamento holístico em todos os níveis da medicina, de clínicos a educadores, passando por pesquisadores, inclusive um vibrante programa sobre os benefícios médicos do Tai Chi e das práticas psicossomáticas afins. Em 2000, o Conselho de Reitores Acadêmicos da Faculdade de Medicina de Harvard criou a Divisão de Pesquisa e Educação em Terapias Médicas Complementares e Integrativas. O programa, criado para facilitar a colaboração interdisciplinar e interinstitucional de seu corpo docente, tem como objetivos: (1) avaliar as pesquisas sobre terapias médicas complementares e integrativas; (2) oferecer programas educativos para a comunidade médica e o público; (3) e investigar o projeto de modelos sustentáveis de prestação de tratamentos complementares e integrativos em um contexto acadêmico. Desde seu início, e agora sob os auspícios do Centro Osher de Medicina Integrativa da Faculdade de Medicina de Harvard e do Hospital Brigham da Mulher, o corpo docente e os colaboradores receberam dezenas de subsídios do Instituto Nacional de Saúde dos Estados Unidos, publicaram centenas de trabalhos científicos revisados por especialistas e estão influindo significativamente nos tratamentos oferecidos nos hospitais de Harvard. Hoje, praticamente todos os hospitais de Harvard têm programas que oferecem algum tipo de medicina integrativa. Na clínica Osher do Hospital Brigham da Mulher e na clínica Benson Henry do Hospital Geral de Massachusetts, médicos e profissionais de medicina alternativa ou complementar atendem aos pacientes, e as prescrições podem incluir um curso de Tai Chi, meditação, Yoga e aconselhamento sobre alimentação e estilo de vida, juntamente com a medicina convencional. Os hospitais da Faculdade de Medicina de Harvard são exemplos de como as descobertas e as pesquisas confiáveis que servem de base para a promessa terapêutica do Tai Chi e as práticas psicossomáticas afins podem catalisar a integração dessas práticas à prática médica convencional.

Este livro procura mostrar, de maneira cientificamente equilibrada e objetiva, a promessa clínica do Tai Chi e elucidar os processos fisiológicos que explicam como o Tai Chi melhora a saúde. O Tai Chi consiste em uma mescla rica de componentes terapêuticos, que eu organizei e nomeei de "Oito Ingredientes Ativos". A ordenação do conhecimento sobre esses ingredientes permitiu que meus colegas da Faculdade de Medicina de Harvard e eu direcionássemos o foco do Tai Chi para a nossa vida ocidental moderna, tendo como alvo a reabilitação e prevenção de muitos problemas de saúde. Com esse conhecimento, formulamos diversos protocolos simplificados de Tai Chi que foram testados em vários estudos clínicos na Faculdade de Medicina de Harvard e hospitais afiliados, e cujos elementos essenciais eu revelo neste livro.

Minha Vida no Tai Chi

Meu interesse na pesquisa sobre Tai Chi surgiu com minha antiga paixão por artes marciais e filosofia oriental, que começou quando eu estava no ensino médio, mais ou menos na mesma época em que comecei a me interessar pela ciência. Durante o meu treinamento de Tai Chi, que ainda está em andamento, tive excelentes professores – tanto do Oriente como do Ocidente. Embora eu esteja estudando há mais de 35 anos, ainda sinto como se tivesse apenas tocado na superfície dessa arte rica e milenar. Desde 1985, dou aulas na área de Boston em uma escola comunitária que fundei, o que me dá a oportunidade de compartilhar o que aprendi com muitas pessoas e de refletir sobre a melhor maneira de transmitir essas informações; dando aulas ali, tenho também um local onde posso integrar o que aprendo em minhas pesquisas da Faculdade de Medicina de Harvard. De certo modo, considero minhas aulas de Tai Chi como o equivalente à prática clínica de meus colegas médicos.

Minha jornada para me tornar um pesquisador científico sobre Tai Chi não foi linear, pelo contrário, houve muitas voltas e reviravoltas. Depois de ter me formado em ecologia humana (por meio de um estudo interdisciplinar) e ter feito dois anos de pesquisas sobre biologia de populações de plantas na Europa, obtive o título de Ph.D. em Biologia Evolutiva pela Universidade de Harvard. No ano de 2000, depois de uma viagem à China e continuando meu treinamento formal em Tai Chi e Qigong, decidi dar uma guinada na minha carreira, unindo meus dois mundos e usando minhas habilidades como pesquisador e estrutura ecológica para estudar os aspectos clínicos e básicos da medicina chinesa, inclusive Tai Chi. Meu primeiro cargo foi o de Diretor-fundador de Pesquisas da New England School of Acupuncture. Com subsídios do Instituto Nacional de Saúde dos Estados Unidos, estabeleci e dirigi uma colaboração formal com a Faculdade de Medicina de Harvard com foco na medicina asiática. Em 2006, tornei-me formalmente membro do corpo docente da Faculdade de Medicina de Harvard. Como diretor do Programa de Pesquisas em Tai Chi e Psicossomática, e mais recentemente, como Diretor de Pesquisas do Centro Osher de Medicina Integrativa, encontrei o emprego dos meus sonhos. Tanto como cientista quanto como estudioso do Tai Chi, adoro procurar conexões e construir pontes.

Ser pesquisador da Faculdade de Medicina de Harvard e praticante/instrutor de Tai Chi representa um ato de equilíbrio Yin-Yang. Como cientista durante o dia na Faculdade de Medicina de Harvard, obedeço às regras da pesquisa científica objetiva, imparcial e rigorosa. Meu trabalho não é encontrar resultados para provar que o Tai Chi faz bem; em outras palavras, não sou um pesquisador-defensor. Pelo contrário, eu busco, sem me deixar levar por emoções, compreender o que funciona e o que não funciona, o que é seguro e se existe uma promessa para determinada população ou doença, para explorar qual a melhor maneira de integrar o Tai Chi com assistência médica de ponta. Meus colegas e eu usamos projetos rigorosos de pesquisa que minimizam os vieses e seguimos códigos científicos rígidos. Com isso, garantimos que os vieses não vão afetar a pesquisa.

Na minha própria prática de Tai Chi e quando dou aulas de Tai Chi, minhas pesquisas orientam minha experiência e meus ensinamentos, mas algumas vezes preciso abandonar a estrutura científica. Parte da prática de Tai Chi e de outras artes meditativas exige desligar-se do pensamento racional e explorar outros processos menos compreendidos, como intuição e imaginação. Por exemplo, os textos clássicos de Tai Chi dizem: "A crença ou a mente movimenta a energia interna (Qi) e o Qi movimenta o corpo". Nessa altura do meu treinamento de

Tai Chi, em um dia bom essa ideia fica muito clara para mim. Consigo passar rapidamente para um fluxo de Tai Chi meditativo. Mas a comunidade científica ainda está longe de definir ou quantificar o Qi, ou de conhecer todas as vias neurofisiológicas envolvidas nas conexões entre mente, corpo e energia.

Meu principal objetivo como professor é usar quaisquer instrumentos que eu puder para ajudar os alunos a terem experiências significativas, de modo que ensinar de um ponto de vista puramente científico seria ineficaz e antiético. A minha metade praticante continua cética quanto à ciência e acha que talvez a ciência nunca consiga lidar com algumas questões. No entanto, meus dois empregos, como pesquisador durante o dia e como professor de Tai Chi à noite, envolvem uma dança dinâmica entre Yin e Yang, um moldando o outro e incubando pensamentos ricos, e resultaram no meu estilo singular de ensinar e praticar Tai Chi.

Ao longo deste livro, deixarei claro qual das minhas metades está em cena. Quando existirem evidências científicas, fornecerei o *link* para as pesquisas publicadas. Vou diferenciar essas evidências das minhas experiências pessoais ou das experiências dos meus alunos, ou dos princípios que os textos clássicos de Tai Chi expressam ou que meus professores e outros mestres adotam.

Sobre o Guia de Tai Chi da Faculdade de Medicina de Harvard

O *Guia de Tai Chi da Faculdade de Medicina de Harvard* surgiu da minha longa prática de Tai Chi, do meu interesse pela pesquisa psicossomática e do meu equilíbrio como praticante e pesquisador. Durante minhas aulas de Tai Chi e minhas pesquisas, sempre tive a sorte de ajudar pessoas na casa dos 20 e 30 anos de idade a melhorar suas habilidades atléticas e práticas de artes marciais, oferecer uma válvula de escape aos que estão na casa dos 40 e 50 anos para que eles possam reduzir o estresse do mundo profissional e ajudar pessoas de 60, 70, 80 e 90 anos a encontrar uma forma suave de exercícios restauradores.

Este livro ensina a usar os conceitos do Tai Chi para melhorar a saúde. Ele mostra, passo a passo, como Os Oito Ingredientes Ativos do Tai Chi podem aumentar a percepção corporal e o foco interno, tornar os movimentos corporais mais graciosos e eficientes, melhorar a respiração natural e a saúde do coração e ajudar a conseguir paz de espírito. Os problemas cada vez maiores associados ao estilo de vida ocidental, caracterizado por ritmo acelerado, realização de inúmeras tarefas ao mesmo tempo, excesso de estímulos e a crença de que "mais é melhor", podem ser neutralizados pela "meditação em movimento" do Tai Chi. As mudanças dinâmicas resultantes da prática regular de Tai Chi fornecem uma estratégia prática para viver com menos estresse e mais equilíbrio. Neste livro, eu reúno e integro um conjunto de conhecimentos do Oriente e do Ocidente – dos exercícios simplificados de Tai Chi aqui apresentados às raízes ancestrais do Tai Chi e a moderna ciência que fundamenta suas declarações sobre saúde – com a intenção sincera e a esperança de enriquecer sua vida e ajudar a lhe fornecer um mapa para sua própria jornada rumo ao Tai Chi.

Um objetivo explícito deste livro é tornar o Tai Chi mais acessível e fácil de praticar regularmente. Assim como quando você recebe uma prescrição médica de um medicamento, regime ou programa de exercícios físicos, essas terapias só funcionam quando você adere a elas. Além disso, mesmo que você tenha a melhor das intenções, devido a um estilo de vida agitado – seja você um executivo atolado de trabalho, mãe de um jogador de futebol ou um atleta com pouco tempo para treinar – você pode precisar de um programa que seja não apenas eficaz, mas também prático. O programa simplificado que este livro apresenta é muito fácil de aprender e nos ajuda a focar nos princípios essenciais do Tai Chi. E tem mais, além de um programa formal, você aprenderá diversos exercícios simples que conseguirá facilmente encaixar no cotidiano em casa ou no trabalho, acrescentando um pouco mais de energia e fluxo para ajudá-lo a pensar e executar suas tarefas de maneira mais eficiente.

Neste livro, você encontrará:

- Uma introdução aos princípios tradicionais do Tai Chi, da forma como eles são vistos pela óptica da ciência moderna.
- Um protocolo simplificado de Tai Chi, inclusive com descrições minuciosas e fotos dos exercícios que você pode fazer sozinho, parecido com os esquemas que diversos estudos clínicos já demonstraram que funcionam.
- Informações sobre os processos fisiológicos que explicam como o Tai Chi pode melhorar a saúde.

- Resumos objetivos atualizados das pesquisas publicadas na literatura especializada, que podem destacar o que já se sabe e o que ainda não se sabe sobre os benefícios do Tai Chi para a saúde.
- Como Os Oito Ingredientes Ativos do Tai Chi podem ser integrados aos relacionamentos pessoais e profissionais, melhorar a produtividade no trabalho, aumentar a criatividade e melhorar o desempenho nos esportes.

Esperamos que, ao ler este livro, você chegue à conclusão de que o Tai Chi lida com a necessidade fundamental de abordagens novas na assistência médica atual e, mais importante ainda, que a integração do Tai Chi ao mundo da medicina pode ajudar a impedir o avanço do impacto das doenças crônicas, tanto no âmbito pessoal como no econômico.

Parte do objetivo de mesclar evidências científicas e sabedoria oriental — mais uma vez, o conceito Yin-Yang — é que o conhecimento lhe dá poder. Se você entender como o corpo funciona e o grau espantoso com que ele consegue se autorregular, e se compreender a forma como o Tai Chi acentua diversos processos de autocura, esse conhecimento pode reduzir muito o receio associado às doenças e fazer com que você desempenhe um papel central na sua própria saúde. O conhecimento mais íntimo sobre como seu corpo funciona poderá até mesmo catalisar o seu progresso no treinamento de Tai Chi. Espero que, com isso, os instrutores de Tai Chi sintam-se mais motivados a aprender e ficar bem informados sobre as pesquisas, para que possam se comunicar melhor e colaborar com a comunidade médica convencional e servir melhor seus alunos.

O *Guia de Tai Chi da Faculdade de Medicina de Harvard* oferece também informações sobre como desenvolver uma prática regular de Tai Chi, encontrar locais onde são ministradas aulas e saber o que se deve procurar em um bom programa de Tai Chi. Espero que, seguindo as recomendações deste livro, você também consiga alcançar as mesmas mudanças positivas que eu observo todos os dias em meus alunos e nos participantes voluntários de nossos estudos; eles contam suas histórias com suas próprias palavras, descrevendo o que significa aprender Tai Chi e como isso mudou suas vidas. Relato também minhas experiências pessoais no trabalho com os mestres de Tai Chi para mostrar que você também pode melhorar sua saúde, fortalecer seu coração e aguçar sua mente.

PRIMEIRA PARTE

O Tai Chi e seus Elementos Essenciais

1

A Antiga Promessa, e Atual Necessidade, do Tai Chi

"Não é preciso ter um problema de saúde para fazer Tai Chi. Mas, se você tiver, deve encontrar uma maneira de incorporar o Tai Chi à sua vida", diz Faith, uma advogada de 54 anos que começou a praticar Tai Chi para tratar uma dor nas costas. "Você pode praticá-lo em qualquer lugar, e não precisa de nenhum equipamento especial. Quer sejam dez minutos por dia, sozinho, ou 60 minutos em sala de aula algumas vezes por semana, você se sentirá melhor. Tem alguma coisa nessas artes milenares. Não é à toa que elas existem há séculos."

Uma das dificuldades que encontro em minhas palestras sobre Tai Chi é como defini-lo. Às vezes começo exibindo um *slide* de uma grande lâmpada com o título "O que é Tai Chi?". Em seguida, admito que é difícil defini-lo e digo que uma piada corriqueira sobre uma lâmpada e o Tai Chi nos ajuda a entender por quê: Quantos praticantes de Tai Chi são necessários para trocar uma lâmpada? Resposta: 100. Um para trocar a lâmpada e 99 para dizer: "Não é assim que fazemos no nosso estilo de Tai Chi".

A diversidade e a riqueza do Tai Chi têm duas razões de ser. Em primeiro lugar, o Tai Chi tem múltiplos componentes, inclusive muitos ingredientes físicos, cognitivos e psicossociais. Assim como na preparação de uma sopa, quanto maior o número de ingredientes usados, maior a possibilidade de se obter diferentes receitas. Em segundo, como a longa história do Tai Chi está inserida em um cenário sociocultural dinâmico, surgiram vários estilos de Tai Chi que enfatizam características ligeiramente diferentes.

Sempre uso alguma variação desta definição ampla: Tai Chi é um exercício para o corpo e a mente que tem origem em diversas tradições asiáticas, inclusive artes marciais, Medicina Tradicional Chinesa (MTC) e filosofia. O treinamento de Tai Chi combina movimentos lentos intencionais com respiração e habilidades cognitivas (por exemplo, atenção plena e imaginação). Seu objetivo é fortalecer, relaxar e integrar o corpo e a mente, aumentar o fluxo natural de Qi, melhorar a saúde, contribuir para o desenvolvimento pessoal e aumentar a capacidade de autodefesa.

TAI CHI: O QUE ESSE NOME ENCERRA?

O que chamamos de Tai Chi ao longo de todo este livro é uma abreviação simplificada de *Tai Chi Chuan*, nome mais formal grafado de diversas maneiras, tais como T'ai Chi Ch'uan, Taijiquan, Tai Ji Quan ou Tai Ji Chuan, dependendo dos estilos de transcrição.[1]

Tai significa literalmente "grandioso". *Chi* é usado como superlativo, por exemplo, "o maior" ou "supremo absoluto". Juntos, são usados para caracterizar o conceito filosófico do abrangente princípio de *Yin-Yang*, traduzido muitas vezes como "Supremo Absoluto".

太　　　　極

Em geral, *Chuan* é traduzido como "punho cerrado" ou "boxe". Às vezes é descrito como uma manifestação, pois o punho cerrado expressa um sentido de materialização prática.

拳

Juntas, as palavras *Tai Chi Chuan* são traduzidas como "Boxe Supremo", "Boxe de Grandes Extremos" e "Boxe da Suprema Cumeeira" e descrevem uma forma de luta ou exercício baseada nos princípios de *Yin* e *Yang*, de mudança e transformação dinâmicas, integrando o corpo e a mente, o interno e o externo.

Chi vs. Qi e Tai Chi vs. Qigong

O caractere "Qi" é diferente do "Chi" de Tai Chi. Qi é como a palavra *neve* na língua esquimó – tem vários significados e, no entanto, é difícil de definir. "Qi" se refere à energia vital, a informações, respiração ou espírito. O Qi não é exclusivo dos seres humanos; pelo contrário, permeia todo o universo.

Qi é a primeira parte de um conjunto bastante diversificado de práticas psicossomáticas denominado Qigong. De maneira geral, Qigong pode ser traduzido como cultivo ou domínio de Qi. Alguns estilos de Qigong são mais voltados para a saúde e a espiritualidade; neles, a pessoa, sentada, faz exercícios de respiração e meditação. Outros são mais vigorosos e têm o objetivo de melhorar as habilidades nas artes marciais. A maioria das pessoas acha que o Tai Chi é uma forma de Qigong, porque ele cultiva, movimenta e ajuda a controlar o Qi.

氣

Raízes Históricas do Tai Chi

> O Tai Chi tem um núcleo relativamente estável de princípios de movimento e energia interna, mas uma membrana celular que interage muito bem com seu ambiente.[2]
>
> — Douglas Wile, historiador e estudioso de Tai Chi

A melhor maneira de encarar o Tai Chi é como um conjunto variado de práticas vivas e em evolução contínua – práticas essas provenientes da inspiração de uma longa linhagem de praticantes dedicados e que, ao longo do tempo, moldaram-se e adaptaram-se às necessidades culturais e panoramas sociais em constante transformação. As ricas origens históricas do Tai Chi tornam essa diversidade ainda maior, inclusive com ligações com as artes marciais, as artes de cura, a filosofia e as práticas espirituais de milhares de anos. Mesmo em sua história relativamente recente ao longo dos últimos três séculos, o Tai Chi se adaptou às necessidades e oportunidades culturais em constante mudança na China. De sistema de defesa pessoal secreto e transmitido oralmente no século XVIII e início do XIX, tornou-se uma arte de luta mais amplamente divulgada e usada no treinamento de soldados, depois um método de desenvolvimento pessoal e exercícios de longevidade entre meados do século XIX e meados do XX e, finalmente, em exercício, esporte e arte de representação nacionais que o governo promove e exibe para o resto do mundo como um tesouro nacional.

A expansão do Tai Chi para o Ocidente nos últimos cinquenta anos, inclusive sua interface com a ciência e a biomedicina baseada em evidências, juntamente com o anseio dos ocidentais pela saúde holística e sabedoria filosófica do Oriente, catalisou extraordinariamente a sua evolução. Hoje em dia, o Tai Chi é ensinado em hospitais, clubes esportivos, faculdades e centros comunitários nos Estados Unidos, e o público ocidental tem acesso a centenas de livros sobre o assunto. O Tai Chi mesclou-se e misturou-se com outras práticas, como Qigong, Yoga, meditação e práticas psicossomáticas atuais, como o Método Feldenkrais e a Técnica de Alexander. Assim como a filosofia taoista das quais se originam, a arte e a prática do Tai Chi continuam a evoluir e a "acompanhar a maré".

Assim como no caso de muitas tradições milenares, a história do surgimento do Tai Chi é uma mistura de fato e mito. Essa história abrange ao entrelaçamento de três grandes influências da cultura chinesa: artes marciais, artes de cura e filosofia.[3]

Influência das Artes Marciais

A cultura chinesa é notória por sua história longa e diversificada de artes marciais. O combate corpo a corpo e o exercício com armas eram importantes no treinamento de soldados e facções rivais na antiga China. Exímios lutadores também eram altamente valorizados como guarda-costas, e ofereciam proteção a chefes de Estado abastados, bem como a comerciantes e mensageiros em viagens. A rica diversidade chinesa das artes marciais sempre é retratada nos filmes de Kung Fu, que geralmente se passam em antigos templos e reproduzem batalhas entre estados beligerantes ou famílias rivais em busca de vingança.

As artes marciais também desempenharam um papel de destaque nas artes cênicas chinesas. Demonstrações de proezas em artes marciais, simulações de lutas, acrobacias e dança dos leões eram parte importante das apresentações públicas. Atualmente, elas chegaram às comunidades ocidentais e internacionais através das turnês dos monges Shaolin e dos Acrobatas de Pequim.

O Templo Shaolin, na província de Henan, é considerado historicamente o berço das artes marciais chinesas. Reza a lenda que quando Bodhidarma, que levou o Budismo Chan (Zen) para a China no século VI, chegou ao Templo Shaolin, constatou que os monges tinham uma saúde bastante precária e nenhum condicionamento físico. Ele então lhes ensinou uma série de exercícios para fortalecer a mente e o corpo para a meditação. Esses exercícios se transformaram no que hoje se chama Boxe Shaolin, Wushu ou Kung Fu.[4]

Uma figura quase mítica na história do Tai Chi, frequentemente chamado de pai do Tai Chi, é Chang San Feng, que se acredita ter vivido no século XIII d.C. Dizem que Chang San Feng era um monge Shaolin que decidiu deixar o mosteiro para se tornar um eremita taoista. Nas montanhas Wudang, ele abandonou o estilo de luta mais dura do Kung Fu que tinha aprendido e formulou uma nova arte baseada em suas observações da natureza e nos princípios taoistas de fazer movimentos suaves e ceder. Segundo a lenda, ele teve um momento de "iluminação" depois de observar uma luta entre uma cobra e uma garça.

Toda vez que a garça tentava atacar a cabeça da cobra, a cobra cedia, se esquivava e atingia a garça com a cauda. Quando a garça tentava atingir a cauda da cobra, esta se esquivava e mordia a garça. Esse processo resultou na ênfase dos conceitos básicos do Tai Chi (Yin-Yang) de se esquivar, ceder e atacar. Chang desenvolveu uma arte marcial baseada em princípios naturais e que usava suavidade e força interior para superar a força bruta.[5] Por essa razão, o Tai Chi e as artes marciais relacionadas que enfatizam o ato de ceder e a força consciente ou intrínseca, ou Jin, costumam ser classificadas como estilos internos (ou interiores). Em contrapartida, muitas formas de Karatê e Kung Fu que se baseiam em força muscular e velocidade são classificadas como estilos externos (exteriores).[6]

Não se sabe ao certo como princípios e movimentos básicos atribuídos a personagens quase míticos, como Chang San Feng, foram codificados nas formas atuais de Tai Chi, tampouco existe um consenso a esse respeito. Alguns historiadores e estudiosos acreditam que muitas das posturas e dos nomes associados ao Tai Chi praticado hoje em dia podem ser atribuídos ao general Ch'i Chi-kuang (1528-1587) da dinastia Ming, autor de *A New Treatise on Disciplined Service* (*Jixiao xinshu*), capítulo "Boxing Classic". Muitos dos movimentos descritos nesse texto fazem parte dos sistemas de artes marciais desenvolvidos subsequentemente no vilarejo da família Chen, na província de Henan — sede do estilo Chen de Tai Chi. O estilo Chen é o mais antigo de todos os sistemas formais de Tai Chi e a origem de todos os outros estilos contemporâneos. Esse estilo é atribuído a Chen Wang-ting (1580-1660) que viveu em meados do século XVII. Assim como na lenda de Chang San Feng, acredita-se que Chen Wang-ting tenha combinado técnicas de boxe daquela época com os exercícios meditativos e saudáveis do Qigong, produzindo uma arte marcial mais internalizada que enfatiza suavidade, movimentos circulares e Jin.

Outra figura importante no desenvolvimento do Tai Chi foi Yang Lu-ch'an (1799-1872), que aprendeu essa arte na vila Chen. Dizem que Yang Lu-ch'an era um jovem que queria aprender artes marciais e que, depois de ver os mestres de Chen aplicarem sua arte secreta, ficou tão impressionado que decidiu que tinha de aprendê-la. Assim, ele se mudou para a vila Chen para trabalhar como servo e aprender ao observar clandestinamente os discípulos da família treinarem sob a orientação do mestre Chen Chang Shing. Depois de assistir às aulas, ele praticava diligentemente às escondidas. Ao que parece, um dia em que o mestre Chen Chang Shing não estava em casa, um grupo de praticantes de artes marciais foi à vila e desafiou a família Chen para uma luta. Depois que o grupo derrotou os membros da família Chen, eis que surge Yang, vence o grupo e defende a honra da família. Com isso, ele ganhou o respeito do mestre Chen, que o aceitou como seu primeiro aluno "forasteiro" (que não fazia parte da família). Mestre Chen também lhe deu permissão para deixar a vila Chen e transmitir seus ensinamentos a outras pessoas.[7] Em 1852, Yang Lu-ch'an mudou-se para Pequim para ensinar o que ele chamava de "boxe suave" ou "boxe de algodão". Graças às suas grandes habilidades em artes marciais, ele conquistou o título de "Yang, o invencível". Além disso, entre outras atividades, ele foi escolhido para ensinar a sua arte aos Guardas Imperiais e membros da corte da dinastia Qing. Yang também adaptou seus métodos de ensino para um público cada vez mais amplo que se interessava por saúde e desenvolvimento pessoal; essa abordagem incluía um esquema menos extenuante com menor ênfase nas aplicações marciais.

Os ensinamentos de Yang, juntamente com os de seus filhos e especialmente de seu neto, Yang Cheng Fu, assentaram as bases do que atualmente é chamado de Estilo Yang de Tai Chi, hoje o mais praticado em todo o mundo. Muitos dos antigos alunos e discípulos de Yang também desempenharam um papel importante na evolução de vários outros estilos conhecidos de Tai Chi, como Wu, Wu/Hao e Sun (veja "Estilos e Formas de Tai Chi" mais adiante).

Embora a maioria das pessoas que pratica Tai Chi hoje em dia o faça por seus benefícios à saúde, o aspecto de artes marciais ainda é popular e fundamental para a sua evolução. As habilidades marciais já não são mais utilizadas em combates corpo a corpo até a morte, mas praticadas em competições esportivas regulamentadas. Alguns eventos incluem lutas de contato total, como pugilismo e artes marciais mistas (MMA). Em geral, as habilidades marciais são praticadas com a técnica de Push Hands (Empurrar com as Mãos), disputadas por duplas, em que o objetivo é desequilibrar o adversário enquanto se mantém os próprios pés firmes no chão. Quase como num passe de mágica, os praticantes de níveis mais elevados parecem não fazer nenhum esforço. Enquanto fazem contato com as mãos, eles conseguem relaxar, se esquivar e contrapor a força do adversário e, às vezes, fazê-lo "voar" por uma grande distância.

No entanto, mesmo no caso dos alunos que não estão interessados em treinamento de defesa pessoal ou competição de Push Hands, muitos professores, inclusive eu, consideram essencial ensinar as aplicações funcionais e marciais do Tai Chi, como enraizamento, conexão estrutural e o ato de ceder. O desenvolvimento dessas habilidades interativas pode proporcionar experiências cinestésicas aos alunos, que catalisam a compreensão e a integração dos princípios fundamentais do Tai Chi na sua sequência de exercícios individuais. Esse treinamento também pode proporcionar benefícios funcionais em relação às atividades cotidianas de modo geral, como erguer objetos pesados, manter o equilíbrio no ambiente agitado de uma feira livre repleta de gente ou permanecer centrado durante interações emocionalmente desafiadoras.

ESTILOS E FORMAS DE TAI CHI

Com o tempo, surgiram vários estilos de Tai Chi, e todos eles têm muitos dos princípios básicos ou fundamentais dessa arte marcial. À medida que o Tai Chi evoluiu, alguns desses princípios, bem como a maneira com que eles são expressos na prática, também evoluíram. De certa maneira, o Tai Chi é como a brincadeira infantil de telefone sem fio, em que uma pessoa cochicha uma frase no ouvido de outra e, no final, depois de vários cochichos, a frase sempre fica muito diferente. O Tai Chi absorveu as inspirações e ênfases específicas de cada mestre e dos alunos que transmitem a tradição. Entre os estilos mais praticados hoje em dia estão Chen, Yang, Wu, Hao e Sun. Cada um desses cinco estilos recebeu o nome de família do seu fundador. Existem vários outros estilos menos populares, e continuam a surgir outros, inclusive protocolos encurtados e simplificados para fins de pesquisa, semelhante ao apresentado neste livro.

Formas e Movimentos

Dentro de cada estilo, há muitas sequências coreografadas. O termo usado para descrever essas sequências pode variar, mas em geral elas são chamadas de formas ou conjuntos. Cada forma, seja ela feita com as mãos livres ou com armas (por exemplo, espada, bastão ou lança), tem determinado número de movimentos ou posturas. Por exemplo, nas escolas de estilo Yang, algumas ensinam uma forma que tem 150 movimentos, enquanto outras ensinam apenas oito movimentos.

Influência das Artes de Cura

O Tai Chi tem uma via histórica comum com o desenvolvimento da Medicina Tradicional Chinesa (MTC), que inclui explicitamente prescrições de exercícios e mudança no estilo de vida, bem como ervas, dieta, acupuntura, massagem e outras modalidades para manter a saúde e atingir a longevidade. Um dos primeiros textos da MTC, "The Internal Canon of the Yellow Emperor" [O Cânone Interno do Imperador Amarelo] (c. 2000-1600 a.C.), afirma que o Imperador Amarelo fazia exercícios voltados para a saúde com base nos movimentos de animais. Atribui-se ao famoso médico Hua Tuo (c. 145-208 d.C.) o desenvolvimento de uma sequência de exercícios para condicionamento físico também baseado nos movimentos de animais. Chamados muitas vezes de "brincadeira ou jogo dos cinco animais", aparentemente cada exercício de Hua Tuo se destina a um órgão interno específico dentro da estrutura da MTC.[8] Por exemplo, o exercício do tigre visa o funcionamento energético dos pulmões, e o exercício do urso visa os rins. O objetivo fundamental desses exercícios, assim como da medicina chinesa em geral, é aumentar e equilibrar a circulação de Qi entre os sistemas orgânicos e em todo o corpo. Os movimentos das formas atuais de Tai Chi, como "A Serpente Rasteja", "A Garça Abre as Asas" e "Recuar para Repelir o Macaco", refletem e ampliam essa tradição de observar a natureza, imitando os movimentos naturais dos animais e aplicando-os em prol da saúde e para fins de defesa pessoal.

Para ser um praticante de artes marciais de alto nível, resistente e bem-sucedido, é preciso ter corpo e mente sãos. Durante a evolução do Tai Chi como arte marcial, os praticantes provavelmente reconheceram e valorizaram seus benefícios em relação à saúde, porque ele enfatiza o desenvolvimento interior e, para alguns, também estava associado com filosofias e estilos de vida saudáveis.[9] No entanto, só depois que Yang Cheng Fu começou a ensinar Tai Chi para um número maior de pessoas entre o início e meados do século XX, atraindo tanto alunos interessados em artes marciais como a elite intelectual, é que o Tai Chi passou a ser mais praticado para promoção da saúde e desenvolvimento pessoal. Esse interesse crescente pelos aspectos saudáveis do Tai Chi coincidiu com um movimento nacional de "fortalecimento pessoal" defendido pelo governo, que tentava aprimorar a sociedade chinesa e melhorar sua imagem preservando os valores chineses, porém adotando, quando apropriado, ideias e tecnologias do Ocidente. Uma das estrofes de um clássico poema do Tai Chi intitulado "Canção das Treze Posturas" diz o seguinte: "Qual é o objetivo desta disciplina? Prolongar a vida e promover a juventude eterna".[10]

Com a criação de uma forma simplificada de 24 posturas, ou estilo de Pequim, os benefícios à saúde proporcionados pelo Tai Chi foram amplamente disseminados. Essa forma foi desenvolvida pela Comissão Nacional de Esportes e Cultura Física da República Popular da China, em 1956, para padronizar o treinamento de Tai Chi. Isso fazia parte de um programa nacional de condicionamento físico,[11] cujo objetivo era promover uma reforma de cunho social e esportivo. Hoje, milhões de pessoas praticam Tai Chi nos parques de todo o país. Está claro que o Tai Chi faz parte do sistema de saúde da China, e muitos hospitais chineses o incorporam em seu programa de reabilitação. Com o desenvolvimento recente de formas mais curtas de todos os principais estilos, ficou mais fácil ensinar e aprender Tai Chi. Atualmente, quase todos os universitários chineses são obrigados a aprender uma dessas formas mais curtas.

Influência Filosófica

As raízes do Tai Chi estão entrelaçadas com diversas filosofias e religiões orientais, entre as quais o Taoismo é a mais proeminente. Acredita-se que a tradição oral do Taoismo remonte a 3 mil a.C. na história chinesa. Um dos primeiros e mais importantes textos sobre Taoismo, o "Tao-Te King", é atribuído a Lao-Tzu e teria sido escrito há cerca de 2.500 anos.[12] No cerne do Taoismo estão diversos princípios que norteiam os caminhos de uma pessoa ao longo da vida. Na verdade, *tao* significa literalmente "caminho" ou "via". Não se sabe ao certo como os princípios do Taoismo e de outras filosofias orientais foram infundidos no Tai Chi, por causa da sua história complexa e de seus registros imprecisos. Porém, o livro de Lao-Tzu e outros textos taoistas deixam bem claro que vários princípios importantes do Taoismo estão em sintonia com a prática, a filosofia e o espírito do Tai Chi.

Um exemplo é a ênfase do Tai Chi em fazer movimentos suaves e ceder. Lao-Tzu escreveu: "No mundo inteiro não há nada mais fluido do que a água. No entanto, para atacar o que é duro nada se iguala a ela. A fraqueza vence a força; a suavidade vence a dureza". Um segundo exemplo é a conscientização e a responsabilidade consigo mesmo, que se aplica à saúde, aos relacionamentos e às interações marciais. Segundo Lao-Tzu: "Quem conhece os outros é inteligente; quem conhece a si mesmo é sábio. Quem vence os outros é forte; quem vence a si mesmo é poderoso".[13]

Alguns ramos do Taoismo também oferecem uma estrutura cosmológica, uma maneira de ver a si mesmo como conectado a algo maior e como parte da natureza. A natureza e suas forças e processos orgânicos nos dão uma espécie de inspiração para a vida, algo com o qual podemos nos nutrir e aprender a crescer continuamente se ouvirmos e observarmos. Segundo as palavras de Lao-Tzu: "Quando você percebe de onde vem, torna-se naturalmente tolerante, desinteressado, entretido, bondoso como uma avó, digno como um rei. Imerso na magia do Tao, você consegue lidar com qualquer coisa que a vida lhe trouxer".[14]

Essa influência filosófica contribui para a riqueza do Tai Chi como um exercício bastante apreciado para o corpo, a mente e o espírito, e esses aspectos filosóficos provavelmente contribuem para seus efeitos terapêuticos. É importante observar que muitos mestres mencionam esses ensinamentos durante as aulas, e alguns têm pergaminhos com dizeres pendurados nas paredes, livros e outras expressões desses princípios na classe de Tai Chi para lembrar esses conceitos aos alunos e criar um contexto mais amplo para a prática desses exercícios. Essa influência pode ser tão relevante na China como no Ocidente. Douglas Wile, estudioso de Tai Chi, disse que "para as dezenas de milhões de praticantes na China atualmente, o Tai Chi preenche o vácuo espiritual deixado pela derrocada do ideal socialista".[15]

Na porta de entrada da minha escola de Tai Chi, há uma cópia de um poema intitulado "Hall da Felicidade", escrito pelo grande mestre Cheng Man Ching, um dos mestres do meu mestre – poema este que ele pendurou na porta de entrada da primeira escola de Tai Chi do Ocidente.

HALL DA FELICIDADE

Que a alegria duradoura esteja neste *hall*. Não a alegria de um banquete suntuoso, que desaparece assim que nos levantamos da mesa; nem a alegria que a música traz – tão passageira. A beleza e um rosto bonito são como as flores; elas florescem durante algum tempo, depois morrem. Até mesmo a juventude passa rapidamente.

Não, a felicidade duradoura não está em nada disso... A alegria a que me refiro é muito diferente. É a alegria de estar sempre crescendo, de ajudar a desenvolver, tanto em nós mesmos como nos outros, os talentos e aptidões inatos – as dádivas do céu para os mortais. É reviver aquele que está exaurido e rejuvenescer aquele que está em declínio, para que sejamos capazes de afugentar a doença e o sofrimento.

Deixe que a afeição e a alegria verdadeiras imperem neste *hall*. Deixe-nos corrigir nossos erros passados e não nos preocuparmos conosco. Com a constância dos planetas em seu curso ou do dragão em seu caminho envolto em nuvens, deixe-nos entrar na terra da saúde e caminhar sempre dentro de seus limites.

Deixe-nos fortalecer contra a fraqueza e aprender a ser autoconfiantes, sem um único momento de descuido. Assim, nossa firmeza se tornará o próprio ar que respiramos, o mundo em que vivemos; assim, ficaremos felizes como um peixe em águas límpidas. Essa é a alegria duradoura, que podemos levar conosco até o fim dos nossos dias. E, diga-me, se puder: que maior alegria a vida poderia nos dar?

CHENG MAN CHING
Nova York, 1973[16]

O Tai Chi no Ocidente

Embora os historiadores tenham demonstrado que muitos aspectos da medicina e cultura chinesas, inclusive o Tai Chi, chegaram aos Estados Unidos no século XIX durante a construção de ferrovias, isso se deu principalmente na década de 1960. Um dos primeiros e mais destacados mestres a levar o Tai Chi para o Ocidente foi Cheng Man Ching.[17] Discípulo de Yang Cheng Fu, Cheng Man Ching foi o embaixador perfeito do Tai Chi no Ocidente. O mestre Cheng estudou pintura, poesia, filosofia, medicina fitoterápica chinesa e artes marciais, as chamadas cinco excelências. Tanto antes como durante o seu próprio treinamento e seus ensinamentos de Tai Chi, ele ocupou importantes cargos acadêmicos em universidades, bem como cargos de liderança no governo relacionados com o desenvolvimento e a disseminação da cultura chinesa. Em 1964, Cheng Man Ching foi para os Estados Unidos, onde abriu o Centro de Artes Culturais Shr Jung em Nova York e, mais tarde, a Escola de Tai Chi Shr Jung.[18]

No início da década de 1960, até mesmo em grandes cidades como Nova York era difícil encontrar práticas orientais. Havia apenas algumas artes marciais (Karatê e Judô), mas a maior parte das práticas orientais, inclusive o Yoga, ainda era considerado mais como um culto e conflitante com as crenças judeu-cristãs, e de certo modo muitas eram mantidas na clandestinidade. Essa foi uma época de importantes mudanças culturais, com a Guerra do Vietnã, questões abrangentes de materialismo e não violência e o movimento *hippie*. Os Beatles apareciam na TV com Maharishi Mahesh Yogi, e a meditação transcendental estava se tornando popular.

Quando Cheng Man Ching chegou nos Estados Unidos e abriu sua escola de Tai Chi, esse foi um evento marcante de grande repercussão. Como revelam as fotos e os vídeos em branco e preto daquela época em Shr Jung, ele atraiu grupos bastante diversificados: chineses expatriados que queriam ter oportunidade de aprender com um mestre tradicional, artistas marciais em busca de novos segredos interiores, homens e mulheres de todas as raças que queriam ter acesso à sabedoria oriental. Como escreveu o historiador e professor universitário Douglas Wile, ainda hoje "O Tai Chi é o embaixador cultural da China em todo o mundo... Transformando a vida de mais ocidentais, e talvez de maneira mais profunda do que livros, filmes, museus ou cursos universitários, o Tai Chi muitas vezes é uma porta de entrada para a filosofia, a medicina, a meditação e até mesmo a língua chinesa".[19]

Muitos dos alunos mais antigos de Cheng Man Ching na Ásia, entre eles Benjamin Peng Lo, William Chen e T. T. Liang, também foram para os Estados Unidos e continuaram a estudar com ele e a ajudá-lo a formar novos alunos. Eles se tornaram ótimos professores e ajudaram a divulgar o Tai Chi por todo o país.

Desde a década de 1960, muitos novos professores, bem como representantes destacados de todos os principais estilos de Tai Chi, imigraram para os Estados Unidos e abriram escolas ou ministraram seminários em centros *New Age*, como Omega e Esalan. Alguns organizaram acampamentos de verão e festivais anuais de Tai Chi, o que contribuiu para disseminar e diversificar ainda mais o Tai Chi nos Estados Unidos. Expansões paralelas ocorreram na África do Sul e na África do Norte, na Europa e na Austrália. Esse crescimento se deu concomitantemente com a rápida introdução de outras artes orientais, inclusive ensinamentos de muitas modalidades de Qigong, Yoga e Budismo, bem como terapias psicossomáticas originadas no Ocidente, como o método Feldenkrais e a Técnica de Alexander.

Um reflexo do sucesso alcançado por essa invasão é o Dia Mundial do Tai Chi, organizado por Bill Douglas. Um dos objetivos desse dia é "reunir pessoas de todas as raças, condição social, credos e fronteiras geopolíticas para promover a saúde e a cura, dando um exemplo para o mundo". Milhões de pessoas em todo o mundo — 65 países participaram em 2011 — se reúnem em um dia do ano para comemorar os benefícios à saúde e de cura proporcionados pelo Tai Chi e pelo Qigong.[20]

Na China, a oportunidade de aprender uma arte interior e trabalhar com um mestre de alto nível é um evento raro, na verdade único, para a maioria das pessoas. Hoje os ocidentais têm um acesso sem precedentes aos ensinamentos de todas as tradições por meio de aulas, livros, vídeos e a Internet. Esse acesso culminou em uma mistura de práticas que, segundo alguns estudiosos, levou a uma maior infusão de princípios energéticos, espirituais e marciais ao treinamento, que nem sempre foram enfatizados nas formas nacionalizadas amplamente ensinadas e às vezes censuradas.[21] Essa mistura também produziu estilos híbridos, às vezes rebatizados, como uma combinação de Tai Chi e Yoga (Tai Chi Yoga) e Tai Chi com a Técnica de Atenção Plena ("Mindful Tai Chi"). Como não existe uma organização isolada responsável por monitorar o desenvolvimento do treino de Tai Chi e o credenciamento de professores, e como no Ocidente existe pouco controle sobre as práticas de ensino proibidas na China por razões políticas, é provável que o Ocidente continue a ser um importante berço para o desenvolvimento e a evolução do Tai Chi.

O Tai Chi Encontra a Ciência Ocidental

Um último fator, muito importante, que contribui para a evolução e a popularidade crescente do Tai Chi no Ocidente é a sua interface com a ciência biomédica. As pesquisas biomédicas ajudaram a atrair ocidentais de meia-idade e idosos para a prática do Tai Chi, além de chamarem a atenção dos profissionais de saúde, das companhias de seguro e dos formuladores de políticas.

O método científico não era estranho aos antigos taoistas, que como alquimistas e médicos são responsáveis pelo advento da anestesia e por muitas outras descobertas na área da medicina.[22]

Porém, no Ocidente, foram as pesquisas científicas revisadas por especialistas que divulgaram os benefícios à saúde do Tai Chi. O primeiro estudo clínico randomizado e controlado feito no Ocidente, publicado em 1987, avaliou o Tai Chi em relação ao equilíbrio e à amplitude de movimentos de adultos mais velhos.[23] Até o momento, já foram publicados mais de 700 trabalhos científicos revisados pelos pares, e esse número está aumentando de maneira exponencial.

Em 2012, nós criamos um banco de dados de pesquisas sobre Tai Chi no Centro Osher de Medicina Integrativa, que hoje contém mais de 400 estudos clínicos (inclusive 180 estudos randomizados) realizados só no Ocidente. Essas pesquisas fornecem provas contundentes, mas em muitos casos ainda não definitivas, de que o Tai Chi pode melhorar o equilíbrio, a saúde cardiovascular, o sistema imunológico, o sono, o bem-estar psicológico e outras dimensões da saúde. Além disso, elas começaram a caracterizar os mecanismos psicológicos que estão por trás dos efeitos clínicos observados, o que dá maior credibilidade às descobertas realizadas. Essas pesquisas também estão mudando a percepção dos ocidentais em relação ao Tai Chi. Um levantamento recente indica que 3 milhões de norte-americanos praticam Tai Chi especificamente para a saúde.[24]

Essas pesquisas baseadas em evidências também agiram como um catalisador do Tai Chi no ambiente biomédico. Por exemplo, o Tai Chi é ensinado em vários hospitais afiliados à Faculdade de Medicina de Harvard, assim como em muitos outros importantes centros médicos espalhados pelos Estados Unidos. As evidências a favor do Tai Chi estão gerando uma maior conscientização na classe médica. Em minha própria escola, um número cada vez maior de alunos é encaminhado por médicos ou outros profissionais de saúde. Aparentemente, as aulas de Tai Chi suprem a necessidade por um tipo de terapia que afeta o corpo, a mente e o espírito – o que a classe médica chama de abordagem biopsicossocial – para prevenção e reabilitação.

A Medicalização do Tai Chi

Um interessante subproduto das pesquisas biomédicas e do surgimento de formas de Tai Chi é o desenvolvimento de protocolos simplificados que podem ser usados em estudos clínicos de curta duração. Com esses protocolos, é mais fácil aprender Tai Chi de maneira segura, e até pessoas mais velhas ou sem condicionamento físico podem vivenciar os elementos essenciais do Tai Chi e participar de estudos clínicos. O primeiro protocolo usado em um estudo clínico randomizado foi desenvolvido pelo mestre Tingsen Xu como parte de um importante estudo publicado por pesquisadores da Universidade Emory para avaliar os benefícios do Tai Chi no equilíbrio dos idosos.[25] O protocolo incluiu 14 movimentos, feitos de maneira independente e sem uma sequência. Para cada um deles, havia uma hipótese clara do impacto dos padrões do movimento no desenvolvimento de equilíbrio. Desde então, vários protocolos, alguns com apenas cinco movimentos, foram avaliados em estudos clínicos. A maioria incluía exercícios de aquecimento e desaquecimento.

Talvez em parte por causa dessas pesquisas, surgiu uma tendência de usar protocolos de Tai Chi em trabalhos médicos. Com uma rápida busca na Internet é possível encontrar programas registrados como marca comercial intitulados Tai Chi para Equilíbrio, Tai Chi para Doença de Parkinson, Tai Chi para

Esclerose Múltipla, Tai Chi para Artrite e Tai Chi para Depressão. Embora alguns desses protocolos baseiem-se em evidências de estudos científicos, ainda não está claro se as características singulares dessas formas são exclusivamente terapêuticas para doenças específicas. Até o momento, nenhum estudo ocidental comparou as formas de Tai Chi nem demonstrou que um protocolo específico é melhor do que outro, ou melhor que os programas de Tai Chi disponíveis na comunidade. Essa representa uma importante área de interesse no futuro para a comunidade de pesquisas sobre Tai Chi.

As pesquisas biomédicas sobre Qi e Qigong também são um campo em expansão. Os cientistas estão estudando as propriedades bioelétricas dos pontos de acupuntura e dos meridianos, usando, para isso, a mais moderna tecnologia para monitorar as características das ondas de energia que emanam do corpo dos mestres e agentes de cura do Qigong. Essa tecnologia abrange de sensores infravermelhos e detectores de ondas infrassônicas a espectroscopia de emissão de fótons e dispositivos supercondutores de interferência quântica (que medem campos magnéticos extremamente sutis). Além disso, os pesquisadores estão analisando o impacto biológico do Qi emitido sobre culturas celulares em placas de Petri e em estudos clínicos controlados realizados com seres humanos.[26]

A interface entre ciência ocidental e artes de cura orientais é riquíssima e fascinante, com a promessa de descobertas igualmente relevantes para os pesquisadores da área médica e os professores e usuários de práticas psicossomáticas tradicionais.

2

Os Oito Ingredientes Ativos do Tai Chi

Com base em minhas pesquisas e anos de prática de Tai Chi, quero expor neste capítulo aquilo que eu chamo de Oito Ingredientes Ativos do Tai Chi. Assim como acontece com os componentes de uma combinação de vários medicamentos para baixar o colesterol e a pressão arterial, acredita-se que cada ingrediente tenha um impacto diferente sobre a fisiologia do organismo. No entanto, o Tai Chi tem muito mais ingredientes e, na sua maioria, esses fatores terapêuticos são inseparáveis e sinérgicos entre si. Talvez o que torne o Tai Chi tão especial seja o fato de esse exercício holístico com múltiplos componentes ter influência sobre os níveis físicos, psicológicos, sociais e filosóficos. Seus efeitos em diversos níveis são importantes especialmente no caso de doenças crônicas complexas que envolvem muitos sistemas corporais; por exemplo, os sistemas nervoso, respiratório, endócrino e imunológico interagem com o sistema cardiovascular, afetando o funcionamento do coração.

Os Oito Ingredientes Ativos do Tai Chi são:

1. Conscientização (inclusive atenção plena e atenção focada) – Talvez esse seja o mais fundamental ingrediente do Tai Chi. Os movimentos lentos e deliberados e a atenção à respiração, às posições do corpo e às sensações, amplia a autopercepção, pré-requisito para todos os demais ingredientes. A ênfase na percepção contínua resulta em atenção plena e maior foco.

2. Intenção (inclusive crença e expectativa) – Outros ingredientes ativos como imagens mentais, visualização e instrumentos cognitivos relacionados alteram a intenção, a crença e a expectativa, contribuindo significativamente para os efeitos terapêuticos e fisiológicos do Tai Chi.
3. Integração estrutural (inclusive forma e função dinâmicas) – A maior integração entre diversos sistemas estruturais e fisiológicos é outro ingrediente ativo importante que está por trás do efeito terapêutico do Tai Chi. Em termos de biomecânica, as formas e padrões eficientes do movimento têm efeitos funcionais em muitos sistemas.
4. Relaxamento Ativo – Os movimentos circulares e fluidos do Tai Chi ajudam a direcionar o corpo e a mente para níveis mais profundos de relaxamento, e essa é uma forma de meditação em movimento.
5. Força e Flexibilidade – O treinamento aeróbico moderado proporcionado pelo Tai Chi é igual ao fornecido por uma caminhada a uma velocidade moderada. Os movimentos integrados ajudam a reduzir o estresse, aumentar a força com menos esforço e melhorar o equilíbrio. A lentidão dos movimentos do Tai Chi, em combinação com posturas ligeiramente flexionadas e colocação do peso sobre uma das pernas alternadamente por períodos prolongados, resulta em um treinamento de força significativo dos membros inferiores e maior carga sobre o esqueleto, o que garante ossos fortes. Além disso, os movimentos lentos, contínuos, relaxados e repetitivos também resultam em alongamento dinâmico, o que aumenta a flexibilidade como um todo.
6. Respiração Natural e mais Fluida – Uma respiração mais eficiente melhora a troca gasosa, massageia os tecidos corporais, inclusive os órgãos internos, ajuda a regular o sistema nervoso, melhora o humor e equilibra e movimenta o Qi dentro do corpo e entre o corpo e o ambiente.
7. Apoio Social (inclusive interação e comunidade) – Fazer parte de um grupo tem comprovadamente valor terapêutico para diversos problemas de saúde, como câncer, doenças cardíacas, depressão e ansiedade. Com a prática assídua de Tai Chi, os alunos desenvolvem um forte sentido de comunidade e, por meio de interações positivas e do apoio dos professo-

res e colegas, em geral empreendem uma jornada profunda de autodescobrimento.

8. Espiritualidade Corporificada (inclusive filosofia e ritual) – O Tai Chi cria uma estrutura prática para uma vida baseada em uma filosofia mais holística, oriental, que integra corpo, mente e espírito. O Tai Chi pode ser também um poderoso veículo para acrescentar uma dimensão espiritual à sua vida. Além disso, a prática ritualística do Tai Chi pode ajudar a ampliar e sustentar seus efeitos terapêuticos.

A complexidade do Tai Chi, no entanto, torna essa arte um desafio a ser estudado cientificamente. Este capítulo destaca como o emergente campo da biologia dos sistemas e os princípios ecológicos subjacentes à Medicina Tradicional Chinesa (MTC) complementam-se entre si, fornecendo uma estrutura para estudar e compreender como intervenções complexas como o Tai Chi podem ter impacto sobre a saúde.

Como a Estrutura dos Oito Ingredientes Ativos do Tai Chi Foi Desenvolvida

Na medicina moderna, os medicamentos são prescritos com base em seus ingredientes ativos. Compostos químicos bem-definidos sintetizados em laboratório, como o ibuprofeno, ingrediente ativo do Advil e Motrin, são desenvolvidos especificamente para ter efeito sobre as vias fisiológicas e provocar um efeito previsível e desejado – no caso do ibuprofeno, bloquear a sensação de dor e reduzir a inflamação e a febre.

Outros fatores não específicos, como a convicção de que o medicamento surtirá efeito, as recomendações do médico ou farmacêutico e a cor e a forma do comprimido, em geral são considerados como menos importantes para os benefícios terapêuticos do medicamento. Os pesquisadores geralmente tentam analisar o impacto de um único ingrediente ativo, ao mesmo tempo que controlam outros efeitos não específicos. Esse modo de pensar resultou no padrão de referência do estudo duplo-cego, controlado com placebo e randomizado em que um grupo de pessoas recebe o ingrediente ativo e outro, um ingrediente inativo (com todos os demais fatores idênticos, exceto o ingrediente ativo), que nos estudos de medicamentos em geral é apenas um comprimido de açúcar. Nem as pessoas que recebem o medicamento experimental nem as pessoas que o administram sabem se o comprimido contém ou não o ingrediente ativo.

Obviamente, o Tai Chi é diferente de um tratamento medicamentoso. Ele não tem um ingrediente químico específico, é mais uma mistura de exercícios e componentes meditativos e psicossociais. Ainda assim, por várias razões, acho que é útil pensar e ensinar o Tai Chi no âmbito de Oito Ingredientes Ativos. Meus colegas e eu usamos essa estrutura conceitual para avaliar os benefícios clínicos do Tai Chi, explorar seus mecanismos de ação e orientar a forma como ensinamos Tai Chi em nossos estudos.

Durante os últimos 35 anos, o meu treinamento pessoal em diversos estilos de Tai Chi e em artes marciais e curativas afins também me ajudou a dar forma à estrutura dos ingredientes ativos. Como a maioria dos esportistas de outras modalidades e que também praticam Tai Chi, eu percebi a diferença entre os estilos. Mas, depois de praticar alguns estilos e passar por diversos professores, comecei a analisar o que os estilos tinham em comum, isto é, os princípios fundamentais ou ingredientes ativos. Além disso, meu treinamento foi além do Tai Chi e das artes marciais para outros sistemas de artes internas de cura, inclusive Qigong e vários estilos de meditação. Algumas dessas práticas focam o alinhamento postural ou a sensação da energia interna enquanto se permanece imóvel em uma postura durante um longo tempo, enquanto outras focam exclusivamente o padrão respiratório e a observação dos pensamentos. Minha curiosidade me levou ao treinamento formal em terapias orientais manuais e de transferência de energia, como Shiatsu, Tuina e Reiki, que destacavam os princípios de alinhamento postural, fluxo de energia e as conexões entre corpo e mente.

O aprendizado dos vários elementos dessas terapias me ajudou a reconhecer o papel implícito que eles desempenham no Tai Chi. Compreendi que o Tai Chi é constituído de diversos componentes perfeitamente projetados, isto é, um rico conjunto de ingredientes ativos integrados. Mais do que ensinar coreografia externa, fui inspirado a ensinar de dentro para fora. Eu queria desenvolver ainda mais esses princípios. Queria usar movimentos simplificados do Tai Chi que fossem relativamente fáceis de aprender para transmitir os ingredientes ativos.

O catalisador para dar uma estrutura formal aos Oito Ingredientes Ativos surgiu com o convite para avaliar o Tai Chi cientificamente em um estudo clínico de curta duração. Fui solicitado a projetar um estudo de 10 semanas para comparar o Tai Chi com um grupo de controle de fisioterapia tradicional para pacientes com distúrbios do labirinto. Meu objetivo como cientista não era "provar" que o Tai Chi podia ser útil. Na realidade, eu duvidava que conseguiríamos ajudar de maneira significativa esse grupo altamente deficiente em apenas 10 semanas. No entanto, eu estava determinado a desenvolver um protocolo com a "dose" mais completa possível de Tai Chi em 10 semanas, de modo que o estudo fosse um teste cientificamente confiável do potencial do Tai Chi.

Eu sabia que focar na coreografia sequenciada tradicional do Tai Chi, com sua longa curva de aprendizado, não funcionaria. Mesmo as formas curtas do Tai Chi podem demorar meses para ser memorizadas e bem assimiladas a ponto de surtirem um efeito terapêutico. E tem mais, esses pacientes com distúrbios de equilíbrio eram bem idosos, frágeis e sem qualquer condicionamento físico devido à pouca atividade física. Por causa de suas preocupações com falta de equilíbrio e possíveis quedas, tentar ensiná-los uma sequência relativamente complexa de movimentos parecia mais uma forma de gerar estresse e medo.

Em vez disso, desenvolvemos um protocolo de Tai Chi baseado em alguns movimentos, juntamente com uma série simples de exercícios de aquecimento.[1] Os pacientes conseguiam aprender cada movimento do Tai Chi ou exercício de aquecimento em poucos minutos apenas praticando, sem necessidade de memorizar. Graças à facilidade e segurança dos movimentos, os participantes do estudo podiam focar quase de imediato em conscientização, relaxamento, alinhamento correto e respiração, entrando rapidamente em um estado de meditação em movimento. Escolhemos movimentos do Tai Chi que pudessem ser facilmente adaptados às habilidades e limitações dos pacientes, e estabelecemos uma sequência que fosse se tornando mais desafiadora à medida que o paciente avançasse. O novo protocolo de Tai Chi não era composto por um conjunto rígido de movimentos do tipo "tamanho único", isto é, aplicável a todos; pelo contrário, compunha-se de movimentos adaptáveis cuidadosamente escolhidos que permitiam que os participantes tivessem a oportunidade de vivenciar profundamente os princípios fundamentais (ingredientes ativos) do Tai Chi.

Ao longo do tempo, temos usado essa abordagem e adaptado os movimentos e exercícios de aquecimento do Tai Chi para diferentes grupos de pessoas em diversos estudos clínicos, inclusive sobre insuficiência cardíaca, doença pulmonar obstrutiva crônica (DPOC), saúde óssea, doença de Parkinson e depressão. Os participantes dos nossos estudos dizem que se sentem mais fortes e mais saudáveis e, talvez mais importante, que gostam de ser ensinados de uma forma que possam entender de maneira lógica quais são os efeitos fisiológicos dos ingredientes ativos do Tai Chi sobre a saúde. Se faz sentido para eles, a probabilidade de que continuem o treinamento é maior.

Depois que começamos a relatar os resultados dos nossos estudos clínicos em artigos científicos e palestras de congressos, nossos colegas acadêmicos levantaram algumas questões: Quais são os mecanismos físicos e fisiológicos que parecem estar por trás da melhora observada em equilíbrio, força, capacidade de exercício, humor e qualidade de vida? Como saber se não se trata de um efeito placebo? Existe um componente principal que seja responsável pelos efeitos do Tai Chi? O Tai Chi é a mesma coisa que técnicas de exercícios e relaxamento — ou seus diversos ingredientes ativos têm um impacto sinérgico sobre vários processos relacionados com a saúde?

Esse questionamento nos incentivou ainda mais a elaborar o nosso treinamento de Tai Chi com base nos ingredientes ativos. E também ajudou a moldar nossas pesquisas. Passamos a focar mais na análise dos mecanismos de ação do Tai Chi. Começamos a incluir medidas fisiológicas e psicológicas que nos ajudariam a interpretar o papel dos ingredientes ativos. Por fim, usamos essas questões e os resultados das nossas pesquisas, bem como de outras pesquisas, para refinar e melhorar nossos protocolos para populações com necessidades e sintomas específicos.

Por fim, depois de obter sucesso em nossos estudos clínicos, adotei a abordagem dos Oito Ingredientes Ativos para dar minhas aulas na comunidade. As pessoas iam às aulas pela mesma razão que se apresentavam voluntariamente para participar dos estudos clínicos — para ter mais saúde e se sentir melhor. Depois de 30 anos dando aulas de Tai Chi básico focado nas formas tradicionais do estilo Yang, eu me dei conta de que nosso currículo inicial era ineficiente e quase sempre frustrante tanto para os alunos quanto para os professores. Muitos alunos não têm a paciência necessária para aprender a coreografia e, quando estão em grupo, ficam frustrados e sentem-se mal por ficarem para trás. Para mim, e para outros professores, é difícil ver alunos com problemas de memória ou equilíbrio não conseguirem executar os movimentos e deixarem de usufruir muito do que o Tai Chi tem a oferecer. Inevitavelmente, perdemos um grande número desses alunos antes que eles tenham tido a oportunidade de vivenciar realmente a experiência mais profunda do Tai Chi.

Quando comecei a ensinar aos alunos os movimentos simplificados semelhantes aos usados em nossos protocolos clínicos, enfatizando os Oito Ingredientes Ativos, passei a ver resultados mais rápidos e notei que os alunos continuavam a ir às aulas. Mesmo entre os alunos que frequentaram as aulas por apenas alguns meses e não chegaram a aprender a coreografia formal do Tai Chi, observei melhora no equilíbrio, aumento da força e maior sensação de bem-estar. Além disso, eles também aprenderam rapidamente um número suficiente de exercícios simples para praticar em casa e integrar os princípios do Tai Chi a outras atividades físicas. Os alunos que continuaram as aulas e aprenderam as sequências das formas tradicionais do Tai Chi estavam mais fortes e mais firmes em relação aos princípios do Tai Chi e conseguiam executar com segurança os movimentos mais complexos. Para minha surpresa, as pessoas continuam a frequentar aulas básicas, mesmo depois de 10 anos ou mais de treinamento de Tai Chi e depois de terem atingido o estágio em que executam vários exercícios individuais, exercícios com armas e em dupla. Aparentemente, nas aulas de Tai Chi básico elas conseguem ter uma experiência mais profunda daquilo que já "sabem" sobre Tai Chi.

Neste capítulo, eu introduzo Os Oito Ingredientes Ativos do Tai Chi da mesma maneira que faço em minhas aulas e nos estudos clínicos. Explicarei em maiores detalhes e farei a conexão entre as evidências das pesquisas médicas a esses ingredientes e seus possíveis efeitos terapêuticos nos capítulos da Segunda Parte que abordam as pesquisas sobre o uso do Tai Chi para tratamento de doenças específicas.

Assim como acontece com qualquer sistema complexo, existem várias formas de classificar os subcomponentes do Tai Chi. No nível mais básico de Yin-Yang, o Tai Chi tem dois conjuntos principais de princípios ou ingredientes ativos – mente e corpo. Na outra extremidade da escala, é provável que você consiga diferenciar dezenas de princípios sutis. Outros sistemas do Tai Chi podem dividir os princípios de outras formas e incluir outros não mencionados aqui. Espero que essa classificação estimule o debate e o incentive a encontrar a riqueza dos princípios do Tai Chi em sua própria prática.

Ao descrever os Oito Ingredientes Ativos, tentei destacar e articular os componentes essenciais do Tai Chi. Na prática, cada um desses oito ingredientes é

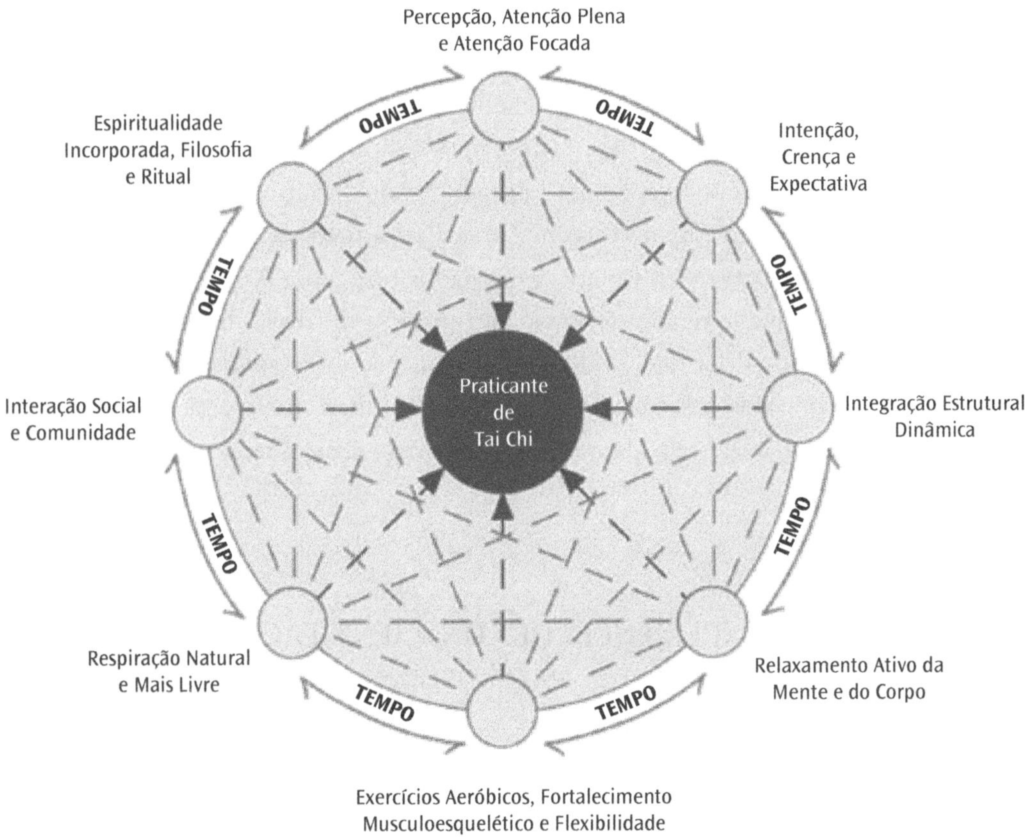

Os Oito Ingredientes Ativos do Tai Chi: Estrutura Biológica dos Sistemas

As setas indicam como cada ingrediente pode afetar diretamente o praticante de Tai Chi, e mostram a rica interdependência dos ingredientes.

interdependente e interligado aos outros. Por exemplo, você não consegue mudar sua respiração significativamente sem alterar sua postura, dinâmica neuromuscular, percepção interior, intenção e humor. Assim como uma luz branca que incide sobre um prisma forma um arco-íris de cores, os Oito Ingredientes Ativos permitem que você aprecie os inúmeros componentes do Tai Chi que formam o todo.

1. Conscientização (inclusive Atenção Plena e Atenção Focada)

O Tai Chi é conhecido como "meditação em movimento". Um dos ingredientes ativos do Tai Chi refere-se a ficar mais consciente e cada vez mais à vontade com o que está acontecendo dentro do seu corpo e mente em todos os momentos. Desse modo, você conseguirá exercitar e manter a sua atenção ou foco mental, bem como controlar os pensamentos distrativos e o burburinho mental incessante. Como resultado, você ficará mais concentrado nas tarefas que está executando e também no momento presente. Ao contrário de outras práticas orientais, no Tai Chi você não aprende a meditar sentado sobre uma almofada, mas, sim, fazendo exercícios práticos centrados no corpo. Assim, você poderá aplicar aquilo que aprendeu às atividades práticas do dia a dia. Cheng Man Ching gostava de dizer que "A diferença entre meditação sentada e Tai Chi é que mesmo que você consiga relaxar e aumentar a sua conscientização estudando meditação, não existe nada que possa fazer caso alguém tente empurrá-lo da almofada".[2]

A EXPERIÊNCIA DE CONSCIENTIZAÇÃO

Em geral, começo minhas aulas de Tai Chi pedindo que os alunos formem um círculo e fiquem conscientes, ou bastante atentos, ao que está acontecendo em seu corpo naquele momento. Costumo dizer: "Antes de *fazer* qualquer coisa nesta sessão, fiquem totalmente 'mergulhados' no momento presente e apenas observem o que estão sentindo neste exato instante. Vocês conseguem sentir os pés no chão? Conseguem perceber como estão respirando? Façam o possível para não "pensar" demais nem julgar o que estão sentindo ou vivenciado, nem se apressem para corrigir ou melhorar a postura ou a respiração. Simplesmente observem".[3]

Em seguida, dou mais algumas sugestões para ajudá-los a ter ainda mais foco e conscientização interna. "Quando estão em pé, vocês sentem que o peso do corpo está mais sobre uma perna do que sobre a outra? A pressão é maior nas bordas internas ou nas bordas externas de seus pés? Vocês conseguem sentir para onde a respiração vai facilmente e para onde ela não vai no seu corpo? Apenas observem".

Depois de ficarmos um ou dois minutos em pé, imóveis, diminuindo o ritmo e observando, em geral começamos o movimento mais simples do Tai Chi – que eu chamo de "Verter". Como preparação, explico que o corpo é literalmente constituído de 70% de água. Em termos evolutivos, nós, seres humanos, trouxemos soluções semelhantes às do oceano para o nosso corpo para sobreviver sobre a Terra; isso é, internalizamos o oceano, literalmente. Nosso corpo é preenchido com um oceano interno de água, sangue e linfa. Sugiro que eles sintam os movimentos do corpo mais como uma onda, em vez de um objeto sólido que muda de forma ou posição.

O exercício de verter exemplifica também a genialidade do Tai Chi, que, com movimentos lentos e conscientes (em comparação com a imobilidade), ajuda você a se tornar ciente, a sentir o que está acontecendo dentro do seu corpo naquele momento. Em geral, eu me concentro primeiro nas sensações dinâmicas nas solas dos pés. "Alternem suavemente o peso do corpo de uma perna para outra e observem as sensações nas solas dos pés. À medida que transferirem o peso de uma perna para outra, entrem em contato com a sua natureza líquida ou 'oceano' interno. As solas dos seus pés estão 'cheias de suco'? Um pé tem mais suco que o outro? A região dos arcos ou dos dedos está mais sensível ou mais consciente de estar sendo banhada por esse oceano interno do que o calcanhar? Vocês sentem que alguma parte dos pés não tem suco algum?"

Depois de nos concentrarmos nos pés por aproximadamente um minuto, passamos para outras partes do corpo, usando os movimentos sutis gerados pelo exercício de verter para sentir e explorar os tornozelos, joelhos, quadris, abdome, coluna, pescoço, cabeça e braços. Esse exercício inicial serve como um tipo de varredura ou inventário do corpo inteiro, como uma lista de presença interna. Pés... presente; tornozelos... presente; quadril esquerdo... ausente. O importante durante todo esse exercício é observar ou sentir uma parte do corpo ou sensação que porventura ocorra; e não pensar, julgar ou reagir às sensações. Um dos meus professores costumava dizer que, quando nos concentramos e sentimos qualquer parte do nosso corpo, transferimos Qi para essa parte, ao passo que quando "pensamos" sobre aquela parte do corpo em geral, transferimos Qi para a cabeça.

O exercício bastante simples de verter, ou transferir o peso do corpo de um lado para o outro de maneira consciente, ilustra a conexão entre os ingredientes ativos cognitivos do Tai Chi. Eles têm um papel fundamental em todos os movimentos e exercícios relacionados do Tai Chi – maior conscientização corporal, maior atenção focada e maior integração entre mente e corpo. De certa forma, essa combinação de ingredientes parece óbvia, como um simples truísmo. Porém, apenas comparecer à aula e estar presente sem tentar mudar nada é também um dos princípios mais desafiadores e profundos do Tai Chi. Essas ideias estão refletidas em uma citação de Lao-Tzu, comumente mencionada nos textos sobre Tai Chi: "Quando nada é feito, nada fica por fazer".

Maior Percepção Corporal e Sensorial

Maior percepção corporal e maior conscientização, assim como a capacidade de manter a atenção focada sem pensar exageradamente nem julgar, são componentes profundos do Tai Chi. Um número cada vez maior de estudos indica que esses ingredientes, por si sós, produzem efeitos terapêuticos significativos.[4]

Por meio de movimentos lentos e deliberados, atenção à respiração e à qualidade mental, o Tai Chi estimula a autopercepção aguda – de sensações corporais, pensamentos e emoções, assim como a conexão entre mente e corpo.

Com maior consciência corporal, você consegue sentir o interior do seu corpo e identificar melhor as áreas que estão tensas ou não, as regiões que são mais fortes ou mais fracas e os movimentos que parecem graciosos ou receosos. Essa conscientização pode ter um papel significativo na prevenção e recuperação de diversos problemas de saúde. Por exemplo, no Capítulo 4, "Melhore o Equilíbrio e Tenha Ossos Mais Fortes", você verá como a sensação nas solas dos pés é um componente fundamental e como o Tai Chi melhora o equilíbrio até mesmo de pacientes com neuropatia periférica que têm lesão nervosa que causa dor, entorpecimento e perda de sensação nas mãos e nos pés.[5]

Uma maior consciência corporal também pode contribuir para a melhora de problemas musculoesqueléticos, com dor lombar, ao ajudar o paciente a perceber quais são as posturas e os padrões de movimento que aliviam ou exacerbam a dor. A prática de Tai Chi pode promover com segurança alongamento e fortalecimento terapêuticos, assim como o equilíbrio do sistema musculoesquelético. Pesquisas mostram que as pessoas que praticam Tai Chi há muito tempo têm mais capacidade de sentir ou localizar seus membros quando estes são movimentados, o que é chamado de percepção cinestésica.[6]

O desenvolvimento dessa sensibilidade é um componente fundamental da aplicação do Tai Chi como arte marcial. Você se torna altamente sensível ao início do movimento do seu adversário, de forma que consegue reagir rapidamente e tirar proveito disso antes que o ataque aconteça. Citações dos textos clássicos de Tai Chi ilustram essa sensibilidade: "Se o outro tem a mais leve intenção de se mover, eu me movo primeiro" e "Use quatro gramas para derrotar cem quilos".

De um modo mais geral, o efeito do Tai Chi para aumentar o foco, a percepção e a sensibilidade vai ajudá-lo a reagir de forma mais clara e eficiente a qualquer situação, como caminhar sobre uma trilha acidentada, carregar sacolas pesadas de supermercado ou uma criança pequena ou responder ponderadamente ao seu cônjuge durante uma discussão. Um estado mental mais claro influenciará suas reações.

Atenção Focada

A ênfase do Tai Chi na conscientização contínua também é uma forma de treinar o foco mental. A evolução humana nos presenteou com a capacidade de pensar sobre o futuro e planejá-lo para estarmos mais bem preparados, ou de reavaliar o que aconteceu no passado para não cometermos sempre os mesmos erros. Mas, principalmente na sociedade de hoje, em que estamos sempre muito ocupados, desempenhando inúmeras tarefas e diante de tantas demandas, planos e distrações, raramente reservamos algum tempo para diminuir o ritmo e observar atentamente o que está acontecendo no momento presente. A nossa capacidade de manter o foco nas tarefas que estamos executando no momento presente atrofiou-se muito. Durante a prática de Tai Chi, você é solicitado continuamente a observar o que está acontecendo em determinado momento, prestando atenção a certos aspectos do movimento, da postura, da respiração, do equilíbrio e ao impacto do ambiente ao seu redor (inclusive outras pessoas). Esse treino ajuda a manter sob controle o que as tradições asiáticas de meditação chamam de "mente de macaco", ou um número excessivo de distrações ou pensamentos sobre eventos externos, passados ou futuros.

Alguns tipos de meditação estimulam o esvaziamento completo da mente de todos os pensamentos. Já o Tai Chi é mais um tipo de meditação ativa e focada. Durante a prática, quando a sua mente começa a vagar, você a redireciona suavemente de volta para as sensações corporais práticas e funcionais daquele momento. Uma metáfora que costumo usar durante a meditação é a de pensar no tecido corporal como se fosse uma toalha de papel. Assim como uma toalha de papel naturalmente absorve e retém a água em seus poros altamente absorventes sem esforço, deixe a mente descansar e ser acolhida pelo tecido corporal. O espírito desse ingrediente ativo foi muito bem captado em uma frase inteligente que vi em um adesivo de para-choque e que costumo citar nas aulas de Tai Chi, "*Meditação* – não é o que você pensa".

Para muitas pessoas, um dos problemas da "mente de macaco" é que a mente vagueia e acaba se perdendo pelas vielas escuras do pensamento e pela ruminação infindável de pensamentos negativos e "e se...". A mente vagueia porque as sensações corporais estão intimamente ligadas aos processos cognitivos relacionados com avaliação e interpretação, crenças, lembranças, condicionamentos, atitudes e sentimentos. Um estudo altamente inovador realizado em 2010 pelos professores Killingsworth e Gilbert (analisado no Capítulo 9, "Aumente seu Bem-Estar Psicológico e Durma Melhor") defende a tese de que quanto mais a sua mente vagueia, menos feliz você é.[7]

Com a prática, o Tai Chi volta a sua atenção para o momento presente e o ajuda a desenvolver um estado de atenção plena, abertura e aceitação. O Tai Chi literalmente promove a paz de espírito. Vários estudos mostram que exercícios meditativos como o Tai Chi podem mudar a estrutura e a função do cérebro, e que a concentração focada e a conscientização contínua e sem julgamento por si sós (sem exercícios evidentes) podem modular diversos aspectos da saúde, inclusive a dor, a função imunológica e o humor.[8]

Por fim, esse ingrediente ativo é essencial também para você conseguir obter os benefícios de outros ingredientes ativos, como postura eficiente, respiração eficaz e relaxamento ativo. Uma maior conscientização interna, por exemplo, pode direcionar a atenção para padrões restritos de respiração ou tensão excessiva em determinadas posições em pé, o que, por sua vez, aumenta a sensibilidade interna e a percepção.

2. Intenção (inclusive Crença e Expectativa)

Em geral, o Tai Chi usa imagens ou metáforas extraídas da natureza. Frases dos textos clássicos de Tai Chi, como "Ficar imóvel como uma montanha", "Mover-se como um rio poderoso" "Ficar enraizado como uma árvore", assim como os próprios nomes de muitos movimentos do Tai Chi (por exemplo, "Mover as Mãos como Nuvens"), incluem imagens que direcionam você para alguns estados cinestésicos, emocionais e energéticos. Os demais ingredientes ativos de imagens mentais e visualização, e as ferramentas cognitivas relacionadas que alteram a intenção, a crença e a expectativa, complementam os ingredientes ativos cognitivos relacionados à percepção, atenção plena e atenção focada, contribuindo significativamente para os efeitos terapêuticos e fisiológicos do Tai Chi.

Em nítido contraste com a biomedicina convencional, que acredita que o ingrediente ativo (por exemplo, o ibuprofeno) é capaz de fazer praticamente todo o trabalho, no Tai Chi, intenção e crença são considerados ingredientes específicos e altamente ativos. De fato, os textos clássicos sobre Tai Chi enfatizam que todo movimento incorporado começa com crença, pensamento ou intenção: a mente (*yi*, intenção) direciona o Qi, e o Qi movimenta o corpo. Esse papel central da crença e da expectativa elimina a possibilidade da realização de estudos controlados com placebo sobre Tai Chi.[9]

ACRESCENTANDO INTENÇÃO AO EXERCÍCIO "VERTER"

Neste exercício, assim que os alunos se acomodam, tornam-se conscientes e fazem contato com o corpo todo, eu acrescento intenção à conscientização. Para enriquecer a experiência, posso acrescentar várias imagens ou metáforas simples. "À medida que transferirem o peso do corpo de um lado para outro, lembrem-se de que seu oceano interno é aquecido e tropical, com temperatura de aproximadamente 37 graus e repleto de sais nutrientes e outros compostos terapêuticos. Imaginem esses líquidos penetrando ainda mais, permeando, reidratando e banhando todos os tecidos dos seus pés — os ligamentos, tendões e músculos, e penetrando nas redes de tecidos conjuntivos. À medida que verterem ou balançarem de um lado para outro, imaginem que estão levando líquidos repletos de Qi até as camadas mais profundas dos tecidos do corpo, suave e pacientemente dissolvendo os tecidos 'grudados', desfazendo as tensões e eliminando as toxinas e 'problemas' antigos incrustados nos tecidos."

Em seu famoso livro *Imagery and Healing*, a dra. Jeanne Achterberg afirma: "As imagens mentais sempre tiveram um papel fundamental na medicina. As imagens mentais são o processo de pensamento que invoca e usa os sentidos: visão, audição, olfato, paladar, os sentidos de movimento, posição e tato. Trata-se do mecanismo de comunicação entre percepção, emoção e alterações corporais. Fonte importante tanto de saúde quanto de doença, a imagem é a melhor e mais antiga fonte de cura do mundo".[10]

O uso de imagens mentais e expectativas ativas tem inúmeros efeitos terapêuticos.[11] A simples visualização de movimentos sem que estes sejam executados fisicamente pode melhorar a recuperação da função motora em sobreviventes de AVC, assim como estimular o aprendizado de movimentos novos e complexos. Um número cada vez maior de evidências indica que as áreas do cérebro envolvidas na execução real de movimentos também são, até um nível significativo, usadas durante a formação de imagens motoras. Isto é, só o ato de pensar sobre um movimento usa as mesmas partes do cérebro de quando estamos realmente fazendo o movimento.[12] As pesquisas sobre meditação mostram que intenção positiva e imagens mentais podem influenciar significativamente o cérebro e diversas funções fisiológicas.[13] Os estudos com placebo, um campo em franco crescimento, também corroboram os diversos e quase sempre sólidos efeitos terapêuticos da crença e da expectativa, fundamentais para o Tai Chi.[14]

O Tai Chi aproveita esse poder da crença. O renomado mestre de Tai Chi T. T. Ling costumava dizer que "a imaginação se torna realidade", que é também o título de um livro fantástico que documenta seus 103 anos de vida.[15]

BANHANDO-SE DE QI

Um dos meus momentos favoritos ao dar aulas para novos alunos de Tai Chi, tanto em estudos clínicos quanto na escola, é quando apresento um exercício de aquecimento de Qigong chamado "Banhando-se com o Qi da Natureza". Este exercício muito simples, feito em pé ou sentado, tem como objetivo incorporar a energia curativa, rejuvenescedora e calma da natureza e direcionar essa energia para cada célula do corpo, começando pelo alto da cabeça e descendo pelo tórax, ombros, coluna, todos os órgãos internos até as pernas e pés. Peço aos alunos — em geral, donas de casa de mais idade e operários aposentados com nenhuma ou pouca exposição às práticas *New Age* — que imaginem que estão fazendo esse exercício em pé no topo de uma montanha, em uma praia ou em algum lugar que se sintam cercados por energia nutriente. Peço que acreditem que a energia penetrará e revitalizará cada célula do corpo, enquanto a energia cansada e doente sai através da sola dos pés para a terra.

Em seguida, paro repentinamente, sorrio e admito que todas essas ideias parecem estranhas ou esquisitas. Geralmente eles concordam e todos nós caímos na risada. Falo então sobre algumas pesquisas que meus colegas e eu fizemos sobre o efeito placebo; nossas pesquisas confirmam o princípio do Tai Chi de que aquilo em que você pensa e acredita influencia a sua fisiologia e a maneira como você se sente. Se os pacientes asmáticos acreditarem que estão inalando pólen da ambrósia americana (quando na verdade é apenas névoa de solução salina), a maioria terá uma crise de asma, ao passo que se acreditarem que estão inalando um medicamento de ação rápida (de novo, apenas névoa de solução salina), se recuperarão rapidamente.[16] Depois desse rápido intervalo, volto para "Banhando-se com Qi da Natureza" e, em tom de brincadeira, digo: "Enquanto nos banhamos com Qi celestial, vocês podem imaginar que estão aspirando e banhando cada célula do seu corpo com energia curativa, ou então com ambrósia americana ou outras substâncias tóxicas. A escolha é de vocês!"

Os exercícios apresentados neste livro utilizam várias imagens e ferramentas cognitivas para obter resultados funcionais. Por exemplo, posso usar a imagem de me sentir enraizado como uma árvore para aumentar o equilíbrio ou "Mover as Mãos como Nuvens" para evocar uma qualidade de movimento mais leve e mais aberta. Porém, essas imagens e ideias são instrumentos que devem ser explorados de forma lúdica e com a mente aberta. Uma imagem que funciona para você pode não funcionar para outra pessoa, e uma imagem que evoca uma resposta no estágio inicial do seu treino pode não ser útil em um estágio posterior. Ater-se rigidamente a qualquer técnica, cognitiva ou física, pode inibir o seu progresso, pois limita a experiência do que está realmente acontecendo em seu corpo e impede a evolução orgânica que você está suavemente buscando atingir na prática do Tai Chi.[17]

3. Integração Estrutural (inclusive Forma e Função Dinâmicas)

Uma tradução do significado essencial de Tai Chi, que se reflete no símbolo Yin-Yang, é integração dinâmica. A integração de componentes complementares resulta em um todo mais equilibrado e criativo. O Tai Chi, e de forma mais generalizada a Medicina Tradicional Chinesa (MTC), não dão ênfase ao corpo como um conjunto de partes autônomas que lembram uma máquina –

músculos, ossos e órgãos separados. Pelo contrário, acreditam em um sistema vivo dinâmico e intrinsecamente coordenado. A maior integração dos diversos sistemas fisiológicos e estruturais é outro ingrediente ativo fundamental que contribui para o efeito terapêutico do Tai Chi.

A biomedicina ocidental reconhece diversos sistemas que integram e sustentam as funções vitais. Por exemplo, as principais artérias e capilares do sistema circulatório levam sangue, nutrientes e substâncias responsáveis pela comunicação a todas as células do corpo, da cabeça aos pés. Da mesma forma, o sistema nervoso, com o cérebro e a medula espinhal como seu ponto central, utiliza ondas eletroquímicas conduzidas através de uma complexa rede de células nervosas para coordenar todas as funções sensoriais, motoras e comportamentais. Dois outros sistemas inter-relacionados e interconectados fundamentais para o Tai Chi são a rede de meridianos da MTC, ou canais de energia, e a rede de tecido conjuntivo distribuída por todo o corpo, ou aquilo a que os textos clássicos de Tai Chi se referem como sustentáculo. Esses dois sistemas ajudam conceitualmente a compreender e obter maior integração.

De acordo com a MTC, existe no corpo um fluxo contínuo e integrado de informação e energia, ou Qi. Essas informações e essa energia movimentam-se ao longo de vias chamadas *jinglou* (ou meridianos) que ligam as vísceras a diferentes partes do corpo humano, tornando-o um todo integrado. Quando o Qi flui livremente pelos meridianos, o corpo está equilibrado e sadio. Porém, um Qi bloqueado, estagnado ou debilitado pode afetar a saúde física, mental ou emocional.

Interessantes pesquisas estão começando a explorar as possíveis bases anatômicas dos meridianos e a utilizar tecnologia de ponta para caracterizar correlatos biofísicos e bioenergéticos do fluxo de energia.[18] Tornar-se sensível a todas as partes Yin-Yang do corpo e usar as sensações do fluxo interno de energia para integrá-las — a base com o topo, o lado esquerdo com o direito, a parte interna com a superfície externa — é um instrumento fundamental de treinamento e um ingrediente ativo do Tai Chi.

Uma segunda estrutura que muitos dos meus professores de Tai Chi enfatizavam, e que estou enfocando cada vez mais em minhas aulas e pesquisas, é a rede de tecido conjuntivo incrustada na matriz extracelular — a chamada substância "preenchedora" que existe entre as células. O tecido conjuntivo forma uma rede contínua e anatômica por todo o corpo, e tem sido cada vez mais reconhecido como um sistema de comunicação. Ele está por toda parte.

Existem vários tipos de tecidos conjuntivos; todos contêm colágeno e outras macromoléculas e têm diferentes níveis de organização. O tecido conjuntivo denso, como os tendões, liga os ossos aos músculos, ao passo que os ligamentos mais fibrosos ligam os ossos a outros ossos. A fáscia, um tecido conjuntivo menos densamente organizado e mais elástico, envolve cada músculo, bem como as superfícies dos feixes menores de fibras musculares que compõem o músculo. A fáscia envolve também praticamente todos os vasos sanguíneos, nervos e órgãos internos. Ela serve para unir as estruturas, quase da mesma maneira que o filme plástico faz para segurar o recheio dos sanduíches.

Por fim, o tecido conjuntivo frouxo é o mais comum, porém o tipo menos compreendido ou analisado. O tecido conjuntivo frouxo mantém os órgãos no lugar e ajuda a unir vários tipos e camadas de tecido uns aos outros. Um aspecto importante é que o tecido conjuntivo frouxo está associado com um meio altamente líquido que também liga água, íons e outras substâncias químicas que, em conjunto, são chamados de "matriz viva".[19] A matriz viva tem propriedades que conectam perfeitamente todas as partes do corpo (e talvez a mente), o que é uma metáfora perfeita para a estrutura do Tai Chi![20]

Integração Estrutural

Um dos mais importantes princípios do Tai Chi refere-se à postura corporal. Na verdade, o Tai Chi molda o que geralmente chamamos de postura e alinhamento. Valendo-se de frases retiradas dos textos clássicos de Tai Chi – por exemplo: "Erga sua coluna como se fosse uma fieira de pérolas pendendo do céu" – a prática do Tai Chi o ajuda a aumentar o seu potencial físico e a encontrar alinhamentos que garantam posturas seguras, graciosas e sem tensão.

Um princípio de alinhamento que influencia a maioria dos movimentos do Tai Chi é a verticalidade; isto é, a cabeça é centrada sobre o tronco, o tronco repousa sobre os quadris e os quadris são centrados sobre a base de apoio, as pernas e pés. Outros princípios de alinhamento são a centralização da articulação do joelho sobre o eixo central do pé e a suspensão relaxada dos cotovelos

COMO INTENSIFICAR A INTEGRAÇÃO

Costumo recorrer à biologia da matriz do tecido conjuntivo para promover a integração entre as partes e sistemas corporais no exercício "Verter". Digo: "Fique ciente da trama do tecido conjuntivo e da matriz viva que permeia e circunda cada célula do seu corpo. Enquanto balança de um lado para outro, você consegue sentir como as ondas do seu oceano interno conectam os pés, tornozelos e joelhos? Consegue sentir os 'líquidos' suavizando e alimentando os tecidos conjuntivos? As ondas líquidas e bioelétricas fluem livremente por essas vias ou existem bloqueios ou barreiras ao fluxo?".

O movimento de qualquer parte do corpo afeta todas as outras. Usando a sensibilidade, você pode observar que consegue sentir o movimento dos braços até os pés. Ou sentir como a respiração afeta as formas das costelas e da coluna. Os textos clássicos de Tai Chi enfatizam essa integração dinâmica: "Se alguma parte (do corpo) deixar de se movimentar, os movimentos se tornarão desconexos e desordenados".[21]

entre os ombros e punhos. Os praticantes de Tai Chi acreditam que a adoção do alinhamento adequado produz padrões mais eficientes de movimentos e níveis menores de coativação muscular, o que, por sua vez, tende a diminuir o estresse sobre as articulações e melhorar o equilíbrio. (Consulte as pesquisas apresentadas nos Capítulos 4 e 5.) Esse princípio de integração e alinhamento estruturais é expresso na citação do Mestre Cheng Man Ching: "As articulações devem estar conectadas umas às outras. Isso permite que o Qi passe suavemente por todo o corpo e beneficia tanto a forma quanto a aplicação".[22]

Outro princípio central do Tai Chi é a ênfase em movimentos lentos, coordenados e integrados. As mudanças de uma postura para outra ocorrem com o tempo. Frases dos textos clássicos sobre Tai Chi, como "Os movimentos começam pelos pés, são guiados pela cintura e controlados pela mão", refletem os princípios funcionais do movimento relacionados à biomecânica humana. Além do alinhamento postural e de sequências neuromusculares altamente específicas, a lentidão das transições lhe dá tempo para sentir a posição do corpo, fazer as modificações necessárias e organizar as partes para que elas trabalhem em conjunto. Os textos clássicos às vezes se referem a esse processo como algo "ininterrupto" ou o descrevem como sendo parecido com "desenrolar a seda de um casulo". Se os movimentos forem muito abruptos e desintegrados, ou lentos demais, o fio de seda se arrebentará ao ser retirado do casulo. Outra citação dos textos clássicos é: "Do começo ao fim, os movimentos são contínuos e circulares, como um rio que flui sem parar".

No Tai Chi, o Tan Tien é um importante centro físico e energético do corpo, um dos principais locais em que você concentra e foca a sua percepção durante a prática de Tai Chi. Localizado logo abaixo e atrás do umbigo, o Tan Tien fica próximo também do centro de gravidade do corpo. O processo de "centrar-se" no Tan Tien ajuda a manter o equilíbrio físico, integrando a parte superior e a parte inferior do corpo, ajudando também na integração energética, criando um tipo de centro onde a mente, as emoções e o corpo físico conseguem interagir facilmente, manter-se conectados e em equilíbrio. O Capítulo 4, "Melhore o Equilíbrio e Tenha Ossos Mais Fortes", traz alguns exercícios centrados no Tan Tien.

O conceito de integração está relacionado com o princípio da biologia evolutiva de forma e função, isto é, de que as formas e os padrões do movimento têm consequências funcionais em muitos sistemas corporais. Por exemplo, ao melhorar a sua organização estrutural, provavelmente você melhorará também a sua função fisiológica — se suas costelas e o seu tórax se abaixarem menos, a sua respiração será mais eficiente; se você relaxar mais os músculos, diminuirá a carga e o estresse sobre o coração a cada vez que ele bombear sangue. Esse conceito de forma e função é um tema abordado ao longo de todo o livro.

A forma e a função afetam até mesmo as emoções. Charles Darwin e, mais recentemente, Paul Eckman, escreveram sobre como as emoções evoluíram juntamente com as formas corporais inatas que ajudam a servir como um meio de comunicação não verbal; um exemplo disso é o bebê que cerra ou franze os lábios quando não gosta de determinado alimento.[23]

Tive um lampejo sobre isso quando eu era assistente do Professor E. O. Wilson no curso de biologia evolutiva de Harvard. Em uma de suas últimas aulas sobre a evolução da linguagem corporal, Wilson exibiu uma série de *slides* que mostravam diversas espécies de primatas, todos fazendo o mesmo gesto, ou seja, agitando as mãos alegre e vigorosamente acima da cabeça, que ele chamou de "gesto da vitória". Em seguida, exibiu imagens semelhantes de seres humanos – um maratonista com os braços levantados no momento em que rompia a fita ao cruzar a linha de chegada; um atacante de futebol americano com os braços erguidos no campo sinalizando um gol. Ele frisou que todas essas formas estavam conectadas com as emoções e, em tom de brincadeira, disse: "É difícil sentir-se triste quando se imita essa forma". Seus exemplos e comentários fizeram com que eu entendesse que o Tai Chi cria formas que têm efeitos positivos não apenas sobre a função fisiológica, mas também sobre a função emocional. Pesquisas recentes da Faculdade de Administração de Harvard (discutidas em detalhes no Capítulo 9) corroboram a teoria de que a forma do corpo influencia as negociações e até mesmo altera a função endócrina e o humor.[24] Ao estimular a adoção de posturas equilibradas, abertas e relaxadas, o Tai Chi exerce impacto sobre a funcionalidade de praticamente todos os sistemas orgânicos.

4. Relaxamento Ativo

A sabedoria intrínseca de que é preciso alcançar equilíbrio em tudo, inclusive no grau de esforço despendido no treinamento, está embutida no símbolo do Tai Chi. Essa visão se contrapõe à mentalidade dominante na cultura ocidental de "mais é melhor". Palestrantes motivacionais requisitados e técnicos esportivos em geral estimulam as pessoas "a darem o máximo de si" ou "darem 110%" ou "superarem seus limites". Um dos meus favoritos é "se você não está vivendo no seu limite, está atrapalhando". Essas estratégias agressivas às vezes são úteis, mas o possível benefício do esforço moderado não é levado em tanta consideração. Como dizia a comediante e atriz Lily Tomlin: "Por que ninguém recomenda ir mais devagar?". Ela sugeria também que "Para obter alívio rápido, experimente ir mais devagar".

O equilíbrio é inerente à filosofia do Tai Chi e é expresso no símbolo Yin-Yang. A metade mais clara do símbolo Yin-Yang – que representa atividade e ação – tem um pequeno círculo escuro que representa inatividade ou inação. Da mesma forma, a metade escura do símbolo Yin-Yang – representando inatividade ou inação – tem um pequeno círculo claro de atividade. Os pequenos círculos de cada uma das metades que representam a metade oposta mantêm o equilíbrio e cada energia sob controle. No Tai Chi, devemos evitar os dois extremos – atividade demais sem limites ou relaxamento inerte e sem energia. Na prática do Tai Chi, esses dois princípios inter-relacionados – moderação nos esforços e relaxamento ativo – são os dois lados de um importante ingrediente ativo que está por trás de muitos dos efeitos terapêuticos do Tai Chi.

Moderação nos Esforços

Praticamente todas as pessoas, jovens ou velhas, já se excederam alguma vez na vida – esforçando-se um pouco além do recomendável a ponto de distender um músculo das costas, virando-se rápido demais e torcendo um ligamento do joelho, removendo uma quantidade muito grande de neve ou trabalhando pesado no jardim até sofrer uma lesão. O Tai Chi desenvolve força, flexibilidade e aumenta a amplitude dos movimentos, mas faz isso de forma gradual, o que ajuda a minimizar as lesões. Essa abordagem cuidadosa e mais gradual talvez explique por que o Tai Chi é seguro mesmo para quem começa a treinar já em uma idade mais avançada (até mesmo na casa dos 90 anos) ou quem tem graves problemas neuromusculares ou musculoesqueléticos, como fibromialgia e artrite.[25] Essa filosofia de treinamento também permite uma movimentação mais segura durante as atividades diárias.

Quando você "faz menos", seus tecidos respondem com relaxamento maior e mais prolongado, além de maior amplitude dos movimentos. O movimento lento e gradual dá tempo para que os tecidos relaxem e se soltem de forma mais orgânica, mais de dentro para fora, e não de fora para dentro. Algumas das vantagens de não exceder os limites podem ser devidas aos processos mecânicos mais eficientes que ocorrem dentro dos tecidos. Os músculos, ligamentos, tendões e fáscias têm mais tempo para se adaptar ao alongamento, se aquecer e mudar de formato sem se romper ou distender.[26]

Uma abordagem gradual pode ter uma vantagem neurológica no sentido de diminuir o receio de sofrer mais lesões. As áreas tensas, principalmente as que já sofreram lesões ou traumatismos, em geral têm um padrão de movimento alterado, chamado cinesiofobia (medo do movimento), para se proteger de outras lesões. Indo devagar, você tem tempo para sentir e respeitar esse trauma psicofísico, ou o que os profissionais da MTC chamam de estagnação do Qi. Indo devagar, você dá tempo para que seu corpo reconheça o trauma e descubra uma forma de lidar com o problema. Ignorar pode exacerbar os traumas já ocorridos e, possivelmente, provocar novos traumas além dos existentes. Às vezes, eu comparo os movimentos do Tai Chi com os de embalar um bebê para que ele adormeça. Não se deve forçar. Pelo contrário, os movimentos suaves e previsíveis do embalo criam uma sensação de confiança e conforto. Nesse clima de confiança e conforto, como um bebê que está adormecendo, os tecidos sentem-se seguros e liberam aos poucos seus padrões de retesamento e tensão.

Por fim, procedendo de forma lenta e gradual, você sentirá como a tensão de uma parte do corpo, por exemplo o pescoço, pode estar sendo afetada por tensões em outras áreas (ombros, cabeça ou pelve). Essa noção de interdependência se encaixa com os ingredientes de atenção plena e integração. O esforço lento, gradual e moderado dá início a uma mudança que afeta todos os sistemas, em vez de uma mudança compartimentada que tem impacto em uma parte do corpo de cada vez.

Relaxamento Ativo

Se você achava paradoxal a ideia de que "menos pode ser mais", então a ideia de que o relaxamento verdadeiro é um processo ativo pode parecer ainda mais paradoxal. Nas minhas aulas, muitas vezes eu digo brincando: "Relaxamento pode ser bem trabalhoso – e exaustivo!".

Relaxar não é uma palavra fácil de definir e costuma ter diversos significados para pessoas diferentes, dependendo do contexto. Muitas vezes, a conotação é a de um prêmio (como uma sobremesa) após a principal atividade (jantar). O dicionário Oxford define "relaxar" como "descanso [...] especialmente depois do trabalho ou de algum esforço".

Relaxamento, no Tai Chi, é um conceito muito mais ativo e mais funcional. Lembre-se de que o Tai Chi foi desenvolvido e é praticado como arte marcial. Os textos clássicos sobre Tai Chi, escritos basicamente como manuais para o treino prático de artes marciais, incluíam frases como "No Tai Chi Chuan, o corpo todo relaxa". Essa ideia de relaxamento não é a de se soltar, esvaziar a mente, baixar a guarda, jogar-se no sofá ou se desligar. Relaxar enquanto se está em pé ou fazendo movimentos simples ao enfrentar um oponente exige um relaxamento mais ativo.

Um dos conceitos do Tai Chi que transmite a ideia de relaxadamente ativo é "Sung". Sung é considerada uma característica definidora do Tai Chi. Como um estado qualitativo de mente-corpo, Sung é definido de várias formas: relaxado, solto ou aberto, ou como uma qualidade que permite o fluxo natural de energia. Sung é descrito também como um processo relacionado a "afundar" – não fisicamente como dobrar os joelhos ou sentar-se em uma posição mais baixa, mas energeticamente. O caractere ou pictograma chinês de Sung mostra o cabelo preso em um coque apertado desmanchando-se e balançando livremente. Em minhas aulas, costumo apresentar o conceito de Sung como sendo o oposto de "tenso", enfatizando os aspectos literais desse comportamento, inclusive fisicamente. Peço aos alunos que visualizem uma pessoa tensa, com peito retesado, ombros levantados e rígidos, pescoço encolhido e respiração superficial.

Para ajudar os alunos a vivenciar o conceito de Sung, costumo usar a metáfora do mel em um pote. Imagine um pote transparente que você vira de cabeça para baixo e em seguida desvira. Leva algum tempo para que o mel viscoso retorne para o fundo do pote. Da mesma forma, as tensões físicas e emocionais podem reter o Qi na parte superior do corpo. Praticando Tai Chi, você aprende a deixar as coisas "relaxarem" naturalmente. E, às vezes, assim como acontece com o mel, o Qi "emperra", tornando-se literalmente cristalizado em tecidos corporais cronicamente inflamados e cheio de cicatrizes. Para conseguir fluir mais livremente, primeiro é preciso que o Qi se dissolva. Assim como você colocaria o pote de mel em água quente para que o mel cristalizado voltasse à forma líquida, no Tai Chi você usa movimentos suaves, respiração, imagens mentais, mudanças emocionais e comportamentais, automassagem e outras técnicas para suavizar e liberar o Qi para que ele consiga instalar-se mais naturalmente, ou seja, vivenciar o Sung.

Quando o corpo libera as tensões e o Qi, ele parece mais leve, mais solto, mais enraizado e mais pesado na parte de baixo, quase como um joão-teimoso que se inclina para todos os lados mas não chega a cair. O corpo se torna mais eficiente do ponto de vista fisiológico. Porém, o corpo relaxado pelo Tai Chi não passa para um estado vazio e colapsado; pelo contrário, passa para um estado mais ereto, tridimensionalmente mais cheio, energizado, dinâmico e relaxado. A remoção das tensões físicas e emocionais libera as estruturas funcionais subjacentes.

A relevância do Sung e do relaxamento ativo do Tai Chi torna-se ainda mais óbvia quando se leva em consideração o contrassenso da expressão "ficar em pé imóvel". Nem mesmo o mais avançado mestre de Tai Chi consegue ficar totalmente imóvel, pois manter uma posição vertical é um processo ativo e dinâmico. A dinâmica de permanecer imóvel em pé existe por diversas razões. Primeiro, para ficar na posição vertical é preciso coordenar a ativação dos músculos que mantêm o esqueleto ereto e no lugar. A ativação desses músculos não funciona como um interruptor liga-desliga contínuo. As fibras musculares mudam com o passar do tempo devido à fadiga e a outros processos neurofisiológicos. Segundo, diversos processos centrais geram movimentos internos sutis, inclusive respiração, deglutição e fluxo de sangue e linfa, e, às vezes, movimentos não tão sutis, como soltar um pum. Ao longo da evolução, a estrutura do corpo humano tornou-se inerentemente mais pesada na parte superior e instável (como um sorvete de casquinha equilibrado sobre sua estreita base triangular). Isso significa que até mesmo pequenos movimentos, tais como respirar, exige que os sistemas internos de equilíbrio façam adaptações nos pés, nas pernas e no tronco para estabilizar os músculos e evitar que a pessoa caia. Terceiro, enquanto essas reações se dão num piscar de olhos, podem ocorrer atrasos nas adaptações neuromusculares, que exigem oscilações contínuas para a manutenção do equilíbrio.

Como você pode ver, manter uma estrutura corporal ereta, relaxada e semelhante ao Sung requer muito esforço. O Tai Chi aumenta a conscientização sobre suas tensões e dinâmica interna, oferecendo-lhe um conjunto de instrumentos biomecânicos e psicofísicos para administrar as mudanças de forma mais eficiente e relaxada. O Tai Chi não tenta reprimir rigidamente essas dinâmicas sutis, pelo contrário, tenta coordená-las para ajudá-lo a relaxar no fluxo.

MODERAÇÃO NOS ESFORÇOS E RELAXAMENTO ATIVO AO VERTER

Depois de incorporar os três primeiros ingredientes ativos ao exercício "Verter", normalmente eu acrescento os princípios de moderação no esforço e relaxamento ativo. "À medida que transferir seu peso de uma perna para outra, observe que enquanto uma perna sustenta o peso e assume a responsabilidade de mantê-lo em pé, a outra perna pode descansar. Uma vez que a perna 'vazia' (que não está sustentando o peso do corpo) não tem a responsabilidade de mantê-lo em pé, até que ponto você consegue fazer com que ela fique relaxada? Você pode até deixar o calcanhar dessa perna flutuar ligeiramente acima do chão (no máximo meio centímetro). Até que ponto consegue deixar vazia e imaterial a perna que está em descanso?"

Enquanto você balança para trás e para a frente explorando essa ideia, eu posso afirmar que o que você está fazendo é literalmente incorporando (tornando-se física e energeticamente) um símbolo dinâmico Yin-Yang ou do Tai Chi. "Nessa contínua transferência de peso, um lado se torna mais ativo, material e cheio – ou Yang – enquanto o outro lado se torna menos ativo, imaterial e vazio – ou Yin."

Eu saliento que um dos dons do Tai Chi é a ênfase no Yin de "não fazer" – isto é, de que menos pode ser mais. Em seguida, acrescento em tom de brincadeira: "Se a sua personalidade for mais do Tipo A e você for empreendedor como eu, tente deixar a sua perna 'vazia' relaxar mais profundamente a cada vez". Para fazer a ligação com o conceito de relaxamento ativo, eu digo: "Toda vez que você relaxa a perna que está se esvaziando, tem um período de descanso e aumenta a sua conscientização dessa estrutura. Períodos curtos e repetidos de descanso aumentam a eficiência com a qual a perna consegue desempenhar seu papel Yang. Com o tempo, você sentirá que mesmo quando sua perna está sustentando todo o seu peso e mantendo você em pé, ainda assim ela mantém suas características Yin relaxadas e de inatividade". Essa moderação no esforço e o relaxamento ativo animam cada movimento e cada meditação no Tai Chi.

5. Força e Flexibilidade

Uma das principais razões pelas quais o Tai Chi é tão terapêutico é simplesmente porque ele funciona como uma forma eficaz de exercício físico. De modo contínuo, e algumas vezes camuflado, misturado aos ingredientes mais meditativos e integradores existe um treinamento físico sofisticado, inclusive treinamento aeróbico moderado, treinamento de força e de flexibilidade. Uma importante característica do Tai Chi, devido aos aspectos de atenção plena e moderação, é que se trata de uma forma segura e altamente adaptável de exercício para pessoas de todas as idades e níveis de condicionamento físico.

A comunidade médica reconhece cada vez mais que atividade física e exercícios são um instrumento básico para a manutenção da saúde e reabilitação. O relatório da Conferência para Consenso sobre a Estratégia Nacional (EUA) para Aumentar os Níveis de Atividade Física de Adultos (National Blueprint Consensus Conference), publicado em 2001, fez a seguinte afirmação: "Existe um número significativo de evidências científicas de que a atividade física regular pode proporcionar benefícios significativos à saúde de pessoas de todas as idades, e que esses benefícios se prolongam por toda a vida. A atividade física é uma das melhores maneiras de acrescentar anos de vida ativa independente, reduzir a incapacidade física e melhorar a qualidade de vida de pessoas de meia-idade e idosas".[27]

Tai Chi como Exercício Aeróbico

As pessoas que praticam Tai Chi podem até nem perceber que estão obtendo benefícios aeróbicos, mas estão. Numerosos estudos mensuraram a intensidade aeróbica do Tai Chi – dependendo do estilo de treino, da maneira como as posturas são feitas, da rapidez com que se passa de uma postura para outra e da duração do treino – e chegaram à conclusão de que o Tai Chi é uma atividade aeróbica de intensidade baixa a moderada. Estudos relatam que a atividade física do Tai Chi corresponde a 1,6-4,6 equivalentes metabólicos (METS). Para colocar isso em perspectiva, 1 MET é a taxa metabólica de repouso de uma pessoa sentada tranquilamente. Segundo a maioria dos estudos, a intensidade do Tai Chi é de cerca de 3,5 METS, aproximadamente a mesma de uma caminhada em ritmo moderado de cerca de 5 quilômetros por hora em terreno plano. O Tai Chi pode fazer com que a frequência cardíaca fique entre 50 e 74% da máxima, dependendo do tipo e da intensidade do Tai Chi e da idade da pessoa.[28]

A capacidade de modular a intensidade do Tai Chi torna essa arte altamente adaptável para várias populações. Por exemplo, o número de METS de uma forma simplificada de Tai Chi praticada por uma pessoa sentada é de 1,5. Assim como a nossa versão simplificada de Tai Chi, a experiência mostra que essa forma é segura para pessoas com insuficiência cardíaca crônica.[29]

As sólidas evidências resumidas nos Capítulos 6 e 7 corroboram a teoria de que o Tai Chi melhora a capacidade aeróbica e retarda seu declínio em adultos saudáveis mais idosos, e pode aumentar a capacidade de exercício nos portadores de doenças cardiopulmonares crônicas, como insuficiência cardíaca e doença pulmonar obstrutiva crônica. O Tai Chi pode ser um complemento seguro e eficaz aos programas de reabilitação adotados após infarto e cirurgia de revascularização, e pode ser igual ou melhor que caminhadas aceleradas ou intervenções aeróbicas moderadas para melhorar a capacidade de exercício.[30]

O Tai Chi como Treinamento de Força

O Tai Chi não vai ajudar você a ter um corpo musculoso para que possa participar de concursos de fisiculturismo; porém, pode ser um treinamento de força significativo tanto para a parte inferior quanto para a parte superior do corpo. Estudos de análise de movimentos revelam que a morosidade dos movimentos do Tai Chi, os períodos mais longos em pé sobre uma única perna e as posturas levemente flexionadas resultam na aplicação substancial de carga sobre os músculos e ossos das pernas, proporcionando um treinamento significativo de força para os membros inferiores. Diversos estudos mostram que o Tai Chi aumenta a força muscular dos membros inferiores. Algumas evidências, inclusive dos nossos estudos, mostram que o Tai Chi ajuda a manter os ossos fortes e a retardar as taxas de perda óssea, principalmente em mulheres na pós-menopausa.[31]

O aumento da força não se limita à parte inferior do corpo. Os estudos mostram que o Tai Chi pode aumentar a força de preensão, um indicador importante da saúde geral, além de ser relevante para as funções do dia a dia, como abrir potes.[32]

Tai Chi como Treinamento de Flexibilidade

Os movimentos lentos, contínuos, relaxados e repetitivos do Tai Chi também produzem alongamento dinâmico, o que aumenta a flexibilidade como um todo. Os estudos confirmam que o Tai Chi aumenta a flexibilidade do tronco.[33] A capacidade de alcançar um objeto sem cair é cada vez mais importante para a população que está envelhecendo. Estima-se que em algum momento de suas vidas, 40% das mulheres brancas norte-americanas com mais de 50 anos sofrerão fratura de quadril, coluna ou punho – na maioria dos casos, em consequência de queda.

O Tai Chi e seus exercícios de aquecimento ajudam a soltar todo o sistema musculoesquelético, lubrificando as articulações e os tendões e alongando os músculos do corpo todo.

O exercício "Balançar e Bater" descrito no Capítulo 3 integra os princípios de consciência plena, intenção e moderação no esforço à prática aeróbica. Na verdade, muitas vezes eu me refiro a esses exercícios como meditação aeróbica. Esses exercícios aumentam a amplitude dos movimentos da cintura e dos membros, promovem maiores transferências de peso, mais equilíbrio dinâmico e maior aplicação de carga sobre as pernas, acrescentando um importante componente aeróbico à prática de Tai Chi.

6. Respiração Natural e mais Fluida

Respiração eficiente e consciente é um elemento-chave do Tai Chi e uma via fundamental através da qual o treinamento de Tai Chi influencia a saúde e o bem-estar. No Tai Chi, e, em termos mais amplos, na MTC, a respiração é importante não só para uma eficiente troca gasosa – isto, entra oxigênio e sai dióxido de carbono –, mas também para outras funções importantes. Essas funções incluem massagem dos órgãos internos e tecidos, regulação das emoções e movimento da energia interna do corpo e entre o corpo e o ambiente circundante. A respiração também serve como um mecanismo para intensificar ou implementar outros ingredientes ativos do Tai Chi, como consciência, intenção e integração estrutural.

A consciência da respiração e a prática de exercícios têm desempenhado um papel de destaque em quase todas as tradições curativas orientais, como Tai Chi, Qigong, Yoga e outras práticas meditativas. A respiração também é o foco principal de diversas terapias psicossomáticas contemporâneas desenvolvidas no Ocidente, como a Respiração Vivenciada de Middendorf, Terapia Respiratória, Percepção Sensorial e Respiração Holotrópica.[34] A consciência da respiração e os exercícios também estão sendo cada vez mais integrados a programas biomédicos de redução do estresse e ao treinamento esportivo, e o Tai Chi e outras pesquisas de psicossomática estão servindo de base para essa integração.

Tai Chi e Eficiência Respiratória

O Tai Chi emprega uma abordagem diversificada para melhorar a troca gasosa. Em primeiro lugar, com uma postura melhor e uma estrutura menos rígida e mais flexível, o corpo consegue inspirar e expirar com menos esforço, e também aumentar o volume bruto de ar inspirado. Em outras palavras, o volume de ar inspirado em uma postura relaxada, ereta e aberta do Tai Chi é muito maior do que o volume inspirado quando se está sentado em uma postura desleixada e tensa típica de um funcionário estressado que trabalha sentado. Melhorando a sua forma de respirar, o seu corpo vai funcionar melhor.

Algumas pesquisas confirmam que o Tai Chi e os exercícios psicossomáticos afins podem aumentar o volume e a eficiência da troca gasosa, inclusive de pessoas que têm asma, doença pulmonar obstrutiva crônica (DPOC) e outras doenças respiratórias.[35] A maior eficiência da respiração está associada a menor risco de doenças cardíacas, mortalidade por todas as causas e declínio cognitivo.[36] Até mesmo um curto período de treinamento respiratório pré-operatório em pacientes que vão ser submetidos a uma cirurgia de revascularização do miocárdio pode reduzir a incidência de complicações pulmonares pós-operatórias.[37]

A respiração lenta, regular e profunda do Tai Chi também tem efeitos positivos sobre o sistema nervoso, o que, por sua vez, pode aumentar a eficiência respiratória. A ênfase do Tai Chi no relaxamento provoca mudanças nos sistemas nervoso e endócrino. Durante períodos de estresse emocional, o sistema nervoso simpático é estimulado, causando inúmeras alterações fisiológicas, como aumento da frequência cardíaca e respiração rápida e superficial. O estresse crônico pode reduzir significativamente a eficiência respiratória; problemas respiratórios, como a DPOC, são comumente associados com excesso de atividade simpática. Acredita-se que a respiração praticada no Tai Chi ative o sistema nervoso parassimpático, proporcionando relaxamento e reversão das alterações causadas pela hiperestimulação do sistema nervoso simpático.[38]

Respiração Básica do Tai Chi

Textos clássicos e contemporâneos de Tai Chi e Qigong descrevem várias técnicas de respiração. Essas técnicas têm nomes diferentes, mas a que as pessoas reconhecem universalmente, e que nós ensinamos em nossos estudos clínicos, é a respiração diafragmática, às vezes também chamada de respiração natural, abdominal ou no Tan Tien (baixo-ventre).

Uma das melhores maneiras de reconhecer a respiração diafragmática é observar a respiração de um bebê adormecido. Quando o bebê inspira, a barriga se expande sem esforço, e, em menor grau, as regiões média e superior do tronco, como um balão que está sendo inflado. Quando o bebê expira, a barriga e o corpo todo relaxam. A respiração profunda, lenta e rítmica é natural e não requer esforço. O Capítulo 7 traz instruções detalhadas sobre a respiração diafragmática, bem como uma discussão mais aprofundada sobre os efeitos fisiológicos.

Massagem Interna

Os textos de Tai Chi e Qigong costumam mencionar que a respiração deve descer até a base da pelve, subir pela coluna vertebral e chegar até as pontas dos dedos das mãos e dos pés – embora os pulmões obviamente não alcancem esses pontos do corpo. Um número significativo de pesquisas sobre a fisiologia da respiração corrobora a ideia de que a respiração profunda provoca mudanças mensuráveis na pressão abdominal e visceral; isto é, a respiração produz uma massagem interna.[39] Essas alterações de pressão e ritmos induzidos pela respiração também podem afetar positivamente o fluxo de sangue dentro dos órgãos, inclusive os rins e o cérebro.[40] Estudos clínicos mostraram que a massagem interna contínua proporcionada pela respiração tem efeitos positivos sobre a dor e a capacidade funcional em pacientes com dor lombar, e pode ajudar de forma mais ampla a explicar como o Tai Chi alivia a dor musculoesquelética.[41]

A Respiração e os Outros Ingredientes Ativos

O impacto da respiração sobre a função física e fisiológica resulta naturalmente na interação com os outros ingredientes ativos. A respiração é uma excelente forma de desenvolver a sensibilidade aos estímulos que vêm de dentro do corpo, que, por sua vez, ajudam a aumentar a percepção sensorial, a integração e o foco mental. Assim como cada respiração estimula os pelos do nariz, passa pelas membranas da traqueia, expande os pulmões e as costelas e cria ondas de pressão no abdome e na região lombar, ela desencadeia uma série profunda de sensações e conscientização interna.

RESPIRAÇÃO COMO UM DISPOSITIVO DE NAVEGAÇÃO INTERNA

Costumo fazer a analogia da respiração com uma pequena "nave espacial ou dispositivo de navegação interna", como no filme *Viagem Fantástica*. Essa nave explora intimamente cada cantinho dentro do corpo, e, como poderia ter sido dito em *Jornada nas Estrelas*, tem o potencial para ir até onde nenhuma respiração esteve antes.

Nas minhas aulas, eu sempre digo: "Observe as partes de seu ambiente interno que estão 'despertas' e sensíveis às sutis mudanças fisiológicas ou pressóricas provocadas pela respiração e as partes que estão menos despertas ou menos sensíveis. Como você sente cada respiração à medida que ela percorre o seu corpo? O movimento interno da respiração ajuda você a sentir como as partes do corpo estão integradas ou como as partes não estão conectadas? A onda de respiração flui mais livremente para o lado esquerdo do que para o lado direito do corpo? Ela se move mais facilmente na parte da frente do que na parte de trás? Certas posturas e padrões de movimento permitem que a respiração se distribua mais ou menos livremente do que outros?"

A respiração ajuda você a se dar conta de sensações e tensões físicas, de modo que você consegue reconhecer onde pode estar retendo tensões e restringindo o movimento, deixando partes do seu corpo desconectadas.

As qualidades cinestésicas íntimas e ricas da respiração servem também como uma excelente âncora para você manter a atenção, aumentar o foco e acalmar a mente de macaco. Se você apenas observar, sem tentar mudar nada, aprenderá a adquirir foco e atenção plena ao acompanhar a sua respiração. Com a união da mente e da respiração, a sua mente terá apenas uma coisa em que se concentrar.

Respiração e Movimentação do Qi

No Tai Chi e em práticas afins, a respiração serve tanto para conectar como para atrair a energia da natureza e do ambiente circundante. Segundo a medicina chinesa, por meio da respiração você obtém uma parte da energia vital ou Qi de que precisa para manter-se vivo. Na verdade, uma das traduções literais de *Qi* é "respiração", e às vezes os dois termos são usados como sinônimos. Em alguns exercícios meditativos do Tai Chi, ao inspirar você imagina que está absorvendo a energia da natureza para se recarregar e rejuvenescer. Ao expirar, imagina que está liberando energia negativa, cansaço ou estresse. A respiração também movimenta energia dentro do corpo. Por exemplo, na respiração diafragmática, ao direcionar a respiração para o abdome você está movimentando Qi para aquela região. Como os textos clássicos sugerem, "A inspiração e a expiração são longas e profundas, e o Qi chega até o Tan Tien".

7. Apoio Social (inclusive Interação e Comunidade)

O treinamento de Tai Chi inclui interações psicossociais significativas (como a psicologia está ligada ao ambiente social), inclusive a interação dos alunos com seus instrutores, com outros alunos e, mais amplamente, a sensação de fazer parte de uma comunidade maior de Tai Chi e de se identificar com essa comunidade. Inúmeras pesquisas indicam que essas formas de apoio social e esse senso de conexão têm enormes impactos positivos sobre a saúde, em termos de prevenção de doenças, índices de recuperação e recidiva após eventos como infarto e diagnóstico de câncer.[42] Em outras palavras, o fato de estar conectada e sentir-se conectada torna a pessoa mais saudável e mais feliz, e prolonga a vida. Assim, um dos ingredientes ativos do Tai Chi é o rico apoio psicossocial que ele proporciona.

A medicina convencional reconhece cada vez mais o valor terapêutico da qualidade da interação entre o paciente e o profissional de saúde. Não é só a quantidade de tempo dedicado a um paciente que afeta os resultados, mas a qualidade desse tempo também é importante – como atenção, empatia e uma postura otimista.

Ted Kaptchuk e outros colegas da Faculdade de Medicina de Harvard estudaram a riqueza dessa interação em grande profundidade. Um estudo de referência sobre pacientes com síndrome do intestino irritável (SII) comparou interações longas e afetuosas (ou seja, com aumento intencional de receptividade, atenção e confiança), com interações não afetuosas e limitadas (grupo de controle). Todos os participantes foram submetidos a sessões simuladas de acupuntura, isto é, sem intervenção médica específica real. Como era de esperar, os pesquisadores observaram uma resposta relacionada à dose de atenção: houve uma melhora de 62% nos sintomas de SII no grupo com atenção aumentada, contra 44% de melhora no grupo de contato limitado e 28% de melhora no grupo de controle. A maior parte deste efeito deveu-se a uma "conexão" entre o paciente e o médico, confirmada por análises de vídeo, entrevistas qualitativas e pesquisas feitas com os pacientes e os médicos.[43]

Ao longo do aprendizado, os alunos de Tai Chi muitas vezes desenvolvem relacionamentos profundos com professores que são, de certa forma, análogos aos relacionamentos com médicos ou fisioterapeutas. Os professores avaliam a execução dos exercícios pelos alunos e prescrevem modificações e novos materiais para facilitar o aprendizado. Nesse aspecto, de certa forma os professores são semelhantes aos médicos e prestadores de cuidados de saúde que diagnosticam os problemas dos pacientes e depois prescrevem medicamentos ou terapias. Pesquisas sobre modelos de vida saudável e orientação motivacional demonstram que o material, se apresentado com empatia e isento de críticas, pode aumentar a adesão e acabar levando a mudanças de atitude em relação à saúde.[44]

Os instrutores de Tai Chi também desempenham funções de motivadores, treinadores e às vezes até mesmo de terapeutas. Muitas vezes os professores criam laços de amizade com os alunos mais antigos ao vê-los progredir na prática de Tai Chi e, ao mesmo tempo, ficam sabendo como esses alunos enfrentam as dificuldades normais da vida. Eu me tornei muito sensível aos relacionamentos que estabeleço com os alunos. Desde o primeiro contato por telefone ou e-mail, sobretudo no caso de alguém com problemas específicos de saúde, tento ouvir com atenção e falar honestamente se o Tai Chi poderá ajudá-lo. Nunca exagero minhas convicções baseadas em minha experiência pessoal como instrutor ou nas evidências dos estudos e, se possível, brinco um pouco se o novo aluno estiver nervoso. Mesmo antes de o aluno assistir à primeira aula, já despertamos alguma esperança – o que, segundo a MTC, significa que o Qi já está em movimento ou sendo preparado.

As interações entre colegas também são muito valiosas. Nas minhas aulas, as pessoas estabelecem fortes laços de amizade e formam redes sociais; algumas até mesmo se casaram! Eu também observei essas interações em viagens pela China e em conversas com amigos asiáticos que fazem Tai Chi. Aqueles que se reúnem em parques e praticam diariamente tendem a desenvolver laços especiais e até levam comida para um companheiro doente.

As interações sociais podem afetar profundamente a saúde. Atividades sociais como jogar bingo, ir a eventos esportivos e assistir a serviços religiosos em conjunto, bem como jardinagem, preparo de refeições e participação em atividades de condicionamento físico, foram associadas com vida mais longa. O apoio social pode oferecer proteção contra as consequências negativas para a saúde associadas a eventos estressantes, como a perda do cônjuge ou de um dos pais.

O sentimento de ser parte de algo maior é uma das razões da relação positiva entre envolvimento religioso e apoio social. O apoio de grupos religiosos parece ser mais gratificante e mais resiliente do que o apoio de grupos que não estão ligados a religião.[45]

Um dos meus professores de Tai Chi, Arthur Goodridge, certa vez me disse que uma das principais razões pelas quais as pessoas praticam Tai Chi é se reunir, sair e se sentir conectadas umas com as outras. Sua escola se chama "Moving Together" [Movendo-se Juntos].

8. Espiritualidade Corporificada (inclusive Filosofia e Ritual)

Os princípios fundamentais do Tai Chi fornecem um roteiro não só para manter a saúde, mas também, de forma mais geral, para servir de orientação ao longo da vida. A filosofia taoista defende uma visão mais natural e holística da vida que integra corpo, mente e espírito. Essa visão inclui uma valorização do equilíbrio em todas as atividades e ocupações, por exemplo, evitando excessos; aceitando mudanças e a necessidade de adaptabilidade (seguir o fluxo); e honrando a importância da responsabilidade individual e do autoaperfeiçoamento.[46] É importante ressaltar que a natureza altamente estruturada do Tai Chi, juntamente com o apoio social obtido nas aulas, cria uma estrutura organizada, às vezes ritualizada, para a adoção, desenvolvimento, transferência e integração tangíveis desses princípios filosóficos um tanto intangíveis ao cotidiano.

O que atrai algumas pessoas inicialmente para o Tai Chi é essa dimensão filosófica, além da sua função como exercício físico, forma de terapia e arte marcial. Essa atração pelos princípios filosóficos orientais também é evidente entre aqueles que procuram a Medicina Complementar e Alternativa (MCA). Em um artigo de referência baseado em uma pesquisa de âmbito nacional realizada nos Estados Unidos sobre as razões que levam os pacientes usar a medicina alternativa, os pesquisadores da Universidade de Stanford descobriram que as terapias da MCA atraem as pessoas que têm valores pessoais e visões de mundo alinhadas espiritual e filosoficamente com as crenças da MCA em relação à natureza e ao significado de saúde e doença.[47] Depois que você começa a praticar e a incorporar os princípios do Tai Chi, as características filosóficas, espirituais e ritualísticas da prática podem influenciar a sua saúde e, portanto, constituem um importante ingrediente ativo.

Filosofia e Saúde

O tema central do Taoismo, que está refletido no símbolo Yin-Yang, é a visão holística da vida e o valor da integração entre corpo, mente e espírito. Como enfatizamos em muitos dos outros ingredientes ativos, a abordagem do Tai Chi à saúde não é apenas por meio do treinamento de processos físicos e fisiológicos; ela integra plenamente os princípios relacionados com o bem-estar psicológico, com as relações sociais e as crenças maiores sobre a natureza. Algumas pessoas veem essa perspectiva holística da saúde como uma alternativa ao paradigma reducionista e materialista da medicina ocidental.[48]

A prática do Tai Chi também o ajuda a se tornar mais sensível e capacitado a alcançar um equilíbrio na dança íntima do corpo físico com a mente. Para os praticantes assíduos, essas experiências práticas começam a ter impacto sobre as atividades cotidianas. Depois de uma sessão de Tai Chi, pode ser que você fique mais propenso a comer mais devagar e com mais atenção; menos propenso a dirigir de forma agressiva ou a reagir a um motorista mais agressivo; e menos propenso a gritar com uma criança ou colega de escritório. Pode ser que fique mais disposto a avaliar o que aconteceria se você relaxasse um pouco. Desse modo, a filosofia e o esquema de treinamento psicossomático do Tai Chi podem ajudar a moldar o seu comportamento.

Um conceito taoista central que o Tai Chi enfatiza é a mudança. Mudança e transformação, refletidas pelo símbolo dinâmico de Yin-Yang, são características essenciais da natureza. De acordo com o Taoismo, a interação entre Yin e Yang gera mudanças em tudo. Para o Taoismo, o caminho para a saúde e a felicidade é aprender a "seguir o fluxo". Mudanças são inevitáveis, e resistir a elas pode ser muito mais difícil do que se adaptar a elas e tirar vantagem disso.

Hoje, essa ideia de adaptabilidade ou resiliência está ganhando destaque na medicina. Os biólogos de sistemas acreditam cada vez mais que a saúde de um sistema fisiológico, por exemplo, como evidenciado pela frequência cardíaca ou pressão arterial, baseia-se na dinâmica complexa inerentemente fractal decorrente da entrada de muitos sinais interagentes.[49] Quanto mais rica e complexa a dinâmica de um sistema, maior a sua capacidade de suportar agressões ou perturbações, como, por exemplo, uma repentina mudança na pressão arterial quando a pessoa se levanta rapidamente. Esse novo paradigma da biologia de sistemas define saúde como resiliência ou capacidade de adaptação, ou seja, seguir o fluxo. Nos próximos capítulos, vamos abordar a pesquisa que meus colegas e eu estamos fazendo em colaboração com outros pesquisadores de Harvard para analisar como o Tai Chi influencia a complexidade fisiológica e a recuperação da saúde de idosos.

O terceiro princípio-chave inerente ao Tai Chi e ao Taoismo é "conhecer" a si mesmo e assumir a responsabilidade pela própria saúde. Estudos indicam que uma das características que atraem as pessoas para o Tai Chi e outras terapias complementares e alternativas é o desejo de participar de forma mais proativa na manutenção da própria saúde. Elas querem estar mais no controle do processo de tomada de decisões relacionadas à sua saúde, e não simplesmente esperar que os médicos lhes digam o que fazer.[50]

É importante ressaltar que vários estudos clínicos realizados com adultos mais velhos mostram que o Tai Chi melhora o que se conhece como "autoeficácia", ou a convicção que as pessoas têm na sua capacidade de exercer controle sobre o próprio funcionamento e sobre os eventos que afetam suas vidas.[51] A autoeficácia, por sua vez, muitas vezes está associada diretamente com saúde psicológica, comportamentos mais saudáveis e capacidade de controlar doenças crônicas, como osteoartrite, insuficiência cardíaca e distúrbios do equilíbrio.[52]

Em resumo, essa filosofia não só afeta a qualidade da sua prática de Tai Chi, mas também a maneira como você lida com a manutenção da sua saúde ou com uma doença crônica. Ela pode também se estender para a vida cotidiana, tornando-o mais consciente de como você tolera e administra o estresse e ajudando-o a fazer melhores escolhas de estilo de vida.

Espiritualidade e Saúde

Ao longo de grande parte da história, a medicina tem sido profundamente integrada à espiritualidade. Dos antigos médicos gregos à medicina chinesa, passando pelas tradições xamânicas, muitas tradições de cura viam os medicamentos não como ferramentas materiais para a cura de doenças, mas como um meio de liberar ou aprimorar o espírito. Oração e fé são instrumentos eficazes de cura. No entanto, devido em grande parte ao surgimento do método científico no final do século XVI, a relação entre espiritualidade e medicina mudou radicalmente. A ciência já não podia mais ser prontamente aplicada a crenças espirituais ou à religião, e um abismo se abriu entre ambas.[53]

No entanto, de acordo com várias pesquisas, a maioria dos norte-americanos hoje em dia considera espiritualidade ou religião (ou ambas) parte significativa de quem eles são; 90% acreditam em Deus ou em uma força superior.[54] E, diante de uma doença, muitos recorrem a crenças espirituais e orações para obter conforto e consolo.

Além disso, dados epidemiológicos indicam uma forte relação entre fatores espirituais e desfechos de saúde; essa ligação deu início à discussão sobre o papel da espiritualidade na saúde e na medicina. Nos Estados Unidos, dezenas de faculdades de medicina credenciadas oferecem cursos sobre espiritualidade na medicina.[55] Programas acadêmicos interdisciplinares, como Religião, Saúde e Iniciação de Cura do Centro de Estudos das Religiões Mundiais em Harvard e do Centro de Espiritualidade, Teologia e Saúde da Universidade de Duke, tornaram-se cada vez mais populares. O estudo das dimensões espirituais das práticas psicossomáticas orientais, como Tai Chi, Yoga e meditação, também tem contribuído para essa reavaliação.

De acordo com revisões sistemáticas, a espiritualidade pode ser um fator positivo para enfrentar doenças, prevenir doenças e auxiliar os tratamentos. Estudos epidemiológicos revelam a existência de uma relação entre práticas espirituais ou religiosas (frequência à igreja, oração) e saúde (maior expectativa de vida, menor risco de doenças cardíacas).[56] Estudos clínicos mostram que oração e meditação influem na fisiologia e neurofisiologia do sistema imunológico. Existe um campo científico chamado psiconeuroimunologia que estuda a interação entre os processos psicológicos, inclusive as crenças espirituais, e os sistemas nervoso e imunológico.[57]

Para alguns, o espírito e o corpo se combinam, criando o que William James (um dos pais da psicologia experimental) chamou de "religião da mente sadia".[58] Esse efeito deve-se ao fato de o Tai Chi promover uma conscientização íntima, exigindo que a pessoa desacelere e olhe para dentro de si mesma, para seus sentimentos e sensações. Uma das minhas alunas descreveu muito bem esse processo: "Eu não pratico Tai Chi todos os dias, mas quando pratico sinto que sou honesta comigo mesma, e o Tai Chi me *proporciona um 'saber' que apenas o ato de pensar não é capaz de proporcionar*". Para ela, como para muitos outros, o Tai Chi é um instrumento de autoavaliação que transcende a matéria e a lógica e tem uma dimensão espiritual.

Por fim, o Tai Chi pode ajudar você a fazer a ligação entre espiritualidade e o universo mais amplo. Para muitos, a respiração profunda leva a uma troca de energia com a natureza. Além disso, o objetivo do Tai Chi é proporcionar uma sensação de estar enraizado e conectado à terra. Ele lhe dá a oportunidade de conectar a sua essência ou espírito com algo que faz parte de um todo maior. Talvez o que leve milhões de pessoas na China e em todo o mundo a se reunir em parques para praticar Tai Chi pela manhã seja a vontade de se sentirem conectadas com a natureza e com as outras pessoas.

Rituais

Alguns aspectos do Tai Chi, assim como de outros exercícios ou atividades realizados de maneira repetitiva, assumem as características de um ritual. Praticar assiduamente e durante muito tempo as mesmas formas de Tai Chi acaba se tornando um ato diário, quase litúrgico, que pode representar uma jornada para uma presença sagrada.

O ritual do Tai Chi começa a surgir depois de você ter praticado por algum tempo. Esse ritual, seja participando de aulas semanais em grupo, aulas diárias logo pela manhã ou praticando sozinho à noite, mantém você comprometido. O fato de saber que você se reunirá a um grupo de pessoas que partilham dos mesmos interesses para praticar Tai Chi duas ou três vezes por semana o ajuda a manter-se mental e fisicamente envolvido com o Tai Chi. Esse comprometimento pode ajudá-lo a aprender mais sobre Tai Chi, e, no futuro, a sua prática poderá se tornar terapêutica.

Certos programas de Tai Chi também estimulam a adoção de esquemas de prática regular no mesmo ambiente, por exemplo, todos os dias pela manhã no parque. Algumas escolas têm rituais obrigatórios, como tirar os sapatos antes de entrar no espaço de treinamento ou de cumprimentar o professor. Para algumas pessoas, até mesmo o ato de calçar os chinelos usados no Tai Chi tem características ritualísticas. Muitos espaços de treinamento também costumam ter peças de arte e ícones simbólicos relacionados ao Tai Chi, e tocam música própria para meditação durante as aulas.

Juntos, esses rituais, ícones e fatores ambientais podem criar um contexto rico de significado cultural e memórias e, talvez, até mesmo amplificar certas experiências terapêuticas durante a prática de Tai Chi.

3

Como Pôr os Princípios em Prática: Programa Simplificado de Tai Chi

Este capítulo apresenta um programa simplificado de Tai Chi, estruturado em um formato fácil de aprender, semelhante ao que usamos em nossos estudos na Faculdade de Medicina de Harvard. O programa de 12 semanas é composto por exercícios tradicionais que aprendi com meus professores de Tai Chi e, em alguns casos, foram modificados com base em minha experiência na área de pesquisas médicas. Escolhi esses exercícios para maximizar a "dose" dos Oito Ingredientes Ativos do Tai Chi. O programa enfatiza os movimentos essenciais do Tai Chi que qualquer um pode aprender e praticar facilmente em qualquer lugar – em casa, ao ar livre ou até mesmo em um cantinho sossegado do local de trabalho. Oriundos da tradição milenar do Tai Chi, esses exercícios integram movimentos suaves e relaxados, atenção plena, respiração natural e imaginação –, e o resultado é um estado meditativo único, porém revigorante.

A duração deste programa é de 12 semanas, mas você pode fazê-lo no seu ritmo. Os exercícios são divididos em três sessões principais. A primeira sessão é composta por sete exercícios tradicionais de aquecimento e pode levar de 15 e 30 minutos. O objetivo desses exercícios de aquecimento é soltar e integrar estruturalmente o corpo físico; reforçar os princípios do Tai Chi de incorporar conscientização, foco e imagens mentais ao movimento; e promover relaxamento geral e respiração profunda natural. Esse aquecimento, por si só, é um exercício. A segunda sessão enfoca os cinco movimentos básicos do Tai Chi, de acordo com a forma curta do estilo Yang tradicional de Cheng Man Ching, que são incorporados progressivamente ao longo das 12 semanas. O tempo dedicado aos movimentos básicos do Tai Chi aumenta de 5 para 25 minutos, enquanto o tempo dedicado aos exercícios de aquecimento diminui ligeiramente. O programa termina com cinco minutos de exercícios simples de desaquecimento, inclusive técnicas de automassagem suave. O programa total de exercícios leva de 45 a 60 minutos.

Esse grupo de exercícios foi elaborado para ser um programa completo de Tai Chi. Como enfatiza os princípios básicos, também serve como uma excelente base para aqueles que querem avançar para estilos mais longos e coreografados de Tai Chi, ou então, caso sejam mais experientes, compreender melhor esses princípios.

PROGRAMA SIMPLIFICADO DE TAI CHI DE 12 SEMANAS

Semana	*Atividades*	*Duração aproximada (em minutos)*
1-2	Exercícios de Aquecimento	Total: 20-35
	Verter, Balançar, Bater e Meditar em Pé	3-5
	Balançar para Conectar os Rins e os Pulmões	3-5
	Giro de Quadris e Rotação das Pernas	3-5
	Expiralando os Membros Superiores	3-5
	Respiração Medular	3-5
	A Fonte	3-5
	Banho de Qi Celestial	3-5
	1º Exercício do Tai Chi: Aumentando o Poder	5-10
	Exercícios de Desaquecimento	5
	Automassagem e Estimulação dos Meridianos	3-5
	Banho de Qi Celestial	3-5

3-8	Exercícios de Aquecimento	20-30
	Revisão e Prática do 1º Movimento	5
	Aprendizado e Prática do 2º e 3º Movimentos	
	2º Movimento: Empurrar e Afastar	5-10
	3º Movimento: Mover as Mãos como Nuvens	5-10
	Exercícios de Desaquecimento	5
9-12	Exercícios de Aquecimento	15-20
	Revisão e Prática do 1º ao 3º Movimento	15
	Aprendizado e Prática do 4º e 5º Movimentos	
	4º Movimento: Segurar o Rabo do Pardal	5-10
	5º Movimento: Roçar os Joelhos, Trocar o Passo	5-10
	Exercícios de Desaquecimento	5

EXERCÍCIOS DE AQUECIMENTO

Primeiro Exercício de Aquecimento: Verter, Balançar, Bater e Meditar em Pé

A combinação desses exercícios simples conscientiza todo o corpo e estimula um fluxo mais livre de Qi e sangue. Eles consistem em transferir o peso corporal de um lado para o outro, girar a cintura e balançar os braços naturalmente ao redor do corpo enquanto se medita. Esses movimentos relaxam todo o sistema musculoesquelético, fortalecem as pernas, tornam a respiração mais profunda e proporcionam atividade aeróbica moderada. A meditação em pé, que emprega o importante princípio de "não fazer" do Tai Chi, dá tempo para o corpo e a mente relaxarem, se integrarem e se reorganizarem.

Verter

"Fluir como água", dizem os textos clássicos do Tai Chi. O corpo humano é composto por cerca de 70% de líquido. Usando a imagem de verter as águas do "oceano interno" e produzir ondas nele, esse exercício o ajudará a nutrir, banhar e massagear profundamente o seu ambiente interno através do movimento. Você aprenderá a sentir o seu oceano interno rico em energia lubrificando e integrando todos os tecidos, articulações e tendões, da sola dos pés para a ponta dos dedos e o topo da cabeça. Isso ajudará a dirigir toda a atenção e a intenção de cura da mente para o corpo.

Fique em pé com os pés paralelos entre si e separados na largura dos ombros. Antes de fazer qualquer movimento, concentre-se no momento presente durante alguns instantes. Sinta os pés no chão; observe a sua respiração; sinta todo o seu corpo. Apenas observe e convide seu corpo e sua mente a permanecerem no momento presente. Não se preocupe se tiver dificuldade de relaxar o corpo ou a mente; não tem sentido ficar estressado por estar estressado! Vá em frente e deixe os exercícios fazerem o trabalho deles.

Quando estiver pronto para iniciar o exercício "Verter", flexione ligeiramente um dos joelhos e apoie o seu peso desse lado. Em seguida, flexione suavemente o outro joelho e transfira o peso do corpo para a outra perna. Você deve sentir como se estivesse "vertendo" o seu peso de uma perna para a outra. À medida que você for para trás e para a frente e as ondas do seu oceano interno começarem a fluir, tente "se soltar", "ficar fora do caminho" e deixar as ondas fluírem cada vez mais livremente por todo o corpo.

Durante um ou dois minutos, concentre a sua atenção nas solas dos pés. Você consegue sentir o oceano quente e rico em nutrientes banhando os tecidos dos arcos dos pés, dos calcanhares, entre os dedos e ao redor deles? Consegue sentir essa sensação tanto no pé esquerdo como no direito? Onde é que você não consegue sentir seus "líquidos" repletos de energia? Você consegue ajustar sua postura e se movimentar de uma maneira que produza uma massagem mais profunda e mais completa dos tecidos dos seus pés?

Depois de despertar, massagear e infundir o Qi nas solas dos pés, tente sentir como o oceano ajuda a integrar seus pés com os tornozelos, panturrilhas e joelhos. Deixe sua conscientização penetrar nas camadas mais profundas desses tecidos. Em seguida, depois de mais alguns ciclos de balanço, observe progressivamente se também consegue sentir essas ondas percorrendo os quadris, a virilha, a barriga, a região lombar, o tórax, os ombros e os braços. Seja paciente, pode demorar um pouco para desenvolver essa abertura e sensibilidade.

À medida que alternar o seu peso de uma perna para outra e sentir as conexões em seu corpo, lembre-se do importante princípio de *Yin* e *Yang* do Tai Chi. Quando estiver apoiado na perna direita, deixe a perna esquerda descansar; lembre frequentemente a perna esquerda de que ela não é responsável por mantê-lo em pé. Quando estiver apoiado na perna esquerda, deixe a perna direita descansar. Você sempre terá um lado vazio e outro cheio; um lado que está fazendo e outro que não está fazendo; um lado ativo e outro passivo. Note que depois de relaxar um lado, o oceano poderá fluir com mais facilidade e profundidade pelos tecidos.

Balance, relaxe, sinta seu corpo, fique consciente da sua respiração e respire fundo e com naturalidade. Faça o possível para não pensar muito e apenas relaxar no fluxo.

Balançar e Bater

Depois que estiver "no fluxo", adicione um pouco mais de impulso ao movimento, girando a cintura e deixando os braços balançarem naturalmente. Ao transferir seu peso para a perna esquerda, gire ligeiramente a cintura (com o umbigo e os olhos alinhados e se movendo juntos, ou seja, sem girar o pescoço ou a coluna) para a perna esquerda, fechando o *kwah* (região da virilha ou prega inguinal) esquerdo. Ao mesmo tempo, leve o joelho direito para o lado esquerdo, pendendo-o livremente entre o quadril direito e os dedos do pé direito. Da mesma forma, ao transferir o peso para a perna direita, gire a cintura para a perna direita, fechando o *kwah* direito, e deixe o joelho esquerdo pender entre o quadril esquerdo e os dedos do pé esquerdo. Enquanto estiver transferindo o peso de uma perna para outra e girando o tronco, deixe os braços relaxarem e balançarem naturalmente (como os braços de uma boneca de pano), com as mãos e os braços batendo delicadamente no corpo ao final de cada rotação. Apesar da natureza ligeiramente mais rápida e mais coordenada desse movimento, continue a sentir os pés no chão e o oceano interno banhando e integrando todo o seu corpo, dos pés para a cabeça e as mãos. Pratique este exercício como se estivesse fazendo uma meditação aeróbica.

Depois que o balanço estiver natural e relaxado, adicione a delicada estimulação de bater de leve no corpo. Começando com a parte superior do corpo, quando girar para a esquerda e permitir o balanço do braço, faça com que a palma da mão direita bata de leve no lado superior esquerdo do tórax (logo acima do peito), e quando girar para a direita, faça com que a palma da mão esquerda bata de leve no lado superior direito do tórax. Cada batida produz um pouco de estimulação, como uma pequena massagem vibratória nessa região do corpo. A palma da sua mão deve bater de leve no corpo e saltar, como se você estivesse tocando um tamborim. Em seguida, dirija as palmas das mãos, alternadamente, para o lado esquerdo e direito da caixa torácica, abaixo do peito e dos dois lados do abdome. Depois, dirija-as para a linha média do tronco, começando com o esterno e descendo para estimular o plexo solar, o umbigo e a parte inferior do abdome. Por fim, mirando as regiões do Tan Tien, bata simultaneamente no umbigo e na região lombar e, em seguida, na parte inferior do abdome e no sacro. Bata repetidamente em cada uma dessas regiões corporais por 10 a 20 segundos.

Meditação em Pé

Quando terminar o exercício “Bater”, relaxe e fique imóvel por alguns minutos. Provavelmente você continuará a sentir as vibrações e a energia ressoando por todo o seu corpo, como o reverberar de um gongo ou o repique de um sino de igreja. Observe em que locais do corpo você sente essas vibrações ou sensações relacionadas (calor, formigamento, vitalidade). Onde é que elas são mais palpáveis ou mais intensas? Observe também quais são as regiões em que essas vibrações são mais fracas. Passivamente, apenas com paciência e aumentando o relaxamento, convide essa energia a se espalhar das áreas mais vibrantes para as menos vibrantes. Enquanto permanece relativamente imóvel por fora, e sem “pensar” demais, convide a energia a se distribuir de maneira mais uniforme e fluir mais livremente por cada célula do seu corpo. Explore as seguintes regiões em sequência, levando-lhes conscientização e relaxamento para ajudar a equilibrar a energia: os olhos e os músculos em torno deles; as têmporas; a boca, a língua e o maxilar; os outros ossos da cabeça; o pescoço e a garganta; os ombros e braços, descendo até as pontas dos dedos; o tórax e a área do coração; as costelas e a coluna; a barriga e a região lombar; toda a região pélvica; e as pernas descendo até os pés.

Por fim, imagine que você é como uma árvore e tem raízes que saem dos seus pés e penetram profundamente na terra. Use suas raízes como uma estrutura para liberar a tensão. Quanto mais você relaxar pacientemente e liberar a tensão da parte superior do corpo e das pernas, e permitir que o Qi penetre em suas raízes, mais "enraizado" e menos "pesado" (ou tenso) se sentirá. Quando liberar a tensão e se render à gravidade, você se sentirá como se estivesse mais alto. Com a parte superior do corpo mais relaxada, a sua coluna vai se descomprimir e, segundo os textos clássicos do Tai Chi, "pender do céu como uma fieira de pérolas".

Sentindo-se como se fosse uma árvore frondosa e sábia, convide todo o seu corpo a relaxar. Curta a sensação de enraizamento enquanto a parte superior do seu corpo flutua cada vez mais; permaneça consciente da sua respiração. Quem diria que ficar em pé "fazendo" muito pouco poderia ser uma forma tão profunda de meditação?

Pontos Importantes a Serem Lembrados

- Quando estiver fazendo o exercício de Verter, Balançar e Bater, deixe os movimentos fluírem naturalmente. Não force nenhum movimento. Tome o cuidado de não girar os joelhos; enfatize a abertura e o fechamento do *kwah* e não vire demais o tronco. Além disso, não aplique força excessiva nem crie nenhuma tensão ou desconforto ao bater no corpo com a palma da mão. Algumas partes do corpo (por exemplo, o plexo solar) podem ser mais sensíveis do que outras, portanto bata bem de leve nelas.
- Durante as transferências de peso, concentre-se mais na perna que está se esvaziando do que na perna que está se enchendo (isto é, concentre-se mais na perna que não está fazendo do que na perna que está fazendo), deixando os pés, tornozelos, joelhos e quadris relaxarem e liberarem um pouquinho mais de tensão depois de cada transferência.

- Enquanto estiver prestando atenção ao corpo e relaxando-o, tente sentir e vivenciar mais do que pensar. Não se preocupe demais em fazer direito.
- Tente vivenciar esses movimentos do Tai Chi de balançar os braços e bater com a palma da mão como uma espécie de meditação aeróbica, mais do que simplesmente um exercício físico aeróbico.
- Use a meditação em pé para descansar e aumentar a conexão entre a mente e o corpo, bem como dar tempo e energia suficientes ao corpo para que ele possa se reequilibrar. À medida que o seu corpo se fortalecer (e você tiver mais paciência), aumente o tempo da meditação em pé para 10 a 15 minutos.

Segundo Exercício de Aquecimento: Balançar para Conectar os Rins e os Pulmões

Esse movimento suave também solta o corpo, proporciona atividade aeróbica moderada, gera equilíbrio dinâmico e estimula a respiração profunda.

Fique em pé com os pés separados na largura dos ombros. Erga os braços acima da cabeça e depois solte-os, rendendo-se à simples ação da gravidade. Quando seus braços estiverem erguidos e ligeiramente para fora, deixe que o tórax e as costelas se abram suavemente e que a coluna se alongue, bem como os braços desde a escápula até as pontas dos dedos. Além disso, apoie 70% do seu peso na planta do pé, a região localizada logo atrás dos dedos (o corpo fica um pouquinho inclinado para a frente). Se se sentir confortável, eleve ligeiramente o queixo e o olhar enquanto ergue os braços. Ao mesmo tempo, inspire e imagine que seus pulmões estão se abrindo e esticando.

Toda vez que descer os braços, flexione levemente os joelhos e sente-se no *kwah*, transfira cerca de 60% do peso que está sobre os pés para os tornozelos e expire. Quando se "sentar" nessa postura, relaxe os quadris e a área pélvica (*kwah*) e sinta a leve abertura da coluna lombar, bem como um suave alongamento e massagem nos músculos da área lombar e da região dos rins.

Repita este exercício de 9 a 36 vezes, estimulando e conectando as regiões dos pulmões e dos rins. Se estiver bem equilibrado, e/ou quiser desafiar e aumentar gradualmente o seu equilíbrio dinâmico, erga ligeiramente os calcanhares ao subir os braços e volte a apoiá-los no chão (suportando um pouco mais de peso nos calcanhares) ao baixar os braços.

Pontos Importantes a Serem Lembrados

- Comece fazendo movimentos menores e, à medida que os tecidos e articulações se aquecerem, aumente-os suavemente. Nunca force nenhum movimento e não ultrapasse 70% da sua amplitude máxima de movimento. Se tiver problemas no ombro ou nas costas diminua ainda mais a amplitude.
- Não flexione os joelhos mais de 10%; este não é um exercício de flexão profunda dos joelhos. Concentre-se mais em dobrar o corpo ou sentar-se no *kwah*.
- Se a coordenação da respiração com os movimentos gerar algum desconforto, como falta de ar ou tontura, apenas respire naturalmente e atenha-se mais à qualidade dos movimentos.

Terceiro Exercício de Aquecimento: Giro de Quadris e Rotação das Pernas

O Tai Chi usa movimentos circulares, conscientes e relaxados para promover um movimento natural, estimular a circulação sanguínea e de Qi e aumentar a flexibilidade. O objetivo deste grupo de exercícios é relaxar, promover maior integração e aumentar a circulação de toda a parte inferior do corpo.

Giro de Quadris

Fique em pé, com os pés paralelos e separados na largura dos ombros, a cabeça erguida e centrada sobre os pés. Faça círculos suaves com a cintura em sentido horário, promovendo a abertura orgânica de toda a sua amplitude de movimento. Tente usar alguns dos Ingredientes Ativos do Tai Chi.

Comece exercitando a sua *conscientização*. Veja se consegue sentir intimamente os movimentos circulares do quadril. A princípio, apenas observe sem tentar mudar nada. Por exemplo, se você imaginar que os círculos que está fazendo com o quadril são como o mostrador de um relógio, conseguirá sentir o movimento passar por todos os 12 números indicativos das horas? E por cada um dos 60 indicadores de minutos?

Agora acrescente *intenção*. Convide o "oceano interno" a nutrir e lubrificar todos os tecidos envolvidos no movimento, e com intenção suave e gentil, convide qualquer "nó" ou tensão a se dissolver. Lembrando a regra dos 70%, não force nenhuma área tensa; em vez disso, convide pacientemente as áreas restritas a relaxarem e se abrirem um pouco mais a cada rotação.

Acrescente *integração estrutural dinâmica* — sinta os pés no chão, e também a conexão entre os pés, os quadris e a cintura; sinta o impacto dos giros dos quadris em todo o seu corpo.

Por fim, fique ciente da sua *respiração*. Respire profundamente, com naturalidade. Você consegue sentir como a respiração e o movimento interagem?

Faça de 6 a 36 círculos em sentido horário. Depois, repita o mesmo processo em sentido anti-horário. Veja como até mesmo um movimento simples pode ser rico e envolvente quando se aplica os princípios do Tai Chi.

Espiralando os Membros Inferiores

Agora aplique a mesma abordagem de meditação em movimento a cada uma das articulações dos membros inferiores. Apoie todo o peso do corpo na perna esquerda. Apoie os dedos do pé direito no chão diretamente sob o quadril direito e deixe o joelho direito pender livremente entre o quadril e os dedos do pé (o calcanhar direito deve sair do chão). Comece fazendo círculos com a rótula do joelho direito, horizontais em relação ao chão, e aplique os ingredientes ativos de conscientização, intenção, integração estrutural e respiração, bem como a regra dos 70%, a esse movimento. A cada rotação do joelho, sinta o oceano interno nutrindo os ligamentos, tendões e cartilagens de toda essa articulação, inclusive atrás e dos lados do joelho, e até mesmo sob a rótula. Concentre-se na região do joelho durante seis a nove rotações.

Continuando o mesmo movimento, simplesmente volte a sua atenção para o tornozelo e o pé direitos. Sinta como o mesmo movimento ajuda a levar conscientização para o tornozelo e todo o pé. Convide o oceano interno a permear profundamente esses tecidos. Concentre-se no tornozelo e no pé durante seis a nove rotações.

Por fim, volte a sua atenção uma última vez para a virilha e o quadril direitos. Sinta como o mesmo movimento articula o osso da coxa e ajuda a levar conscientização para o acetábulo e todo o lado direito da região pélvica. Convide o oceano interno a penetrar profundamente no quadril direito, na virilha, nas nádegas, na parte inferior do abdome e na região do cóccix. Concentre-se no quadril e pelve direitos durante seis a nove rotações.

Quando tiver terminado, transfira o peso do corpo para a perna direita, de modo que possa deixar o joelho esquerdo pender entre o quadril e os dedos do pé, e, atentamente, gire as articulações da perna esquerda.

Pontos Importantes a Serem Lembrados

- Quando fizer os movimentos de rotação com a perna, você pode se apoiar no espaldar de uma cadeira ou ficar próximo a uma parede se estiver com dificuldade de se equilibrar.
- Quando girar a cintura ou as articulações da perna, não tenha pressa; quanto mais devagar, melhor. Você não ganhará pontos extras por ir mais depressa ou fazer um número maior de rotações! Devagar é mais fácil de sentir os efeitos e reduzir as chances de provocar uma torção ou lesão.
- Quando estiver relaxando as articulações de uma perna, fique atento à perna de apoio. Avalie a força e o apoio dinâmico que ela proporciona.

Quarto Exercício de Aquecimento: Expiralando os Membros Superiores

Agora você vai fazer alguns exercícios simples para "soltar" a parte superior do corpo. Esses exercícios usam movimentos circulares semelhantes para aumentar a conscientização do corpo, promover relaxamento e aumentar a amplitude de movimentos e a circulação dos ombros, cotovelos, punhos e dedos. Se precisar de um pequeno descanso, pode fazer esses exercícios sentado.

Rotações do Punho

Feche as mãos sem apertar e leve-as confortavelmente à frente do corpo. Assim como você fez com os tornozelos, faça pequenos círculos com os punhos, dessa vez os dois ao mesmo tempo (um em sentido horário e o outro em sentido anti-horário). Use movimentos circulares conscientes para ajudá-lo a sentir os punhos e suas conexões com as mãos e os antebraços. À medida que alongar suavemente os músculos, ligamentos, tendões e a fáscia, estimule, com intenção branda e relaxada, o seu oceano interno repleto de Qi a suavizar e nutrir esses tecidos. E, apesar de estar prestando bastante atenção nos punhos, mantenha-se consciente do restante do corpo. Sinta os pés no chão e fique ciente da sua postura geral e dos estados de tensão em seus ombros e pescoço. Não pare de respirar! Depois de seis ou nove rotações em uma direção, repita os mesmos movimentos no sentido oposto.

Alongamento das Mãos

Agora faça alguns alongamentos bastante simples das mãos e dos dedos. Comece com as palmas das mãos viradas para cima. Em seguida estenda e flexione cada um dos dedos na direção do corpo, começando com o mindinho e terminando com o polegar. Quando terminar, vire as palmas das mãos para baixo e, delicadamente, estenda os dedos e as palmas para os lados e para a frente. Faça movimentos suaves e use atenção e intenção para convidar seu oceano interno repleto de Qi a inundar os nós de cada dedo e todos os tecidos das palmas e das costas das mãos. Repita de seis a nove vezes e fique à vontade para improvisar algum padrão de movimento. Observe que pequenas variações nos padrões do movimento e formatos das mãos podem ajudá-lo a sentir, nutrir e integrar todas as partes das suas mãos e punhos. Sinta-se como um gato esticando as patas. Com o tempo, tente sentir o efeito do alongamento nos cotovelos e ombros. Descanse por alguns instantes depois desse exercício. Sinta suas mãos durante alguns instantes; elas parecem diferentes em relação ao início do exercício? (Veja também o exercício de Tai Chi para as Mãos na página 180.)

Alongamento dos Ombros

Agora você vai fazer alguns alongamentos simples dos ombros e coordenar esses alongamentos com a respiração. Levante lentamente os ombros enquanto inspira e baixe-os suavemente enquanto expira. Deixe os ombros, o pescoço, o tórax e as costas relaxarem. Novamente, inspire e eleve os ombros, expire e baixe os ombros. Não faça força nem exerça tensão. Não use mais que 70% do seu esforço máximo para erguer os ombros. Use a sua atenção e intenção meditativas para sentir como se pudesse levar um pouco de Qi e vida para esses tecidos, imaginando que a própria respiração está permeando todo o cíngulo do membro superior, o pescoço e a parte superior do tronco. Ao expirar, dissolva qualquer tensão e deixe que ela saia do seu corpo através dos braços e das pernas. Repita este exercício de seis a nove vezes.

Pontos Importantes a Serem Lembrados

- Não force nenhum alongamento. Pense nesses exercícios mais como uma meditação em movimento do que como um alongamento que requer esforço.
- Sinta os pés no chão durante todo o tempo, e fique "enraizado". Sinta a integração da parte do corpo que você está movimentando usando todo o corpo.
- Respire profunda e confortavelmente durante todo o exercício.

Quinto Exercício de Aquecimento: Respiração Medular

O objetivo deste exercício é aumentar cada vez mais a flexibilidade da coluna vertebral e do tórax, tonificar os principais músculos e estimular e equilibrar o fluxo de energia nas partes anterior e posterior do corpo. Ao adquirir um pouco mais de flexibilidade na coluna, nas costelas e em todo o tronco, você libera a sua respiração.

Fique em pé, com os pés separados na largura dos ombros. Você vai criar dois formatos diferentes com a coluna e, depois, alternar esses formatos. O primeiro formato é um arco voltado para trás. Levante ligeiramente o tórax e o queixo e alongue suavemente toda a coluna vertebral, inclusive o pescoço, exagerando um pouquinho a curvatura lombar. Ao fazer isso, aproxime também as escápulas entre si, ligeiramente voltadas para baixo, enquanto levanta os braços com as palmas das mãos viradas para a frente na altura dos ombros. Essa posição deve produzir um bom alongamento de toda a parte frontal do corpo. Como sempre, não ultrapasse 70% da sua amplitude total de movimento.

Agora você vai criar um formato arredondado em "C" com a coluna na outra direção. Solte os braços, aproxime os cotovelos e punhos e incline ligeiramente o queixo para baixo enquanto arredonda toda a parte das costas como uma tartaruga. Sinta como se a sua coluna, inclusive o pescoço e o cóccix, estivesse sendo estendida e alongada.

Quando se sentir confortável com esses formatos, alterne entre os dois, devagar, abrindo e fechando, estendendo e relaxando a parte anterior e a parte posterior do corpo. Tente levar conscientização a cada uma das 33 vértebras da coluna e use a sua intenção para fazer com que o Qi e os líquidos permeiem todos os tecidos da coluna, inclusive os músculos, ligamentos, tendões, fáscias, nervos e ossos.

Abra e feche a coluna de seis a nove vezes. Você também pode incorporar o seu padrão respiratório a este exercício. Inspire enquanto abre o tórax e ergue os braços, expire enquanto arredonda as costas, abaixa o queixo e junta os antebraços. Se estiver se movimentando muito devagar e ainda não tiver desenvolvido a capacidade de respirar lenta e profundamente, apenas respire com naturalidade e concentre-se mais no alongamento meditativo.

Pontos Importantes a Serem Lembrados

- Se, em algum momento, a sua respiração causar algum desconforto, apenas respire naturalmente e concentre-se muito mais no alongamento e no relaxamento da coluna, das costelas e do tronco.
- Não exagere nos movimentos nem force demais as costas. Tenha cuidado redobrado se tiver problemas nas costas ou no pescoço, e não ultrapasse 50% a 60% da sua amplitude total de movimentos.

- Você também pode fazer este exercício sentado. Sentado ou em pé, sinta os pés no chão e fique consciente de todo o seu corpo.

Sexto Exercício de Aquecimento: A Fonte

Este exercício tradicional do Qigong equilibra o lado direito e o lado esquerdo do corpo, abre e integra todas as articulações, libera a tensão e coordena o movimento com a respiração. Além disso, fortalece e aumenta a flexibilidade das partes inferior e superior do corpo ao coordenar a flexão suave dos tornozelos e joelhos com o movimento vertical do tronco e o movimento circular contínuo dos braços. Veja as ilustrações 1.1 a 1.3 da página 106.

Fique em pé, com os pés paralelos entre si e separados confortavelmente na largura dos ombros. Enquanto flexiona suavemente os tornozelos e joelhos, cruze os punhos em frente ao umbigo, com as palmas das mãos viradas para o corpo. Em seguida, endireite e estenda lentamente as pernas e o tronco e, ao mesmo tempo, deixe as mãos subirem até mais ou menos a altura da cabeça e se separarem, com as palmas viradas para fora, fazendo um movimento circular. Durante o movimento de subida das mãos, abra em sequência, e alongue suavemente, todas as articulações do corpo, inclusive tornozelos, joelhos, quadris, coluna, costelas e braços, até as pontas dos dedos. Enquanto os braços sobem e prescrevem círculos para fora, vire as palmas das mãos para fora. Quando os braços estiverem descendo, relaxe todas as articulações e volte a flexionar suavemente os joelhos. Tente controlar o tempo do movimento, de modo que, quando você tiver flexionado os joelhos, seus punhos retornem à posição inicial, cruzados na frente do umbigo. Repita esse movimento de seis a nove vezes.

Descanse um pouquinho, sentado ou em pé, antes de passar para o movimento seguinte.

Pontos Importantes a Serem Lembrados

- Quando alongar e abrir todas as articulações, nunca exceda 70% da sua amplitude total de movimentos. Da mesma forma, não flexione demais os joelhos.
- Sinta uma sensação de abertura e relaxamento em todo o corpo.

- Durante todo o exercício, mantenha o corpo ereto e a coluna em posição vertical; sinta os pés no chão.
- Você pode coordenar esse alongamento suave e intuitivo com a respiração. Inspire durante a subida dos braços e expire durante a descida dos braços. É preferível fazer esse movimento bem devagar, portanto é melhor respirar naturalmente, independentemente do ritmo dos movimentos.
- Sinta-se à vontade para mudar os padrões do movimento, como, por exemplo, alongar mais um lado do que o outro. Imagine um bebê acordando e espreguiçando-se no berço. É como se todo o seu corpo se espreguiçasse e bocejasse. Ouça como seu corpo quer se alongar e tente sentir como se estivesse intuitivamente alongando-se de dentro para fora.

Sétimo Exercício de Aquecimento: Banho de Qi Celestial

Este exercício simples e gostoso de fazer baseia-se em grande parte em imaginação e intenção. Seu objetivo é reunir a energia rejuvenescedora e curativa da Natureza e guiar essa energia por todas as células do corpo, começando pelo topo da cabeça e descendo pelas pernas até suas raízes imaginárias na terra. Veja as ilustrações 2.1 a 2.5 nas páginas 108 e 109.

Imagine que você está ao ar livre, em meio à natureza, rodeado por uma energia vibrante, curativa e serena — talvez uma praia, um jardim tranquilo, uma floresta ou o topo de uma montanha. Faça movimentos circulares com as mãos ao lado do corpo e acima da cabeça. Imagine que suas mãos conseguem se mesclar com a energia natural circundante, especialmente no espaço celestial. Em seguida, à medida que suas mãos descerem lentamente, imagine que você é capaz de guiar essa energia para cada célula do seu corpo — cada célula sanguínea, muscular, óssea, nervosa e orgânica. Começando do topo da cabeça, sinta a energia penetrar e relaxar todos os músculos do rosto e ossos da cabeça, os olhos e as dobras e glândulas do cérebro. Sinta o relaxamento e rejuvenescimento profundos que ocorrem em cada local em que essa energia chega. Continue descendo lentamente pelo pescoço e garganta, os ombros e o tórax. Deixe seu corpo absorver todo esse Qi. Guie essa energia para todos os

1.1

1.2

1.3

seus órgãos, inclusive o coração e os pulmões. Desça para o abdome, a região lombar, a pelve, as pernas e as solas dos pés. Em seguida, imaginando que você tem raízes profundas como uma árvore, guie a energia através dos pés para suas raízes, ancorando-o à terra.

Depois que estiver familiarizado com esse primeiro nível do Banho de Qi, à medida que guiar a energia fresca e curativa por todo o seu corpo, imagine que uma malha fina filtra todo o cansaço, toda a tensão ou toda a incômoda energia "doente" do seu corpo. Sinta a sensação de que está limpando o corpo, bem como recarregando-o. Essas duas ações ocorrem ao mesmo tempo. Deixe essa filtragem incluir cada célula do seu corpo, do topo da cabeça até os pés, e depois guie a energia negativa, através das suas raízes, para a terra, onde você imagina que ela será reciclada.

Toda vez que fizer este exercício, sinta que o Qi fresco penetra um pouquinho mais fundo. Sinta como se pudesse eliminar qualquer sensação de cansaço, tensão ou energia doente, em desequilíbrio. Não pense nela nem a julgue, apenas guie-a delicadamente para fora, quase como se estivesse purificando seu corpo. Comece a se sentir um pouco mais leve, como se seu corpo estivesse um pouco mais desperto. Leve energia fresca para cada célula. Repita este exercício de três a nove vezes. Quando terminar, descanse um minuto e respire naturalmente.

Pontos Importantes a Serem Lembrados

- É melhor explorar as imagens, se houver alguma, com alegria e pacientemente. Sinta-se à vontade para usar sua intuição e modificar as imagens – por exemplo, adicionar cor, temperatura etc. Nos dias em que você se sentir particularmente tenso ou ansioso, peça para ser invadido por uma energia calmante. Nos dias em que se sentir cansado, você pode imaginar que uma energia vibrante flui através de você. Da mesma maneira, se estiver com calor ou com frio, escolha uma qualidade de energia que lhe traga um equilíbrio mais confortável.

- Se você acha que a visualização não está correta, que o está distraindo ou é excessivamente cerebral, tente apenas relaxar as várias partes do corpo, progressivamente, enquanto presta atenção nelas.
- Quando guiar a energia negativa para fora do corpo, não analise, não julgue, não processe nem tente compreender a fonte desse desequilíbrio. Simplesmente confie que ela desaparecerá.

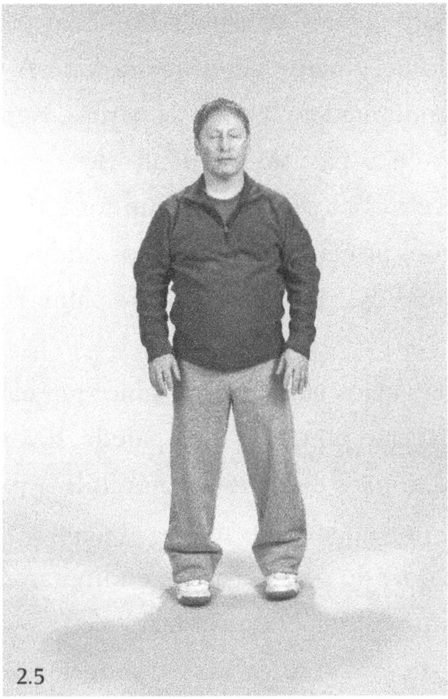

2.5

EXERCÍCIOS DE TAI CHI

Primeiro Exercício de Tai Chi: Aumentando o Poder

Ao coordenar movimentos simples dos braços e das pernas, este exercício não apenas integra as partes superior e inferior do corpo, mas também fortalece e aumenta a flexibilidade dos tornozelos, joelhos, quadris e costas. Além disso, ele desafia o equilíbrio ao alterar continuamente a posição dos braços em relação ao tronco e promove uma conscientização das diferenças em energia entre os dois lados do corpo, esquerdo e direito. Veja as fotos 3.1 a 3.6 nas páginas 111 e 112.

Comece ficando em pé, com as pernas afastadas na largura dos ombros. Flexione ligeiramente os joelhos, no máximo 10%, e, ao mesmo tempo, erga os braços na frente do corpo com os punhos curvados e relaxados, afastados mais ou menos na largura dos ombros, e as mãos e os dedos pendendo para baixo. Quando os punhos atingirem a altura dos ombros, deixe que as palmas e, depois, os dedos se abram lentamente; as pontas dos dedos devem estar ativos, mas as mãos e os braços devem estar relaxados. Em seguida, deixe os cotovelos caírem na frente do corpo, como se estivessem pesados, com os punhos ainda relaxados e as palmas inicialmente viradas para fora. À medida que os braços estiverem descendo, endireite lentamente as pernas. Repita o exercício tentando coordenar os braços e as pernas. Enquanto flexiona os joelhos lentamente e com delicadeza, eleve os braços, com os punhos e dedos relaxados. Abra as mãos quando os punhos atingirem a altura dos ombros, e endireite (mas não trave) as pernas enquanto os cotovelos caem e as palmas das mãos descem diante do corpo.

À medida que suas mãos subirem, imagine que elas são como pincéis e que as costas das mãos estão pintando uma parede. E, à medida que suas mãos descerem, as palmas das mãos é que estão pintando a parede. Coordene a flexão das pernas com o movimento das mãos para cima. Mantenha os ombros e cotovelos relaxados e, quando suas pernas se endireitarem, deixe os cotovelos e punhos caírem enquanto os braços descem.

Faça este exercício de 9 a 36 vezes, no seu próprio ritmo. Cada vez que seus braços subirem e descerem, sinta que o movimento está um pouco mais uniforme e harmonioso. Mantenha a coluna ereta, alongada e relaxada, e sinta os pés no chão; o corpo todo deve se mover como uma unidade. Quando terminar, deixe o corpo se recompor. Se quiser, descanse em uma cadeira antes de passar para o próximo exercício.

Pontos Importantes a Serem Lembrados

- Não flexione demais os joelhos; não deve haver tensão nos joelhos.
- Não trave a articulação do joelho ou do cotovelo quando estender as pernas ou os braços; não deixe os punhos ultrapassarem a altura dos ombros. Se sentir algum desconforto nos ombros, tente levantar os braços até 50% ou 75% da altura dos ombros.
- Coordene o movimento dos braços e das pernas.
- Mantenha a coluna reta. Não se incline para trás quando os braços estiverem subindo.

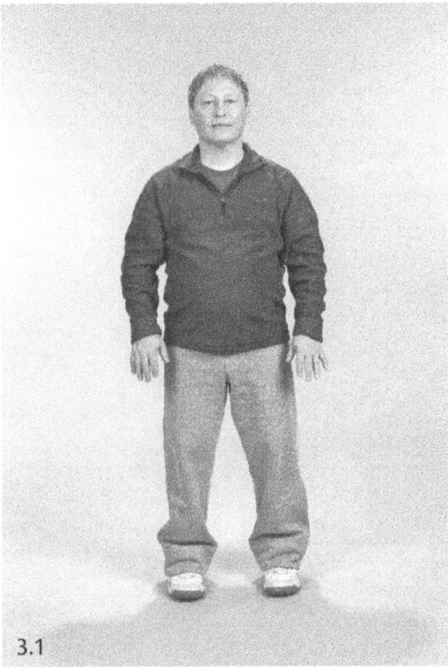
3.1

3.2

3.3

3.4

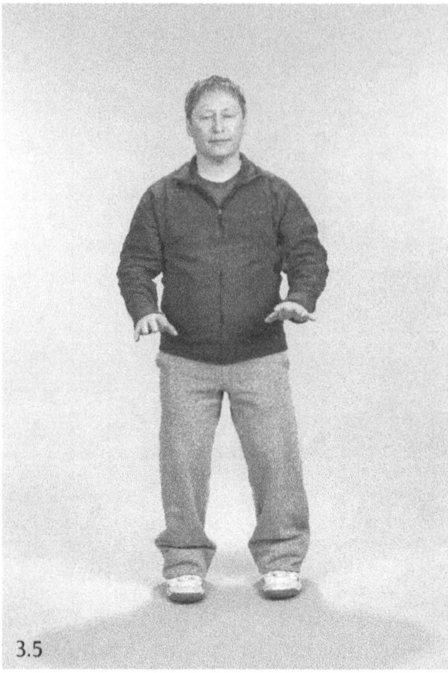
3.5

3.6

Segundo Exercício de Tai Chi: Afastar e Empurrar

Este exercício adiciona o desafio de aprender a se apoiar e se equilibrar em uma só perna (a perna de trás) e, em seguida, transferir suavemente o peso de uma perna para outra, de frente para trás. Ele coordena movimentos simples das pernas e do tronco com mudanças contínuas da posição dos braços, desenvolve equilíbrio dinâmico, aumenta a força e a flexibilidade das pernas e dos braços e oferece atividade aeróbica moderada. Veja as ilustrações 4.1 a 4.6 nas páginas 115 e 116.

Comece da mesma maneira que em "Aumentando o Poder", com os pés separados mais ou menos na largura dos ombros. Agora você vai mudar para a posição chamada "Postura de Arco e Flecha". Para ficar nessa posição, apoie o peso do corpo na perna esquerda; com o calcanhar direito apoiado no chão, aponte os dedos do pé direito ligeiramente para fora, cerca de 30 graus, e transfira o peso do corpo confortavelmente de volta para a perna direita. Depois, leve o pé esquerdo à frente. Imagine que o pé esquerdo está em um trilho de ferrovia e alinhe o calcanhar e os dedos do pé esquerdo. Mantenha a distância original entre os calcanhares.

Em seguida, mova o joelho esquerdo sobre o centro do pé esquerdo, sem ultrapassar a base dos dedos, apoiando cerca de 60 a 70% do seu peso à frente. Posicione os quadris de modo que o umbigo, o nariz e os dedos do pé esquerdo apontem para a mesma direção. Agora levante as mãos mais ou menos na altura do tórax na frente do corpo, em um gesto como se tivesse acabado de empurrar um objeto. O ângulo em forma de V do cotovelo não deve exceder 90 graus. Mantenha as mãos abertas e os ombros e braços relaxados.

Comece a fazer movimentos circulares com as partes superior e inferior do corpo. Transfira todo o peso do corpo de volta para a perna direita e deixe que os braços relaxem para a frente e para baixo em um movimento circular. O ângulo da articulação do cotovelo ficará muito maior. Em seguida, após o movimento circular e de queda dos braços, eleve-os à frente ao mesmo tempo que transfere o peso do corpo novamente para a frente até que seus braços atinjam a posição original de "empurrar". Faça este exercício nove vezes.

A transferência de peso deve ser igual à empregada nos exercícios de aquecimento: você deve sentir que está "vertendo" o seu peso. Quando alternar o peso para trás e para a frente, sinta o seu oceano interno banhando seus pés e conectando-os aos tornozelos, joelhos, tronco e mãos. Relaxe um pouquinho mais cada vez que soltar os braços. Relaxe os ombros e deixe o cotovelo pender quando passar para a fase ativa de empurrar. Durante todo o exercício, a sua coluna deve se assemelhar a uma fieira de pérolas pendente, com o pescoço relaxado. Fique ciente da sua respiração e respire profunda, lenta e confortavelmente, sem forçar nenhum ritmo ou padrão. Se o ritmo da sua respiração mudar durante o movimento, não tem problema. Sempre que alternar o peso de uma perna para outra, sinta todo o seu corpo, mantendo os pés relaxados no chão, a coluna alongada, a respiração profunda e os braços e as pernas coordenados e integrados.

Para finalizar, deixe os braços penderem ao lado do corpo, transfira o peso para a perna de trás e deslize de volta o pé que está à frente. Volte os pés para a posição inicial, paralelos e separados na largura dos ombros.

Repita este exercício com a outra perna. Transfira o peso do corpo para a perna direita; deixe o calcanhar esquerdo apoiado no chão; aponte os dedos do pé direito para fora em um ângulo de 30 graus; transfira o peso para a perna esquerda; leve o pé direito à frente, alinhando o calcanhar e os dedos; e mantenha os pés separados na largura dos ombros. Transfira 60 a 70% do peso à frente, novamente sem deixar o joelho direito ultrapassar a base dos dedos do pé. Mantenha as palmas das mãos voltadas para cima, o pescoço alongado e as costas retas enquanto faz o movimento de empurrar à frente com os braços. Em seguida, deixe os braços relaxarem e caírem, fazendo um círculo para baixo na frente dos quadris enquanto transfere o peso do corpo de volta para a perna de trás. Faça nove ciclos nessa segunda perna.

Quando terminar, deixe os braços caírem ao lado do corpo, transfira o seu peso para a perna de trás e deslize de volta o pé que está à frente. Volte os pés para a posição inicial, paralelos e separados na largura dos ombros. Reiterando, quando estiver em pé descansando, deixe todo o corpo e a mente relaxarem. Se quiser, sente-se e descanse entre os movimentos.

Pontos Importantes a Serem Lembrados

- Verifique se a sua postura de arco e flecha tem base suficiente (isto é, a largura dos ombros), mas não mantenha uma posição por tempo demais.
- Se sentir tensão nos joelhos, verifique as proporções da sua postura. Além disso, tente flexionar menos os joelhos. O joelho flexionado nunca deve ultrapassar a base dos dedos do pé.
- Os movimentos devem se tornar mais contínuos e mais harmoniosos, ou seja, "fluidos", de acordo com os textos clássicos do Tai Chi, sem começo, meio ou fim aparente.
- Mantenha uma respiração profunda, natural e relaxada.
- Fique consciente de todo o seu corpo, sentindo os pés no chão, a coluna pendendo e a conexão das pernas e braços durante todo o exercício.
- Depois que aprender esses movimentos, pense o mínimo possível enquanto os estiver fazendo. Sinta e ouça como o seu corpo está se movimentando.

4.1

4.2

4.3

4.4

Terceiro Exercício de Tai Chi: Mover as Mãos como Nuvens

Este exercício quintessencial do Tai Chi integra movimentos das pernas e da cintura com movimentos dos braços, usa movimentos circulares para aumentar o fluxo de sangue e de Qi para os membros e equilibra os lados direito e esquerdo do corpo. Veja as ilustrações 5.1 a 6.6 nas páginas 119 a 121.

Primeiro, familiarize-se com o movimento das pernas e do tronco. Fique em pé com os pés paralelos e separados na largura dos ombros. Concentrando-se primeiro nas pernas, nos quadris e no tronco, apoie o peso do corpo na perna direita; vire ligeiramente a cintura para a direita (com o joelho estável e centrado sobre o pé, sem girar o joelho direito nem o tronco) e mantenha os dois pés totalmente apoiados no chão. O tronco deve ficar no *kwah*, como uma criança pequena presa e equilibrada numa cadeirinha pula-pula; isto é, os quadris e a cintura ficam relaxados e elásticos. Enquanto ainda está com a cintura e a cabeça ligeiramente viradas para a direita, transfira o peso do corpo para a perna esquerda, de modo que ele fique alinhado sobre o pé esquerdo, e depois feche o seu *kwah* (virilha ou prega inguinal) esquerdo girando ligeiramente a cintura para a esquerda (novamente sem girar o joelho ou o tronco). Repita esse movimento de 9 a 36 vezes. Sinta os movimentos massageando delicadamente os pés, os joelhos e sobretudo os quadris e o *kwah*, e também a integração dessas partes do corpo.

Agora acrescente movimentos dos braços. Para ajudar a aprender a coreografia e vivenciar as principais qualidades do Tai Chi, imagine que suas mãos são macios pincéis de caligrafia chinesa. Imagine a palma da sua mão pincelando uma superfície – como ela é maleável, inclina-se ligeiramente para trás. Se você desse uma pincelada na direção contrária com as costas da mão tocando a superfície, o seu punho se inclinaria delicadamente em direção ao seu corpo. Tendo em mente essa qualidade maleável do movimento, imagine que sua mão está repleta de Qi caligráfico e comece a pintar uma figura oval com a mão direita. Transfira o peso do corpo da perna direita para a esquerda e guie a palma da mão direita (ligeiramente voltada para fora), da direita para a esquerda, mais ou menos até a altura do umbigo, dando uma "pincelada" suave. Deixe o Qi caligráfico fluir naturalmente da superfície da sua palma. Quando terminar o movimento do braço, vire a cintura ligeiramente para a esquerda e erga a mão direita na altura do tórax (sem levantar o ombro direito). Quando transferir novamente o peso para a perna direita, dê uma "pincelada" suave com as costas da mão, deixando o Qi caligráfico fluir naturalmente das costas da mão. Termine a forma oval deixando a mão direita cair até a altura do umbigo no seu lado direito. Repita este exercício de 9 a 36 vezes com a mão direita e depois com a mão esquerda.

Todos esses movimentos devem ser bastante agradáveis, como se você estivesse se massageando internamente e produzindo ondas suaves em todo o corpo. Vire, levante as mãos, apoie o peso do corpo sobre uma perna e faça o movimento circular ou oval. Durante todo esse movimento, o seu corpo deve permanecer ereto e confortável; não faça força nem fique tenso. Com o tempo, a figura circular ou oval que você está pintando ficará mais contínua e harmoniosa, pois todos os seus dedos ficarão envolvidos na pintura.

Durante todo esse movimento, mantenha a respiração profunda, contínua e relaxada. Sinta uma agradável sensação de integração das mãos com o tronco, as pernas e, na direção inversa, das pernas até as mãos. Para finalizar o movimento, pare a mão na frente do ombro, vire-a para baixo e simplesmente deixe que ela desça suavemente como um paraquedas. Sinta o ar sob a mão. Além disso, sinta os pés no chão, e sinta também todo o seu corpo.

Reiterando, pense no princípio de movimento integrado do Tai Chi – contínuo, sem interrupções nem começos, sem solavancos. Se alguém estivesse observando você fazer este exercício, não perceberia o começo, meio ou fim do movimento. A ação de verter o peso é contínua. Assim como as ondas que percorrem seu corpo, a sua respiração é profunda, natural e relaxada. Se o ritmo da sua respiração mudar durante o movimento, não tem problema. Você quer sentir como se o seu corpo fosse leve como uma nuvem e suas mãos estivessem apenas flutuando através dela.

Repita o mesmo movimento com o braço esquerdo, fazendo mais 9 a 36 ciclos.

Quando estiver confortável fazendo este exercício com cada braço, você poderá praticar com os dois braços juntos, trabalhando-os em fase.

Quando terminar, pode descansar durante alguns momentos, ou sentado ou em pé, e, antes de começar o próximo movimento, observe as mudanças que ocorreram no seu corpo.

Pontos Importantes a Serem Lembrados

- Mantenha a coluna ereta e os ombros e o pescoço relaxados do começo ao fim. Não se esqueça de relaxar os ombros quando os braços estiverem subindo. Durante todo o exercício, permaneça consciente do contato dos pés com o chão.
- Fique ciente da sua respiração e a mantenha relaxada.
- Usando a imagem da mão como um pincel, observe se alguns dedos sentem mais o fluxo de Qi do que outros e tente igualar a sensação. Da mesma forma, equilibre a sensação de abertura nas palmas e nas costas de cada mão.
- À medida que praticar mais, amplie o conceito de sentir como um pincel para alongar o seu braço. Sinta um fluxo mais livre de Qi por todo o corpo, integrando suas pernas, o seu tronco e as suas mãos.

- Depois que estiver à vontade com a coreografia, você poderá aumentar ou diminuir o ritmo das "pinceladas", mas termine sempre com uma breve meditação repousante.

5.1

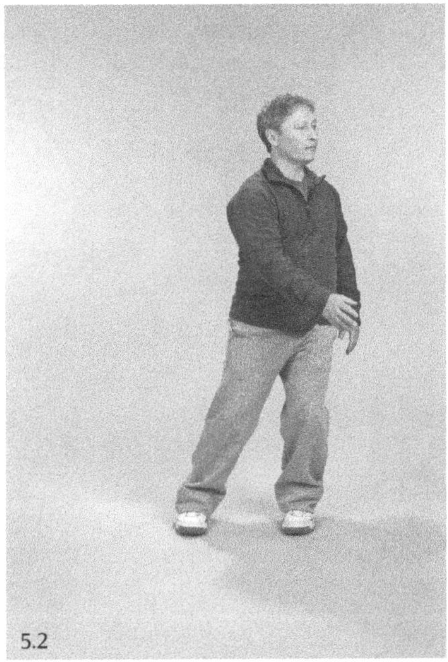

5.2

5.3

5.4

5.5

5.6

6.1

6.2

6.3

6.4

6.5

6.6

Quarto Exercício de Tai Chi: Segurar o Rabo do Pardal

Este exercício chama a atenção para o papel fundamental da cintura no movimento integrado. Girar a cintura em uma postura fixa desenvolve flexibilidade nos quadris e na coluna lombar, massageia os órgãos internos e ajuda a integrar os movimentos das pernas com o tronco e os braços. Os grandes movimentos circulares dos braços aumentam a sua amplitude de movimento e a circulação para os membros superiores, desenvolve equilíbrio dinâmico e proporciona treinamento aeróbico e de força moderados. Veja as ilustrações 7.1 a 7.8 nas páginas 124 e 126.

Assim como os outros exercícios, primeiro você aprenderá a alternância de peso e os movimentos do tronco, sem os movimentos dos braços. Comece fazendo uma postura de arco e flecha, com o peso do corpo à frente, o joelho esquerdo estável sobre o pé esquerdo e o tronco virado para a frente (na mesma direção dos dedos do pé que está à frente). O pé direito deve ficar virado 30 graus para a direita. Mantenha o seu peso à frente e vire ligeiramente o umbigo e o tronco para a esquerda, fechando ou dobrando o seu *kwah* esquerdo. Em seguida, ainda um pouquinho virado para a esquerda, transfira todo o seu peso de volta para a perna direita e vire a cintura para a direita, fechando o *kwah* direito. Continue ligeiramente virado para a direita, transfira o peso novamente para a perna esquerda, para a postura de arco e flecha, e depois volte o tronco para a posição inicial (umbigo voltado para a frente na mesma direção dos dedos do pé esquerdo).

Agora você vai integrar os movimentos dos braços, um braço de cada vez, com a parte inferior do corpo. Comece centrando o braço direito na frente do tórax, como se estivesse fazendo um gesto de empurrar. Vire o tronco para a esquerda e deixe que o braço direito acompanhe o movimento do tronco; não estenda o braço nem mude o ângulo do cotovelo durante essa pequena rotação do tronco. Em seguida, leve o braço direito para baixo, fazendo um grande movimento circular à medida que transfere o peso para trás. Agora retorne o braço direito à altura do ombro, prescrevendo um círculo, enquanto vira a cintura para a direita. Durante a subida do braço, a palma da mão direita deve ficar voltada para a mesma direção do umbigo. Em seguida, os ombros e o punho relaxam e a palma da mão retorna ao gesto inicial de empurrar, enquanto seu tronco volta para a posição inicial de arco e flecha.

Quanto ao braço esquerdo, comece fazendo uma forma redonda na altura do tórax, como se estivesse abraçando um grande balão ou esfera contra o peito. Mantenha esse gesto de "afastamento" enquanto os quadris viram para a esquerda. Transfira o peso de volta enquanto o braço esquerdo simplesmente vai para baixo, em um movimento circular, passando pela área da virilha. O braço esquerdo volta para o mesmo gesto de afastamento. Esse gesto não muda durante todo o restante do movimento.

Por fim, mova os dois braços juntos com a transferência de peso. Quando parar as duas palmas diante do tórax, uma virada para a outra, é como se você estivesse segurando uma bolinha ou um pássaro. Daí, o nome do exercício: "Segurar o Rabo do Pardal". Faça o movimento coordenado de 9 a 36 vezes.

Quando estiver confortável fazendo os movimentos com a perna esquerda na posição à frente, repita o exercício do lado direito. Comece em uma posição de arco e flecha, o joelho direito alinhado com o pé direito, o tronco virado para a frente, o pé esquerdo virado 30 graus para a esquerda. Com o peso deslocado à frente, vire ligeiramente o umbigo e o tronco para a direita, dobrando o *kwah* direito, e enquanto está ligeiramente virado para a direita, transfira todo o seu peso de volta para a perna esquerda. Em seguida, gire a cintura para a esquerda, fechando o *kwah* esquerdo. Ainda virado ligeiramente para a esquerda, transfira o seu peso de volta para a perna direita na posição de arco e flecha e retorne o tronco à posição inicial.

Movimente os dois braços juntos com a transferência de peso. Comece com o braço esquerdo centrado na frente do tórax, pronto para empurrar. Quando seu corpo virar, o braço deverá acompanhar o movimento do tronco para a direita, e quando seu peso for transferido novamente para a perna esquerda, seus braços devem descer e depois retornar à altura dos ombros, prescrevendo um círculo, com a palma da mão voltada para a mesma direção do umbigo. Enquanto isso, o braço direito começa a fazer uma forma redonda na altura do tórax, no gesto de afastamento, enquanto os quadris viram para a direita. Durante a transferência de peso para a perna esquerda que está atrás, o braço direito também desce, passa pela área da virilha e sobe novamente, fazendo o mesmo gesto de afastamento. Quando transferir o peso novamente para a perna direita à frente, mova os dois braços para criar o gesto de "Segurar o Rabo do Pardal", com as palmas voltadas entre si, na frente do tórax. Vire os quadris e o tronco para a frente e comece um novo ciclo. Repita este exercício de 9 a 36 vezes.

Pontos Importantes a Serem Lembrados

- Quando fechar o *kwah* na posição de arco e flecha ou quando estiver apoiando o peso na perna de trás, lembre-se de não girar o joelho. Se sentir alguma tensão no joelho, flexione-o menos ou tente diminuir a base da postura.
- A cabeça e o ombro devem sempre apontar para a mesma direção do umbigo. Não se esqueça de não girar o pescoço ou a coluna.
- Não se prenda demais a detalhes quando estiver aprendendo os movimentos. Tente sentir o espírito dos movimentos fluidos e relaxados. Quanto mais você relaxar, mais o seu corpo começará a fluir de maneira integrada.

7.1

7.2

7.3

7.4

7.5

7.6

7.7

7.8

Quinto Exercício de Tai Chi: Trocar o Passo, Roçar os Joelhos

Este exercício desenvolve a capacidade de dar passos lentos e deliberados à frente, ao mesmo tempo que desafia o equilíbrio por causa da variação contínua da posição dos braços. Este exercício também coordena os movimentos das pernas e dos braços, ajudando a integrar as partes inferior e superior do corpo. Veja as ilustrações 8.1 a 8.8 nas páginas 128 e 129.

Fique em pé, com os dedos do pé direito virados 30 graus para a direita e a maior parte do seu peso sobre a perna direita. Os dedos do pé esquerdo devem ficar próximos aos dedos do pé direito, tocando o chão para proporcionar equilíbrio, mas sem muito peso sobre a perna esquerda. Nessa postura, coloque os braços centrados diante do tronco, como se estivesse segurando uma esfera, com a mão direita sobre a esquerda. Use essa postura para equilíbrio.

Leve a perna esquerda à frente, assumindo uma postura de arco e flecha e, enquanto o tronco fica virado na direção em que os dedos do pé direito estão apontando, transfira o seu peso para a perna esquerda. Com 70% do peso corporal sobre a perna esquerda, vire os quadris e a cabeça para a frente, para onde os dedos do pé esquerdo estão apontando. Quando transferir o peso, solte a mão esquerda, de modo que ela caia pela parte inferior do corpo e vai até a coxa esquerda. Mova a mão direita ligeiramente à frente, com os dedos apontados para cima, fazendo um gesto de empurrar na frente do ombro direito. Nessa postura de arco e flecha, a palma direita deve ficar na posição de empurrar, virada para fora mais ou menos na altura do ombro. O antebraço esquerdo e a palma da mão esquerda devem pender ao lado do corpo, ligeiramente à frente da coxa esquerda.

Depois que estiver nessa posição, se possível, continue à frente e se equilibre na perna esquerda, deixando o joelho direito paralelo ao joelho esquerdo e tirando ligeiramente os dedos do pé direito do chão. Em seguida, volte o pé direito para onde ele estava e, à medida que transferir todo o seu peso de volta para a perna direita, vire a cintura para a direita, coloque os dedos do pé esquerdo ao lado dos dedos do pé direito, solte os braços e guie o braço direito num movimento circular, primeiro para uma posição estendida com a palma virada para fora logo abaixo da altura do ombro e depois de volta para a posição inicial de segurar a esfera. Repita este exercício de 9 a 36 vezes do lado direito.

Agora pratique a imagem inversa desse movimento. Comece apoiando o seu peso sobre a perna esquerda, com os dedos do pé virados 30 graus para fora, os dedos do pé direito ao lado do pé esquerdo e tocando o chão para proporcionar equilíbrio. Posicione os braços como se estivesse segurando uma esfera na frente do corpo com a mão esquerda sobre a direita. Fique na postura de arco e flecha com a perna direita à frente e transfira o seu peso para a perna direita. Vire o tronco para a direita, deixe que a mão direita desça e passe logo acima do joelho direito enquanto a mão esquerda empurra na altura do ombro. Aproxime os joelhos e depois volte primeiro o pé esquerdo e depois o direito para suas posições originais enquanto retoma a posição inicial de segurar a esfera. Repita este exercício de 9 a 36 vezes do lado esquerdo.

8.1

8.2

8.3

8.4

8.5

8.6

8.7

8.8

Massagem Tai Chi e Estimulação dos Meridianos

De acordo com os princípios da Medicina Tradicional Chinesa (MTC), estes exercícios de desaquecimento fazem com que a energia ativada durante os exercícios de aquecimento e de Tai Chi seja uniformemente integrada no seu corpo. Estes exercícios ajudam a integrar o trabalho energético ao estimular e equilibrar os principais canais de acupuntura no corpo que ligam a parte superior e inferior do corpo, bem como os lados direito e esquerdo.

Comece massageando o abdome e depois a região lombar com as palmas das mãos. Massageie cada um desses pontos por cerca de um minuto. Quando massagear, sinta como se pudesse movimentar o Qi e os líquidos profundamente sob a superfície cutânea. Em seguida, bata delicadamente com as palmas e os dedos as vias que correspondem aos meridianos ou canais de energia (acupuntura) da MTC. Bata de leve na lateral (área do rim) da região lombar, desça para a parte externa das coxas, joelhos e panturrilhas até os tornozelos. Em seguida, suba pela parte interna dos tornozelos, face interna dos joelhos, das coxas e do *kwah* até o umbigo e depois ao redor dos rins. Repita esses movimentos três vezes.

Continue batendo de leve nas costas e subindo o máximo que puder alcançar, de baixo para cima. Depois alcance os ombros e vá em direção à coluna cervical. Use os dedos para bater de leve no crânio, na testa, na garganta e no tórax. Estenda o braço esquerdo para o lado com a palma da mão voltada para fora e, com a mão direita, bata ao longo da parte interna do braço esquerdo até os dedos. Depois volte pela parte externa do braço, dos dedos até o ombro. Em seguida, faça o mesmo com o braço direito. Repita este movimento três vezes de cada lado.

Por fim, faça essa massagem do tórax para o abdome e termine friccionando novamente o abdome. Coloque as palmas das mãos sobre o abdome enquanto descansa por um minuto e sinta a sua respiração.

Pontos Importantes a Serem Lembrados

- Bata levemente em várias partes do corpo sem provocar nenhuma dor.
- Enquanto faz isso, relaxe o corpo para que possa sentir as vibrações profundamente, nos tecidos e órgãos.
- Quando bater na parte inferior das pernas, tenha o cuidado de manter o equilíbrio e não tensione a região lombar. Não desça além do que seja confortável ou seguro para você.

SEGUNDA PARTE

A Prova da Promessa: O Tai Chi sob a Óptica da Ciência Moderna

4

Melhore o Equilíbrio e Tenha Ossos Mais Fortes

A perda de qualquer um dos cinco sentidos tradicionais não representa necessariamente uma ameaça à vida. Mas a perda do sentido de orientação em relação à Terra, da noção de "para cima" e "para baixo" e da própria posição no planeta é uma das experiências mais perturbadoras pelas quais o ser humano pode passar.

— SCOTT MCCREDIE, *In Search of the Lost Sense*

Equilíbrio é a chave para uma vida plena e saudável. Nas pessoas mais velhas, impede quedas e dá autoconfiança para a manutenção das atividades físicas e sociais. Nas mais jovens, um bom equilíbrio permite melhor desempenho nos esportes. Em todos os casos, o equilíbrio gera uma sensação de bem-estar.

O equilíbrio e a relação que você tem com a gravidade envolvem muitos fatores que interagem entre si, como força e flexibilidade, percepção sensorial, coordenação ou sinergia neuromuscular e processos cognitivos. Se você compreender esses componentes, inclusive como eles se degradam com a idade ou doença, e também como são afetados pelo Tai Chi, entenderá por que o Tai Chi é tão eficaz na melhora do equilíbrio.

Uma das principais razões para você se preocupar com o equilíbrio são as fraturas decorrentes de quedas. Cerca de 50 milhões de norte-americanos com mais de 50 anos de idade têm baixa densidade óssea, e as fraturas nessa faixa etária costumam causar grande sofrimento, além de despesas médicas. O Tai

Chi proporciona um benefício duplo na redução do risco de fraturas – além de melhorar o equilíbrio e reduzir as quedas, estudos preliminares, inclusive nossas próprias pesquisas, indicam que o Tai Chi também pode reduzir a perda da densidade mineral óssea (DMO), sobretudo em mulheres na pós-menopausa.

Além disso, pessoas idosas, frágeis e sem condicionamento físico, que costumam ter pouco equilíbrio, acharam o Tai Chi bastante seguro. Isso faz do Tai Chi uma excelente resposta ao recente apelo do *Surgeon General*, Diretor do Serviço Nacional de Saúde Pública dos Estados Unidos, para a criação de novos programas de exercícios para adultos mais velhos com baixa densidade óssea. Na verdade, o relatório do *Surgeon General* recomenda o Tai Chi como um bom exercício para a prevenção de quedas.[1] Não admira que os programas comunitários estejam adotando cada vez mais o Tai Chi para reabilitação do equilíbrio e prevenção de quedas.

ACOMPANHAMENTO EM UMA UNIDADE DE REABILITAÇÃO DO EQUILÍBRIO EM PREPARAÇÃO PARA O MEU PRIMEIRO ESTUDO DE TAI CHI

Para me preparar para o meu primeiro estudo de Tai Chi com portadores de distúrbio crônico do equilíbrio (disfunção vestibular), tive oportunidade de acompanhar as atividades do Departamento de Fisioterapia do Hospital Geral de Massachusetts. Lá, conheci a primeira dessas pacientes, Charlene, uma bibliotecária aposentada de 53 anos de idade. Fiquei impressionado com o nível de deficiência e disfunção de Charlene. Ela não conseguia fazer as coisas mais simples, como virar a cabeça e olhar sobre o ombro, sem perder o equilíbrio; percorrer uma distância um pouco maior ou fechar os olhos sem quase cair – coisas que fazemos automaticamente.

Com o tempo, conheci outros pacientes e, através do estudo clínico de Tai Chi que fizemos, aprendi que as deficiências de equilíbrio podem ser bastante debilitantes e exercer um impacto negativo na qualidade de vida. Elas interferem em atividades cotidianas como dirigir, brincar com os filhos ou netos, fazer compras, praticar exercícios, trabalhar e gerir as finanças pessoais, bem como nas relações familiares.

Com base no meu primeiro estudo clínico realizado com dezenas de portadores de distúrbio de equilíbrio e em anos de experiência em estudos sobre equilíbrio e Tai Chi, hoje eu sei que o Tai Chi pode aumentar a estabilidade e o equilíbrio de quase todo mundo, de jovens atletas a pessoas que estão envelhecendo normalmente, bem como ajudar na reabilitação e prevenção de perda de equilíbrio, quedas e consequentes fraturas de quem tem distúrbios mais graves do equilíbrio, pessoas como Charlene.

O que É Equilíbrio?

Tecnicamente, equilíbrio, ou estabilidade postural, é a capacidade de manter e controlar a posição e o movimento do centro de massa corporal em relação à base de apoio. A capacidade que o ser humano tem de se equilibrar, andar e correr sobre duas pernas, em comparação com seus ancestrais de marcha quadrúpede, representa um grande feito evolutivo. Quando você fica em pé ou anda, o seu corpo é inerentemente instável, porque dois terços da sua massa corporal estão localizados a dois terços da sua altura acima do chão. Até mesmo o ato normal de caminhar poderia ser descrito como um processo contínuo de perder e recuperar o equilíbrio. O mestre Morihei Ueshiba, fundador da arte marcial Aikidô, tinha menos de um metro e meio de altura e pesava menos de 45 quilos. Mesmo assim, conseguia se manter centrado, calmo e aparentemente estável mesmo quando estava se esquivando do ataque de vários adversários. Mas Morihei sempre dizia aos seus alunos que não tinha tanta estabilidade e equilíbrio quanto eles achavam: "Eu não permaneço equilibrado todo o tempo. Apenas me recupero tão rápido que ninguém percebe o desequilíbrio".

Equilíbrio é um feito que requer interação e coordenação de muitos sistemas de maneiras precisas e complexas. Os elementos envolvidos no equilíbrio dependem da tarefa específica que estamos desempenhando – se estamos em pé parados ou pulando em uma só perna – e também do ambiente em que estamos – em pé no gelo escorregadio em um dia escuro ou em uma superfície plana em um dia ensolarado. Em geral, quatro sistemas corporais precisam atuar juntos para impedir uma queda: musculoesquelético (força muscular, flexibilidade), sensorial, neuromuscular e cognitivo.[2]

- Sistema musculoesquelético: força e flexibilidade musculares, bem como a amplitude de movimento das articulações, podem ajudar a manter uma postura ereta e equilibrada.

  Fraqueza muscular significativa, sobretudo nos quadris, pernas e pés, é um dos principais fatores de quedas, principalmente entre os idosos. A força muscular diminui de 20% a 40% entre os 20 e 70 anos de idade. Existe também uma correlação entre fraqueza dos joelhos e tornozelos e o risco de quedas. A flexibilidade do tornozelo, essencial para o controle postural, diminui 50% nas mulheres e 35% nos homens entre 55 e 85 anos. Além disso, à medida que envelhecemos, a flexibilidade da coluna vertebral é a primeira a ser reduzida, especialmente a extensão da coluna (a capacidade de ficar em pé ereto). Na verdade, em média, temos 50% a menos de extensão da coluna depois dos 70 anos do que tínhamos na casa dos 20.[3]
- Sistema sensorial: o cérebro recebe uma combinação de estímulos sensoriais relacionados ao equilíbrio. Esses estímulos são provenientes dos olhos; de sensores de pressão localizados na pele, nos músculos e nas articulações; e do sistema vestibular, situado na orelha interna.

  A visão, além de nos permitir detectar os perigos à nossa volta, desempenha um papel direto e importante no equilíbrio; ela envia informações continuamente atualizadas ao sistema nervoso sobre a posição e o movimento de cada parte do corpo em relação às demais e em relação ao ambiente. Por exemplo, quando as pessoas ficam em pé com os olhos fechados, a quantidade de oscilações corporais aumenta de 20% a 70%.[4]

  A propriocepção, que se baseia em estímulos enviados por células nervosas sensíveis à pressão mecânica espalhadas por todo o corpo, fornece outras informações sobre a posição do corpo e os movimentos dos membros. Receptores de pressão localizados na sola dos pés sentem como o corpo faz contato com o solo e detectam de que maneira o peso está se alterando ou se inclinando. As informações desses sensores de pressão são essenciais para a manutenção do equilíbrio. Por exemplo, se alguém esbarra em um lado do seu corpo, o seu corpo reage transferindo rapidamente o peso para o outro lado. A mudança na pressão sob os pés sinaliza os movimentos que seus quadris, joelhos e tornozelos precisam fazer para você recuperar o equilíbrio.[5]

O sistema vestibular, situado dentro da orelha interna, desempenha um importante papel no equilíbrio. A orelha interna envia impulsos continuamente para que os olhos se ajustem e, consequentemente, se coordenem com o menor dos movimentos corporais. O sistema vestibular organiza os movimentos da cabeça e estabiliza os olhos em relação ao ambiente circundante. Além disso, envia sinais para os músculos esqueléticos que nos mantêm de pé.

Por meio da experiência, o corpo aprende a avaliar a precisão dessas informações e a confiar mais ou menos nelas. Esse processo de selecionar e integrar as informações sensoriais apropriadas é chamado de organização sensorial. Vários estudos mostraram que os idosos têm mais dificuldade de manter uma postura em pé do que os mais jovens em caso de estímulos sensoriais reduzidos ou conflitantes.[6]

À medida que envelhecemos, a qualidade das informações dos três sistemas diminui. No caso da visão, estudos mostram que a nossa capacidade de nos adaptar ao escuro, distinguir diferenças entre um objeto e seu fundo e ter percepção de profundidade diminui a partir dos 40 anos de idade; a acuidade visual geral começa a diminuir gradualmente a partir dos 50 anos. Tente fazer o seguinte: fique em pé e feche os olhos – você logo vai entender o papel que a visão desempenha no equilíbrio. Muitos estudos confirmam que a deficiência visual afeta diretamente o equilíbrio e predispõe pessoas idosas a quedas.[7]

Os sensores mecânicos distribuídos por todo o corpo tendem a perder a sua sensibilidade à medida que envelhecemos, causando uma defasagem na comunicação com o cérebro. As perdas sensoriais alteram a quantidade, a qualidade e o tempo de resposta sensorial. Por exemplo, o "estado de alerta" sensorial nos pés permanece estável até por volta dos 40 anos de idade, caindo cerca de 20% na faixa dos 50 anos e impressionantes 75% aos 80 anos. Essa perda sensorial também está associada com doenças como neuropatia diabética periférica. Estudos mostram que quanto maior a perda de estímulos sensoriais da sola dos pés, maior a deficiência de controle postural.[8]

Por fim, diversos aspectos do sistema vestibular reduzem com a idade ou por doença. Os sensores localizados na orelha interna caem para 40% depois dos 70 anos de idade, e há relatos de que reações neuromusculares práticas associadas a esses sensores vestibulares também diminuem com a idade; essas reações afetam os movimentos da cabeça e do pescoço. Além disso, as perdas vestibulares podem estar relacionadas com infecção de ouvido, traumatismo craniano, cânceres e reações adversas a medicamentos.[9]

- Sistema neuromuscular: grupos de músculos atuam juntos como uma unidade funcional; esse processo denomina-se sinergia neuromuscular. Essa sinergia o ajuda, por exemplo, a colocar um pé diante do outro e tornar a marcha mais eficiente. Para que você comece a andar, inúmeros músculos distribuídos por todo o seu corpo precisam se contrair de maneira coordenada, dos músculos da coluna aos músculos do pé. Normalmente você usa as sinergias neuromusculares para se recuperar de um desequilíbrio, como ao escorregar em uma calçada molhada, e também para se levantar de uma cadeira. Também neste caso, com o envelhecimento a coordenação desses processos pode ficar comprometida, aumentando o risco de quedas.[10]
- Sistema cognitivo: diversos processos mentais interagem com os outros fatores intrínsecos para influenciar o equilíbrio. Esses processos incluem o medo de cair, o planejamento ou antecipação de situações traiçoeiras (andar no escuro ou sobre o gelo) e a capacidade de prestar atenção no controle postural, especialmente quando se faz várias coisas ao mesmo tempo (por exemplo, falar no telefone celular e andar ao mesmo tempo).

O medo de cair aumenta à medida que se envelhece, principalmente no caso de pessoas que têm distúrbios de equilíbrio ou história de quedas. Estudos mostram que a hesitação, a tensão física e a angústia mental associadas ao medo de levar um tombo podem aumentar a probabilidade de queda. Do ponto de vista da MTC, a ansiedade gerada pelo medo de cair cria um desequilíbrio energético no corpo, levando uma quantidade excessiva de Qi para o tórax e a cabeça, enfraquecendo a raiz energética nas pernas e, consequentemente, diminuindo a sensação de estar com os pés firmes no chão. As pessoas de idade que têm medo de cair tendem mais a ficar deprimidas e a restringir suas atividades, e esses fatores criam um círculo vicioso. Pessoas receosas também são menos ativas, o que leva ao descondicionamento muscular e à perda de força e de equilíbrio.[11]

Muitos aspectos da função cognitiva declinam com a idade, e um dos mais importantes para o equilíbrio é a função executiva. Função executiva refere-se à capacidade de organizar os pensamentos e as atividades, priorizar tarefas e tomar decisões. Um número cada vez maior de pesquisas indica que o déficit da função executiva pode prejudicar o equilíbrio e a marcha. Talvez você tenha notado, por exemplo, que pensamentos que desviam a sua atenção afetam o seu equilíbrio e a velocidade com que você anda. Além disso, segundo estudos, a função executiva parece decair com a idade. Os neurocientistas acreditam que o declínio na função executiva relacionado com a idade pode ser responsável por algumas perdas de equilíbrio.[12]

O Ônus dos Distúrbios de Equilíbrio

As quedas dos idosos muitas vezes são causadas pela deterioração desses quatro elementos responsáveis pelo controle do equilíbrio. Cerca de 25% a 35% dos idosos com mais de 65 anos caem pelo menos uma vez por ano. A probabilidade de queda aumenta de 34% entre 65 e 74 anos para 51% a partir de 85 anos.[13]

Tai Chi para Adquirir Equilíbrio: Por que Faz Sentido

A boa notícia é que a maior parte dos problemas de equilíbrio pode ser corrigida, e muitas quedas podem ser evitadas. Uma das principais soluções para os problemas de equilíbrio é fazer exercício. Tanto treinamento de força, treinamento de equilíbrio como Tai Chi melhoram o equilíbrio e reduzem o número de quedas.[14] Com base em revisões sistemáticas de exercícios e prevenção de quedas, o Tai Chi pode ser um dos exercícios mais indicados. Os vários ingredientes ativos inerentes ao Tai Chi ajudam a compensar deficiências nos quatro sistemas corporais (musculoesquelético, sensorial, neuromuscular e cognitivo) que estão por trás da perda de equilíbrio. Graças à sua abordagem suave e gradual, o Tai Chi pode ser praticado por pessoas de todas as idades e níveis de condicionamento físico.

QUEDAS E FRATURAS: ATENÇÃO SESSENTÕES

A principal razão para nos preocuparmos com o equilíbrio é evitar quedas e fraturas. Os idosos têm ossos mais finos e, portanto, correm maior risco de ter fratura. Todos os anos, cerca de 30% das pessoas com 65 anos ou mais que moram em comunidades sofrem uma queda, o que representa 10 milhões de quedas por ano. De 55% a 70% dessas quedas resultam em lesões, 30% delas graves, como fratura de quadril e traumatismo craniano, que reduzem a mobilidade e a independência e aumentam a probabilidade de morte prematura. Cerca de metade das pessoas que fraturam o quadril não volta para casa ou não consegue mais levar uma vida independente. Apenas um quarto delas se recupera totalmente, e uma em cinco morre no primeiro ano em decorrência de complicações. Em 2000, os gastos com quedas nos Estados Unidos foram estimados em 19,2 bilhões de dólares.[15]

Todos esses problemas de quedas/fraturas associados à idade serão exacerbados entre a geração pós-guerra, as pessoas que nasceram entre 1946 e 1954. Em 2040, calcula-se que o número de norte-americanos com mais de 65 anos vai dobrar, chegando a 77 milhões. Isso significa que até 25 milhões de pessoas poderão cair, resultando em 8 milhões de lesões, e que vão ocorrer 25 mil mortes relacionadas a quedas todos os anos nesse grupo etário.

Tai Chi e Redução de Quedas

Revisões sistemáticas e metanálises de estudos clínicos analisaram o impacto do Tai Chi nas quedas de idosos. De maneira geral, os dados indicam que o Tai Chi pode reduzir significativamente a probabilidade de quedas, mesmo quando comparado com outras intervenções com exercício ativo ou treinamento de equilíbrio em estudos randomizados.[16]

Um grande estudo clínico controlado e randomizado conduzido no Instituto de Pesquisa do Oregon, nos Estados Unidos, avaliou o impacto de seis meses de Tai Chi, comparado com um grupo de controle que realizou exercício sentado. O estudo relatou 45% de redução em quedas e aumentos em benefícios clínicos associados. Um estudo de acompanhamento feito pela mesma equipe de pesquisadores avaliou uma intervenção simplificada de Tai Chi em centros comunitários e descobriu que os resultados dos estudos clínicos têm sido refletidos com sucesso na criação de programas comunitários práticos.[17]

Os pesquisadores da Universidade Emory, nos Estados Unidos, também relataram 46% de redução em quedas depois de 15 semanas de treinamento de Tai Chi para adultos a partir de 70 anos residentes na comunidade.[18] De modo geral, outros estudos também indicam um efeito benéfico sobre o risco de quedas e outras medidas clínicas de equilíbrio, embora alguns resultados sejam conflitantes.[19] Com base em dados sobre quedas como esses, análises de custo-benefício mostram que o Tai Chi poderia reduzir significativamente os custos associados com fraturas de quadril decorrentes de queda. Um estudo sistemático realizado recentemente na Austrália concluiu que o Tai Chi era a estratégia de prevenção de queda com melhor relação custo-benefício.[20]

Vale ressaltar que, em sua maior parte, esses estudos foram feitos com adultos mais velhos muitas vezes debilitados e com descondicionamento físico, e foram relatados poucos efeitos adversos.

Como o Tai Chi Ajuda no Equilíbrio

"Eu dançava muito quando criança, mas, depois de sofrer traumatismo craniano em um acidente de carro, tive problemas de equilíbrio e não pude mais dançar", diz Sandy, uma professora de 64 anos de idade. "O médico sugeriu que eu fizesse exercícios de Tai Chi e, depois de seis meses, eu senti que tinha mais disposição e que meu equilíbrio estava um pouco melhor. Meu instrutor de Tai Chi se mudou, mas eu continuei a praticar sozinha."

Alguns anos mais tarde, Sandy teve uma recaída do problema de equilíbrio e durante vários meses faltou ao trabalho e ao Tai Chi. "O médico me receitou medicamento para vertigem, que ajudou, e eu retomei as aulas de Tai Chi", diz ela. "As aulas me ajudaram a ficar focada. Eu me sinto fisicamente mais forte e com maior capacidade de concentração. Consigo ficar em pé com os olhos fechados durante um relaxamento meditativo sem oscilar. Quando faço Tai Chi, tenho mais consciência do que consigo fazer e me sinto mais jovial. Eu realmente gosto de como me sinto por dentro quando pratico."

A eficácia do Tai Chi se deve a seus vários ingredientes e subcomponentes ativos. Muitos estudos analisaram como as características do Tai Chi podem explicar a sua eficácia no controle postural, o que talvez esteja por trás dos seus efeitos positivos sobre as taxas de quedas. Eis como o Tai Chi ajuda a influenciar os quatro elementos do equilíbrio:

Musculoesquelético

O Tai Chi é um exercício de sustentação de peso. Ele inclui a transferência constante de peso de uma perna para outra, promovendo melhor equilíbrio dinâmico na posição ortostática (em pé) e fortalecendo os membros inferiores (pernas, tornozelos, pés). Estudos realizados em laboratório confirmam que, quando praticamos Tai Chi, passamos muito mais tempo sobre uma perna do que quando andamos. Diversos estudos longitudinais e transversais mostram que o treinamento de Tai Chi fortalece os membros inferiores – em particular, os joelhos. O Tai Chi também aumenta a flexibilidade e a amplitude de movimento do tronco e dos membros, componentes essenciais para o controle postural.[21]

Acredita-se que o Tai Chi melhore a postura por meio do alinhamento corporal e da ênfase na postura vertical com a cabeça e o tronco estendidos. Com um bom alinhamento e o uso apropriado da coluna e dos músculos da região central do corpo, você fica mais ereto e, consequentemente, mais estável, com os pés mais plantados no chão, menos rígido e menos pesado.

Sensorial e Perceptivo

O ritmo lento e contínuo do Tai Chi facilita a conscientização sensorial da velocidade, força, trajetória e execução dos movimentos, bem como a conscientização do ambiente externo. Com o Tai Chi, os sistemas sensoriais se tornam altamente sensibilizados, o que aumenta o equilíbrio e melhora a atividade funcional.

Um estudo realizado em Hong Kong comparou praticantes mais velhos de Tai Chi com não praticantes da mesma idade. Os praticantes de Tai Chi obtiveram pontuação mais alta em um instrumento que media a percepção corporal global. Além disso, eles conseguiam inclinar significativamente mais o corpo na maioria das direções sem perder a estabilidade.[22] O Tai Chi também está associado com melhor propriocepção articular. Outro estudo comparou pessoas que praticavam Tai Chi há muito tempo com nadadores, corredores e controles sedentários da mesma idade. Os praticantes de Tai Chi tinham maior noção espacial do posicionamento dos tornozelos e joelhos e eram mais sensíveis a pequenos movimentos articulares.[23] Portanto, o Tai Chi pode fornecer informações mais precisas e mais rápidas para a manutenção do equilíbrio e da postura, ajudando a evitar quedas.

Alguns estudos mostram que o Tai Chi tem efeitos benéficos nos portadores de neuropatia periférica com pouca sensibilidade nas mãos e pés. A perda de sensibilidade nos pés, por exemplo, prejudica bastante o equilíbrio.[24] Essa doença é comum em diabéticos ou pacientes que estão fazendo quimioterapia, entre outros. Um promissor estudo preliminar não controlado realizado por pesquisadores da Universidade Estadual da Louisiana mostrou o efeito do Tai Chi em portadores de neuropatia periférica plantar decorrente de diabetes. Depois de terem aulas de Tai Chi durante 24 semanas, os pacientes apresentaram aumento de sensibilidade na sola dos pés, maior equilíbrio e maior velocidade da marcha.[25] Outro estudo não randomizado relatou que um programa de Tai Chi de 12 semanas com diabéticos que tinham neuropatia periférica aumentou a velocidade de condução nervosa.[26]

Não são só as pernas que ficam mais sensíveis com o Tai Chi, mas também as mãos. Minha colega, a dra. Cathy Kerr, estudou a sensibilidade ao toque, chamada de acuidade tátil nas pontas dos dedos, de um grupo de praticantes de

Tai Chi em comparação com um grupo que não praticava Tai Chi. Os praticantes de Tai Chi, mais notadamente pessoas mais velhas, tiveram um aumento na sensibilidade equivalente ao observado nos cegos que leem Braille.[27]

Nossa equipe de Harvard, liderada pelo dr. David Krebs, também mostrou que o Tai Chi pode ajudar pacientes com problemas de equilíbrio de origem vestibular. Em um estudo randomizado, nós comparamos o efeito de dez semanas de treinamento de Tai Chi com o efeito de dez semanas de exercícios tradicionais de reabilitação vestibular. Embora as duas intervenções tivessem melhorado o controle do equilíbrio dinâmico, de modo geral o Tai Chi foi mais eficaz. No entanto, os exercícios tradicionais de reabilitação ajudaram a melhorar a estabilidade do olhar dos pacientes, que está relacionada com a função vestibular, e o equilíbrio em geral, mais do que o Tai Chi. Ao que parece, o Tai Chi e reabilitação tradicional afetam mecanismos distintos do equilíbrio em pacientes com problemas vestibulares. A nossa hipótese é de que o Tai Chi tenha produzido mudanças na propriocepção, na força das pernas e na flexibilidade, além de confiança no equilíbrio, aspectos esses que, juntos, podem ter ajudado a compensar um sistema vestibular mais fraco. Portanto, o Tai Chi é uma excelente terapia complementar e sinérgica para pacientes com distúrbios vestibulares.[28]

De maneira mais geral, os estudos confirmam que o Tai Chi melhora a capacidade de compensação quando as informações sensoriais relacionadas ao equilíbrio são restritas ou conflitantes, o que é chamado de melhor organização sensorial. Estudos demonstraram que, durante os testes de equilíbrio, quando os estímulos vestibulares, visuais ou proprioceptivos são propositadamente reduzidos ou tornados confusos, os praticantes de Tai Chi têm mais capacidade de manter o equilíbrio. Na verdade, alguns estudos revelam que os idosos que praticam Tai Chi conseguem o mesmo nível de controle de equilíbrio que os indivíduos jovens e saudáveis durante esses testes experimentais. Como a maior parte das quedas ocorre quando alguém está em uma situação difícil, como no caso de conflito sensorial, vale a pena ressaltar a capacidade do Tai Chi de compensar sob essas circunstâncias.[29]

Sinergia Neuromuscular

A rica diversidade dos movimentos do Tai Chi – o sequenciamento, o tempo e as combinações de diferentes grupos musculares – representa um excelente treinamento da coordenação de padrões neuromusculares. As pesquisas confirmam que o Tai Chi pode melhorar o equilíbrio dinâmico durante a marcha e ajudar na recuperação de desequilíbrios, como, por exemplo, um escorregão em uma calçada molhada.

Um estudo randomizado realizado com adultos mais velhos analisou as reações a escorregões induzidos experimentalmente durante a caminhada. Comparado com um programa convencional de treinamento de equilíbrio, aqueles que foram designados para um treinamento intensivo de Tai Chi apresentaram maior reação neuromuscular do tornozelo, melhor coordenação de grupos musculares e maior manutenção do equilíbrio em geral.[30] Outro estudo randomizado revelou que o Tai Chi melhorou a coordenação durante a fase inicial da marcha, uma fase mais propensa a tropeções que a marcha propriamente dita.[31] Por fim, em nosso estudo com portadores de deficiência vestibular, o Tai Chi melhorou a organização das sinergias neuromusculares dos membros inferiores, produzindo uma caminhada mais rápida e mais estável.[32]

Cognitivo

É bem provável que o Tai Chi melhore o equilíbrio e reduza as quedas principalmente ao diminuir o medo de cair e a ansiedade associada. Ironicamente, o medo de cair é um dos maiores previsores de quedas. As pessoas que têm história de quedas ou problemas de equilíbrio costumam andar de maneira cautelosa, hesitante, sem firmeza. Além disso, elas assumem uma postura mais rígida, mais instável, respiram superficialmente, são mais pesadas na parte superior do corpo, ficam ansiosas e com medo de cair. Tudo isso faz com que fiquem menos "enraizadas" e menos conscientes de si mesmas e do ambiente à sua volta.

No jargão do Tai Chi, o medo de cair é o oposto de Sung, a energia profunda e relaxada (veja os exercícios de Sung no final deste capítulo). Uma mulher que participou do nosso estudo sobre deficiência vestibular disse que sentia vertigem toda vez que descia do trem para a plataforma. Mas, desde que começara a praticar Tai Chi, assim que começa a se sentir ansiosa e sem equilíbrio, ela sente os pés no chão, imagina que está fincando raízes profundas na terra, como uma árvore, e respira lentamente algumas vezes. Embora ainda tenha um pouco de instabilidade, ela está menos ansiosa e com menos receio de cair, e sua autoconfiança permite que seus sistemas de controle postural funcionem melhor.

Existem boas evidências de que o Tai Chi reduz o medo de cair, provavelmente porque essa intervenção holística aumenta a percepção corporal e a autoconfiança, pois a pessoa sabe que tem mais força e mais coordenação. Em um estudo randomizado realizado por pesquisadores da Universidade Emory, nos Estados Unidos, um programa de 48 semanas de Tai Chi reduziu significativamente o medo de quedas, comparado com um programa educativo de bem-estar. Um estudo anterior feito pela mesma equipe também relatou uma redução significativamente maior no medo de cair após um treinamento de Tai Chi do que com um treinamento computadorizado de equilíbrio; as melhoras foram correlacionadas com uma redução de quase 50% nas quedas.[33] Segundo outro estudo, a combinação de terapia cognitivo-comportamental (TCC) e Tai Chi reduziu mais o medo de cair, bem como medidas de mobilidade, satisfação com apoio social e qualidade de vida, do que TCC apenas.[34]

Os pesquisadores estão apenas começando a estudar como a coordenação e o controle de vários componentes psicossomáticos durante o treinamento de Tai Chi – isto é, movimentos integrados de braços e pernas, mudança contínua de direção, sequências de memorização, respiração, consciência postural e sensações internas – podem facilitar o desempenho de tarefas mentais durante atividades físicas, como descer um lance de escadas. Um estudo transversal criativo realizado em Hong Kong analisou como mulheres mais velhas experientes na prática de Tai Chi contraíam os músculos da panturrilha antes de apoiar o peso em uma das pernas ao descer escadas. O padrão de disparo muscular dessas mulheres mais velhas foi comparado tanto com o de mulheres mais jovens como de outras mulheres mais velhas que não tinham experiência com Tai Chi. As participantes repetiram o experimento com e sem tarefas mentais concomitantes. As mulheres mais velhas que não tinham experiência com Tai Chi contraíam os músculos da panturrilha de maneira ineficaz e muito mais cedo ao descer um degrau, em comparação com as praticantes de Tai Chi, cuja ativação muscular era igual à dos controles mais jovens. E tem mais, quando eram distraídas por alguma tarefa mental, as contrações da perna das praticantes de Tai Chi não eram afetadas como nos outros grupos. Os autores concluíram que o Tai Chi pode aumentar a capacidade dos adultos mais velhos de alternar a atenção entre tarefas mentais e físicas.[35]

O TAI CHI MELHORA O EQUILÍBRIO E O CONTROLE MOTOR NA DOENÇA DE PARKINSON

Aparentemente, o Tai Chi ajuda a melhorar o equilíbrio e o controle motor de portadores de doença de Parkinson. Essa doença, que acomete mais de 1 milhão de norte-americanos, é um distúrbio cerebral que afeta o controle muscular, causando tremores, rigidez, alteração da marcha (passos curtos e lentos) e falta de equilíbrio. Essas deficiências diminuem muito a capacidade de realizar as atividades cotidianas e a qualidade de vida dos pacientes.

Alguns sintomas da doença de Parkinson, como tremores, respondem ao tratamento farmacológico. Mas outros, como os problemas de equilíbrio em geral, não respondem tão bem aos medicamentos, e ainda não se conhece bem o papel dos diferentes tipos de exercício. Um estudo publicado no *New England Journal of Medicine* mostra que o Tai Chi pode melhorar o equilíbrio e o controle dos movimentos dos pacientes portadores de doença de Parkinson. O estudo, realizado no Instituto de Pesquisa do Oregon, incluiu 195 portadores de doença de Parkinson leve a moderada. Os pacientes foram designados aleatoriamente para fazer sessões de Tai Chi duas vezes por semana, exercícios de treinamento de força ou alongamento. Depois de seis meses, os participantes que fizeram Tai Chi estavam mais fortes e tinham muito mais equilíbrio que os dos outros dois grupos. Na verdade, o equilíbrio deles era quatro vezes melhor do que o dos pacientes do grupo de alongamento e cerca de duas vezes melhor do que o dos pacientes do grupo de treinamento de resistência. O grupo de Tai Chi também teve um número significativamente menor de quedas e taxas mais lentas de declínio no controle motor em geral.[36]

Além disso, o Tai Chi parece ser bastante seguro e acarretar pouco risco de lesão para os doentes de Parkinson. Outros estudos menores indicam que o Tai Chi melhora a qualidade de vida tanto dos portadores de doença de Parkinson como de seus cuidadores.[37]

Esses resultados são significativos, pois sugerem que o Tai Chi pode ser usado como terapia auxiliar à fisioterapia e ao tratamento farmacológico para tratar alguns dos principais problemas dos pacientes de Parkinson.

Um estudo pequeno e sem grupo de controle que incluiu 20 adultos mais velhos relatou melhoras na função executiva após dez semanas de treinamento de Tai Chi.[38] Entretanto, outro estudo pequeno e randomizado que avaliou a função executiva usando um "paradigma de tarefa dupla" – os participantes tinham de manter o equilíbrio enquanto faziam, simultaneamente, uma difícil tarefa mental – não descobriu um benefício visível após o treinamento de Tai Chi.[39]

Embora sejam necessárias mais pesquisas, os dados atuais indicam que o Tai Chi tem um grande potencial como intervenção segura e eficaz na prevenção ou reabilitação de problemas de equilíbrio, mesmo em pessoas totalmente descondicionadas, que são as mais suscetíveis a quedas.

Tai Chi e Densidade Óssea

"Por volta dos 35 anos, tive um problema neurológico. Meu neurologista receitou megadoses de corticosteroides intravenosos", diz Kathleen, hoje com 45 anos. "Eu sentia fraqueza e falta de estabilidade nas pernas, e o amigo do meu marido sugeriu que eu tentasse o Tai Chi, para melhorar o equilíbrio e a coordenação."

Há cinco anos Kathleen faz aulas de Tai Chi e também pratica sozinha. "Eu gostei desde a primeira aula", afirma a executiva de uma emissora de TV. "O Tai Chi realmente acalma a minha mente e produz uma sensação maravilhosa no meu corpo, mesmo depois da aula."

Quando ela começou a fazer Tai Chi, seus exames anuais de densitometria óssea mostravam baixa densidade óssea. "Hoje, depois do Tai Chi, apesar da dose elevada de corticosteroides minha densidade óssea é absolutamente normal", diz Kathleen, que também toma cálcio e vitamina D para proteger os ossos. Ela atribui essa melhora ao treinamento de Tai Chi.

De acordo com os textos clássicos do Tai Chi, o corpo deve ser como "aço envolto em algodão", ressaltando a imagem de ossos fortes que sustentam músculos e tecidos conjuntivos relaxados.

A maioria das pessoas acredita que, para que ter impacto sobre o osso, é preciso uma quantidade significativa de treinamento de resistência e força de alta intensidade. Muitos adultos mais velhos simplesmente não fazem exercícios tradicionais por questões de saúde ou por falta de interesse, entre outras razões. Porém, as pesquisas indicam que exercícios de baixo impacto, como o Tai Chi, podem reduzir a taxa de perda óssea, sobretudo em mulheres com densidade óssea moderadamente baixa (osteopenia) ou osteoporose.

O osso é um órgão dinâmico que sofre remodelação durante toda a vida. A densidade óssea das mulheres em geral aumenta durante as três primeiras décadas de vida. Por volta dos 40 anos, a densidade mineral óssea (DMO) começa a diminuir, com mudanças mais rápidas após a menopausa, simultaneamente à redução dos níveis de estrogênio. No entanto, a perda óssea contínua em uma idade mais madura também pode estar relacionada a outros fatores, inclusive menor ingestão de cálcio e vitamina D, menos atividade física e deficiência na formação óssea associada à idade.[40]

A osteoporose é uma doença incapacitante que predispõe a fraturas tanto em homens como em mulheres. Osteoporose significa *osso poroso*. Quando alguém tem osteoporose, tem baixa DMO, má qualidade óssea e ossos frágeis. Essa combinação, junto com maior risco de quedas entre as pessoas mais velhas, resulta em fraturas dolorosas e outros problemas de saúde.

Aproximadamente 10 milhões de norte-americanos (cerca de 8 milhões de mulheres e 2 milhões de homens) têm osteoporose. Mais de um terço dos norte-americanos atualmente tem 50 anos ou mais, portanto a osteoporose é um problema de saúde com prevalência cada vez maior.[41]

Tai Chi e Prevenção de Fraturas

O risco absoluto de fratura é mais elevado em mulheres com perda óssea avançada, mas a prevalência muito maior de osteopenia produz mais fraturas em mulheres com perda óssea apenas moderada. Mulheres osteopênicas apresentam um risco 1,7 maior de sofrer fratura do que mulheres com densidade óssea normal. Se a osteopenia não for tratada, a mulher corre um grande risco de perder mais massa óssea e desenvolver osteoporose. Fraturas relacionadas com baixa DMO estão associadas com deficiência significativa a longo prazo, altas taxas de mortalidade e elevados custos médicos.[42]

Desenvolver estratégias para evitar perda óssea e futuras fraturas em pessoas que têm osteopenia, sobretudo mulheres, é uma forma de tratar essas questões onerosas. Como terapia medicamentosa vitalícia é uma opção cara com consequências incertas e repleta de possíveis efeitos colaterais, a terapia não medicamentosa representa uma alternativa atraente para muitas mulheres. Por essa razão, as diretrizes para tratamento de osteopenia abrangem exercícios. Entretanto, atualmente não existe consenso sobre os tipos e esquemas ideais de exercícios para tratamento de baixa densidade óssea nem para abordar outros fatores de risco relacionados com fraturas importantes para mulheres que têm osteopenia.

Tai Chi e Pesquisas sobre DMO

Uma revisão sistemática feita por nossa equipe dos efeitos do Tai Chi na DMO de mulheres após a menopausa indica que o Tai Chi tem efeito benéfico sobre a baixa DMO, mas os resultados das pesquisas ainda não são conclusivos.[43]

Uma excelente fonte de informações são os estudos realizados com pessoas que praticam Tai Chi há muito tempo. Esses estudos são importantes porque as alterações ósseas ocorrem lentamente; é difícil fazer estudos por longos períodos. Um desses estudos, realizado em Taiwan, comparou pessoas que praticavam Tai Chi havia pelo menos sete anos com controles da mesma idade e da mesma comunidade. As que praticavam Tai Chi tinham maior densidade óssea no quadril e na coluna. Outro estudo também mostrou que a taxa de redução na densidade óssea entre praticantes de Tai Chi era mais lenta do que entre controles da mesma idade.[44]

A confirmação mais rigorosa dos efeitos positivos do Tai Chi na DMO vem dos estudos randomizados. Um estudo observou que a DMO na coluna lombar aumentou significativamente depois de dez meses de Tai Chi, enquanto nos controles sedentários houve uma diminuição.[45] Um segundo estudo randomizado observou que, em mulheres mais velhas (mas não homens), 12 meses de Tai Chi levaram à manutenção dos níveis de DMO total dos quadris, comparado com os controles que não praticaram exercício, que perderam osso nos quadris.[46] Além disso, nesse estudo os efeitos benéficos do Tai Chi na DMO dos quadris foram equivalentes aos de 12 meses de treinamento resistido.

Recentemente, a nossa equipe concluiu um pequeno estudo randomizado com 86 mulheres pós-menopáusicas que tinham osteopenia. As mulheres designadas aleatoriamente para o grupo de Tai Chi puderam escolher uma de sete escolas de Tai Chi pré-selecionadas na região de Boston; elas receberam o mesmo pacote completo de treinamento de Tai Chi dos outros alunos. Essa abordagem difere da utilizada na maioria dos outros estudos de Tai Chi que testa um esquema de treinamento específico. Ao longo de nove meses, as mulheres do grupo de controle perderam aproximadamente 1% de massa óssea no fêmur, aproximadamente o que esperávamos nessa população. Em contrapartida, as que fizeram aulas de Tai Chi regularmente e praticaram em casa conseguiram manter a DMO no fêmur, sem nenhuma perda óssea durante esse período de nove meses. O Tai Chi também melhorou diversas medidas de equilíbrio que sabidamente reduzem o risco de quedas.[47] Em outra série de estudos de mulheres osteopênicas realizado na Universidade de Tecnologia do Texas, um curso de seis meses de Tai Chi teve efeitos favoráveis em vários marcadores de dinâmica do osso e qualidade de vida, mas produziu pouca alteração nos parâmetros de equilíbrio.[48] Coletivamente, esses estudos indicam que o Tai Chi pode reduzir vários riscos de fraturas decorrentes de quedas, sobretudo em mulheres pós-menopáusicas, mas ainda são necessários resultados de estudos de maior porte e longa duração para fazer recomendações mais definitivas.

EXERCÍCIOS DE TAI CHI PARA O EQUILÍBRIO E OS OSSOS

Acrescente estes exercícios à sua prática regular de Tai Chi para produzir efeitos ainda maiores sobre o equilíbrio e os ossos.

Balançar para Ficar Centrado (Treinamento de "Sung")

O treinamento de "Sung" pode ajudá-lo a centrar o corpo, a respiração e a mente. Fique em pé confortavelmente com os pés paralelos entre si e afastados na largura dos ombros. Balance suavemente os braços um pouquinho à frente, não mais que alguns centímetros, e depois, alguns centímetros para trás do corpo. Observe as transferências sutis de peso que ocorrem à medida que seus braços balançam suavemente. Deixe a parte superior do corpo bastante relaxada. Sinta-se como se fosse um "joão-teimoso", aquele brinquedo inflável que balança para a frente e para trás ao mesmo tempo que mantém uma base estável.

Quando balançar os braços, dissolva qualquer tensão nos ombros. Imagine que está esguichando um pouco de lubrificante natural na articulação dos ombros para eliminar qualquer atrito. Dissolva qualquer tensão no rosto, no pescoço, no tórax e na parte superior das costas, o máximo que puder. Sinta o peso e a energia descerem por seu corpo, como o mel que se assenta no fundo de um pote que foi virado de boca para baixo e depois desvirado. Sinta-se mais pesado embaixo, mais centrado e com os pés mais firmes no chão. Elimine o máximo possível de resistência da parte superior do corpo ao balanço dos braços. Sinta como o seu movimento, e a leve transferência de peso gerada, o ajuda a encontrar e repousar no seu centro.

Depois de um ou dois minutos centrando o seu corpo, comece a centrar a sua respiração. Continue balançando os braços. Quando inspirar, sinta como cada respiração massageia delicadamente a sua barriga e a região lombar, criando uma leve expansão. Quando expirar, relaxe profundamente o abdome; cada vez que exalar o ar, relaxe um pouquinho mais. Permaneça por mais um ou dois minutos consciente de que a sua respiração está centrada no abdome.

O terceiro nível consiste em centrar a mente e o coração, e em transferir o centro da sua percepção cognitiva, dos seus pensamentos e das suas emoções para o abdome, ou o "cérebro entérico". Continue balançando os braços. Imagine que a energia da sua mente e do seu coração está descendo para nutrir a sua barriga. Você pode até imaginar que o cérebro e o coração estão deslizando temporariamente para o abdome. Na medicina chinesa, isso é chamado de "Fusão dos Três Tan Tiens". À medida que balançar os braços, veja como o fato de ter o seu Qi cerebral centrado no abdome aumenta seus instintos, ou "sentimentos viscerais", minimizando ou eliminando temporariamente o típico "burburinho" energético e emocional. Continue por mais um ou dois minutos.

O exercício inteiro deve durar de três a cinco minutos. É uma ótima opção para quando você estiver esperando o ônibus ou precisar fazer um breve intervalo no trabalho.

Meditação em Pé com as Mãos Levantadas

Este exercício, baseado em uma postura tradicional do Tai Chi, aumenta a conexão entre a mente e o corpo, desenvolve percepção do alinhamento postural e fortalece os membros inferiores e superiores. Além disso, permite a conscientização do que os chineses chamam de "Deixar o Qi Permear seus Ossos".

Fique em pé confortavelmente com os pés paralelos entre si e afastados na largura dos ombros. Transfira delicadamente o peso do corpo para a perna direita, mantendo o joelho alinhado sobre o centro do pé direito. Mantendo o calcanhar esquerdo no chão, vire os dedos do pé esquerdo para fora cerca de 45 a 90 graus (dependendo da amplitude de movimento dos seus quadris), sem girar nem forçar o joelho direito. Levante o punho esquerdo na altura do ombro e alinhe-o sobre o tornozelo esquerdo, com a palma virada para a direita. Aponte os dedos da mão esquerda na mesma direção dos dedos do pé esquerdo. Agora levante a mão direita na frente do tórax, com a palma virada para a esquerda e aponte os dedos para a direita, correspondendo com os dedos da mão esquerda – dedinho com dedinho etc. A parte superior do corpo deve assumir um formato triangular com os dois braços estendidos, mas com os cotovelos relaxados e pendendo entre os ombros e os punhos.

Mantenha essa posição por 15 a 30 segundos. Depois repita do lado contrário, apoiando o peso na outra perna. Aumente o tempo gradualmente, em incrementos de 30 segundos, até chegar a três ou cinco minutos por perna. Mantenha a cabeça alinhada sobre os ombros e os quadris. Pratique o processo de Sung, relaxando e liberando qualquer tensão que possa surgir nos ombros, no pescoço e no tórax. Libere toda a tensão da parte superior do corpo e relaxe o abdome (ou Tan Tien). Assim como no exercício "Balançar para Ficar Centrado", deixe a mente, o coração e a respiração também repousarem no seu Tan Tien. Permaneça conectado com suas raízes.

Você sentirá que adquire energia à medida que "trabalha" seus músculos e tecidos conjuntivos. Quando isso acontecer, tente não resistir a sensação de que a energia está se acumulando em seus tecidos. Em vez disso, quase paradoxalmente, relaxe ainda mais e imagine que a energia está penetrando mais profundamente nos próprios músculos e ossos.

Chacoalhe Tudo

Este exercício para os ossos o levará a um novo patamar de consciência do seu esqueleto, através das vibrações de um leve chacoalhar.[49]

Fique em pé, com os pés afastados na largura dos ombros, e deixe os braços penderem ao lado do corpo enquanto os chacoalha suavemente. Observe o tremor dos braços e deixe que as ondas de energia atravessem os músculos dos braços até os ombros. Agora chacoalhe todo o corpo para afrouxar o tórax, as costas e o abdome. Deixe os músculos ao redor da pelve chacoalharem – os quadris e as pernas. Em seguida, sinta o tremor nas pernas e nos pés, para relaxar os músculos. Sinta o pescoço e o rosto relaxarem. Deixe os órgãos internos chacoalharem delicadamente – o coração, os rins e os pulmões. Respire fundo algumas vezes e, quando expirar, libere toda e qualquer tensão.

Chacoalhe por dois ou três minutos. Depois, fique imóvel e sinta as vibrações que você gerou em todo o corpo. Preste atenção no seu esqueleto, e deixe as vibrações penetrarem em seus ossos. Comece com os pés. Sinta os músculos ao redor deles relaxarem, e convide as vibrações a penetrarem em todos os ossos dos seus pés. Lembre-se de que os ossos são tecidos vivos, ricos em cristais de cálcio e colágeno e altamente condutores de cargas bioelétricas. Agora sinta as vibrações e a energia penetrarem os ossos das pernas, dos quadris, da coluna, dos ombros, dos braços e até mesmo da cabeça. Sinta a capacidade que seus ossos têm de absorver e reter a energia.

5

Diminua suas Dores e Desconfortos

"Depois da minha primeira aula de Tai Chi, fiquei encantada com a naturalidade dos movimentos; eu sabia que era algo que eu podia fazer com facilidade", diz Elaine, uma editora de livros independente de 67 anos de idade. "Depois de uns dois meses de aula, eu comentei com meu instrutor que me sentia com muito mais energia. Mais tarde, notei que após a aula, às quartas-feiras, eu fazia todas as tarefas daquela semana. Além disso, quando descia as escadas todos os dias pela manhã, eu não tinha mais de colocar os dois pés em cada degrau antes de prosseguir, por causa da dor causada pela artrite e da fadiga muscular." Hoje, Elaine diz que nem pensa mais nisso: eu simplesmente "desço a escada como uma pessoa de 40 anos em plena forma".

Além disso, ela diz que não sente mais dores nas costas. "Tenho quatro discos intervertebrais bastante degenerados e por qualquer coisinha eu ficava com 'mau jeito nas costas'. Desde que comecei a fazer aulas de Tai Chi, isso nunca mais aconteceu. Estou me desfazendo de revistas e arquivos antigos, e já carreguei pelo menos uma dezena de caixas pesadas sem nenhum incidente. Isso é espantoso."

De modo geral, a Medicina Tradicional Chinesa (MTC) associa a dor a "estagnação" ou "bloqueio" do fluxo de Qi no organismo. A cura é obtida por meio da remobilização desse fluxo e da correção de antigos desequilíbrios estruturais ou generalizados responsáveis pelo bloqueio. Os métodos tradicionais empregados para tratar a dor e mobilizar o Qi são acupuntura, massagem, pomadas tópicas, fitoterápicos e exercícios como Tai Chi e Qigong. O objetivo de todos eles é "movimentar" o Qi.

Até poucos anos atrás, os médicos ocidentais acreditavam piamente que o melhor tratamento para muitos quadros dolorosos, como lombalgia, era repouso no leito, e não movimento. Entretanto, os resultados dos estudos clínicos mudaram essa concepção, que hoje está mais alinhada com as abordagens tradicionais do Oriente, segundo as quais "tudo deve ser mantido em movimento".[1] Atualmente, movimento e exercícios simples, como alongamento, movimentação dentro da amplitude de movimento articular e respiração profunda, são cada vez mais receitados para ajudar a reduzir a dor e integrados em programas convencionais de reabilitação. Os médicos recomendam exercícios regulares para melhorar a capacidade funcional de portadores de doenças crônicas, inclusive artrite e dor nas costas. No entanto, ainda não se sabe quais são os melhores tipos e esquemas de exercícios para as diferentes doenças.

Terapias psicossomáticas como Tai Chi, Qigong e Yoga são amplamente usadas por pessoas que têm dor nas costas, osteoartrite, fibromialgia e artrite reumatoide. Um número cada vez maior de estudos indica que o Tai Chi pode aliviar a dor e melhorar a qualidade de vida de quem tem esses e outros quadros dolorosos. As pesquisas também estão começando a mostrar que o Tai Chi pode ter um efeito positivo nas dores musculoesqueléticas, por exemplo, aumentando a força, a flexibilidade e o bem-estar psicológico, bem como melhorando o alinhamento postural, os padrões neuromusculares do movimento e a respiração.

Este capítulo analisa o papel que a dor desempenha na vida de algumas pessoas, quem sabe até mesmo na sua, e como muitos componentes terapêuticos do Tai Chi podem ajudar a aliviar a dor.

Prevalência da Dor

A dor é um dos problemas de saúde mais prevalentes e mais onerosos e uma das principais razões pelas quais as pessoas vão ao médico e tomam remédios. Depois do resfriado comum, a dor nas costas é o problema que mais leva as pessoas ao consultório médico.

Um número impressionante de pessoas tem dor aguda e crônica e é diagnosticado como portador de síndrome dolorosa. Dados extrapolados da Pesquisa Nacional de Saúde dos Estados Unidos, realizada em 2005, indicam que quase um terço dos norte-americanos, ou seja, cerca de 100 milhões de pessoas, tem algum tipo de dor em qualquer período de três meses. Não causa surpresa o fato de um número impressionante de pessoas procurar ajuda para aliviar a dor. Todos os anos, quase a metade dos norte-americanos vai ao médico queixando-se de algum tipo de dor. Os analgésicos são o segundo medicamento mais receitado (depois dos medicamentos para o coração e rins) nos consultórios médicos e prontos-socorros. Consequentemente, os custos da dor, tanto de tratamento médico como os custos associados com incapacidade, faltas ao trabalho e menor produtividade, atingem a cifra astronômica de 150 bilhões de dólares por ano, de acordo com o US Bureau Census, órgão oficial de estatística dos Estados Unidos.[2]

Dor e Tratamentos Médicos Complementares e Alternativos

As terapias e os medicamentos convencionais muitas vezes não tratam a dor adequadamente, por isso muita gente decide lançar mão da Medicina Complementar e Alternativa (MCA), inclusive exercícios para o corpo e a mente. Pesquisas de âmbito nacional realizadas nos Estados Unidos descobriram que o tratamento da dor é uma das principais razões que levam as pessoas a procurar a MCA. Aproximadamente um em cinco norte-americanos adultos com quadros dolorosos diz que faz uso de terapias psicossomáticas,[3] como técnicas de relaxamento (exercícios de respiração profunda, imagens guiadas, meditação e relaxamento muscular progressivo), Yoga, Tai Chi e Qigong.

As doenças musculoesqueléticas — em particular, a lombalgia — estão sistematicamente entre as principais razões pelas quais os pacientes buscam terapias alternativas e complementares. Segundo os pesquisadores, o motivo de quase um terço de todas as consultas com profissionais de MCA feitas nos Estados Unidos entre 1997 e 1998 foi especificamente o tratamento de dor lombar ou cervical. Entre os indivíduos que relataram lombalgia e/ou cervicalgia ao longo dos 12 meses anteriores, 54% usaram MCA para tratar seus problemas. As abordagens psicossomáticas estavam entre as mais usadas (13%) e foram classificadas como "muito úteis" por 43% dos entrevistados.[4]

Minha colega Gloria Yeh e eu fizemos um pequeno estudo-piloto inédito em que entrevistamos anonimamente 144 praticantes (média de idade de 53 anos; dois terços eram mulheres) em escolas de Tai Chi da área de Boston. Mais da metade disse que fazia Tai Chi para tratar dor lombar ou cervical, e quase todos disseram que o Tai Chi era "útil" ou "muito útil".

Esse uso elevado de Terapias Alternativas e Complementares (TAC) e psicossomáticas para dor, e as grandes quantias gastas com TAC para tratamento e controle da dor – mais de 4 bilhões de dólares por ano só com terapias psicossomáticas – levaram os pesquisadores da área médica a avaliar rigorosamente quais são os exercícios psicossomáticos mais seguros, mais promissores e com melhor relação custo-benefício para tratamento de quadros dolorosos e, igualmente importante, quais deles não são seguros ou são ineficazes.[5] Por causa de seu uso disseminado e caráter promissor, o estudo das terapias psicossomáticas para tratamento de dor musculoesquelética é considerado prioridade pelo Centro Nacional de Medicina Complementar e Alternativa do Instituto Nacional de Saúde dos Estados Unidos.[6] Os resultados promissores do Tai Chi em relação à dor musculoesquelética são resumidos a seguir.

Definição de Dor

Apesar da elevada prevalência da dor, o seu tratamento não é tão simples. Essa dificuldade ocorre, em grande parte, pelo fato de a dor não ser apenas um fenômeno fisiológico, mas ter também um grande componente subjetivo. Na verdade, a dor é um fenômeno psicossomático, ou seja, tem dimensões físicas e psicológicas.

A Associação Internacional para o Estudo da Dor definiu dor como "uma experiência sensorial e emocional desagradável associada a uma lesão real ou potencial ou descrita em termos de tal lesão". Isso significa que a dor é uma percepção, da mesma forma que o que vemos e ouvimos são percepções. A percepção de dor do cérebro está associada com sensibilidade a alterações químicas no tecido, que o cérebro interpreta como nocivas ou possivelmente nocivas.

A percepção é real, tenha ou não ocorrido uma lesão física. A formulação dessa percepção envolve os pensamentos, bem como as consequências emocionais e as respostas comportamentais aos aspectos cognitivos e emocionais da dor. Essas dimensões psicológicas são importantes no controle da dor crônica, uma vez que podem ter repercussões de longo prazo nas atividades cotidianas e na qualidade de vida dos pacientes.

Dor Aguda

Todo mundo já sentiu uma dor aguda — por exemplo, ao esmagar ou queimar um dedo, bater a canela, dar uma topada com o dedão do pé ou distender um músculo das costas. Eis uma versão simplificada do que acontece quando se sente uma dor aguda. Um estímulo (como encostar em um objeto pontiagudo ou quente) perturba os tecidos; os tecidos liberam substâncias químicas que são detectadas pelos nervos periféricos. Os nervos enviam sinais para a medula espinal e o cérebro. O cérebro "registra" o estímulo como doloroso. Com o tempo, a inflamação local e a cicatrização eliminam o trauma do tecido e tudo volta ao normal.

A dor aguda é importante. Trata-se de um "presente" evolutivo, pois serve para chamar a atenção para determinada situação ou proteger contra uma lesão ainda maior. A dor aguda faz com que a pessoa se afaste de situações potencialmente perigosas, protege a parte lesada durante o processo de cura e ensina a evitar essas situações no futuro.

Dor Crônica

Às vezes, por razões que os pesquisadores ainda não entendem totalmente, a dor aguda não desaparece e acaba se tornando crônica. A dor nas costas é um bom exemplo. Você pode ter um episódio de dor aguda nas costas que, em vez de melhorar com o tratamento, acaba se tornando recorrente ou crônica. Apesar de estudarem bastante sobre o assunto, os pesquisadores não conseguem apresentar uma explicação convincente para a dor crônica nas costas, nem uma maneira de prevê-la. Exames de imagem, como radiografia, tomografia computadorizada e ressonância magnética, podem ajudar a identificar alterações na coluna vertebral, como hérnia de disco ou degeneração de uma faceta articular. Entretanto, a associação entre os sintomas de dor nas costas e os resultados dos estudos de imagem é fraca, e até 85% dos pacientes com dor lombar crônica não recebem um diagnóstico preciso.[7]

Os componentes psicológicos do sistema psicossomático também ajudam a entender a dor lombar crônica. Alguns pesquisadores acham que ela está associada a fatores psicológicos, como depressão, ansiedade, pensamentos catastróficos, raiva, medo/comportamento esquivo e problemas no trabalho, entre outros. De fato, alguns afirmam que os fatores psicossociais podem ser tão importantes, ou mais importantes, para o prognóstico de lombalgia quanto os achados físicos ou os exames de imagem.[8] A realização de exames para identificação precoce desses fatores se tornou um elemento-chave nas pesquisas sobre lombalgia ocupacional. Outras evidências do papel dos fatores psicológicos na dor são provenientes de estudos de imagens motoras. Esses estudos demonstram que o simples fato de imaginar determinados movimentos pode causar dor e inchaço.[9] Entretanto, assim como nos exames de imagem, estudos clínicos rigorosos de grande porte não identificaram relações sistemáticas entre fatores psicossociais e o prognóstico de lombalgia crônica.

A natureza complexa da dor pode explicar a dificuldade em identificar seus fatores causais. Da mesma forma, a complexidade da lombalgia crônica pode ser uma das razões da pouca eficácia da maior parte das terapias. Mesmo no caso das supostas lombalgias não complicadas, pode ser que cada paciente tenha uma causa subjacente distinta, às vezes várias, que requerem abordagens terapêuticas ligeiramente diferentes.[10]

As dras. Helene Langevin e Karen Sherman, da Faculdade de Medicina da Universidade de Vermont e do Group of Health de Seattle, respectivamente, criaram um modelo multifatorial inovador de lombalgia crônica que capta a complexidade que está por trás de algumas formas de dor nas costas. O modelo também salienta que intervenções que têm muitos componentes, como o Tai Chi, podem romper o ciclo de dor crônica e promover um maior equilíbrio da saúde. Uma contribuição singular desse modelo, particularmente relevante para o Tai Chi, é a inclusão dos tecidos conjuntivos/fáscias — os pilares da Medicina Tradicional Chinesa.[11]

Em poucas palavras, o modelo parte da pressuposição de que, na lombalgia aguda que não desaparece rapidamente, além da inflamação e da sensação dolorosa no local, o medo da dor pode alterar os padrões de movimento. Ou seja, a pessoa favorece um lado do corpo para não induzir dor ao se mexer de determinada maneira – um fenômeno denominado cinesiofobia. A dor crônica também pode resultar em sensibilização à dor, em que algumas regiões das costas permanecem hipersensíveis à dor muito tempo depois que os tecidos lesados cicatrizaram. Essas alterações podem remodelar o tecido conjuntivo, que fica mais rígido e menos elástico, e também produzir padrões neuromusculares menos eficientes – por exemplo, a maneira de andar e manter o equilíbrio.

E o que é mais importante, o favorecimento de um lado do corpo e a hipersensibilidade podem criar um círculo vicioso que agrava a dor: quando você sente dor, especialmente ao se movimentar, evita fazer qualquer coisa que provoque a dor. Você descansa, mas, infelizmente, não adianta muito, pois isso causa mais rigidez e mais fraqueza, e os sintomas que você está tentando evitar simplesmente pioram. Há uma redução da sua capacidade funcional, e você não consegue mais fazer as coisas que fazia antes – por exemplo, ir ao trabalho, brincar com os filhos ou participar de atividades de grupo, como o jogo de baralho semanal. Isso, por sua vez, leva a uma queda na autoestima e possivelmente a outros problemas, como dificuldades financeiras e conflitos com familiares e amigos. O médico pode receitar analgésicos para a sua dor crônica, mas esses medicamentos muitas vezes têm efeitos colaterais, e muitos causam insônia e afetam o humor, piorando ainda mais a situação. Obviamente, a lombalgia crônica, assim como muitas outras doenças crônicas, é um problema complexo que deve ser analisado de uma perspectiva da biologia sistêmica.

É importante ressaltar que tratamentos holísticos e psicossomáticos como o Tai Chi podem evitar, e possivelmente reverter, o desenvolvimento dessas alterações fisiopatológicas; esses tratamentos podem influenciar diversos processos. Por exemplo, os movimentos suaves do Tai Chi podem ajudar a alongar e fortalecer os tecidos e a melhorar a circulação local nas costas. Como o Tai Chi é feito de maneira lenta e atenta, é pouco provável que cause mais trauma às regiões lesadas das costas. A redução dos movimentos cautelosos e da dor inconsciente pode tornar a marcha e a postura mais eficientes ao exercer menos tensão biomecânica sobre os tecidos, inclusive os tecidos conjuntivos. A respiração consciente pode ajudá-lo a sentir e até mesmo "massagear" a região lombar, e os aspectos meditativos e redutores do estresse do Tai Chi podem diminuir a sua ansiedade e melhorar o seu humor e o seu padrão de sono. Além disso, o fato de estar em uma aula de Tai Chi com outras pessoas, que muitas vezes estão se recuperando de vários tipos de dor e desconforto, pode fornecer o apoio social de que você precisa para ficar animado e proativo em relação à sua reabilitação.

TECIDO CONJUNTIVO E SAÚDE MUSCULOESQUELÉTICA

Um dos pontos fortes do modelo abrangente de Langevin e Sherman é o reconhecimento da importância do tecido conjuntivo na patogenia da lombalgia crônica. Muitas terapias manipulativas e psicossomáticas visam o tecido conjuntivo, especificamente a fáscia; entretanto, o papel do tecido conjuntivo na fisiologia e na biomecânica da lombalgia em geral é subavaliado. O tecido conjuntivo se adapta às forças biomecânicas e bioquímicas do corpo. As fibras colágenas e elásticas que conferem resistência à tração à fáscia são produzidas e remodeladas continuamente. O tecido conjuntivo sente e responde à sua postura, aos seus movimentos e às suas atividades. Portanto, há uma boa razão para acreditar que o Tai Chi, com sua ênfase em equilíbrio estável e movimentos dinâmicos integrados, influenciará substancialmente a rede de tecido conjuntivo do corpo e modificará a sua estrutura e a sua função.

Estudos recentes da dra. Langevin salientam o importante papel do tecido conjuntivo na patologia da doença musculoesquelética e o papel promissor dos movimentos corporais e mentais na prevenção e reabilitação.

Em um estudo, a equipe da dra. Langevin usou ultrassom de alta resolução para comparar a mobilidade e a espessura da fáscia ao redor da coluna de adultos que tinham dor lombar há pelo menos 12 meses com as de um grupo com características semelhantes, porém sem história de dor lombar. Os pesquisadores descobriram que, em média, os pacientes com lombalgia crônica apresentavam deficiência do movimento deslizante dos tecidos durante a movimentação do tronco. É interessante observar que, em homens, mas não em mulheres, essa deficiência foi associada com um tecido conjuntivo mais espesso e com menor amplitude de movimento do tronco.[12]

Para compreender melhor esses resultados e testar ainda mais o seu tipo de dor nas costas, a dra. Langevin realizou uma série de estudos inovadores com animais. Alguns desses estudos, que ainda estão em andamento, estão analisando se uma intervenção experimental, isto é, a restrição do movimento de uma das patas traseiras do animal, produz mudanças no tecido conjuntivo semelhantes às observadas nos pacientes com lombalgia crônica. Ela também realizou uma série de estudos brilhantes sobre como o movimento afeta os tecidos e os sintomas relacionados de lombalgia crônica. Em um estudo, ela suspendeu um grupo de ratos para provocar inflamação do tecido conjuntivo. Em seguida, brincou com metade do grupo de uma maneira que estendia e alongava a coluna dos animais. Especificamente, ela se valeu do reflexo miotático que ocorre quando a cauda do rato é puxada levemente, provocando o estiramento de todo o corpo do animal, como se um filhotinho estivesse se espreguiçando em sua barriga (como em muitos alongamentos do Tai Chi e do Yoga). Ela também brincou com a outra metade do grupo, mas sem provocar o mesmo reflexo miotático. A dra. Langevin descobriu que os estiramentos mais ativos produziam menos inflamação na fáscia e níveis mais baixos de marcadores inflamatórios, bem como melhor padrão de marcha.[13]

Tanto o estudo da dra. Langevin como outros estudos confirmam o papel fundamental do tecido conjuntivo na saúde musculoesquelética e o efeito que o Tai Chi pode ter na saúde desse tecido. O tecido conjuntivo é considerado cada vez mais um sistema de comunicação por muitas formas de terapia integrativa, e os pesquisadores acreditam que ele é a base das vias de energia (meridianos) da medicina chinesa. O efeito do Tai Chi na saúde do tecido conjuntivo pode ir muito além da saúde musculoesquelética.[14]

Tai Chi para Dores Crônicas

Há dois anos, Anastasia, uma linguista de 33 anos de idade, sentiu uma dor intensa no quadril. A dor constante ficou tão forte que ela teve de deixar de correr e de dançar jazz. Até mesmo caminhadas curtas se tornaram um desafio. "De jovem ativa, da noite para o dia eu me transformei numa anciã", diz Anastasia. "Eu peregrinava de médico em médico, sem solução à vista. Alguns receitavam analgésicos; outros, injeções de cortisona. Eu não queria simplesmente mascarar a dor; eu queria melhorar de verdade."

Um acupunturista sugeriu que ela fizesse aulas de Tai Chi. "Eu me sinto segura nessas aulas. Sei como me movimentar sem me machucar", diz Anastasia, que atualmente faz duas ou três aulas de Tai Chi por semana. "Parece que o Tai Chi reorganiza a minha estrutura interna e deixa meus músculos menos tensos. Estou estimulada a ouvir o meu corpo, em vez de tentar copiar os movimentos de outra pessoa. Ao longo de vários anos de aula, a minha dor foi diminuindo gradualmente. Hoje eu consigo andar durante horas, dormir bem e até mesmo dançar de vez em quando. Você não imagina a alegria que senti um dia desses quando eu consegui correr — correr! — e tomar um ônibus."

"Eu sinto que estou sendo curada não apenas pelos movimentos que faço em aula, mas também pela energia e pelo humor dos meus colegas, bem como pelo sentimento de comunidade", prossegue ela. "A sala de aula é um lugar onde não tem problema eu ter uma limitação física, onde eu posso cometer erros, contar uma piada. É bom ter companhia nessa jornada."

Os diversos princípios e ingredientes ativos do Tai Chi ajudam a entender e a explicar como e por que ele ajuda a controlar, tratar e evitar a dor musculoesquelética e os sintomas relacionados à dor. As pesquisas confirmam alguns desses supostos mecanismos, embora nem sempre no contexto dos estudos de Tai Chi. Outras incluem mecanismos evidentes que a comunidade do Tai Chi considera naturais, mas que ainda têm de ser embasados por pesquisas científicas.

Alinhamento e Controle Postural

Todos os praticantes de Tai Chi sabem perfeitamente que ele leva a uma postura mais eficiente. Melhor estrutura e maior controle postural são objetivos explícitos do Tai Chi que estão por trás da sua aplicação como arte marcial ou prática voltada para a saúde. Como professor, um dos meus maiores objetivos é estimular os alunos a adotarem uma postura mais ereta, centrando a cabeça sobre o tronco e este sobre os quadris e posicionando os pés de modo que as principais articulações fiquem alinhadas para maximizar o equilíbrio e minimizar a tensão. É gratificante observar a postura de um aluno mudar com o tempo, vê-lo se movimentar com mais facilidade, mais eficiência e mais consciência, tanto dentro como fora da classe.

Da perspectiva da MTC, melhor estrutura e controle postural liberam e facilitam o fluxo de Qi, aumentando a capacidade funcional e promovendo a saúde. Da perspectiva da medicina ocidental, melhor estrutura e biomecânica reduzem o estresse sobre as articulações e os tecidos e, consequentemente, o seu desgaste. Uma postura melhor também pode produzir processos fisiológicos mais favoráveis à cura — melhor circulação sanguínea e linfática e níveis mais baixos dos marcadores de estresse associados com inflamação. No entanto, surpreendentemente, existem pouquíssimos dados sobre o efeito do Tai Chi na postura, e menos ainda sobre o seu efeito nos processos fisiológicos relacionados à dor.

O capítulo anterior apresentou um resumo das pesquisas que indicam que o Tai Chi pode melhorar o controle postural dinâmico. Existem evidências também de melhora na biomecânica da marcha e no equilíbrio durante a postura ereta estática, bem como durante tarefas dinâmicas. Curiosamente, até o momento poucos estudos descreveram as alterações posturais básicas observadas com o Tai Chi. Além disso, pouquíssimos analisaram claramente a relação entre as características do controle postural e a dor e a capacidade funcional em pessoas que têm dor musculoesquelética.

Aqui estão alguns exemplos de como o treinamento de Tai Chi pode contribuir para melhorar o controle postural e promover a saúde.

Coluna Vertical

Segundo os textos clássicos de Tai Chi, "A coluna deve ser como um colar de pérolas pendendo do céu". Isso ressalta o fato de que o Tai Chi pode melhorar a postura vertical ao alongar a coluna, inclusive o pescoço, bem como reduzir o desgaste dos discos intervertebrais. É provável que, com a verticalidade, haja menos contrações musculares desnecessárias em todo o sistema musculoesquelético.[15]

Atenção aos Quadris e à Cintura

Nos textos clássicos do Tai Chi, a cintura (ou, de modo mais amplo, os segmentos corporais que conectam os membros inferiores com o tronco e os membros superiores) é chamada de "comandante do corpo". Em termos físicos e energéticos, essa região é priorizada como um núcleo coordenador central. Um importante princípio do Tai Chi é "sentar-se" no *kwah* ou dobrar o *kwah*. O *kwah* corresponde à prega inguinal, a dobra ou "oco" dos dois lados da parte frontal do corpo onde a coxa se junta ao abdome. Portanto, se você consegue sentar-se no *kwah* é sinal de que tem boa flexibilidade e amplitude de movimento no quadril e na área pélvica (os flexores do quadril e, em especial, os músculos psoas e ilíaco) e apresenta simetria dos dois lados do corpo. Estilo de vida sedentário e traumas na área pélvica, até mesmo problemas genéticos como diferença no comprimento das pernas, podem causar desequilíbrios musculares. Alguns trabalhos publicados na literatura especializada mostram que desequilíbrios no psoas e nos músculos do núcleo (abdome, costas e pelve) podem estar associados com problemas nas costas, no joelho e no pescoço, e também podem afetar a marcha e o equilíbrio.[16]

Alinhamento dos Pés

Os pés são a base do corpo. Se a base estiver torta, tudo acima dela também estará. Entre outras razões, o desalinhamento pode ser causado por pés chatos ou pronados (em que os pés e tornozelos inclinam-se para dentro). O alinhamento preciso dos pés no Tai Chi pode ajudar a corrigir desequilíbrios dos pés. Alguns estudos realizados com adultos mais velhos portadores de artrite mostram que o Tai Chi aumenta a amplitude de movimento dos tornozelos, e estudos transversais mostram que a distribuição da pressão plantar na posição ortostática e durante a marcha é mais eficiente nos praticantes experientes de Tai Chi do que em não praticantes da mesma idade que não praticam Tai Chi.[17]

Bruce Kumar Frantzis, mestre de Tai Chi, escreveu extensamente sobre a importância do alinhamento adequado. Ele descreveu um círculo vicioso que leva à piora da dor e da disfunção. Por exemplo, a falta de apoio decorrente do mau alinhamento do pé e do joelho cria tensão no quadril e nos músculos das costas. Essa tensão pode provocar rigidez muscular, que acaba desalinhando as vértebras e comprimindo a medula espinal. O mau alinhamento pode comprometer os impulsos nervosos, enfraquecer os sinais enviados para as pernas e causar dor. E tem mais, pernas fracas exercem mais tensão sobre as costas, e o ciclo de dor continua.[18]

Ao aumentar a conscientização do alinhamento, bem como da amplitude de movimento e da flexibilidade do sistema musculoesquelético, e ao ensinar os praticantes a se descolocarem com mais eficiência, o Tai Chi ajuda a interromper o ciclo vicioso e a reorganizar os padrões negativos que estão por trás dos quadros dolorosos.

Princípio da Regra de 70%

> Sem sofrimento não há ganho? Quem disse que isso é verdade?
>
> — Robert Morningstar, Mestre de Tai Chi

Aprender a movimentar o corpo de maneira segura faz parte do aprendizado do Tai Chi. Um dos princípios fundamentais e ingredientes ativos do Tai Chi é a moderação nos esforços, ou regra dos 70%. Assim como a pequena quantidade de Yin no lado Yang do símbolo do Tai Chi (o pequeno círculo escuro do lado claro), essa regra diz que a pessoa nunca deve usar mais de 70% do seu potencial máximo para movimentar as articulações ou fazer força durante um alongamento ou postura. Evitando os extremos de qualquer movimento ou atividade, você reduz a probabilidade de provocar um trauma nos tecidos e de sofrer alguma lesão. Por exemplo, se você travar o cotovelo durante o exercício de Push Hands (empurrar com as mãos) ou desferir um soco do Tai Chi, poderá lesar os ligamentos e tendões dessa articulação, além de ficar mais vulnerável ao controle do seu adversário. Do mesmo modo, se você travar o cotovelo em reação a uma queda, aumentará a possibilidade de fratura. Mantendo certo grau de flexibilidade ou jogo no seu cotovelo, ou em qualquer outra articulação, você poderá adaptar seus movimentos e evitar lesões.

O fato de evitar extremos também minimiza o medo inconsciente do movimento (cinesiofobia).[19] Usando novamente o cotovelo como exemplo, se você tiver "cotovelo de tenista" (epicondilite lateral do úmero) e sentir dor ao estender o cotovelo além de determinado ângulo, no segundo em que isso acontecer, ou talvez até mesmo um pouco antes desse ponto, você vai parar de estender o cotovelo para evitar uma lesão ainda maior. Esse é um comportamento normal. O movimento comedido poderá fazer com que outros tecidos compensem a fraqueza do cotovelo, possivelmente causando problemas nos ombros ou no pescoço. Do ponto de vista da medicina chinesa, o medo e o comportamento protetor limitam o fluxo de Qi e sangue para essa área e retardam o processo de cura. Movimentos suaves, juntamente com atenção plena e boa intenção, minimizam o medo de dor e lesão e criam um ambiente para os tecidos funcionarem de maneira segura em um nível mais elevado. No caso das articulações, a intenção não é forçar a cura, mas nutrir delicadamente as articulações, aos poucos. Isso vale para todas as articulações, sobretudo as lesadas.

Meditação e Componentes Psicológicos

A percepção e a experiência da dor incluem componentes físicos e psicológicos. Portanto, é bem provável que os aspectos cognitivos e meditativos do Tai Chi afetem positivamente qualquer quadro doloroso. Os Capítulos 8 e 9 analisam com maior profundidade como os aspectos meditativos e psicológicos do Tai Chi podem influenciar a percepção de dor de diversas maneiras.

Inúmeros estudos clínicos mostraram que vários sistemas de meditação, como redução do estresse baseada em atenção plena, meditação do amor incondicional (*loving kindness*) e meditação transcendental, diminuem os sintomas de dor e melhoram a capacidade funcional das pessoas que sofrem de dor crônica.[20] Essas práticas meditativas abrangem uma vasta gama de técnicas, e portanto é provável que seu impacto sobre a dor e a capacidade funcional ocorra por meio de diferentes mecanismos fisiológicos.

Uma via deve ser o sistema imunológico. Alguns estudos sobre meditação relatam níveis reduzidos de compostos inflamatórios que sabidamente exacerbam a dor.[21] Vários estudos de Tai Chi e Qigong realizados em populações distintas, inclusive sobreviventes de câncer e mulheres com osteoporose, indicam que o Tai Chi pode ter um impacto positivo sobre os marcadores inflamatórios.[22] Outros estudos experimentais, entre eles alguns com monges zen, mostraram que os praticantes experientes de meditação têm limiares de dor mais elevados, mesmo quando não estão meditando.[23] Pode ser que isso se deva à capacidade que essas pessoas têm de não prestar muita atenção à dor nem exagerar as sensações de dor, mas simplesmente vivenciar o que está acontecendo. Estudos de neuroimagens relataram menor sensação de dor relacionada com meditação e menor ativação em regiões do cérebro associadas com a função executiva, com avaliações e emoções.[24]

Placebo, Intenção e Alívio da Dor

Outra evidência do poder da mente na percepção da dor é proveniente dos estudos com placebo. Um número cada vez maior de estudos demonstra claramente que a manipulação de expectativas e crenças pode alterar significativamente os níveis de dor que as pessoas sentem. Esse resultado é observado independentemente do tratamento recebido: comprimido real, comprimido de placebo, uma intervenção ou até mesmo cirurgia.[25]

Um dos meus estudos favoritos sobre dor com utilização de placebo, devido ao ser esmero e uso (não intencional) de centros de energia primária do Tai Chi (o centro da palma da mão e o centro da sola do pé), foi conduzido por Fabrizio Benedetti e seus colegas em Turim, Itália. Nesse estudo, os pesquisadores usaram uma pequena agulha para injetar capsaicina (componente químico das pimentas fortes) sob a pele da palma da mão esquerda, palma da mão direita, sola do pé esquerdo e sola do pé direito, simultaneamente, de voluntários saudáveis para produzir uma sensação dolorosa de ardência. Para aumentar a expectativa de alívio da dor dos participantes, os pesquisadores aplicaram em apenas uma dessas partes do corpo um creme que, segundo eles, era um poderoso anestésico local. Na verdade, o creme era um placebo e não continha anestésico algum. Benedetti e seus colegas induziram uma resposta ao placebo apenas na parte do corpo que tinha sido tratada; em outras palavras, os sujeitos sentiram menos dor na parte tratada, mas não sentiram nenhuma alteração na sensibilidade à dor nas partes não tratadas.

Ainda mais fascinante é o fato de que, quando os pesquisadores repetiam o mesmo experimento depois de administrar o medicamento naloxona, que bloqueia o efeito do analgésico opioide natural do corpo, eles conseguiam abolir totalmente essa resposta bastante específica ao placebo. Esse resultado comprova que o sistema analgésico natural do próprio corpo mediava completamente o efeito placebo. Esses estudos mostram que o aumento das expectativas de alívio da dor pode induzir um efeito bastante específico em partes específicas do corpo.[26]

Esse conceito de induzir um efeito placebo psicossomático pode ser a base de alguns dos conceitos fundamentais do Tai Chi. De acordo com a medicina chinesa, a mente conduz o Qi, que se move e influencia o corpo. No Capítulo 2, você aprendeu que a imaginação pode se tornar realidade. Talvez essa noção se aplique particularmente à dor. Imaginar que a energia de cura está fluindo para mãos, joelhos ou uma coluna vertebral com artrite pode realmente provocar mudanças neuroquímicas mensuráveis que aliviam a dor.

Respiração

O componente respiratório do Tai Chi pode produzir muitas mudanças, inclusive maior relaxamento, aumento do fluxo sanguíneo e massagem dos tecidos. Além disso, com um pouco de prática, a respiração pode ser usada como um instrumento de conscientização interna. Algumas evidências indicam que a respiração, por si só, pode afetar a dor.

Terapia respiratória é uma terapia psicossomática que integra conscientização, respiração, meditação e movimentos corporais. Um estudo de pequeno porte realizado na Universidade da Califórnia, em São Francisco, descobriu que seis a oito semanas de terapia respiratória aliviava mais a dor lombar crônica do que a fisioterapia convencional.[27] A respiração lenta usada no Tai Chi, no Yoga e na meditação zen também diminui a intensidade e o desconforto causado pela dor nos portadores de fibromialgia.[28]

Apoio Social

O grau de apoio social pode influenciar o nível de tolerância à dor. O fato de fazer Tai Chi com um grupo que pensa da mesma maneira representa um estímulo adicional para ir à aula mesmo nos dias de dor. Muitos estudos mostram que as pessoas que recebem apoio social têm menos dor oncológica, tomam menos analgésicos e têm menos propensão a sentir dor na região torácica após cirurgia de revascularização miocárdica; as mulheres sentem menos dor durante o parto e geralmente não tomam anestesia peridural.[29]

Como afirmamos no Capítulo 2, e também no Capítulo 9, o ambiente social das aulas de Tai Chi é rico. Rituais, como ir à aula regularmente, podem gerar um sentimento de coletividade e companheirismo, além de representar uma oportunidade de se abrir com os colegas, o que pode ser particularmente importante quando se está com dor.

Em suma, a abordagem multimodal do Tai Chi pode contribuir para o alívio da dor de muitas maneiras. Os estudos clínicos confirmam isso.

Evidências Clínicas de que o Tai Chi Alivia a Dor

Embora o Tai Chi seja amplamente usado para quadros dolorosos, até o momento apenas alguns estudos clínicos de grande escala avaliaram a sua eficácia e segurança para dores crônicas. No entanto, inúmeros estudos preliminares avaliaram o emprego do Tai Chi para dor nas costas, artrite e fibromialgia e obtiveram resultados promissores.

Dor nas Costas

Considerando-se o impacto e a prevalência da dor nas costas, bem como o uso disseminado do Tai Chi para esse fim, é surpreendente que tão poucos estudos ocidentais tenham avaliado o Tai Chi para dor nas costas. Em 2011, uma equipe australiana liderada pela dra. Amanda Hall publicou os resultados do primeiro estudo clínico de grande porte sobre o efeito do Tai Chi na lombalgia persistente. Esse estudo randomizado designou 160 adultos (com média de idade de 44 anos) para um treinamento de dez semanas de uma forma simplificada de Tai Chi, chamada "Tai Chi para Dor nas Costas", desenvolvida pelo dr. Paul Lam, ou para um grupo de controle. Os resultados mostraram que o Tai Chi melhorou significativamente os sintomas incômodos da dor nas costas, que era o desfecho primário do estudo. Os participantes também relataram menor intensidade de dor, menos incapacidade causada pela dor e melhora na qualidade de vida relacionada à saúde. De modo geral, eles se sentiam melhor por ter feito Tai Chi.[30]

Em outro estudo menor realizado na Coreia, portadores de espondilite anquilosante (uma forma de inflamação crônica que causa dor e rigidez na região da coluna vertebral) foram aleatoriamente designados para um treinamento de oito semanas de Tai Chi mais tratamento convencional ou apenas tratamento convencional (grupo de controle). Em comparação com o grupo de controle, os pacientes que fizeram Tai Chi apresentaram melhora significativa nos parâmetros de fadiga, dor, rigidez, flexibilidade e depressão.[31]

Outros estudos realizados na China corroboram os possíveis benefícios do Tai Chi para quem sofre de dor nas costas. Entre 1990 e 2007, meus colegas e eu fizemos uma revisão inédita da literatura em língua chinesa utilizando as palavras-chave "Taiji", "Taijiquan" e "dor nas costas". Encontramos seis estudos que avaliaram o Tai Chi especificamente para dor nas costas ou no pescoço. Em dois desses estudos, randomizados e com grupo de controle, o Tai Chi aumentou em flexibilidade e reduziu a dor.[32] Os outros estudos indicam que a associação de Tai Chi a outras terapias, como acupuntura, é benéfica e que o Tai Chi pode melhorar a qualidade de vida, reduzir a dor, aumentar a estabilidade emocional e melhorar o sono de pacientes com problemas nas costas.[33] No entanto, de modo geral esses foram estudos pequenos que apresentavam problemas metodológicos; portanto, os resultados devem ser interpretados com cautela.

Por fim, estudos recentes de grande escala e alta qualidade de formas relativamente dinâmicas de Yoga confirmam os benefícios do Tai Chi para dor nas costas. Esses estudos mostram que um curso de 12 semanas de Yoga melhora a capacidade funcional e diminui a dor de portadores de lombalgia crônica, é muito superior ao tratamento usual e pode ser igual ou melhor que algumas formas de exercícios convencionais abrangentes para dor nas costas.[34]

Osteoartrite

A osteoartrite, também chamada de artrite degenerativa ou doença articular degenerativa, é uma doença caracterizada pelo desgaste da cartilagem (tecido que protege as articulações), que reveste os ossos nas superfícies articulares e permite que eles deslizem entre si. Embora possa acometer qualquer articulação, a osteoartrite atinge principalmente as articulações dos joelhos, quadris, mãos, pescoço e região lombar. Os sintomas geralmente são dor, hipersensibilidade, rigidez, limitação dos movimentos e inchaço nas articulações. Esses sintomas podem levar a pessoa a fazer menos exercícios e a participar menos de atividades sociais, o que, por sua vez, pode afetar a qualidade da sua saúde física e mental. Por exemplo, portadores de osteoartrite do joelho e dos quadris têm uma redução de 15% a 20% da sua capacidade aeróbica e maior risco de doenças cardiovasculares, obesidade e outras doenças relacionadas ao sedentarismo.[35]

A osteoartrite é uma das principais causas de incapacidade crônica nos Estados Unidos. De acordo com o Centro de Controle e Prevenção de Doenças (CDC), em 2011 mais de 26 milhões de norte-americanos tinham osteoartrite. Não admira que essa doença esteja associada a altos custos médicos: em 1997, foram gastos 7,9 bilhões dólares só em artroplastia de joelho e quadril (substituição da articulação por prótese) em decorrência de osteoartrite.

A osteoartrite piora gradativamente com o tempo; essa doença não tem cura. Mas atualmente os médicos avaliam a possibilidade de empregar tratamentos não farmacológicos, inclusive exercícios e fisioterapia, intervenções de primeira linha capazes de retardar a progressão da doença, aliviar a dor e melhorar a função articular.[36]

Um número cada vez maior de estudos, entre eles alguns randomizados e controlados, indicam que o Tai Chi pode ser uma maneira segura e eficaz de retardar a progressão e controlar os sintomas da osteoartrite. No entanto, em sua maioria, esses são estudos preliminares de menor porte, e alguns têm problemas significativos de delineamento. Portanto, é preciso analisar suas conclusões com cautela.[37]

A dra. Chenchen Wang, reumatologista do Tufts Medical Center, realizou alguns estudos randomizados rigorosos, embora pequenos. Um estudo incluiu 40 pessoas (média de idade de 65 anos) com osteoartrite sintomática de joelho. Esses pacientes foram designados aleatoriamente para fazer sessões de 60 minutos de uma versão de dez formas de Tai Chi modificada do estilo Yang clássico ou participar de um programa de bem-estar e alongamento duas vezes por semana durante 12 semanas. É importante ressaltar que esses estudos incluem um longo período de acompanhamento para avaliar se as alterações observadas eram estáveis ou temporárias. Os pacientes do grupo de Tai Chi apresentaram melhoras significativamente maiores na dor e na capacidade funcional. Eles também disseram que se sentiam menos deprimidos e que tinham melhor qualidade de vida, comparado ao grupo de controle. O Tai Chi também foi considerado seguro.[38]

Vários estudos avaliaram os benefícios de uma forma simplificada do estilo Sun de Tai Chi desenvolvida pelo dr. Lam especificamente para pacientes com artrite. Um estudo clínico randomizado de pacientes mais velhos que tinham osteoartrite sintomática crônica de joelho e quadril descobriu que tanto 12 semanas de aulas de Tai Chi como de hidroterapia produziam melhoras sustentadas na capacidade funcional, em comparação com um grupo de controle. Curiosamente, a hidroterapia, mas não o Tai Chi, também produziu melhoras sustentadas na dor e no bem-estar psicológico.[39] Dois outros estudos de mulheres mais velhas que tinham osteoartrite compararam 12 semanas de Tai Chi com o tratamento habitual. Em um estudo, as pacientes do grupo de Tai Chi relataram redução significativa na dor e na rigidez, além de melhora do equilíbrio, da capacidade funcional e da força abdominal. No segundo estudo, as praticantes de Tai Chi apresentaram maior resistência dos músculos extensores do joelho, maior densidade óssea no quadril e menos medo de quedas. Como a osteoartrite reduz o equilíbrio, causa fraqueza articular e aumenta significativamente o risco de quedas e o Tai Chi melhora o equilíbrio e aumenta a força óssea, isso quer dizer que ele pode ajudar a prevenir fraturas decorrentes de quedas em adultos mais velhos que têm osteoartrite.[40]

Finalmente, segundo estudos realizados por pesquisadores da Universidade de Tecnologia do Texas, é importante que os pacientes com osteoartrite que queiram manter os benefícios do Tai Chi continuem a praticá-lo. Um estudo descobriu que um programa de estilo Yang de Tai Chi com duração de seis semanas, seguido por seis semanas de treinamento em casa, levou a uma melhora significativa na dor no joelho, na capacidade funcional e em características da marcha (velocidade da marcha e comprimento da passada) em comparação com um grupo de controle que não fez exercícios. No entanto, seis semanas após o treinamento formal, todas as melhoras produzidas pelo Tai Chi desapareceram.[41]

Resumindo, esses e outros estudos indicam que o Tai Chi é um tratamento promissor, seguro e eficaz para os sintomas da osteoartrite, sobretudo no joelho e no quadril, e pode ajudar a melhorar a qualidade de vida dos pacientes. No entanto, precisamos de estudos em maior escala para tirar conclusões mais definitivas. Mesmo assim, a Arthritis Foundation [Fundação da Artrite] considera o Tai Chi uma boa opção para aqueles que têm desconforto articular.[42]

Artrite Reumatoide

Artrite reumatoide é uma doença inflamatória crônica que acomete as pequenas articulações das mãos e dos pés. Ao contrário do desgaste da cartilagem articular causado pela osteoartrite, a artrite reumatoide afeta o revestimento das articulações, causando um inchaço doloroso que, com o tempo, pode provocar erosão óssea e deformidade articular. Músculos, ligamentos e tendões enfraquecidos também podem produzir instabilidade articular.

Uma doença autoimune, a artrite reumatoide ocorre quando o sistema imunológico ataca os tecidos do próprio corpo por engano. Além de afetar as articulações, geralmente causa fadiga. Assim como a osteoartrite, a artrite reumatoide provoca sintomas que podem dificultar a realização de exercícios e de atividades cotidianas, como subir escadas ou carregar compras, bem como a participação em atividades sociais, reduzindo a qualidade de vida e o bem-estar psicológico.

Embora a artrite reumatoide não tenha cura, os medicamentos podem diminuir a inflamação das articulações para aliviar a dor e evitar ou retardar o dano articular. Exercícios leves também ajudam a fortalecer os músculos em volta das articulações, bem como a combater a fadiga. A abordagem suave e adaptável do Tai Chi, e seu efeito positivo sobre a força muscular e óssea, o controle postural, a redução do estresse e a saúde cardiovascular, levou os pesquisadores a avaliarem a sua segurança e eficácia nos portadores de artrite reumatoide.[43]

Até agora, apenas alguns pequenos estudos randomizados e estudos de observação avaliaram o Tai Chi para artrite reumatoide. A dra. Wang, da Universidade Tufts, realizou um pequeno estudo clínico preliminar randomizado e controlado, principalmente com mulheres que tinham artrite reumatoide crônica. Os pacientes foram distribuídos aleatoriamente em dois grupos: um grupo que fez 12 semanas de Tai Chi do estilo Yang e um grupo de controle que fez exercícios moderados de alongamento e recebeu orientações sobre como cuidar da artrite reumatoide. Após 12 semanas, metade dos pacientes no grupo de Tai Chi apresentou melhora clinicamente relevante nos sintomas da artrite reumatoide; nenhum paciente do grupo de controle apresentou melhora dos sintomas. O grupo de Tai Chi também teve maiores reduções na incapacidade e depressão, mas não houve relato de redução da dor. É importante ressaltar que nenhum paciente abandonou o estudo e que não foram observados eventos adversos, o que indica que o Tai Chi é prazeroso, seguro e pode muito bem ser benéfico para pacientes com artrite reumatoide.[44]

Os resultados de outros estudos são contraditórios, mas em geral favoráveis. Todos eles indicam que o Tai Chi é seguro para pacientes com artrite reumatoide.[45]

Fibromialgia

Fibromialgia é um distúrbio caracterizado por dor musculoesquelética generalizada acompanhada por fadiga, sono, problemas de memória e oscilações de humor. Os pesquisadores acreditam que a fibromialgia amplifica as sensações dolorosas ao afetar a forma como o cérebro processa os sinais de dor. Ao contrário da osteoartrite e da artrite reumatoide, a dor fibromiálgica não se deve à degeneração articular, mas a um conjunto mais difuso de pontos sensíveis, mais comumente nos tecidos moles na parte posterior do pescoço, nos ombros, tórax, região lombar, quadris, canelas, cotovelos e joelhos. Muitos portadores de fibromialgia também têm dores de cabeça tensionais, distúrbios da Articulação Temporomandibular (ATM), síndrome do intestino irritável, ansiedade e depressão. Assim como no caso de outras doenças musculoesqueléticas, a fibromialgia diminui a capacidade de fazer exercício e a qualidade de vida global.

Embora não haja cura para fibromialgia, existem diversos medicamentos capazes de controlar os sintomas. Esses medicamentos, no entanto, estão associados a vários efeitos colaterais. Exercício, relaxamento e medidas de redução do estresse também podem ajudar a combater os sintomas.

Pesquisas recentes indicam que o Tai Chi pode aliviar significativamente os sintomas da fibromialgia. Um estudo recente da dra. Wang publicado no *New Ingland Journal of Medicine* relatou os resultados do primeiro estudo clínico randomizado e controlado para avaliar os efeitos do Tai Chi em portadores de fibromialgia. Usando um protocolo semelhante ao de seus estudos sobre osteoartrite e artrite reumatoide, 66 pacientes foram selecionados aleatoriamente para fazer um treinamento de Tai Chi de 12 semanas ou para um grupo de controle. Mais uma vez, o Tai Chi foi bem-sucedido. Nesse estudo, ele produziu grandes melhoras nos sintomas listados em um questionário validado clinicamente sobre os sintomas da fibromialgia, bem como em outros parâmetros relacionados com dor, qualidade do sono, depressão e qualidade de vida. Além disso, essas melhoras foram mantidas por seis meses, o número de pacientes que diminuíram o uso de medicamentos foi maior no grupo de Tai Chi do que no grupo de controle, e, novamente, não houve eventos adversos relacionados ao Tai Chi.[46]

A utilização de Tai Chi para tratar fibromialgia é corroborada por estudos menores não controlados e por relatos de casos,[47] assim como por estudos que relatam efeitos positivos do Tai Chi na fibromialgia após terapias psicossomáticas, inclusive Qigong[48] e redução do estresse baseada em atenção plena.[49]

Resumindo, apesar da escassez de estudos clínicos definitivos em grande escala realizados para avaliar os efeitos do Tai Chi em quadros dolorosos, evidências crescentes indicam que o Tai Chi, quando ensinado por professores experientes, é seguro e uma terapia adjuvante eficaz para pessoas que têm dores nas costas, osteoartrite, artrite reumatoide e fibromialgia. Ao tratar a pessoa como um todo, o Tai Chi visa não apenas a dor, mas também muitos dos fatores secundários associados à dor, além de estabelecer comportamentos capazes de retardar a progressão da doença.

Uma boa maneira de conhecer as interações entre movimentos suaves e pulsantes, relaxamento, imaginação, intenção e seu potencial para aliviar a dor é praticando um exercício simples que eu criei chamado "Tai Chi para as Mãos". Como professor de Tai Chi, descobri que esse exercício é terapêutico para quem tem artrite ou lesão por esforço repetitivo (LER). De modo mais geral, descobri que esse exercício ajuda os alunos a conhecer diversos princípios fundamentais do Tai Chi. Depois de experimentar as qualidades terapêuticas do Tai Chi na mão, eles conseguem integrar esses princípios ao restante do corpo.

Tai Chi para as Mãos

Leve a mão direita à frente do corpo de forma relaxada, com a palma virada para cima. Se for cansativo manter a mão nessa posição, apoie-a sobre a coxa. Devagar e com muita atenção, estenda todos os dedos e abra-os, e depois relaxe-os. Não exerça mais de 70% de esforço. Quando estender os dedos, observe quais são as articulações e os tecidos circundantes que parecem se abrir ou não. A princípio, o mais importante é apenas sentir e observar, sem tentar fazer nenhuma mudança. Sinta a rede de fáscia elástica em cada articulação e observe como o suave movimento de alongamento e repouso permite que o oceano interno circundante ou matriz viva hidrate e nutra os tecidos. Compare a palma e as costas da mão. Convide o oceano interno morno a se difundir de forma mais profunda, livremente, para todos os tecidos, a cada ciclo de alongamento e relaxamento da palma.

Agora, adicione um pouco de imaginação ou intenção. Imagine uma energia tépida de cura, talvez um sol amarelo radiante em miniatura, na palma da sua mão, relaxando e nutrindo os tecidos.[50] Quando abrir e estender suavemente a palma, deixe que a energia de cura se irradie para cada célula da mão, acrescentando uma qualidade suave ao oceano interno. Quando relaxar a mão, sinta a energia se tornar mais concentrada no centro da palma.

Cada vez que você abrir a mão, o movimento das articulações e o fluxo da energia devem ser um pouco mais fáceis. Faça isso durante três a cinco minutos com a mão direita, e, em seguida, compare a sensação dessa mão com a da mão esquerda. Às vezes a mão direita parece mais quente, outras vezes parece formigar e outras, ainda, parece um pouco "maior". Cada pessoa tem uma sensação diferente. Passe para a mão esquerda e faça o mesmo exercício por três a cinco minutos. Agora compare a sensação da mão esquerda com a da mão direita.

Os princípios do Tai Chi para as Mãos são os mesmos que você usa para praticar as formas essenciais do Tai Chi. Por exemplo, quando você faz o movimento de "empurrar com as mãos", as palmas se abrem para fortalecer a conexão entre as articulações e expressar energia. Em seguida, a palma da mão retorna a uma fase mais neutra, mais relaxada (ou Yin). Durante o mesmo movimento, os praticantes de Tai Chi mais experientes conseguem sentir a abertura e o fechamento de muitas outras articulações – da coluna, das costelas e dos membros inferiores. E durante alguns estágios do treinamento de Tai Chi, todo o corpo se parece com a mão, abrindo e fechando, e sendo banhado por consciência e energia.

6

Fortaleça o seu Coração

A preocupação afeta a circulação, as glândulas e todo o sistema nervoso, e afeta profundamente o funcionamento do coração.

— Dr. Charles Mayo (1865-1939), fundador da Clínica Mayo

Quando o coração está em paz, o corpo está sadio.

— Provérbio chinês

Tanto do ponto de vista da medicina ocidental como da medicina oriental, o coração é o centro integrador da saúde e do bem-estar. No Ocidente, o coração é visto como uma bomba que bate 100 mil vezes por dia para fazer o sangue circular através de seus cerca de 96 mil quilômetros de vasos sanguíneos. O coração e seu sistema vascular conectam todos os sistemas fisiológicos do corpo. O sistema cardiovascular fornece sangue rico em oxigênio e nutrientes a todos os tecidos, inclusive músculos, ossos, nervos e cada órgão interno; e também leva os resíduos desses tecidos para serem removidos do corpo. O sangue também atua como mensageiro dos sistemas endócrino e imunológico, transportando mensagens químicas que ajudam a regular o equilíbrio hormonal e a combater infecções.

Assim como a medicina oriental, a medicina ocidental reconhece cada vez mais que o coração se interconecta com os sistemas nervoso, endócrino e imunológico. As interações entre esses sistemas explicam algumas expressões usadas no cotidiano, como "morto de preocupação" e "coração partido".[1] Extrapolando um pouco os limites da ciência e da medicina, atribuímos poeticamente alguns dos sentimentos e comportamentos humanos mais básicos, como amor, coragem, sabedoria e honestidade, e até mesmo as memórias, ao coração. Essa perspectiva holística do coração alinha-se com a crença da medicina oriental de que o Qi do coração rege simultaneamente as características físicas, emocionais e espirituais da pessoa.[2]

Tendo em vista o importante papel que o coração desempenha no bem-estar físico e emocional, não admira que um sistema cardiovascular enfermo seja uma das causas mais prevalentes de doença e morte em todo o mundo. Apesar dos enormes avanços alcançados nos medicamentos e procedimentos cirúrgicos para prevenção e tratamento de doença cardiovascular (DCV), esta ainda é a principal causa de morte nos Estados Unidos, ceifando mais vidas que as outras cinco principais causas de morte juntas.[3] Esse fato é realmente perturbador, pois a maioria das pessoas poderia evitar a DCV adotando um estilo de vida saudável e controlando fatores de risco cardiovasculares conhecidos, como hipertensão não controlada (pressão alta), níveis elevados de colesterol, sedentarismo, níveis elevados de estresse e raiva, diabetes não controlado e excesso de peso.

O Tai Chi pode ser uma das intervenções não farmacológicas mais eficazes e versáteis para prevenção e reabilitação da DCV. Sua abordagem multicomponente, que alia exercício físico, redução do estresse, regulação emocional, maior eficiência respiratória e apoio social, visa muitos dos fatores de risco cardiovascular modificáveis. A natureza suave e adaptável do Tai Chi o torna seguro e acessível para pessoas de todos os níveis de condicionamento físico e estado de saúde, inclusive aquelas que têm DCV.

Este capítulo apresenta uma justificativa para o uso do Tai Chi com o objetivo de melhorar a saúde do coração; além disso, faz um resumo das pesquisas que corroboram os efeitos positivos do Tai Chi sobre os fatores de risco para a DCV. O Tai Chi também tem um histórico promissor como terapia adjuvante eficaz na reabilitação e tratamento de várias DCVs, inclusive insuficiência cardíaca, doença arterial coronariana e acidente vascular cerebral.

Prevalência e Fatores de Risco de Doenças Cardiovasculares

As doenças cardiovasculares, entre elas cardiopatia, acidente vascular cerebral (AVC), aterosclerose (ou artérias obstruídas) e pressão alta, são uma importante causa de morbidade e a principal causa de morte de homens e mulheres nos Estados Unidos. Segundo estimativa dos especialistas, as DCVs consomem 431,8 bilhões de dólares por ano, somando-se os custos diretos com tratamento e os custos indiretos associados à perda de produtividade causada pela doença e morte.[4]

Alguns fatores de risco para a DCV podem ser controlados, enquanto outros não. Os fatores de risco que não podem ser controlados são sexo (ser do sexo masculino), idade (ter 50 anos ou mais), história familiar de doença cardíaca e raça (nos Estados Unidos, os índios e norte-americanos de origem africana e mexicana são mais propensos a ter doenças cardíacas que os brancos). No entanto, se você controlar os fatores de risco modificáveis, poderá reduzir suas chances de ter DCV: não fumar; manter níveis baixos de lipoproteínas de baixa densidade (LDL), ou colesterol "ruim", e níveis altos de lipoproteínas de alta densidade (HDL), ou colesterol "bom"; manter uma pressão arterial saudável; fazer atividade física; ter um bom peso corporal; controlar os níveis de açúcar no sangue; e administrar o estresse e a raiva. Uma nova pesquisa indica que níveis mais baixos de inflamação, determinados por marcadores sanguíneos como a proteína C reativa, também estão associados com menor risco de eventos cardiovasculares.

Adotando estratégias preventivas, você poderá evitar doenças cardiovasculares. Mesmo que já tenha uma DCV, terapias complementares e adjuvantes poderão ajudar a reduzir a dose e o número de medicamentos que você precisa, e, consequentemente, reduzir o risco de efeitos colaterais e adiar ou evitar procedimentos cirúrgicos adicionais. Por essas razões, os profissionais de saúde convencionais e os pacientes cardíacos estão demonstrando um interesse cada vez maior por programas holísticos de modificação do estilo de vida voltados para DCVs. Esses programas incluem exercícios psicossomáticos, como Tai Chi, meditação e Yoga, muitas vezes aliados a dietas especiais (geralmente com baixo teor de gordura) e apoio de grupo. Os membros da comunidade médica estão começando a adotar a abordagem denominada "Mudanças Terapêuticas no Estilo de Vida" (MTEV) para doença cardíaca, que, de acordo com estudos clínicos preliminares, mostra-se promissora.[5]

Os pacientes cardíacos querem mais terapias psicossomáticas. Pesquisas realizadas nos Estados Unidos indicam que os pacientes cardíacos sentem-se especialmente atraídos por terapias psicossomáticas como Tai Chi, Yoga e técnicas de relaxamento. Essas pesquisas também revelam que 95% dos que usam essas terapias para doenças cardiovasculares as consideram úteis.[6]

Tai Chi: Um Exercício Psicossomático com Múltiplos Componentes

> "Para mim, o Tai Chi é como uma folha de árvore que flutua lentamente e é levada por uma brisa fresca", diz Bonnie, uma octogenária com insuficiência cardíaca que participou de um estudo de insuficiência cardíaca da Faculdade de Medicina de Harvard. "Ele está me soltando. Estou mais ereta agora, e também durmo melhor. Eu me pego 'vertendo' de um lado para o outro quando estou descascando batatas ou lavando a louça."

Alguns dos ingredientes ativos do Tai Chi são altamente relevantes para a saúde cardiovascular.

O Tai Chi É uma Forma Segura e Adaptável de Exercício Aeróbico

Atividade física, sem dúvida alguma, fortalece o coração. Diversos estudos epidemiológicos prospetivos de grande porte mostram que mesmo exercício aeróbico moderado e um estilo de vida fisicamente ativo melhoram a saúde cardíaca, em comparação com um estilo de vida sedentário.[7] E nunca é tarde demais para aproveitar os benefícios do exercício para o coração — até mesmo atividade leve numa idade mais avançada pode reduzir o risco de morte por doença cardíaca, em vez de se permanecer sedentário.[8]

Se você observar uma sessão de Tai Chi, talvez tenha a impressão de que as pessoas não estão obtendo nenhum benefício aeróbico. Mas estão. Numerosos estudos mostraram que o Tai Chi pode ser considerado uma atividade aeróbica de intensidade baixa a moderada, dependendo do estilo de treinamento, da maneira como as posturas são feitas, da rapidez com que se passa de uma postura para outra e da duração da prática. A atividade física do Tai Chi é quantificada entre 1,6 e 4,6 equivalentes metabólicos (METs). Para analisar essa medida, a taxa metabólica de repouso de uma pessoa sentada tranquilamente é de 1 MET. A intensidade do Tai Chi relatada pela maioria dos estudos é de cerca de 3,5 METs, aproximadamente a mesma intensidade de uma caminhada em ritmo moderado (cerca de cinco quilômetros por hora) em terreno plano. O Tai Chi pode fazer com que a frequência cardíaca fique entre 50% e 74% da máxima, dependendo do tipo e da intensidade do Tai Chi e da idade da pessoa.[9] É importante observar que o Tai Chi é altamente adaptável à capacidade de exercício do coração, pois a pessoa pode modular a intensidade.

O Tai Chi Pode Reduzir o Estresse e Aumentar o Bem-Estar Psicológico

Um grande número de estudos demonstra a relação entre fatores psicológicos e o risco de doença cardiovascular (DCV).[10] Períodos prolongados de depressão, com duração de semanas a anos, foram associados com aumento do risco de DCVs, e história de depressão pode aumentar o risco de infarto.[11] Estresse mental e explosões de raiva também foram associados com eventos coronarianos agudos.[12] Além disso, a frequência cardíaca é 20% mais alta nas manhãs de segunda-feira, uma indicação da influência do maior nível de estresse no trabalho.[13]

O Tai Chi pode ajudá-lo a administrar e a reduzir o estresse, melhorar o humor, inclusive depressão e ansiedade, e amenizar comportamentos prejudiciais e excessivamente agressivos, aumentando a sua conscientização e promovendo um estilo de vida equilibrado. (O Capítulo 9 explica como o Tai Chi afeta o bem-estar psicológico.)

O Tai Chi Aumenta a Eficiência Respiratória

O coração e os pulmões trabalham juntos para assegurar um suprimento de sangue rico em oxigênio para todas as células do corpo através da troca de dois gases, oxigênio e dióxido de carbono.

A ênfase do Tai Chi na respiração diafragmática (ver o Capítulo 7) aumenta a eficiência da troca gasosa, e essa eficiência pode diminuir a carga de trabalho do coração. A respiração lenta, profunda e meditativa do Tai Chi também reduz a pressão arterial, dilata os vasos sanguíneos, melhora a circulação e acalma o sistema nervoso.[14] Coletivamente, esses potenciais benefícios da respiração do Tai Chi podem estar por trás de alguns dos seus efeitos clínicos na DCV.

O Tai Chi Pode Aumentar a Confiança na Capacidade de Fazer Exercício e Motivar um Comportamento Saudável

Outra forma pela qual o Tai Chi melhora o condicionamento físico e a saúde do coração é fazendo com que a pessoa tenha confiança em si mesma para fazer exercícios e motivando-a a adotar outros comportamentos saudáveis. Estudos mostram que o Tai Chi melhora a chamada autoeficácia na realização de exercício, isto é, a crença e convicção na própria capacidade de fazer exercício. Maior autoeficácia se converte em mais atividade física.[15]

Os componentes de meditação e autorreflexão do Tai Chi, bem como a sua conexão com a filosofia oriental, que defende um estilo de vida equilibrado, também podem levar à conscientização de comportamentos prejudiciais à saúde e motivar a adoção de comportamentos mais saudáveis, como alimentação e estilo de vida adequados, que contribuem para a saúde do coração.

O Tai Chi Resulta em Apoio Social

O Tai Chi é uma atividade social. Como aluno, você interage com seus instrutores e colegas. Você também pode se sentir conectado a uma comunidade maior de praticantes regulares de Tai Chi. Um grande número de estudos indica que essa forma de apoio social e um senso de conexão podem exercer um impacto positivo na sua saúde, inclusive na prevenção e reabilitação de eventos cardiovasculares, como infarto.[16] Os mecanismos que estão por trás do apoio social não são totalmente claros, mas podem estar relacionados com redução do estresse e depressão. Como dissemos anteriormente, tanto o estresse psicológico agudo como crônico podem aumentar os riscos de doença cardíaca.

Tai Chi para a Saúde do Coração

Várias revisões sistemáticas resumiram as evidências provenientes de pesquisas clínicas e básicas de que o Tai Chi é uma intervenção para a saúde cardíaca. Essas pesquisas revelam que o Tai Chi é uma intervenção segura e promissora para prevenção e reabilitação de várias DCVs. No entanto, ainda não foi possível tirar conclusões mais definitivas, pois apenas alguns estudos clínicos de grande escala estão estudando o Tai Chi e o coração.[17]

O Tai Chi exerce impacto em importantes fatores de risco cardiovascular, como pressão arterial, níveis de colesterol, metabolismo do açúcar no sangue e inflamação. (O Capítulo 9 aborda o impacto do Tai Chi no estresse e no humor). O Tai Chi também tem efeito sobre DCVs específicas, como insuficiência cardíaca, doença arterial coronariana e acidente vascular cerebral.

Pressão Alta

A pressão alta, ou hipertensão, por si só é uma doença grave, bem como um fator de risco para outras doenças cardiovasculares. "Pressão arterial" é a força exercida pelo sangue contra a parede das artérias ao ser bombeado pelo coração. Se essa pressão subir e permanecer alta ao longo do tempo, poderá prejudicar o corpo de muitas maneiras. A pressão arterial é medida como pressões sistólica e diastólica. "Sistólica" refere-se à pressão arterial quando o coração bate ao bombear sangue. "Diastólica" refere-se à pressão arterial entre batimentos cardíacos, quando o coração está em repouso. O valor sistólico é sempre especificado primeiro, seguido do valor diastólico, como em 120/80 mm Hg. Milímetros de mercúrio (mm Hg) é a unidade usada para medir a pressão arterial. Acima de 120/80 mmHg aumenta o risco de doenças cardiovasculares, e quanto mais elevados os números da pressão arterial, maior o risco.

Muitos estudos mostraram que o Tai Chi baixa a pressão arterial elevada. Em uma revisão sistemática realizada pela nossa equipe em 2008, foram identificados 26 estudos que avaliaram o efeito de Tai Chi na pressão arterial. Nós descobrimos que, em 85% dos estudos, o Tai Chi baixou a pressão arterial, com as melhoras variando de 3 a 32 mm Hg na pressão sistólica e de 2 a 18 mm Hg na pressão diastólica. Alguns desses estudos eram de má qualidade, de modo que os resultados devem ser interpretados com cautela. Porém, coletivamente, estes dados indicam que o Tai Chi pode ser tão eficaz no controle da pressão arterial como outras abordagens de estilo de vida, como perda de peso, dieta com baixo teor de sódio e consumo moderado de álcool.[18]

Em um dos estudos de menor porte da nossa revisão, porém de maior qualidade e randomizado, pesquisadores das instituições médicas da Universidade Johns Hopkins recrutaram 62 adultos mais velhos sedentários e pré-hipertensos e compararam os efeitos de um programa de exercício aeróbico de intensidade moderada com um programa de Tai Chi de intensidade leve. Em ambos os programas as aulas eram feitas em grupo, duas vezes por semana, com duração de uma hora, e os participantes eram instruídos a praticar em casa. Os resultados mostram mudanças comparáveis e clinicamente significativas na pressão arterial dos dois grupos (-8,4 e -7,0 mmHg na pressão sistólica; -3,2 e -2,4 mmHg na pressão diastólica nos grupos de exercício aeróbico e Tai Chi, respectivamente). Vale ressaltar que o grupo de Tai Chi tinha mais propensão a continuar os exercícios em casa do que o grupo de exercício aeróbico.[19]

Vários outros Estudos Clínicos Randomizados e Controlados (ERCs) que incluíram pacientes hipertensos também relataram um efeito positivo do Tai Chi na pressão arterial.[20]

Colesterol Alto

Colesterol é uma gordura (também chamada de lipídeo) de que o corpo precisa para desempenhar suas funções adequadamente. Níveis excessivamente altos de colesterol podem aumentar a possibilidade de doença cardíaca, acidente vascular cerebral e outros problemas.

Muitos estudos, vários deles randomizados e controlados, analisaram os efeitos do Tai Chi sobre o colesterol e os lipídeos relacionados. Alguns descobriram que o Tai Chi produz alterações favoráveis, enquanto nos grupos de controle não há nenhuma alteração significativa.[21] Outros estudos, randomizados e não randomizados, realizados com pessoas obesas, diabéticas ou que tinham alterações lipídicas – e também com pessoas saudáveis – relataram efeitos positivos do Tai Chi nos níveis sanguíneos de colesterol e lipídeos.[22] No entanto, outros estudos não relatam efeitos do Tai Chi nos níveis sanguíneos de lipídeos.[23]

Deficiência no Metabolismo do Açúcar no Sangue (Glicose)

A maior parte dos alimentos que ingerimos é quebrada em glicose, a forma de açúcar no sangue. A glicose é a principal fonte de combustível do organismo. Após a digestão, a glicose entra na corrente sanguínea, e, depois, vai para as células de todo o corpo, onde é usada para produzir energia. Um hormônio chamado insulina, produzido pelo pâncreas, deve estar disponível para permitir que a glicose entre nas células.

No entanto, em pessoas diabéticas ou com sintomas de pré-diabetes, o pâncreas não produz insulina suficiente ou as células nos músculos, no fígado e na gordura não usam a insulina adequadamente, ou ambos. Consequentemente, a quantidade de glicose no sangue aumenta, enquanto as células são privadas de energia. Com o tempo, os níveis elevados de glicose no sangue danificam os vasos sanguíneos, aumentando os riscos de infarto e acidente vascular cerebral.[24]

Alguns estudos, um deles randomizado, relataram maior controle do açúcar no sangue após treinamento de Tai Chi.[25] No entanto, a maior parte dos estudos randomizados e controlados mais rigorosos não relatou nenhum benefício evidente do Tai Chi no metabolismo da glicose.[26]

Inflamação e Proteína C Reativa

Atualmente, acredita-se que a inflamação, processo pelo qual o corpo combate infecções e se cura, esteja associada com o desenvolvimento de doença cardiovascular. Apesar de ainda não entendermos os mecanismos precisos entre inflamação e doença cardiovascular, o aumento da inflamação está associado com estreitamento das artérias e formação de coágulos sanguíneos, ambos processos importantes associados com doença cardíaca e acidente vascular cerebral.[27]

Um importante marcador inflamatório é a proteína C reativa (PCR). Níveis sanguíneos elevados de PCR indicam maior risco de doença cardíaca, enquanto níveis baixos indicam risco baixo. Esse marcador não depende dos níveis de colesterol.[28]

Alguns estudos de pequeno porte revelam que o Tai Chi pode afetar positivamente a inflamação e os níveis de PCR. Um estudo recente randomizado e controlado realizado com taiwaneses obesos que tinham diabetes tipo 2 descobriu que 12 semanas de Tai Chi reduziram os níveis de PCR, o que não ocorreu com o exercício convencional.[29]

Outro pequeno estudo randomizado e controlado, realizado na Austrália, estudou os efeitos do Kung Fu na saúde metabólica de adolescentes obesos. O estudo usou o Tai Chi como "controle de placebo". Depois de seis meses de treinamento, os níveis de PDR diminuíram significativamente em ambos os grupos, e houve uma tendência para redução dos marcadores dos níveis do açúcar no sangue. Não foi observada nenhuma vantagem clara do Kung Fu, que exige mais fisicamente, em relação ao "placebo" de Tai Chi![30]

Capacidade de Exercício e Condicionamento Físico

Existem boas evidências de que o Tai Chi pode aumentar a capacidade aeróbica e melhorar o condicionamento físico geral tanto de pessoas saudáveis como de pessoas que têm doença cardiovascular.

Um recente estudo randomizado e controlado realizado em Hong Kong com mais de 370 adultos relativamente saudáveis residentes na comunidade comparou os efeitos de um programa de 12 semanas de Tai Chi com controles que fizeram caminhada rápida e que não fizeram exercício. Ao final de 12 semanas, foi observado um aumento equivalente da capacidade de exercício nos grupos de Tai Chi e de caminhada. Além disso, o Tai Chi resultou em melhora no peso e no condicionamento físico de modo geral. Curiosamente, o grupo de Tai Chi atingiu esse objetivo com 33% a menos do aumento da frequência cardíaca. Esses resultados confirmam a teoria de que quando a intensidade do exercício é uma preocupação, como no caso de muitas doenças cardíacas, o Tai Chi pode ser a forma preferida de exercício, pois exige menos do coração.[31]

Outro estudo mais longo e não randomizado realizado no Hospital Universitário Nacional de Taiwan monitorou a saúde de 35 idosos praticantes de Tai Chi (média de 69 anos) ao longo de cinco anos e comparou-os com um grupo de idosos sedentários da mesma comunidade. Como era de esperar, nessa faixa etária a capacidade de exercício diminuía com o tempo. No entanto, o Tai Chi ajudou homens e mulheres a retardar substancialmente esse declínio relacionado à idade em comparação com os controles de sedentários. Os que praticavam Tai Chi também apresentaram menor aumento na gordura corporal e menor redução na flexibilidade em relação aos controles.[32]

Muitos outros estudos randomizados e não randomizados também confirmam que o Tai Chi pode aumentar a capacidade de exercício e melhorar o condicionamento físico das pessoas que têm fatores de risco para doença cardiovascular.[33]

Tai Chi para Reabilitação e Tratamento de Doença Cardiovascular (DCV)

Se você tem problemas de coração, o Tai Chi pode ajudá-lo a se recuperar e a controlar os efeitos de doenças como insuficiência cardíaca, cardiopatia coronariana e acidente vascular cerebral.

Tai Chi para Insuficiência Cardíaca

> Jackie, 58 anos de idade, proprietária de uma mercearia, tinha insuficiência cardíaca congestiva havia dez anos, quando o médico sugeriu que ela se inscrevesse no estudo de Tai Chi do Centro Médico Beth Israel Deaconess, em Boston. "Meu médico disse que eu estava quase pronta para receber um marca-passo. Eu estava cansada e não conseguiria aguentar muito tempo", diz Jackie, mãe de dois adolescentes. Jackie recebeu materiais educativos e fez exercícios aeróbicos durante 12 semanas como parte do grupo de controle do estudo, e, em seguida, aceitou a oferta do pesquisador de fazer aulas de Tai Chi por mais 12 semanas. Ela aprendeu os exercícios de respiração, força e flexibilidade do Tai Chi, além de um protocolo simplificado de Tai Chi que podia praticar por conta própria.
>
> Após três meses de aulas de Tai Chi, bem como de uma hora de exercícios aeróbicos duas vezes por semana, o médico de Jackie disse que ela não precisava mais de um marca-passo. "Meu coração estava mais estável, e eu me sentia mais forte", diz ela. "Eu tinha mais energia para administrar o meu negócio e para acompanhar o ritmo dos meus filhos."
>
> Para aprender mais sobre Tai Chi, ela começou a fazer aulas em um centro de Tai Chi em Boston. "Eu sempre me sinto com mais energia depois da aula. Faço tranquilamente duas horas de Tai Chi, enquanto conto os minutos do exercício aeróbico", afirma Jackie, que dirige uma hora de sua casa nos arredores de Boston até a escola de Tai Chi. "Eu posso facilmente incorporar o Tai

Chi na minha vida. Faço pausas no trabalho para fazer Tai Chi, e quando meus filhos começam a me irritar, eu faço alguns exercícios respiratórios para ajudar a me acalmar."

Insuficiência cardíaca crônica é uma doença em que o coração não consegue bombear sangue suficiente para o resto do corpo. Quando o músculo cardíaco não consegue bombear ou ejetar o sangue para fora do coração eficientemente, é chamada de insuficiência cardíaca sistólica. Quando os músculos cardíacos ficam rígidos e o coração não se enche de sangue facilmente, é chamada de insuficiência cardíaca diastólica. A nossa equipe de estudo da Faculdade de Medicina de Harvard, liderada pela dra. Gloria Yeh, relatou que o Tai Chi produz benefícios à saúde de pacientes com insuficiência cardíaca sistólica e diastólica.

Começamos a nossa pesquisa sobre Tai Chi para insuficiência cardíaca com um estudo-piloto de pacientes com insuficiência cardíaca sistólica. Trinta pacientes foram escolhidos aleatoriamente para fazer 12 semanas de treinamento de Tai Chi ou tratamento convencional (grupo de controle). Para esse estudo, primeiro nós desenvolvemos um protocolo simplificado bissemanal de exercícios de aquecimento tradicionais e cinco formas de Tai Chi adaptadas do estilo Yang de Cheng Man Ching, que posteriormente foi usado em todos os nossos estudos clínicos de insuficiência cardíaca. Depois de 12 semanas, os pacientes do grupo de Tai Chi demonstraram melhora significativa na qualidade de vida relacionada com a insuficiência cardíaca, percorreram uma distância maior no teste de caminhada de seis minutos e apresentaram reduções maiores nos níveis sanguíneos de proteína natriurética tipo B (um marcador de insuficiência cardíaca) em comparação com o grupo de controle. Observamos também que os pacientes do grupo de Tai Chi apresentaram tendência de melhora no aumento da capacidade aeróbia, além de sono mais estável.[34]

Com base nesses resultados preliminares promissores, realizamos um estudo de acompanhamento maior com 100 portadores de insuficiência cardíaca sistólica. Nesse estudo, o grupo de comparação foi um programa educativo sobre saúde cardíaca. Assim como no nosso estudo-piloto, os participantes do grupo de Tai Chi tiveram melhoras clinicamente significativas na qualidade de vida, bem como melhoras na autoeficácia do exercício e no humor. Entretanto, ao contrário do estudo-piloto, as distâncias percorridas no teste de caminhada de seis minutos não aumentaram muito e não diferiram estatisticamente das observadas no grupo de controle.[35]

Nossa equipe concluiu recentemente um estudo-piloto menor de pacientes com insuficiência cardíaca diastólica. Estávamos particularmente interessados em saber se os benefícios do Tai Chi deviam-se simplesmente ao treinamento aeróbico moderado ou aos componentes psicossomáticos, como meditação e respiração controlada. Neste estudo, 16 pacientes com insuficiência cardíaca diastólica foram escolhidos aleatoriamente para fazer um programa de Tai Chi ou exercícios aeróbicos de baixo impacto duas vezes por semana durante 12 semanas. Descobrimos que o Tai Chi fornecia um exercício significativamente menos intenso do que o do grupo de exercício aeróbico. No entanto, ao final de 12 semanas, os pacientes do grupo de Tai Chi percorreram uma distância maior no teste de caminhada de seis minutos do que os pacientes do grupo aeróbico. Os pacientes dos dois grupos tiveram o mesmo grau de melhora na qualidade de vida. Portanto, parece que a eficácia do Tai Chi no aumento da capacidade de exercício e na melhora da qualidade de vida dos pacientes com insuficiência cardíaca se deve a outros mecanismos, e não apenas ao treinamento aeróbico.[36]

É importante salientar que cerca de 90% dos participantes em todos os nossos estudos de insuficiência cardíaca não apenas frequentaram regularmente as aulas de Tai Chi como também praticaram em casa. Isso quer dizer que o Tai Chi é prazeroso e pode ser incorporado com segurança às atividades regulares, mesmo no caso de cardiopatas crônicos.

Pesquisadores italianos publicaram os resultados de um estudo randomizado e controlado em que a adição de Tai Chi ao treinamento de resistência para pacientes com insuficiência cardíaca produziu melhoras mais acentuadas na distância percorrida em seis minutos, na pressão arterial sistólica, na qualidade de vida e na força dos membros inferiores, comparado com um grupo de controle.[37] Outros pesquisadores também constataram melhoras em pacientes com insuficiência cardíaca que praticavam Tai Chi.[38]

Tai Chi para Doença Arterial Coronariana (DAC)

Doença arterial coronariana (DAC) é um estreitamento dos pequenos vasos sanguíneos que levam sangue rico em oxigênio para o coração. Também chamada de doença cardíaca coronariana (DCC) ou cardiopatia coronariana, é a principal causa de morte de homens e mulheres nos Estados Unidos. A DAC é causada pelo acúmulo de placas nas artérias que irrigam o coração. Isso pode resultar em angina, tipo de dor e desconforto no peito causados por fluxo de sangue deficiente nos vasos sanguíneos do músculo cardíaco, ou em ataque cardíaco (infarto do miocárdio), quando o fluxo de sangue para uma parte do coração é obstruído por tempo prolongado, de modo que parte do músculo cardíaco é lesada ou morre.

Vários estudos avaliaram especificamente os possíveis benefícios do Tai Chi para pacientes com diagnóstico de DAC.[39] Na Inglaterra, foi realizado um estudo randomizado e controlado com pacientes que estavam se recuperando de infarto. Esse estudo constatou melhora na pressão arterial sistólica tanto no grupo de Tai Chi como no grupo de exercícios aeróbicos, mas apenas o grupo de Tai Chi apresentou melhora na pressão arterial diastólica. Além disso, os pacientes que fizeram Tai Chi seguiram mais o programa de treinamento que os pacientes que fizeram exercícios aeróbicos ou do grupo de controle.[40]

Outros estudos mostram que o Tai Chi pode levar a um melhor prognóstico de eventos cardíacos em pacientes com DAC, aumentar a taxa de retorno a uma frequência cardíaca de repouso após o exercício e ajudar a equilibrar o sistema nervoso autônomo.[41]

O Tai Chi também pode ajudar na recuperação de cirurgia de revascularização do miocárdio. Um pequeno estudo não randomizado da Universidade Nacional de Taiwan acompanhou 20 homens (média de 57 anos) que estavam se recuperando de cirurgia de revascularização do miocárdio. Ao longo de um ano, cerca de metade dos homens praticou Tai Chi, enquanto a outra metade participou de um programa de reabilitação cardíaca domiciliar. Após um ano, os homens que fizeram Tai Chi apresentaram aumento de 10% no condicionamento aeróbico, enquanto aqueles que fizeram caminhada rápida apresentaram pouca alteração em seus níveis de condicionamento. Também nesse caso a adesão ao esquema de exercício foi maior no grupo de Tai Chi do que o grupo de reabilitação tradicional.[42]

Esses e outros estudos recentes descobriram que o exercício com menos intensidade pode proporcionar benefícios aos pacientes que estão se recuperando de uma doença cardíaca. É por isso que o Tai Chi está sendo cada vez mais aceito como um programa de exercícios alternativo, principalmente para pessoas sem condicionamento físico ou idosos com problemas cardíacos.

Recuperação Após Acidente Vascular Cerebral

Um acidente vascular cerebral (AVC) ocorre quando o fluxo sanguíneo para uma parte do cérebro é interrompido. Quando o fluxo é interrompido por mais de alguns segundos, o cérebro é privado de sangue e oxigênio. As células cerebrais morrem, causando lesões permanentes. O AVC é a terceira causa de morte nos Estados Unidos e a principal causa isolada de incapacidade. Mais de 4 milhões de norte-americanos tiveram AVC, ou derrame, e estão vivendo com suas sequelas.[43]

Vários estudos avaliaram o Tai Chi como exercício de reabilitação para sobreviventes de AVC. O maior estudo publicado até hoje analisou se o Tai Chi poderia melhorar o equilíbrio em pé. Pesquisadores de Hong Kong distribuíram aleatoriamente 136 pacientes que tinham tido AVC pelo menos seis meses antes do estudo em dois grupos: um grupo de treinamento de Tai Chi de 12 semanas e um grupo de exercícios gerais (grupo de controle) também de 12 semanas. O grupo de Tai Chi mostrou maior capacidade de manter o equilíbrio, alcançar à frente e se inclinar para a frente e para trás, e também reações mais rápidas. Esses benefícios persistiam na segunda avaliação de 18 semanas.[44]

Pesquisadores israelenses fizeram um pequeno estudo randomizado e controlado que comparou um programa de Tai Chi com um treinamento de equilíbrio para sobreviventes de AVC. Após 12 semanas, aqueles que participaram das aulas de Tai Chi apresentaram melhora na capacidade funcional global e no aspecto social, mas não apresentaram alterações no equilíbrio nem na velocidade da marcha. O treinamento de equilíbrio produziu melhoras no equilíbrio e na velocidade da marcha, mas não na capacidade funcional global. O Tai Chi parece proporcionar benefícios aos sobreviventes de AVC, mas precisamos de mais estudos, e de mais longo prazo, para avaliar todos os seus benefícios.[45]

Implicações Clínicas e Vantagens do Tai Chi para Doenças Cardiovasculares (DCV)

Se você é cardiopata, precisa encontrar uma atividade física adequada que não acarrete risco e seja fácil de fazer. Pode ser que o médico recomende exatamente o Tai Chi. De acordo com as evidências existentes, o Tai Chi é um complemento promissor ao tratamento convencional para o coração.

Infelizmente, os programas de reabilitação cardíaca são subutilizados. O Tai Chi pode ser apropriado se você não puder, ou não quiser, praticar outras formas de atividade física, ou então servir de ponte para programas de exercício mais rigorosos, principalmente se você estiver debilitado ou descondicionado.

Se o médico diz que você tem hipertensão limítrofe e você não tem certeza de que quer iniciar uma terapia farmacológica, uma abordagem não farmacológica como o Tai Chi pode ser uma forma de manter a pressão arterial sob controle. Se você é hipertenso e tem dificuldade de fazer exercício regularmente, mais uma vez, pense em usar o Tai Chi para ajudar o programa de tratamento que o médico traçou para você. O Tai Chi também poderá ajudar a melhorar o seu condicionamento aeróbio e a controlar o seu colesterol; seus efeitos sobre o controle do açúcar no sangue não são tão claros.

É importante ressaltar que todos os estudos realizados até hoje indicam que o Tai Chi é seguro para pacientes cardíacos. O Tai Chi pode oferecer outras opções, seja como complemento à reabilitação cardíaca formal, como parte da terapia de manutenção ou como uma alternativa ao exercício.

7

Torne a sua Respiração Mais Profunda e Mais Rica

"Sinto que estou respirando melhor desde que comecei a fazer Tai Chi há dois anos", diz Lois, uma corretora de imóveis de 65 anos, aposentada, que tem crises asmáticas desencadeadas por reações alérgicas. "Eu moro no alto de uma ladeira, e fico desanimada só de pensar que tenho de subir o morro ao voltar para casa, mas depois da aula de Tai Chi subo com a maior facilidade."

Agora que o marido tem doença de Parkinson, Lois tem de fazer tudo sozinha. "Carrego as sacolas de supermercado, levo caixas para o porão e lavo toda a roupa", afirma ela. "Eu tinha receio de fazer essas coisas, mas agora nem penso nisso. Tenho muito mais energia, vigor, flexibilidade e força. O Tai Chi realmente me ajudou tanto no aspecto físico quanto emocional."

"Eu faço longas caminhadas todos os dias, e passo horas cuidando do jardim sem descansar", diz Lois, que ainda tem energia suficiente para levar os dois netos ao aquário municipal e a museus, bem como brincar com eles no *playground* e na quadra de basquete.

Pulmões fortes e respiração eficiente são fundamentais para uma vida longa, prazerosa e saudável. Um dos meus professores de Tai Chi costumava nos lembrar de que embora a maioria de nós conseguisse viver por um bom tempo, até mesmo dias, sem comer nem beber, ninguém conseguiria viver por mais de alguns minutos sem respirar. Em média, nós respiramos mais de 20 mil vezes por dia; portanto, é natural que um padrão respiratório eficiente, consciente e mais livre possa melhorar significativamente, e manter, a saúde. Na verdade, dados epidemiológicos concretos confirmam que uma respiração menos restringida, com maior volume de ar, pode proporcionar uma vida mais longa.[1] Por outro lado, uma respiração ineficiente e restringida pode exacerbar doenças existentes ou contribuir para o surgimento de doenças.

A respiração é um excelente exemplo de que os ingredientes ativos do Tai Chi estão estreitamente interligados e são sinérgicos. A respiração consciente nos faz entrar em contato com os recônditos mais íntimos do nosso ser. A respiração também é um veículo para a intenção, para a entrada de ar bom e Qi vibrante e a saída de ar e Qi ruins. A respiração ajuda a integrar o corpo com a mente e com o principal conceito de relaxamento do Tai Chi.

A maneira como respiramos é regulada e interligada com quase todos os principais sistemas fisiológicos, como os sistemas musculoesquelético, nervoso, cardiovascular e endócrino. A respiração lenta, profunda, consciente e rítmica do Tai Chi afeta a respiração e a saúde pulmonar, bem como vários outros sistemas fisiológicos que controlam os processos cardiovasculares (como a pressão arterial), os processos nervosos (como o controle involuntário do fluxo sanguíneo para os órgãos ou a contração muscular do intestino), e até mesmo a percepção e a tolerância à dor.

Piada de Tai Chi
Discípulo: "Mestre, qual é o segredo de uma vida longa?"
Mestre: "Continue respirando enquanto puder!"

Capacidade Respiratória e Expectativa de Vida

Uma indicação de que a boa respiração influencia a saúde é a forte associação entre função respiratória e maior expectativa de vida. Dois estudos ilustram bem essa associação. O primeiro é o famoso Framingham Heart Study, que acompanhou por mais de vinte anos um grupo de 5.209 homens e mulheres entre 30 e 62 anos de idade.[2] No início do estudo, todos os participantes foram submetidos a um teste pulmonar e à avaliação de um importante índice de respiração saudável chamado "capacidade vital forçada" (CVF), ou seja, a quantidade total de ar exalado forçadamente após a respiração mais profunda possível. Ao longo do estudo, a CVF foi um forte fator prognóstico de doença e morte por causas cardiovasculares. Essa relação era robusta, mesmo quando fatores como idade inicial, tabagismo e doença pulmonar e cardíaca prévia eram levados em consideração.

Um segundo estudo, mais recente, realizado na Universidade de Buffalo, nos Estados Unidos, acompanhou 1.195 homens e mulheres durante 29 anos e também encontrou uma forte relação entre função pulmonar e mortalidade usando uma medida chamada VEF1 — uma medida do volume expiratório forçado em um segundo.[3] Nesse estudo, a função pulmonar foi um fator prognóstico significativo de mortalidade por todas as causas, não apenas por doença cardíaca, assim como no estudo Framingham. Novamente, essa relação se manteve forte mesmo depois que fatores como tabagismo, pressão arterial e idade foram levados em conta. E tem mais, os participantes com comprometimento moderado da função pulmonar também apresentavam maior risco de morte, e não apenas aqueles com grave comprometimento.

Em suma, muito antes que uma pessoa seja diagnosticada com uma doença grave, a saúde respiratória dela pode prever a sua expectativa de vida. O que não foi mencionado nesses estudos é que exercícios como Tai Chi podem melhorar a qualidade funcional da respiração e, consequentemente, ajudar a aumentar a expectativa de vida.

Conceitos Básicos sobre Respiração

Para avaliar como o Tai Chi e a respiração do Tai Chi podem afetar a saúde pulmonar, precisamos saber um pouco mais sobre respiração e como ela sofre alterações com a idade ou doença.

A anatomia e fisiologia da respiração humana evoluíram de modo que pudéssemos retirar oxigênio da atmosfera para alimentar o nosso metabolismo de moléculas ricas em energia, como a glicose, e liberar o dióxido de carbono de volta à atmosfera como um dos subprodutos desse metabolismo. Com base em várias fontes de informações do organismo, inclusive as substâncias químicas do sangue e as demandas físicas imediatas, o tronco encefálico envia sinais para o corpo inalar ou exalar.

Os músculos, como o diafragma e os intercostais, desempenham um papel importante na expansão e contração mecânica dos pulmões, puxando o ar para dentro e expelindo o ar para fora. O diafragma, uma bainha muscular em forma de cúpula situada sobre o estômago e o fígado, é o principal músculo da respiração saudável. Quando está relaxado, o diafragma assume uma forma de cúpula. Quando se contrai, ele se desloca para baixo. Com alguma ajuda dos músculos intercostais (que puxam as costelas para cima), o movimento descendente do diafragma abre a caixa torácica, diminui a pressão sobre os pulmões e cria um vácuo (pressão negativa) que puxa o ar externo para a parte inferior dos pulmões. Na expiração, o diafragma retoma a forma relaxada de cúpula, comprimindo os pulmões e expulsando o ar.

O sistema respiratório é tecnicamente eficaz e sofisticado; no entanto, a maioria de nós está longe de usá-lo no seu nível mais alto de eficiência. Na respiração normal, a maioria dos adultos usa apenas a região superior dos pulmões. Mas podemos aprender a usar mais dos nossos pulmões. Por exemplo, um atleta altamente treinado pode adquirir uma capacidade pulmonar 50% maior do que a do adulto médio.

Alterações na Respiração e na Função Pulmonar Relacionadas à Idade

Assim como em outros sistemas orgânicos, a eficiência da respiração e da função pulmonar diminui com a idade. Por exemplo, pouco depois de chegarmos aos 20 anos de idade, a nossa CVF diminui de 200 a 250 cm^3 a cada dez anos. Lembre-se de que a capacidade vital foi um preditor de doença e morte cardiovascular no famoso estudo Framingham. Em contrapartida, a capacidade residual funcional, isto é, a quantidade de ar que permanece nos pulmões após a expiração normal – aumenta ligeiramente à medida que envelhecemos. Esse ar nos pulmões pode ser problemático, pois o dióxido de carbono retido nos sacos alveolares dos pulmões é o principal sintoma da doença pulmonar obstrutiva crônica (DPOC).[4]

Acredita-se que vários processos físicos e fisiológicos estejam por trás dessas mudanças observadas com a idade, como alterações nos músculos, na elasticidade pulmonar e na estrutura pulmonar, bem como o estresse.

Alterações musculoesqueléticas: duas das mudanças mais importantes relacionadas à idade dizem respeito à estrutura da parede torácica. Em primeiro lugar, a parede torácica se torna mais rígida devido a mudanças na forma, calcificação e saúde das articulações da caixa torácica. Em segundo lugar, a força dos músculos respiratórios, inclusive os músculos intercostais e o diafragma, diminui.[5]

Elasticidade dos pulmões: com o envelhecimento, ocorrem mudanças sutis nos tecidos conjuntivos dos pulmões, como redução das fibras elásticas e aumento do colágeno tipo 3, mais rígido. Ocorrem também aumentos nas ligações cruzadas e orientação das fibras. Todas essas mudanças alteram a propriedade elástica ou elasticidade dos pulmões e das vias aéreas, com perda de retração elástica, e, consequentemente, da capacidade de expulsar o ar para fora durante a expiração.[6]

Eficiência da troca gasosa: as alterações estruturais também reduzem o número e a área de superfície dos sacos alveolares (alvéolos) nos pulmões.[7] Essa redução é importante, porque é nesses sacos alveolares que os gases (oxigênio e dióxido de carbono) são trocados através de minúsculos vasos sanguíneos (capilares).

Emoções e estresse: as emoções podem influenciar e, com o tempo, afetar a qualidade da respiração. Um exemplo óbvio do efeito das emoções na respiração é uma criança pequena que chora diante de uma contrariedade. Por causa do choro inconsolável, ela (e às vezes o adulto que está tomando conta dela!) tem dificuldade de recuperar o fôlego.

Um fator importante é o estresse crônico. Quando nossos ancestrais percebiam uma possível ameaça (por exemplo, a visão inesperada de um tigre-dentes-de-sabre durante uma caçada), seus cérebros enviavam sinais de alerta através do sistema nervoso central. Suas glândulas suprarrenais produziam hormônios (adrenalina e noradrenalina), que, por sua vez, faziam com que o coração batesse mais rápido. Seus músculos ficavam tensos e suas pupilas, dilatadas. Os pulmões respiravam mais rápido para atender às demandas imediatas do coração, e o resultado era uma respiração mais superficial.

O nosso corpo ainda mantém o mesmo sentido evolutivo para enfrentar uma ameaça e lidar com ela, mesmo que isso não signifique fugir da ameaça o mais rápido possível. Apesar de ser adequada à reação de "luta ou fuga" a curto prazo, a respiração rápida e superficial não é eficiente para a função cardiorrespiratória cotidiana. Infelizmente, na sociedade estressante dos dias de hoje, altos níveis de ansiedade resultantes de ameaças reais ou simplesmente imaginárias – o bombardeio de histórias estressantes nos noticiários, a possibilidade de perder o emprego, uma briga com um familiar – podem levar à ativação contínua de elementos da "reação de luta ou fuga", acarretando respiração superficial crônica. Na verdade, a respiração rápida e superficial tem as mesmas qualidades dos padrões respiratórios associados aos sintomas de ansiedade e transtorno de pânico crônicos, podendo até mesmo contribuir para que se tornem crônicos.

RESPIRAÇÃO DO TAI CHI

A respiração do Tai Chi é suave e gradual. A respiração está ligada a padrões emocionais e físicos; portanto, a suavidade permite que você respire conscientemente e também dá tempo para que o seu corpo e a sua mente se reorganizem e mantenham o equilíbrio.

A primeira fase consiste em simplesmente observar a respiração, sem nenhuma intenção de mudá-la. Observe aonde a respiração vai e aonde ela não vai; sinta a sensação de estar respirando no nariz, na garganta, no tórax e em todo o corpo.

Às vezes, ensino respiração pela primeira vez enquanto os alunos estão sentados ou deitados; nessa posição eles conseguem se concentrar na riqueza da respiração, sem se distrair com a coreografia dos movimentos do Tai Chi. Assim como em qualquer treinamento de Tai Chi, não tente forçar a respiração, para não gerar novas tensões. Com o tempo, a respiração natural e profunda se torna parte dos movimentos.

A imaginação também pode afetar a respiração. Em geral, eu sugiro que os alunos imaginem que estão respirando ar da natureza com qualidades que lhes deem um maior senso de equilíbrio. Por exemplo, eles podem imaginar que estão respirando um ar vibrante repleto de luz do sol (por exemplo, lembrando um dia quente de verão à beira-mar) se estiverem com sono, e uma energia mais fresca e calmante (por exemplo, lembrando uma caminhada em volta de um lago sereno) se estiveram estressados e superaquecidos. Um número substancial de pesquisas, bem como um número cada vez maior de estudos com placebo, demonstram que aquilo que as pessoas imaginam e esperam pode influenciar a forma como o seu corpo reage. Por exemplo, vários estudos com placebo mostraram que quando as pessoas acham que estão inalando uma toxina (por exemplo, pólen da ambrósia americana), quando na realidade é apenas névoa de solução salina, elas têm uma crise de asma, e quando são informadas de que estão inalando um medicamento de ação rápida (novamente apenas solução salina), a crise passa.[8] Esse conhecimento ajuda os alunos de Tai Chi a compreender melhor, e a legitimar, o uso de intenção e práticas respiratórias, como quando eu peço aos alunos para imaginarem que estão respirando ar fresco, curativo e repleto de Qi do topo de uma montanha ou de uma floresta.

Os Benefícios da Respiração do Tai Chi

A função da respiração no Tai Chi não é apenas fornecer oxigênio para o corpo e eliminar o dióxido de carbono. A respiração promove uma massagem interna, serve como um instrumento para consciência e foco corporal e equilibra o sistema nervoso e as emoções, além de regular e aumentar o fluxo de Qi. A qualidade da nossa respiração, suave ou pesada, superficial ou profunda, também fornece informações sobre os nossos padrões de postura e movimento.

Durante um treinamento típico de Tai Chi, o ar inspirado e expirado deve ter um fluxo suave e contínuo. A ideia é atingir um nível de respiração natural que flui sem dificuldade, lenta e profundamente. Durante alguns exercícios de Tai Chi você pode coordenar a respiração com seus movimentos. Por exemplo, quando esticar o corpo e abrir os braços, inspire, e quando relaxar o corpo e fechar os braços, expire. No entanto, tenha o cuidado de coordenar conscientemente a respiração com os movimentos — se você controlar o ritmo da respiração, tornando-o muito lento ou muito rápido para acompanhar os movimentos, poderá produzir efeitos fisiológicos e energéticos indesejados. Embora às vezes eu explore a coordenação entre respiração e movimento, na maioria das vezes sigo o conselho de um dos meus professores que enfatizava o princípio de "Deixe seu corpo respirar por você".[9]

RESPIRAÇÃO DIAFRAGMÁTICA OU NO TAN TIEN

A respiração diafragmática ou no Tan Tien (às vezes chamada de respiração abdominal) é a respiração profunda natural, sem nenhum esforço vigoroso (pense em um bebê dormindo). Para ter uma noção deste tipo de respiração, às vezes eu uso a imagem de um balão centrado no abdome. Durante a inspiração e a expiração, imagine que o balão está se expandindo ou esticando e, em seguida, se esvaziando. Às vezes, a inspiração e a expiração são coordenadas com um movimento de abertura e fechamento das mãos e dos braços na frente do abdome. A ideia é respirar lenta, profunda e ritmadamente.

Aqui está como eu introduzo a respiração no Tan Tien durante uma meditação sentada em repouso:

Sente-se confortavelmente, com os pés no chão, as palmas sobre as coxas, os olhos fechados e as costas eretas. Relaxe a boca, a língua e a mandíbula. Deixe que todo o seu corpo relaxe... deixe que seus pensamentos relaxem... deixe que sua respiração relaxe. Agora, imagine que tem um balão sobre o seu abdome. Quando você inspira, o balão infla suavemente, e quando expira, o balão esvazia naturalmente. Imagine que o ar que você está respirando é uma névoa repleta de energia vibrante e positiva, ou nutritiva e curativa, quaisquer que sejam as qualidades que você acha que vão equilibrar melhor o seu corpo hoje. Ao inspirar, leve simultaneamente os braços à frente do abdome para imitar e estimular a expansão do balão. Ao expirar, deixe que os braços retomem uma posição mais neutra, com as palmas das mãos viradas para dentro, para o abdome. Repita esse ciclo de inspiração e expiração de 9 a 36 vezes. À medida que seu corpo relaxar e sua respiração ficar mais profunda, deixe que o volume do balão em expansão aumente para incluir as regiões média e superior do tronco, bem como seus pés. Quando acabar, sente-se confortavelmente em uma posição ereta. Coloque as mãos novamente sobre as coxas e simplesmente relaxe, sobretudo o abdome e os pés, e observe as mudanças em todo o seu corpo (sem "pensar").

O *Tai Chi* Melhora a Respiração

Os estudos têm demonstrado que a função respiratória dos praticantes de Tai Chi é melhor do que a de pessoas sedentárias. Além do mais, aparentemente o Tai Chi retarda a perda da função respiratória em adultos mais velhos ao longo do tempo, segundo estudos de até cinco anos de duração.[10]

A melhora da respiração proporcionada pelo Tai Chi pode ser atribuída, em parte, ao aumento da flexibilidade do tronco.[11] Esse aumento provavelmente se deve ao alongamento, à postura menos flexionada e ao impacto de uma respiração mais profunda e mais consciente durante a prática do Tai Chi. Acredita-se que a respiração profunda regular mantém os tecidos pulmonares mais flexíveis e ajuda a conservar a sua elasticidade, mas até o momento nenhum estudo de longo prazo comprovou essa hipótese.

A respiração diafragmática lenta também pode aumentar a eficiência dos pulmões, permitindo que uma quantidade maior de oxigênio chegue aos alvéolos ricos em capilares e seja absorvida pela corrente sanguínea.[12]

Controle da Respiração

A respiração, assim como a digestão dos alimentos, ocorre naturalmente abaixo do nível da consciência. Esse controle automático é excelente, pois podemos passar o dia todo, mesmo enquanto dormimos, sem ter de nos lembrar de respirar. No entanto, a respiração também pode ser controlada voluntariamente. Podemos aprender a respirar de maneira mais profunda, lenta, suave e consciente, e melhorar a nossa respiração, bem como deixá-la mais equilibrada.

A respiração lenta e profunda estimulada no Tai Chi ajuda a promover um equilíbrio entre os aspectos simpático (excitação) e parassimpático (calmante) do sistema nervoso, o que, por sua vez, influencia muitos outros processos, como a regulação da pressão arterial e a função imunológica.[13] Hoje, sabemos perfeitamente que muitas doenças crônicas, como insuficiência cardíaca e DPOC, estão altamente associadas com hiperatividade simpática. Essa conexão pode explicar, em parte, por que no nosso estudo clínico de insuficiência cardíaca, bem como em outros estudos cardíacos, o Tai Chi parece exercer um impacto positivo sobre os sintomas cardiopulmonares e a qualidade de vida.

Bem-Estar Psicológico e Humor

Os movimentos meditativos e componentes dos exercícios de Tai Chi podem ajudar a controlar do estresse, tanto as respostas psicológicas como fisiológicas ao estresse. O Tai Chi pode inclusive reabilitar uma respiração ineficiente causada pelo estresse. A respiração superficial está associada com a reação fisiológica de luta ou fuga. A respiração lenta, profunda e consciente está associada com maior relaxamento e troca gasosa mais eficiente. Na verdade, padrões de respiração saudáveis estão associados com comportamento menos hostil e melhora da função cognitiva com o passar dos anos.[14] O Capítulo 9 resume as pesquisas que confirmam os efeitos positivos mais gerais do Tai Chi sobre o estresse e o humor.

Massagem Física Interna

No Tai Chi, uma das principais funções da respiração é massagear os órgãos internos e os tecidos corporais. A respiração diafragmática está associada com alterações da pressão interna, de modo que a hipótese de que os órgãos internos são movimentados e "massageados" durante o Tai Chi parece bastante lógica. Um dos meus professores de Tai Chi, Robert Morningstar, comparava a respiração ao ato de soprar um balão debaixo d'água. As alterações pressóricas causadas pela expansão dos pulmões deslocam os líquidos e tecidos repletos de líquido ao redor dos pulmões e do diafragma. Esse deslocamento, por sua vez, produz o que na realidade são ondas de pressão de líquido nos tecidos circundantes.

Quando coordenadas com as posturas e padrões de movimento específicos do Tai Chi, essas ondas de pressão podem ser direcionadas para todo o corpo. Vários estudos sobre fisiologia respiratória confirmam a teoria de que a respiração profunda gera mudanças mensuráveis na pressão abdominal – ou seja, a respiração promove massagem interna.[15] A respiração profunda também está associada com alteração do fluxo sanguíneo em todo o corpo.[16]

Foco Cognitivo e Atenção

Ficar atento à respiração é fundamental para o Tai Chi, bem como para muitas tradições orientais de cura e meditação. Para atingir a Iluminação, dizem que Buda sentou-se por um longo tempo para ficar consciente de cada respiração, a cada momento, sentindo o fluxo de ar através das narinas, o subir e descer do tórax, o movimento da respiração desde o nariz até a região da barriga – sem tentar controlá-la ou corrigi-la, apenas observando. Nesse sentido, você pode usar a respiração para adquirir foco. Ficar atento à respiração é uma maneira de praticar viver no momento presente sem se deixar distrair pelos pensamentos aleatórios da "mente de macaco". Essa ideia é transmitida em uma citação de um dos principais mestres de meditação budista no Ocidente, Thich Nhat Hanh: "Os sentimentos vêm e vão como nuvens em um dia de ventania. A respiração consciente é a minha âncora".

Fluxo de Energia

Os pesquisadores ocidentais estão apenas começando a analisar os efeitos fisiológicos e biofísicos da bioeletricidade no interior do corpo. Para um cientista ocidental, as alterações na pressão interna causadas pela respiração e as alterações no fluxo sanguíneo mediadas pelo sistema autônomo podem explicar, em parte, como a respiração afeta o fluxo de energia, assim como, de acordo com a Medicina Tradicional Chinesa, o fluxo de sangue e o fluxo de Qi estão interligados. Embora não haja estudos sobre o assunto, é possível que cada respiração induza cargas elétricas na fáscia, nos líquidos, nervos e sangue. A respiração pode direcionar o movimento da energia e – quando combinada com a intenção e a forma de Tai Chi – produzir padrões ricos de fluxo de energia por todo o corpo, às vezes ao longo de vias bastante específicas relevantes para a cura, bem como as aplicações marciais do Tai Chi.

Pesquisas Clínicas sobre Tai Chi para Doenças Respiratórias

Um número cada vez maior de estudos indica que a respiração lenta e rítmica durante o Tai Chi, juntamente com seus outros ingredientes ativos, pode melhorar a saúde de pacientes com doença pulmonar obstrutiva crônica e asma.

RESPIRAÇÃO E ESPIRITUALIDADE

Não é só a medicina chinesa que estabelece uma ligação entre respiração e energia vital. O conceito de "pneuma", raiz de pneumonia, pneumática e outros termos relacionados aos pulmões e à respiração, deriva da antiga palavra grega para respirar. Na medicina grega antiga, pneuma era considerado o "Sopro de Vida" ou uma forma de energia cinética responsável por toda a função e movimento.

A respiração também pode ter uma conotação espiritual. Da perspectiva de troca de energia, respirar do universo para o corpo e do corpo para o universo gera uma troca que nos faz sentir mais "porosos", menos distintos e mais conectados e integrados com o ambiente maior à nossa volta. Muitos praticantes de Tai Chi dizem que se sentem conectados com um todo maior, talvez, usando a descrição da cosmologia chinesa por Ted Kaptchuk, parte do que ele chama de "Teia que não tem Tecelão".

Em chinês, um dos caracteres de respiração muitas vezes é usado como sinônimo do caractere que representa o Qi.[17] Em latim, *spiritus* significa respiração, que serve como raiz de "inspiração" e "espírito". No Novo Testamento, Espírito Santo e Pneuma são usados como sinônimos; há também referências ao sopro de Deus. Em seu livro sobre imagens mentais no Tai Chi, Martin Mellish afirma que, se houvesse uma tradução de "Espírito Santo" para o chinês, seria simplesmente Qi.[18]

Pesquisas Clínicas sobre DPOC

> "Acho que o que mais mudou depois que participei do estudo sobre Tai Chi para doença pulmonar obstrutiva crônica (DPOC) em Harvard é que passei a compreender melhor a minha respiração e os meus padrões respiratórios, e também a respirar profundamente", diz James, de 55 anos. "A minha respiração era superficial, mas agora tento adquirir muito mais consciência dela. Se estou tendo um dia ruim, tento descansar mais e fazer com que a minha respiração volte a ficar em sincronia.
>
> "Gosto do ritmo, da graciosidade e do caráter não estressante do Tai Chi", afirma ele. "Quando você está fazendo outras formas de exercício, a sua mente pensa em muitas outras coisas. Se está na esteira ou na bicicleta, fica olhando quanto tempo já se passou e em que velocidade está, enquanto no Tai Chi isso não acontece, no Tai Chi é só você."

A DPOC é uma das doenças pulmonares mais frequentes. As duas principais formas de DPOC são bronquite crônica, caracterizada por tosse prolongada com produção de muco, e enfisema, caracterizado pela destruição do tecido pulmonar ao longo do tempo. A maioria dos portadores de DPOC tem uma combinação de ambas as formas.

Acredita-se que a DPOC será a terceira causa de morte nos Estados Unidos em 2020. Essa é a única doença grave com taxa de mortalidade crescente. Estima-se que atualmente 16 milhões de norte-americanos tenham DPOC, e que pelo menos outros 14 milhões ou ainda não tenham sido diagnosticados porque estão nos estágios iniciais da doença, com sintomas mínimos e, portanto, ainda não procuraram atendimento médico. Calcula-se que o custo anual da DPOC seja superior a 32 bilhões de dólares.[19]

A principal causa de DPOC é o tabagismo. Quanto mais a pessoa fuma, maior a sua probabilidade de desenvolver DPOC, embora algumas pessoas fumem durante anos e nunca tenham DPOC. Os sintomas mais frequentes são tosse com expectoração, falta de ar (dispneia) que piora com atividade leve, fadiga, infecções respiratórias frequentes e chiado no peito.

Os programas de reabilitação pulmonar convencionais concentram-se em exercícios aeróbicos e treinamento de força para melhorar a capacidade de exercício, a qualidade de vida e os sintomas dos pacientes com DPOC.[20] O Tai Chi acrescenta novos elementos às técnicas de respiração ensinadas na reabilitação pulmonar, como relaxamento progressivo, imaginação/visualização, atenção plena à respiração e às sensações corporais em geral, treinamento postural e padrões coordenados de respiração e movimento. Esses elementos terapêuticos adicionais tornam o Tai Chi um complemento eficaz à reabilitação convencional. Exercícios psicossomáticos como o Tai Chi também fazem com que os portadores de DPOC sintam-se mais confiantes na sua capacidade de exercício e os estimulam a continuar fazendo exercício, o que, naturalmente, pode proporcionar benefícios duradouros.

Resultados dos Estudos sobre DPOC

Foram realizados vários estudos para avaliar o uso de Tai Chi para DPOC, e existem alguns ainda em andamento.

Nossa equipe concluiu um pequeno estudo-piloto randomizado e controlado cujo objetivo foi determinar a viabilidade de administrar um programa de Tai Chi para melhorar a qualidade de vida e a capacidade de exercício de pacientes com DPOC. Dez pacientes (média de 66 anos) com DPOC moderada a grave foram selecionados aleatoriamente para um programa de 12 semanas de Tai Chi mais tratamento usual ou apenas tratamento usual. O treinamento de Tai Chi consistiu em uma aula de uma hora, duas vezes por semana, que enfatizava movimentos suaves, relaxamento, meditação e técnicas de respiração.[21]

Os pacientes disseram que gostaram do programa de Tai Chi e que podiam participar sem ter nenhuma reação adversa. Após 12 semanas, os pacientes do grupo de Tai Chi sentiram uma melhora significativa nos sintomas respiratórios crônicos em comparação com o grupo de tratamento usual. Os pacientes do grupo de Tai Chi também apresentaram leves melhoras nos parâmetros de distância percorrida no teste de caminhada de seis minutos, depressão e falta de ar. Nossa conclusão: o Tai Chi como exercício parece ser um complemento positivo e seguro ao tratamento convencional e merece uma análise mais aprofundada. Liderada pelas dras. Gloria Yeh e Marilyn Moy, atualmente a nossa equipe está conduzindo um estudo muito maior patrocinado pelo Instituto Nacional de Saúde dos Estados Unidos; esse estudo compara o Tai Chi com exercícios de meditação e respiração (à parte do programa de Tai Chi) e um programa educativo sem exercício.

Um grande estudo de DPOC randomizado e controlado realizado em Hong Kong comparou um programa de Tai Chi Qigong com caminhada e exercícios respiratórios ou com tratamento usual por três meses. O grupo de Tai Chi Qigong apresentou melhora de parâmetros importantes da função respiratória e participou de atividades de nível mais elevado. O grupo também relatou melhora mais significativa na qualidade de vida relacionada com a saúde respiratória.[22]

Após os ganhos iniciais na função pulmonar proporcionados por um programa de reabilitação pulmonar, os pacientes com DPOC geralmente perdem esses benefícios depois de aproximadamente seis meses. Talvez uma das razões seja a baixa adesão às formas existentes de exercícios domiciliares, como caminhada e musculação. Estudos mostram que exercícios semelhantes ao Tai Chi, como Qigong, podem ajudar os pacientes com DPOC a manterem os ganhos obtidos com a reabilitação pulmonar.[23]

Epidemia de Asma

> "Eu tinha asma quando era pequena, mas passou com a idade. Porém, eu comecei a pegar resfriados de inverno que se arrastavam cada vez mais, e meu médico receitou um inalador", diz Liz, musicista aposentada de 65 anos. "Eu não queria ficar presa ao inalador. Em vez disso, comecei realmente a me concentrar em diferentes tipos de respiração durante as aulas de Tai Chi."
>
> Com o Tai Chi, Liz aprendeu a se concentrar profundamente na respiração. "Quando sentia alguma resistência na respiração, eu visualizava onde estava a tensão — um espaço na borda esquerda do meu pulmão direito — e sentia literalmente ela desaparecer", diz ela. "Sentada com o corpo relaxado e respirando profundamente, eu prestava atenção na minha respiração. Assim, minha mente descansava e meu corpo se sentia renovado a cada respiração."
>
> Entrar em sintonia com a sua respiração em repouso "foi uma grande descoberta. Nem sempre tenho falta de ar. Eu tenho um ponto de referência que é mais prevalente do que eu pensava", diz ela. O bom é que apesar de pegar alguns breves resfriados no inverno passado, ela não teve nenhuma crise de asma e não precisou usar o inalador.

A asma caracteriza-se por uma inflamação das passagens de ar, resultando no estreitamento temporário das vias aéreas que transportam ar do nariz e da boca para os pulmões. Os sintomas são dificuldade de respirar, chiado, tosse e sensação de aperto no peito. Em casos graves, a asma pode ser mortal.

Cerca de 23 milhões de norte-americanos, entre eles quase 7 milhões de crianças, têm asma. O número de pessoas com asma está aumentando a um ritmo alarmante. Os especialistas estimam que em 2025 haverá mais de 100 milhões de asmáticos. A prevalência global de asma aumentou 75% de 1980 a meados de 1990; entre crianças com menos de 5 anos de idade, o aumento foi de mais de 160%. Nos Estados Unidos, a asma custa 19,7 bilhões dólares por ano. Os adultos faltam mais de 10 milhões de dias ao trabalho, e as crianças faltam 13 milhões de dias letivos por ano por causa de asma.[24]

Não se sabe ao certo qual a causa dessa epidemia. Na opinião dos pesquisadores, é pouco provável que haja um único fator, mas uma mistura de fatores, como estilo de vida sedentário, microambientes estáticos, alimentação inadequada que predispõe à obesidade e estresse, todos os quais podem influenciar a asma.[25]

Estudos Clínicos sobre Asma

Alguns estudos preliminares indicam que o Tai Chi, assim como outros exercícios psicossomáticos como o Qigong, podem ser benéficos para crianças como para adultos asmáticos.

Em um pequeno estudo taiwanês, 12 semanas de treinamento de Tai Chi melhoraram a função pulmonar de crianças asmáticas. São necessários estudos maiores e com períodos mais longos de acompanhamento para que possamos saber se o Tai Chi também pode ajudar a reduzir a gravidade dos sintomas de asma em crianças.[26]

Um pequeno estudo realizado na Tailândia também indica que, com treinamento de Tai Chi, adultos asmáticos conseguem controlar melhor a respiração e melhorar o desempenho no exercício. Depois de seis semanas de treinamento de Tai Chi, os pacientes disseram que se sentiam mais à vontade durante o teste de caminhada de seis minutos; além disso, esses pacientes apresentaram aumento da carga máxima e do consumo máximo de oxigênio. Precisamos de mais pesquisas para avaliar se o Tai Chi pode ajudar a controlar a asma.[27]

8

Aguce a sua Mente

"Aos 30 e poucos anos, comecei a ter problemas neurológicos", diz Taylor, uma publicitária de 44 anos de idade. "O estresse na minha vida desencadeou uma resposta autoimune. Quando acordei, meus membros estavam dormentes e a impressão que eu tinha é de que pesavam uns 50 quilos. Eu tinha sido uma atleta durante toda a vida, e de uma hora para outra tinha dificuldade até de me vestir pela manhã." Depois de uma bateria de exames, os neurologistas disseram que ela tinha uma doença semelhante à esclerose múltipla.

Durante mais de dez anos ela tomou vários medicamentos, e então conheceu o Tai Chi. "Desde a primeira aula, eu gostei e me senti melhor", diz Taylor. "A meditação sentada deixava meu cérebro e meu corpo calmos e relaxados, mesmo depois da aula."

Hoje Taylor faz uma aula de Tai Chi em grupo por semana, e também tem aulas particulares em casa para aprender melhor a forma. "Eu sinto que estou fazendo um bom progresso. Tenho certeza de que vou aprender toda a forma. Eu realmente acredito que o Tai Chi está ajudando a reestruturar o meu cérebro", diz ela.

A complexidade do cérebro humano é verdadeiramente impressionante. O cérebro tem um volume de um litro e meio e pesa, em média, 1,3 kg; ele contém cerca de 100 bilhões de células nervosas (neurônios) – mais do que o número de estrelas na Via Láctea – com uma média de 7 mil conexões sinápticas para cada neurônio. O córtex cerebral, a parte do cérebro de evolução mais recente e que está mais envolvida com o "pensamento", tem cerca de 1 trilhão de sinapses por centímetro cúbico e uma capacidade computacional muito acima da de qualquer computador que se possa imaginar. Para se manter alimentado, o cérebro tem mais de 160 mil quilômetros de pequeninos vasos sanguíneos e usa 20% do oxigênio total do corpo, apesar de pesar o equivalente a apenas 2% da massa corporal.

Para cuidar de si mesmo, você precisa cuidar do seu cérebro. O cérebro é uma grande parte do que faz com que você seja "você". A neurociência moderna confirma que o cérebro é a sede da mente e da personalidade. Ele abriga lembranças queridas e esperanças futuras, e orquestra a sinfonia da consciência que nos dá significado, paixão e emoção. O cérebro é, talvez, o único órgão que não podemos substituir com um transplante sem alterar a nossa identidade fundamental.

Um dos maiores avanços da neurociência nos últimos 20 anos foi a capacidade de compreender as qualidades dinâmicas do cérebro. Até recentemente, os cientistas acreditavam que o cérebro só produzia novas células nos primeiros anos de vida; em adultos, a quantidade fixa de células começava a diminuir. Hoje, as pesquisas mostram que em todas as fases da vida crescem novas células cerebrais, substituindo as que morrem, e que as células existentes formam conexão com novas redes de comunicação dentro do cérebro.

Muitos aspectos do cérebro são remodelados continuamente, um processo conhecido como neuroplasticidade. Esse remodelamento cerebral nos ajuda a atender às exigências físicas, cognitivas, emocionais e ambientais em constante mudança às quais estamos expostos ao longo da vida. O cérebro agora é visto como um órgão construído para durar, e mudar, até mesmo em uma idade avançada. Nas palavras do Professor Richard Davidson, diretor do Laboratório Waisman de Neuroimagem e Comportamento [Laboratory for Brain Imaging and Behavior] da Universidade de Wisconsin, em Madison, e líder no campo de pesquisas sobre meditação, o cérebro é "uma máquina de aprendizagem vitalícia".[1]

Com o advento da sofisticada tecnologia de imagens diagnósticas, os pesquisadores compreenderam a estrutura e a função cerebral e como o cérebro regula funções fisiológicas básicas, como os batimentos cardíacos e a respiração. Além disso, essas pesquisas sem precedentes propiciaram uma melhor compreensão das conexões entre o corpo e a mente — por exemplo, como o exercício e o estresse emocional podem afetar a memória, ou como o foco mental nos ajuda a manter o equilíbrio ou a aprender novos movimentos. Essas pesquisas também estão começando a elucidar como terapias psicossomáticas como Tai Chi e meditação ajudam a enriquecer as funções físicas e cognitivas com o avanço da idade.

Este capítulo analisa como os vários ingredientes ativos do Tai Chi – como exercícios aeróbicos e de mobilidade, redução do estresse, aprendizado de novas habilidades, participação em atividades de lazer socialmente ricas e atenção concentrada – podem contribuir para a saúde do cérebro, e, por sua vez, resultar em excelente capacidade física e cognitiva. Você vai ler uma breve comparação dos conceitos ocidentais e orientais da relação entre mente, cérebro e corpo, conhecer o conceito de plasticidade e as alterações relacionadas à idade que ocorrem na função cognitiva e na memória. Este capítulo também explora aspectos específicos sutis da conexão mente-cérebro-corpo, inclusive como a ênfase do Tai Chi na atenção mental e na imaginação pode melhorar a sua maneira de se movimentar, e por que isso é importante para o equilíbrio, a capacidade de aprender sequências de movimentos e o desempenho esportivo. Por fim, você entenderá como os aspectos de meditação e atenção plena do Tai Chi aumentam o foco e a atenção e possivelmente produzem mudanças duradouras na estrutura e função cerebral.

Conexão Corpo-Cérebro-Mente: Ocidente *vs.* Oriente

Desde a antiguidade, os filósofos, cientistas e pensadores espirituais têm proposto várias teorias sobre a origem do que chamamos de mente. O médico grego Hipócrates, pai da medicina ocidental, afirmou que o cérebro é o "órgão da mente". A ideia de que a mente é praticamente uma projeção do cérebro ainda é a teoria biomédica predominante. O Dicionário Médico Stedman (American Heritage) define "mente" como "a consciência humana que se origina no cérebro e se manifesta principalmente no pensamento, na percepção, emoção, vontade, memória e imaginação". De acordo com esse modelo, a mente tem uma base material – isto é, o cérebro.

Muitas tradições orientais veem a relação mente-cérebro-corpo como um *continuum*, sem especificar a responsabilidade de um em relação aos outros. Na Medicina Tradicional Chinesa (MTC), não existem distinções absolutas entre o que o Ocidente classifica como mente *versus* atividade cerebral *versus* fisiologia do corpo físico. A mente ajuda a moldar o que chamamos de corpo, e o corpo influencia o que chamamos de mente.

Essa conexão mente-corpo é referida como o *continuum* de Shen-Jing. *Shen* geralmente é usado para caracterizar as qualidades menos físicas ou menos tangíveis de uma pessoa, como pensamento, espírito ou emoção. Um médico especializado em MTC pode olhar a vitalidade expressa em seus olhos ou em seu rosto para obter informações sobre o seu Shen. *Jing* refere-se a qualidades materiais tangíveis, como os órgãos, a carne e o sangue.

Nesse sistema da medicina chinesa, você é um campo de Qi, e o Shen e o Jing representam simplesmente diferentes estados vibratórios ou qualitativos de energia ou informação. De certa maneira, essa ideia é análoga aos três diferentes estados de energia da água (água, gelo e vapor). Assim como o conceito de Yin e Yang do Tai Chi, Jing e Shen surgem mutuamente e são interdependentes. Isto é, o cérebro transmite informações à mente e ao restante do corpo, inclusive a órgãos como coração e fígado, bem como a outros tecidos, como músculos, ossos e fáscia. Além disso, a mente molda o corpo e o cérebro. Essa teoria é parecida com as teorias mais contemporâneas que estão surgindo no campo da ciência cognitiva relativas ao princípio da corporificação.[2]

A estrutura Shen-Jing é fundamental para a filosofia e o treinamento do Tai Chi. No Tai Chi, o corpo e a mente são inseparáveis — o corpo é considerado um local orgânico dinâmico de experiência significativa, não apenas um objeto físico distinto do "eu" ou da mente. Consequentemente, o Tai Chi enfatiza o treinamento integrado, simultâneo, da mente e do corpo. Em seu livro provocador, *Mind over Matter: Higher Martial Arts*, Shi Ming, mestre de artes marciais e estudioso, afirma:

> Quando tudo foi dito e feito, a origem, o núcleo e o mais alto nível de trabalho interior e exterior das artes marciais refinam a mente. O princípio básico do treina-

mento, que se junta dentro e fora, permite que as pessoas consigam gradualmente a comunicação e a fusão da totalidade do corpo e da mente.[3]

Shi Ming salienta como o estudo dessa interação a partir de uma perspectiva científica, como ela se manifesta em práticas orientais como o Tai Chi, oferece aos pesquisadores uma oportunidade única de compreender melhor a saúde humana, a fisiologia e a natureza.

Plasticidade Cerebral

Nas últimas décadas, os neurocientistas reconheceram que ocorrem alterações cerebrais ao longo de toda a vida. As redes neurais reorganizam-se e reforçam-se continuamente em resposta a novos estímulos e experiências. A capacidade que o cérebro tem de mudar e se moldar de acordo com a experiência é chamada de plasticidade — palavra de origem grega que significa "capaz de ser moldado" ou "formado".[4]

A plasticidade do seu cérebro é parecida com o treinamento e condicionamento físico em geral. Se você malhar várias vezes por semana na academia, ganhará massa muscular e terá mais condicionamento físico durante um período prolongado. Do mesmo modo, uma grande variedade de atividades, como aprender um novo idioma, tocar um instrumento musical ou fazer exercícios de meditação como Tai Chi, pode afetar a estrutura e a função do cérebro.

A plasticidade cerebral em resposta ao aprendizado pode se manifestar de várias maneiras. Às vezes, novas células cerebrais substituem as que estão morrendo. Formam-se novas células no hipocampo — um dos principais centros da memória no cérebro — até uma idade bem avançada. As células cerebrais existentes também podem crescer e se conectar com outras células cerebrais e estender os intrincados ramos de fibras nervosas chamados dendritos (do grego *déndron*, árvore) para promover a comunicação entre as células nervosas. Ou então, neurotransmissores (substâncias químicas que regulam a comunicação entre as células) e neurorreceptores (locais onde as mensagens químicas são recebidas) podem mudar e afetar o funcionamento do cérebro. Essas alterações podem influenciar a maneira como as partes individuais do cérebro atuam, bem como a maneira como essas partes se conectam.[5]

Um estudo notável realizado por Alvero Pascual-Leone, atualmente professor na Universidade de Harward, foi um dos primeiros a demonstrar que tanto a prática mental como a prática física podem afetar o cérebro de adultos. Pessoas que nunca tinham estudado piano foram divididas aleatoriamente em três grupos. Um grupo aprendeu exercícios de piano para uma só mão durante cinco dias, duas horas por dia. Um segundo grupo sentava-se em frente ao piano pelo mesmo período e simplesmente visualizava seus dedos executando o mesmo exercício. Eles tinham de imaginar o som, mas não podiam tocar nas teclas do piano nem ensaiar o exercício movimentando os dedos no ar. O terceiro grupo (controle) não praticou.

Os participantes dos três grupos tiveram seus cérebros mapeados antes e depois do experimento. Os resultados foram surpreendentes: cinco dias de treinamento físico desses movimentos de piano produziram maior atividade na área do cérebro que representa os músculos dos dedos; porém, ainda mais extraordinário é o fato de que cinco dias de treinamento mental também produziram as mesmas alterações plásticas no cérebro. O treinamento mental sozinho, porém, resultou em menos domínio físico das sequências.[6] Esse estudo mostra que o treinamento mental, assim como os componentes mentais da prática do Tai Chi, podem desempenhar um papel importante no controle motor e, juntamente com a prática física, ajudar a moldar o cérebro.

Como o Tai Chi Mantém a Mente Aguçada

A partir dos 50 anos de idade, aproximadamente, a maioria das pessoas apresenta algumas mudanças cerebrais que afetam diretamente a memória operacional, bem como outras funções cognitivas, como a capacidade de realizar múltiplas tarefas, prestar atenção aos detalhes e processar mentalmente informações com rapidez. O declínio associado à idade é resultado de várias alterações que ocorrem no cérebro, como redução no número de sinapses, ou conexões, entre os neurônios; redução no número e na função dos receptores químicos nas sinapses; e redução no número de feixes de fibras que transmitem mensagens para todo o sistema nervoso central.

Nos Estados Unidos, há uma preocupação crescente com a perda da função cognitiva atribuída ao envelhecimento, à medida que um número sem precedentes de norte-americanos está se aproximando da velhice. Pesquisadores da Clínica Mayo descobriram que, por volta dos 70 anos, uma em cada seis pessoas tem um leve declínio cognitivo. O declínio cognitivo leve é considerado um estado intermediário entre as alterações cognitivas do envelhecimento e as primeiras características clínicas da demência, especialmente doença de Alzheimer.[7]

O bom é que, graças à plasticidade cerebral, é possível melhorar a função cognitiva e compensar o declínio natural da idade fazendo exercícios, reduzindo os níveis de estresse, aprendendo novas tarefas, permanecendo socialmente ativo e aprendendo a se concentrar mais — todos esses elementos integrantes do treinamento de Tai Chi. Vários estudos sobre Tai Chi e função cognitiva dão respaldo à promessa do Tai Chi em relação à saúde do cérebro e da mente. Dois estudos randomizados avaliaram o Tai Chi em adultos com níveis moderados de demência. Em um grande estudo chinês, a melhora no desempenho cognitivo após um ano foi maior no grupo designado para Tai Chi do que no grupo designado para um programa de alongamento e tonificação. Além disso, o número de pacientes que progrediu para demência foi menor no grupo de Tai Chi. Os autores concluíram que o Tai Chi pode oferecer benefícios específicos para a cognição, mas precisamos de estudos com períodos mais longos de acompanhamento para tirar conclusões mais concretas.[8]

Em um estudo menor realizado na Universidade de Illinois, um grupo de adultos com demência apresentou pequenos aumentos na capacidade mental e autoestima depois de 20 semanas de uma combinação de Tai Chi, terapias cognitivo-comportamentais e um grupo de apoio, comparado a um grupo de programa educativo, que apresentou leve perda da função mental.[9] Curiosamente, um estudo complementar de acompanhamento relatou benefícios do treinamento de Tai Chi para os cuidadores de pessoas com demência.[10]

Alguns estudos randomizados avaliaram o impacto do Tai Chi na função cognitiva em idosos saudáveis. Em um estudo da Universidade do Arizona, o grupo de Tai Chi apresentou melhoras mais acentuadas na função cognitiva, inclusive atenção, concentração e rastreamento mental, bem como no equilíbrio, depois de seis meses, em comparação com o grupo de exercício ou o grupo de programa educativo. Essas diferenças na função cognitiva entre os grupos persistiram por 12 meses.[11] Em outro estudo randomizado, 40 semanas de treinamento de Tai Chi resultaram em aumento do volume cerebral e melhor desempenho em vários aspectos da função cognitiva, comparado com os participantes que fizeram caminhada, participaram de um grupo social ou não receberam nenhuma intervenção.[12]

Os resultados dos estudos que analisaram se o Tai Chi ajuda a melhorar a função executiva — ou seja, habilidades cognitivas relacionadas com a capacidade de desempenhar múltiplas tarefas, administrar o tempo de maneira eficiente e tomar decisões ou executar uma difícil tarefa mental enquanto mantém o equilíbrio — são contraditórios.[13] Alguns estudos realizados com praticantes experientes de Tai Chi corroboram os possíveis benefícios do Tai Chi para a função cognitiva de adultos mais velhos. Pesquisadores de Hong Kong descobriram que um grupo com uma média de oito anos de treinamento de Tai Chi se saiu melhor nas avaliações de atenção e memória do que um grupo que fez exercício e um grupo que não fez exercício.[14] Em um estudo chinês, os idosos que fizeram exercícios psicossomáticos, como Tai Chi e Qigong, ou exercícios cardiovasculares, como tênis e natação, apresentaram níveis semelhantes de memória. A capacidade de aprender e a memória desses idosos também eram melhores do que daqueles que não praticaram exercícios físicos regularmente. Não admira que os que praticaram Tai Chi e também fizeram exercícios cardiovasculares tiveram o melhor desempenho nos testes de memória. Porém, os idosos que não se exercitaram apresentaram sinais de declínio próprio da idade, o que não foi observado entre os que praticaram exercícios psicossomáticos.[15]

Os fatores que atenuam o declínio cognitivo da idade fornecem outros elementos para a interpretação de que os ingredientes ativos do Tai Chi podem contribuir para uma melhor função cognitiva.

Exercício

O impacto do Tai Chi sobre a função cognitiva pode ser atribuído, em parte, aos seus efeitos sobre o condicionamento físico. Atividade física e exercício, inclusive exercício aeróbico moderado (como caminhada), podem retardar acentuadamente, ou reverter, o declínio cognitivo próprio da idade. No entanto, e de particular relevância para o Tai Chi, estudos recentes indicam que os benefícios do exercício para a função cognitiva não se devem unicamente à aptidão cardiovascular, mas também à aptidão motora, que inclui equilíbrio, velocidade, coordenação, agilidade e força. Aptidão motora também é chamada de aptidão relacionada a habilidades [*skill-related fitness*].[16]

Numerosos estudos prospectivos e randomizados confirmam o efeito positivo da atividade física, principalmente dos exercícios aeróbicos, na função cognitiva. O exercício pode levar a uma melhora de 50% na cognição – em particular, na função executiva, ou planejamento, programação, memória operacional e desempenho de mais de uma tarefa ao mesmo tempo. Esse efeito é maior quando os exercícios aeróbicos são combinados com treinamento de força e flexibilidade.[17] Os adultos mais velhos que não têm déficit cognitivo e que participam de programas de exercícios, inclusive combinações de treinamento, podem ter mais mudanças cerebrais e mais efeitos neuroprotetores.[18]

Exercício aeróbico moderado parece ser melhor para o cérebro que alongamento e tonificação. Um estudo da Universidade de Pittsburgh mostrou que um grupo que fez exercícios de tonificação perdeu, em um ano, ligeiramente mais do que 1% do volume da parte frontal do hipocampo – uma quantidade normal de encolhimento do cérebro que ocorre com o envelhecimento. Entretanto, um grupo que fez caminhada (de até 40 minutos três vezes por semana) teve aumento de cerca de 2% nessa área do cérebro. Além disso, os participantes que fizeram caminhada obtiveram pontuações mais altas nos testes de memória, um resultado compreensível, uma vez que o hipocampo é um importante centro de memória do cérebro. Eles também tinham uma quantidade maior de Fator Neurotrófico Derivado do Cérebro (BDNF, do inglês *Brain-Derived Neurotrophic Factor*), proteína cerebral que ajuda na formação e na sobrevivência dos neurônios.[19] Outros estudos confirmam que o exercício pode proteger a função cognitiva, graças às alterações plásticas, estruturais e fisiológicas que ocorrem no cérebro.[20]

Alguns estudos com adultos mais velhos revelam uma associação entre mais exercício e menos declínio cognitivo. Pesquisadores de Seattle acompanharam mais de 1.700 adultos de 65 anos ou mais que tinham função mental normal. A incidência da doença de Alzheimer e outras formas de demência entre os que se exercitavam mais de três vezes por semana há seis anos foi muito menor do que entre os que se exercitavam com menos frequência. Curiosamente, o impacto positivo protetor do exercício foi o mesmo tanto para os que tinham como para os que não tinham predisposição genética para a doença de Alzheimer.[21] Estudos estabeleceram uma correlação entre melhor função cognitiva e exercícios rotineiros de caminhar e subir escadas, sendo que os que caminham mais (cerca de 27 quilômetros por semana) apresentam o menor declínio cognitivo.[22]

O impacto positivo combinado do Tai Chi na capacidade aeróbica e capacidade motora (equilíbrio, agilidade) pode estar por trás do seu impacto sobre a função cognitiva. Estudos mostram que os benefícios do exercício na função cognitiva não se devem unicamente à capacidade aeróbica e ao condicionamento físico em geral; a saúde mental também pode ser afetada independentemente pela agilidade e capacidade motora. Estudos de neuroimagem mostram que aqueles com níveis mais elevados de condicionamento físico, em comparação com a capacidade motora, usam diferentes partes do cérebro para executar tarefas da função executiva.[23]

Algumas pesquisas indicam que a forma de exercício de menor intensidade do Tai Chi pode ser mais benéfica do que o esforço intenso. A atividade moderada pode ser protetora, mas a atividade extenuante prolongada, sobretudo em mulheres antes da menopausa, na realidade pode levar a um menor desempenho cognitivo mais tarde.[24]

Estresse

Provavelmente você já se esqueceu de alguma coisa durante uma situação estressante – onde deixou a chave do carro quando saía apressada, uma resposta simples durante uma prova ou as primeiras palavras de um discurso. Esse esquecimento se deve, em parte, aos hormônios associados ao estresse, especialmente o cortisol, que interferem no funcionamento dos neurotransmissores e, portanto, prejudicam a comunicação entre as células cerebrais. Estresse prolongado e níveis cronicamente altos de cortisol podem dificultar a recuperação de memórias de longo prazo. O impacto favorável do Tai Chi sobre o estresse e os hormônios do estresse pode ser uma das razões do seu efeito positivo na função cognitiva.

Ficar estressado é normal, mas não é fácil determinar que nível de estresse é excessivo. O verdadeiro problema dos eventos estressantes não são os eventos propriamente ditos, mas sim como nós os percebemos e reagimos a eles. Em geral, diante de uma possível ameaça as glândulas suprarrenais liberam imediatamente o hormônio adrenalina na corrente sanguínea. Se a ameaça for grave ou persistir por alguns minutos, as glândulas suprarrenais liberam cortisol. Uma vez que o cortisol entra na corrente sanguínea e chega ao cérebro, ele permanece lá por muito mais tempo que a adrenalina e continua a afetar as células cerebrais.

A secreção crônica excessiva de hormônios do estresse pode prejudicar a função cerebral, sobretudo a memória. Cortisol em excesso pode impedir o cérebro de estabelecer uma nova memória ou de acessar memórias já existentes. Especificamente, o estresse prolongado pode lesar o hipocampo, que, como você deve se lembrar, é uma área do cérebro fundamental para a aprendizagem e a memória.

Além disso, os efeitos do estresse crônico produzem um ciclo contínuo de hormônios do estresse. O hipocampo faz parte do mecanismo de *feedback* que informa às glândulas suprarrenais para pararem de produzir cortisol. Quanto maior o estresse sobre o cérebro, menor o tamanho do hipocampo. Portanto, uma pessoa estressada tem menos controle do cortisol, o que acarreta mais danos relacionados ao cortisol. Esse ciclo de *feedback* negativo acaba mantendo os níveis de estresse elevados.[25]

O estresse tem um impacto bem-documentado sobre a função cognitiva relacionada com a idade.[26] Um famoso estudo epidemiológico realizado com freiras, padres e irmãos católicos lança uma luz importante sobre a relação entre tipos de personalidade relacionados com o estresse e a função cognitiva. O Religious Orders Study [Estudo de Ordens Religiosas], conduzido por pesquisadores do Instituto Rush para o Envelhecimento Saudável, em Chicago, mediu a "propensão à angústia" para quantificar a tendência que o clero tinha de perceber os eventos como psicologicamente angustiantes. Aqueles propensos a um alto grau de angústia tiveram um declínio muito maior na memória do que aqueles que tinham pouca tendência para a angústia.[27]

Um aspecto singular desse estudo foi que os clérigos, homens e mulheres, decidiram doar seus cérebros à ciência, para serem autopsiados após a sua morte a fim de se verificar se havia algum indício da doença de Alzheimer. Entre os que morreram, aqueles propensos a altos níveis de angústia apresentaram o dobro do risco de desenvolver doença de Alzheimer que os menos propensos, embora o cérebro deles não mostrasse os marcadores físicos típicos dessa doença (ou seja, placas e emaranhados). A tendência ao sofrimento psíquico pode ser um fator de risco para a doença de Alzheimer, independentemente da existência de outros marcadores da doença.

Administrar o nível de estresse pode combater o declínio cognitivo causado pelo estresse, e, mais uma vez, essa pode ser uma das maneiras pelas quais o Tai Chi auxilia a função cognitiva. Estudos mostram que o Tai Chi pode reduzir a ansiedade e o estresse percebido (para mais detalhes, veja o Capítulo 9 sobre humor e bem-estar psicológico).[28] Alguns estudos de pequeno porte indicam que o Tai Chi e o Qigong podem diminuir a ansiedade e o estresse ao reduzir os níveis de cortisol, embora esse resultado não seja consistente.[29] Entrevistas com participantes de estudos clínicos, um deles com portadores de HIV, fornecem mais evidências de que o efeito do Tai Chi sobre o estresse pode ter impacto na função cognitiva. De acordo com os participantes desses estudos, o Tai Chi aumentou a sua capacidade psicológica de lidar com situações estressantes.[30]

A MEDITAÇÃO E O CÉREBRO

Estudos sobre meditação, especialmente meditação de atenção plena, também corroboram os efeitos positivos de práticas psicossomáticas no estresse e na função cognitiva.

Um dos aspectos mais empolgantes das pesquisas sobre mente e corpo é a base neurofisiológica da meditação.[31] Aqui estão os principais pontos de algumas tendências que estão surgindo:

- A meditação pode melhorar várias dimensões da função cognitiva. Revisões sistemáticas de estudos clínicos prospectivos descobriram que a meditação fortalece a memória operacional (a capacidade de reter as informações necessárias para executar tarefas complexas, como raciocínio, compreensão e aprendizado) e alguns aspectos da função executiva, embora essas conclusões não se baseiem em estudos definitivos de grande escala.[32] Os soldados norte-americanos que praticam meditação regularmente têm maior capacidade de memória operacional.[33] Outros estudos de meditação relatam redução nos níveis de estresse e cortisol. Isso revela que a redução do estresse e a capacidade de reavaliar situações estressantes podem ser benéficas para a função cognitiva.[34]
- A meditação pode alterar a atividade e a estrutura cerebral relacionadas à memória. Um estudo realizado no Hospital Geral de Massachusetts, filiado à Faculdade de Medicina de Harvard, mostrou maior ativação na área do cérebro associada à memória, bem como em áreas relacionadas com atenção e controle do sistema nervoso autônomo.[35] A redução do estresse baseada na atenção plena também pode produzir alterações cerebrais nas regiões envolvidas com processamento da aprendizagem e da memória, regulação das emoções e empatia.[36] As pessoas que meditam há muito tempo também têm o hipocampo maior, revelam os estudos.[37]
- A meditação aumenta a capacidade de concentração e altera as redes cerebrais que melhoram as habilidades cognitivas. A meditação produz mudanças comportamentais que correspondem a alterações em uma estrutura cerebral chamada ínsula, importante centro dos processos relacionados com a percepção,[38] bem como a alterações na função das redes cerebrais associadas com foco, processamento sensorial e percepção de experiências sensoriais.[39]

Aprendizado de Novas Habilidades, Atividades de Lazer e Interações Sociais

Aprender novas habilidades, participar de atividades de lazer e manter fortes vínculos sociais foram associados com menor risco de demência. Cada um desses fatores pode contribuir para o efeito positivo do Tai Chi de retardar o declínio da função cognitiva com a idade.

Aprendizado de Novas Habilidades

Muitos estudos confirmam a teoria de que o aprendizado de novas habilidades motoras produz alterações cognitivas em adultos saudáveis. Os estudos revelam que aprender a fazer malabarismos pode aumentar a quantidade de substância branca e cinzenta do cérebro, e também as conexões nas partes do cérebro responsáveis pelos movimentos necessários para agarrar uma bola.[40] É importante ressaltar que essas pesquisas também confirmam que os adultos mais velhos são capazes de aprender novas habilidades motoras.[41] Estudos semelhantes mostram que o treinamento musical pode melhorar as respostas comportamentais e anatômicas no cérebro.[42] Além disso, atividades de dança, que, assim como o Tai Chi, incluem aprendizado sensorial, motor e cognitivo, também podem ajudar a preservar a função cognitiva à medida que as pessoas envelhecem.[43]

Um estudo notável de taxistas de Londres mostra que o aprendizado pode afetar positivamente a memória e o cérebro adulto. Cientistas da University College London compararam o cérebro de motoristas de táxi com os de motoristas de ônibus. Para obter uma licença de trabalho, os taxistas de Londres têm de aprender o traçado das ruas e a localização de milhares de locais de interesse. Os motoristas de ônibus, que têm de enfrentar o estresse diário de dirigir em Londres, percorrem rotas regulares e não precisam memorizar mapas complexos. Acontece que o cérebro dos taxistas tinha mais substância cinzenta, que está associada com a memória, na região posteromedial do hipocampo, onde eles armazenam um mapa mental de Londres.[44]

Portanto, é possível que o treinamento de memória associado ao Tai Chi, que usa relações espaciais, movimentos cinestésicos e aprendizado sequencial, possa contribuir para a melhora da função cognitiva.

Atividades de Lazer

Muitas pessoas consideram o Tai Chi uma atividade de lazer, e a participação em atividades de lazer foi associada com melhor função cognitiva a idosos. Estudos mostram que quem participa de atividades de lazer que requerem pensar, como ler, jogar jogos de tabuleiro, tocar um instrumento musical ou dançar, têm menor taxa de declínio da memória.[45]

Apoio Social

Um dos principais ingredientes do Tai Chi é o apoio psicossocial. Não admira, portanto, que os estudos confirmem que adultos mais velhos com redes sociais mais amplas apresentam menor risco de ter declínio cognitivo, mesmo depois que foi feito o controle para níveis de instrução ou grau de atividade física.[46]

Imaginando os Movimentos Corporais

Movimento e defesa pessoal foram forças propulsoras na evolução do cérebro animal; portanto, pensar sobre o cérebro no contexto do Tai Chi faz sentido, uma vez que é uma arte marcial. A evolução dos primeiros sistemas nervosos foi impulsionada em grande parte pela necessidade de coordenar os movimentos para ajudar um organismo a sair em busca de comida. A água-viva e seus parentes, que foram os primeiros animais a desenvolver células nervosas, tinham uma tremenda vantagem em relação às esponjas e a outros organismos sedentários "sem cérebro" que simplesmente esperavam o jantar vir até eles. À medida que os caçadores maiores aprenderam a capturar caçadores menores, e um ao outro, o cérebro dos animais evoluiu ainda mais para coordenar os movimentos de autodefesa para que eles pudessem lutar e fugir para não serem comidos.

O movimento é uma característica-chave do Tai Chi, que, reza a lenda, baseou-se nos movimentos dos animais em luta. Esse fenômeno não é apenas físico, pois reflete a conexão do corpo e da mente. Nas fases iniciais do treinamento de Tai Chi, a mente muitas vezes se ocupa com o aprendizado de sequências motoras e padrões de movimento grosseiros, que, como você leu antes, pode ser útil para a memória. No entanto, depois que os praticantes aprendem os padrões de movimentos grosseiros e ficam à vontade com eles, a mente "pensante" começa a relaxar durante a prática e passa mais a observar o corpo em movimento. Conforme você avança no Tai Chi, a sua mente começa a se sentir em casa no seu corpo enquanto você se move de postura em postura. Com o tempo, você pode começar a adicionar intenção por meio de imagens mentais, que melhora a qualidade e as características dos movimentos.

IMAGEM MENTAL DO TAI CHI: NADANDO EM PLENO AR

Aqui está uma maneira com que exploro as imagens mentais em minhas aulas:

"Suavize qualquer tensão em seu corpo e sinta como se o seu corpo estivesse sendo levado por uma correnteza. Sinta o fluxo e a continuidade dos movimentos. O mestre Cheng Man Ching, e muitos de seus discípulos, entre eles meu professor Robert Morningstar, costumava sugerir que praticássemos o Tai Chi como se estivéssemos nadando em pleno ar. Mantenha a imagem de que está se movendo em pleno ar em sua mente e em seu corpo. Essa imagem mental vai ajudá-lo a gerar uma sensação suave, palpável de resistência aos movimentos. Combata essa resistência com um grau adequado, moderado, de força relaxada, e você sentirá a conexão entre as partes do seu corpo e maior energia interna".[47]

Em níveis ainda mais elevados de prática, os movimentos e pensamentos tornam-se um só; não há defasagem de tempo entre a intenção de se mover, agir ou reagir. Você não "tenta" se mover de determinada maneira, apenas "faz" o movimento. Não há nenhuma distinção entre "pensar" conscientemente no movimento e o corpo executar fisicamente esse pedido. O mestre Wang Xiang Zhai, fundador do Yi Chuan, outra arte marcial interna, disse: "Em uma luta, se você tiver de pensar e depois reagir, será tarde demais".

Se você pratica esportes, talvez tenha vivenciado esse estado de superfusão entre mente e corpo, muitas vezes descrito como "estar na zona". Lembro-me de uma entrevista com o lendário Emmitt Smith, famoso jogador do time de futebol americano Dallas Cowboys que ingressou no Hall da Fama (e mais tarde foi vencedor de uma das edições de *Dancing with the Stars*, versão norte-americana do quadro Dança dos Famosos). Ele falou sobre esses momentos extraordinários em que o tempo parecia passar mais devagar. Ele conseguia ver as jogadas se desenrolarem em câmera ultralenta, o que lhe dava tempo para escolher a melhor direção para correr com a bola. (Pense no personagem de Keanu Reeves em *Matrix*). Outras pessoas descreveram estados semelhantes de harmonia entre mente e corpo durante experiências religiosas ou artísticas expressivas. Para a maioria dos atletas, esses momentos são atípicos, esporádicos e fugazes. Em contrapartida, aqueles que atingiram os níveis mais elevados de Tai Chi e do treinamento psicossomático relacionado, aparentemente conseguem entrar nesse estado de "estar na zona" sempre que querem e mantê-lo por períodos significativos.[48] Pode-se dizer que eles conseguem eliminar o hífen da expressão "mente-corpo".

Uma expressão prática da fusão entre mente e corpo no Tai Chi é a qualidade da força usada nos movimentos, sobretudo no Tai Chi interativo com um parceiro. Os textos clássicos e contemporâneos distinguem entre a força gerada principalmente pela força física, chamada Li, e uma força interna que reflete um movimento mais consciente, chamada Jin. Robert Chuckrow, professor de física, além de grande mestre e estudioso de Tai Chi, traduzia Li como força comum e Jin como força "educada". Ele acha que o uso de intenção e atenção plena no movimento pode gerar impulsos nervosos de baixo nível para os músculos e tecidos circundantes. Esses impulsos estão abaixo do limiar que gera movimento observável, mas podem adicionar uma qualidade energética ou vivacidade – uma energia intrínseca – aos movimentos do Tai Chi. Essa vivacidade também pode fazer com que a pessoa fique mais preparada para responder, se for necessário (por exemplo, reagir a um ataque), de forma mais eficiente e coordenada. Esse modelo de sistema neuromuscular altamente sensibilizado poderia explicar como o corpo fica preparado para reagir rapidamente.[49]

MOVA-SE ANTES DELE

Robert Morningstar e Arthur Goodridge, dois dos meus professores de Tai Chi, acreditavam que um praticante altamente sensível de Tai Chi podia tirar proveito da intenção durante o Tai Chi em dupla, como no exercício Push Hands (Empurrar com as Mãos). Eles sempre me lembravam para não sinalizar meus movimentos ao revelar minha preparação física ou mental antes de atacar. "Para a maioria dos praticantes de Tai Chi, todos os movimentos são precedidos por uma intenção ou um pensamento de se mover de determinada maneira", diziam. Segundo eles, com a prática eu aprenderia a sentir essa energia e antecipar ou redirecionar o ataque. Eles afirmavam que esse mecanismo explicava o princípio do Tai Chi mencionado em vários textos clássicos: "Espere o seu parceiro se mover e, em seguida, mova-se antes dele!"

Imagens Motoras

Um ramo fascinante das pesquisas ocidentais sobre mente e corpo respaldam a teoria de que a intenção afeta o movimento e a fisiologia neuromuscular. Muitos estudos revelam que o simples fato de imaginar um movimento pode melhorar o desempenho real desse movimento. Essas pesquisas também revelam que o treinamento mental, mesmo sem treinamento físico, pode alterar a estrutura e o funcionamento do cérebro, semelhante ao treinamento físico. Imagens motoras, como esse processo é chamado, geralmente são definidas como o processo cognitivo em que atos motores são ensaiados mentalmente sem nenhum movimento corporal evidente. As imagens motoras têm sido amplamente utilizadas como um instrumento para melhorar o desempenho esportivo e estão cada vez mais sendo exploradas como uma ferramenta promissora na reabilitação de doenças neuromusculares, como acidente vascular cerebral e doença de Parkinson.[50]

Um estudo realizado por pesquisadores da Cleveland Clinic Foundation, nos Estados Unidos, demonstrou que jovens adultos saudáveis que praticavam mentalmente movimentos musculares simples podiam aumentar a força e alterar a atividade cerebral. Nesse estudo, um grupo praticava apenas exercícios mentais para aumentar a força do dedo mindinho. Os pesquisadores pediram aos membros do grupo para pensarem com a maior intensidade possível que estavam movendo o dedinho para os lados, mas sem realmente movê-lo. Um segundo grupo praticou exercícios físicos reais com o dedo, e um terceiro grupo (controle) não fez nenhum exercício mental nem físico. Os grupos de exercícios mentais e físicos praticaram por 12 semanas, cinco minutos por dia, cinco dias por semana. Comparado com o grupo de controle, os que fizeram exercício mental aumentaram a força muscular do dedo mindinho em 35%, e os que fizeram os exercícios físicos reais, em 53%. Além disso, o aumento da força muscular do grupo de imagens motoras foi acompanhado por aumentos significativos em uma medida da capacidade cerebral de controlar as contrações musculares voluntárias.[51]

Em outros estudos, como especulou Chuckrow, imagens motoras ou intenção produziram mudanças mensuráveis na ativação muscular. Por exemplo, em um estudo, os participantes imaginaram que estavam levantando pesos pesados, o que reduzia a atividade elétrica de seus bíceps.[52] Muitos outros estudos de imagens motoras relataram melhor desempenho físico de uma tarefa e alterações mensuráveis no cérebro; entretanto, esses estudos não observaram alterações musculares. Esse resultado levou alguns pesquisadores a aventarem a hipótese de que o impacto do treinamento motor ocorre principalmente no cérebro.[53] A ausência de resposta elétrica nos músculos pode ser muito baixa para ser detectada pelos instrumentos. A simples ideia de que o movimento consciente pode melhorar a função motora e o aprendizado é extraordinária.

Por que esses resultados são relevantes para o Tai Chi? A maioria dos estudos realizados até agora indica que a melhor maneira de aprender um novo movimento físico é combinar imagem motora com a prática real do movimento, o que funciona melhor do que qualquer imagem motora ou prática física sozinha. Os bons resultados obtidos com essa abordagem combinada revelam que o Tai Chi pode ser uma excelente opção para a reabilitação e o tratamento de doenças neuromusculares, como a paralisia causada por acidente vascular cerebral, a doença de Parkinson e a esclerose múltipla, e pode explicar por que o Tai Chi mostra-se promissor em avaliações preliminares dessas doenças.

Resumindo, os componentes cognitivos do Tai Chi – talvez o aspecto mais singular do Tai Chi – podem estar por trás de seus benefícios para a saúde física e mental. O Capítulo 9 continua a explorar as interações mente-cérebro-corpo para abordar como o Tai Chi influencia o humor, o bem-estar psicológico e o sono.

9

Aumente seu Bem-Estar Psicológico e Durma Melhor

"Quando vou à aula de Tai Chi, seja qual for o meu estado de espírito naquele momento, ele muda. Se estou desanimada, geralmente o meu nível de energia aumenta assim que a aula começa", diz Monique, uma professora de 58 anos. "Depois da aula, vou para casa me sentindo melhor comigo mesma e durmo melhor. E quando faço aula junto com jovens, eu me sinto revigorada."

Durante o resto da semana, Monique não está livre de tristeza, depressão ou ansiedade, "mas quando isso acontece, eu reconheço esses sentimentos e sei que eles vão passar logo", diz ela. "Eu posso conviver com eles. Com o Tai Chi, eu tenho mais confiança de que não vou perder o prumo na vida."

Um dos principais objetivos da grande maioria dos praticantes de Tai Chi que eu conheço, inclusive o meu, é ter mais paz de espírito. Assim como muitos dos meus alunos, geralmente chego um pouco estressado, exausto e fisicamente tenso para dar a aula noturna, depois de um longo dia da minha exigente "jornada de trabalho" acadêmica. Como sempre comento com meus alunos em tom de brincadeira, porém honestamente, as pesquisas sobre Tai Chi podem ser estressantes! No decorrer da aula, e através da prática do Tai Chi, começamos a sentir o nosso sangue e Qi fluindo. Depois, enquanto relaxamos e voltamos redirecionamos nossa mente preocupada para o nosso corpo e nos concentramos mais nas sensações do momento, começamos a liberar grande parte do estresse psicológico e físico que trouxemos conosco. Apesar de muitos de nós admitirem que tem dias em que é difícil se arrastar para a aula, é muito raro alguém sair de lá se sentindo pior. Às vezes o alívio é temporário, apenas algumas horas livres de estresse. Mas, para a maioria das pessoas, entre elas as que sofrem de doenças psicológicas crônicas, como ansiedade e depressão, o Tai Chi fornece as ferramentas práticas para administrar ou reestruturar comportamentos e cultivar habilidades de enfrentamento, consciência de si mesmo, discernimento, resiliência e esperança.

Este capítulo explora em profundidade os benefícios psicológicos do Tai Chi, salientando que o recente crescimento nas práticas psicossomáticas ocorreu concomitantemente com a maior valorização do papel da saúde mental e do estresse na saúde em geral, e que as intervenções psicossomáticas ajudam a lidar e tratar de problemas de saúde mental e contribuem para o bem-estar psicológico. Você verá que um número cada vez maior de evidências indica que o Tai Chi pode afetar positivamente vários aspectos do bem-estar psicológico, inclusive transtornos relacionados com depressão e ansiedade. Por fim, você vai aprender sobre o sono, um tópico estreitamente relacionado com o bem-estar físico e psicológico, e também que o Tai Chi pode ajudá-lo a ter o descanso que você tanto precisa durante a noite.

Saúde Mental e Bem-Estar Psicológico

> Alegria, moderação e repouso batem a porta na cara do médico.
>
> — Henry Wadsworth Longfellow

> Aqueles que mantêm a mente intacta por dentro, mantêm o corpo intacto externamente.
>
> — *Nei Ye* ("Inward Training")
> século IV a.C., Autor Anônimo

A abordagem ocidental à saúde procura a base física, biológica e material da doença. Não faz muito tempo, as pessoas que tinham transtornos mentais eram consideradas "possuídas". Ainda hoje, frases como "está tudo na sua cabeça" têm uma conotação crítica: se não existe uma base material evidente para o problema, ele não é real. No entanto, grandes mudanças na avaliação e compreensão da saúde mental levaram a um rápido crescimento da psiquiatria e de muitos ramos da psicologia. Paralelamente a essas mudanças, e talvez até mesmo as influenciando, tem sido o nosso olhar para o Oriente em busca de práticas com uma abordagem mais holística à saúde da mente e do corpo. Uma ferramenta prática como Tai Chi pode ajudar a manter e a integrar melhor a conexão entre mente e corpo.

Essa visão mais integrada da saúde está refletida na constituição da Organização Mundial da Saúde (OMS), segundo a qual: "Saúde é um estado de completo bem-estar físico, mental e social, e não meramente a ausência de doença ou enfermidade". A OMS define a saúde mental propriamente dita como "estado de bem-estar em que o indivíduo tem consciência da própria capacidade, consegue lidar com as tensões normais da vida, trabalhar de forma produtiva e frutífera e contribuir para a sua comunidade". Assim como no caso da saúde em geral, saúde mental não é definida como a simples ausência de um distúrbio mental.[1]

Estresse e Resiliência Emocional

> Tento viver um dia de cada vez, mas às vezes vários dias me atacam de uma só vez.
>
> — Jennifer Yane (artista e escritora contemporânea)

O estresse é uma parte natural do ser humano. De acordo com a Pesquisa Nacional de Saúde dos Estados Unidos, 75% da população norte-americana passa por algum tipo de estresse a cada duas semanas, e a metade dos entrevistados afirma que está sob níveis moderados ou elevados de estresse naquele momento. O estresse pode ser causado por vários fatores, como doença pessoal ou de um membro da família, relações sociais e trabalho, entre outros. Considerando-se apenas o trabalho, as pesquisas realizadas na década de 1990 revelam que 40% dos trabalhadores norte-americanos entrevistados disseram que seu trabalho era muito estressante ou extremamente estressante.[2]

O estresse contribui para a maioria das doenças crônicas, como cardiopatias, acidente vascular cerebral, diabetes, doença pulmonar obstrutiva crônica e doenças autoimunes. Não admira que o estresse crônico também afete a saúde mental, aumentando o risco de depressão, transtornos de ansiedade, suicídio, abuso de drogas e outros comportamentos nocivos. Autoridades de saúde pública em todo o mundo fizeram da redução do estresse uma prioridade de saúde.[3]

A Natureza Subjetiva do Estresse

Todo mundo sabe quando está estressado. Entretanto, a definição de estresse ainda é problemática. O dicionário Merriam Webster define estresse tanto como fator causal, isto é, "um fator físico, químico ou emocional que provoca tensão física ou mental e pode ser um fator causador de doença", como uma resposta à "tensão física ou mental resultante de fatores que tendem a alterar um equilíbrio existente".

Estresse significa coisas diferentes para pessoas diferentes. Se você perguntasse para dez pessoas como elas sentem o estresse, teria dez respostas diferentes. O estresse é muito subjetivo, tanto a sua causa como a forma como ele é percebido. O Instituto Americano de Estresse usa um excelente exemplo de uma volta na montanha-russa para ilustrar esse ponto.[4] As pessoas que estão na última fileira têm menos tendência a segurar firme de olhos fechados, sentindo-se extremamente tensas, temendo por suas vidas e rezando para que tudo acabe logo. As que estão na primeira fileira geralmente parecem muito diferentes – de olhos bem abertos, sem se segurar, os braços erguidos, gritando de alegria e pensando em entrar na fila novamente assim que terminar. As que estão no meio provavelmente estão aborrecidas; essa é apenas mais uma volta. Em um mesmo passeio de montanha-russa, temos três percepções muito diferentes e três reações distintas a essa possível causa de estresse.

Hoje está claro que o estresse tem mais a ver com a forma como a pessoa julga uma situação do que com a própria situação. O dr. Hans Selye, endocrinologista e pioneiro no campo de estudos sobre estresse, escreveu: "Não é o estresse que nos mata, mas sim a nossa reação a ele". Às vezes você pode até reagir a uma informação errada – ficando com raiva porque avaliou mal uma situação, ouviu mal algo que alguém disse ou interpretou errado a sua linguagem corporal ou então se lembrou de um cenário muito diferente do que o que realmente aconteceu. Mark Twain captou lindamente essa fonte subjetiva de estresse e sofrimento ao escrever: "Eu sou um velho que já teve muitos problemas na vida, mas a maioria deles nunca aconteceu".

Mas é bom saber que, dentro dessa natureza subjetiva, existem algumas formas de controlar o estresse. Um número cada vez maior de pesquisas indica que práticas psicossomáticas como o Tai Chi podem tornar mais precisa a nossa percepção e aumentar a distância entre a observação de um evento e reação condicionada a ele, o que nos dá um pouco mais de tempo ou distanciamento emocional para avaliá-lo com mais clareza e agir em conformidade. As terapias psicossomáticas podem aumentar a sua capacidade de se recuperar de um estresse emocional, ou o que é conhecido como resiliência.[5]

Resiliência Emocional

Mesmo que você esteja física e mentalmente saudável, isso não significa que nunca passe por situações estressantes nem tenha problemas emocionais. Todo mundo sofre decepções, perdas e mudanças. Tudo isso faz parte da vida e pode levá-lo a se sentir triste, ansioso ou estressado. As pessoas que têm boa saúde mental conseguem se recuperar de um estresse, uma adversidade e um trauma. Essa capacidade é chamada de *resiliência*. Os indivíduos mental e emocionalmente saudáveis têm as ferramentas necessárias para lidar com situações difíceis e manter uma perspectiva positiva. Como você verá, o Tai Chi pode aumentar a resiliência emocional por meio da ênfase para que o praticante se solte física e cognitivamente e preste atenção no momento presente, bem como no desenvolvimento de estratégias de enfrentamento — como, por exemplo, técnicas para se sentir enraizado e centrado, respiração meditativa e imagens mentais que produzem uma maior sensação de estar conectado com a energia de cura da natureza.[6]

Doença Mental Comum

Poucas famílias não são afetadas por doença mental. De acordo com o Instituto Nacional de Saúde Mental dos Estados Unidos, em qualquer dado ano, cerca de 57,7 milhões de norte-americanos têm um transtorno mental listado no Manual Diagnóstico e Estatístico de Transtornos Mentais (DSM) publicado pela Associação Americana de Psiquiatria. Esse número representa mais de um quarto de todos os adultos norte-americanos. Nos Estados Unidos e em grande parte do mundo desenvolvido, os transtornos mentais são a principal causa de incapacidade entre pessoas de 15 a 44 anos de idade.[7]

Além do sofrimento pessoal, a doença mental tem enormes custos médicos. Por exemplo, em 1996, os custos médicos diretos com saúde mental nos Estados Unidos foram de 69 bilhões de dólares, quase 8% de todos os gastos médicos. Esses valores não incluíram os altos custos com o tratamento de doença de Alzheimer e abuso de drogas, tampouco levaram em consideração os custos indiretos com perda de produtividade no trabalho, na escola e em casa devido à doença mental, que estima-se serem ainda maiores que os custos diretos.

As formas mais comuns de doenças mentais pertencem a duas classes: transtornos de ansiedade e transtornos de humor. Os transtornos de ansiedade são as doenças mentais mais comuns. Segundo estimativas do ano 2000, um em cada seis norte-americanos tem algum tipo de transtorno de ansiedade em qualquer dado ano. Alguns exemplos de transtornos de ansiedade são fobias, transtorno de ansiedade generalizada, transtorno de estresse pós-traumático e transtorno ou síndrome do pânico.[8]

Os transtornos do humor, também conhecidos como transtornos afetivos, também são muito frequentes. Segundo o Relatório sobre saúde mental do Diretor do Serviço Nacional de Saúde Pública dos Estados Unidos (Surgeon General), 7,1% da população norte-americana tem algum tipo de transtorno de humor em qualquer dado ano. As pessoas que sofrem dessas doenças apresentam distúrbios ou oscilações do humor, em geral relacionados com mania (euforia) ou depressão. Alguns exemplos de transtornos de humor são depressão maior, transtorno bipolar e transtorno afetivo sazonal.

Causas e Tratamentos

As causas precisas da maioria dos transtornos mentais, assim como de muitos problemas de saúde, provavelmente são moldadas pela interação de fatores biológicos, psicológicos, sociais e culturais. Muitos transtornos mentais são hereditários. Estudos sobre depressão revelam que, mesmo quando gêmeos idênticos são criados separados, se um deles tiver depressão, existe uma probabilidade de até 67% de que o outro também tenha. A composição genética também desempenha um papel na esquizofrenia e nos transtornos de ansiedade.[9]

No entanto, mesmo nos casos em que existe uma predisposição genética significativa para doença mental, outros fatores desempenham claramente um papel importante. Isso indica que fatores ambientais, comportamentais e sociais podem ajudar a evitar o desenvolvimento de uma doença mental. Exercício físico, redução do estresse, reestruturação cognitiva e interações sociais podem ser elementos importantes para manter a saúde mental e o bem-estar psicológico. As evidências apresentadas neste capítulo indicam que o uso de instrumentos como o Tai Chi e exercícios psicossomáticos em combinação com intervenções farmacológicas e comportamentais podem ajudar a reduzir a gravidade de algumas doenças mentais.

CAMPEÕES OLÍMPICOS DE SAÚDE MENTAL

Em 2003, tive a oportunidade de ouvir o Dalai Lama mediar um debate fabuloso entre destacados neurocientistas cognitivos e praticantes de meditação budista na Conferência Mente e Vida realizada no Instituto de Tecnologia de Massachusetts (MIT – Massachusetts Institute of Technology). Alguns tópicos discutidos foram como o estudo da meditação pode contribuir para a compreensão do comportamento cognitivo e como nosso cérebro funciona.[10]

Um diálogo em especial chamou a minha atenção. Um cientista ocidental perguntou aos monges se os pesquisadores ainda não haviam analisado alguma questão ou problema importante. Um dos monges respondeu com eloquência e humildade, sem fazer nenhum julgamento: "As pesquisas demonstram claramente que vocês aprenderam muito sobre doença mental e o cérebro de pessoas que sofrem de doença mental. Acho que seria interessante explorar como é o cérebro das pessoas saudáveis e felizes. Como é o cérebro de um campeão olímpico de saúde mental?".

Na verdade, um campo em expansão da psicologia positiva estuda o impacto e a base biológica das emoções positivas, como felicidade e alegria.

Obviamente, a felicidade sozinha não pode curar a maioria das doenças, mas pode proteger contra doenças. Uma revisão sistemática de 30 estudos encontrou uma forte associação entre felicidade e longevidade em pessoas saudáveis.[11]

Em estudos realizados com monges tibetanos com vasta experiência em meditação, os pesquisadores encontraram aumentos acentuados em regiões do cérebro associadas com a felicidade.[12] Por exemplo, ao praticar uma forma de meditação compassiva, que envolve desejar felicidade e alívio do sofrimento para outras pessoas, praticantes avançados de Budismo Tibetano são capazes de induzir padrões cerebrais associados com emoções positivas.[13] Pesquisas recentes mostram que até mesmo curtos períodos desse tipo de treinamento de meditação podem diminuir a angústia e, o que é ainda mais extraordinário, afetar positivamente o sistema imunológico.[14]

Em suma, um número cada vez maior de evidências indica que estados psicológicos positivos, como felicidade, alegria e compaixão, não são inteiramente programados no cérebro. A meditação pode produzir alterações no cérebro e no comportamento, que, por sua vez, podem contribuir para o bem-estar físico e mental. Estas alterações na função cognitiva induzidas pela meditação, que provavelmente ocorrem durante a "meditação em movimento" do Tai Chi, podem estar por trás de alguns dos benefícios clínicos do Tai Chi na saúde mental.

Tai Chi e Bem-Estar Psicológico

"Acabei de atravessar uma fase difícil da minha vida, com meu pai moribundo e minha mãe hospitalizada", diz Sandy, uma alta executiva de 55 anos de idade. "Fico muito nervosa quando estou sofrendo. Com o Tai Chi, tenho mais consciência das minhas oscilações de humor, e sinto que tenho força interior para lidar com elas. Não existe um 'manual do humor'. O Tai Chi substitui o manual para me ajudar a driblar minhas emoções.

"Quando vou à aula de Tai Chi, sei que me sentirei melhor, mais relaxada, e que o meu corpo vai ficar à vontade com o fluxo de emoções. É como uma massagem vibrante e confortável, e uma confirmação de que o meu corpo está respondendo ao fluxo."

A conexão do Tai Chi entre saúde mental e física é um princípio essencial que está associado às suas raízes na Medicina Tradicional Chinesa (MTC). Por exemplo, no primeiro capítulo do *Clássico de Medicina Interna do Imperador Amarelo* (*Huangdi Neijing*, aproximadamente 111 d.C.), talvez o texto antigo mais importante da medicina chinesa, está escrito: "Se a pessoa é calma, tranquila... o verdadeiro Qi segue. Se essência e espírito estão protegidos internamente, de onde poderia vir a doença?"[15]

A MTC atual tem uma correspondência sistemática bem-formulada entre emoções e saúde física. Por exemplo, acredita-se que raiva excessiva afete negativamente e reflita um desequilíbrio no Qi hepático, assim como dor excessiva esteja associada com desequilíbrio de Qi pulmonar. Ao equilibrar o fluxo de Qi, o Tai Chi afeta positivamente o humor e a saúde física.

Muitas pessoas são atraídas pelo Tai Chi claramente por causa da sua ênfase na integração entre corpo, mente e espírito. No entanto, alguns textos clássicos chineses tendem para uma reserva emocional, evitando ou até mesmo reprimindo extremos emocionais. De certa maneira, essa visão contrasta com a cultura norte-americana mais expansiva, que prefere explorar mais profundamente os sentimentos, bem como vivenciar e expressar plenamente as emoções.

Peter Deadman, autoridade mundial em medicina chinesa e antigo praticante de Tai Chi e artes afins, escreveu refletidamente sobre esse assunto no prefácio do livro *The Psyche in Chinese Medicine* de Giovanni Maciocia. Deadman e Maciocia argumentam que uma interpretação dessa diferença cultural pode ser que a autodescoberta e a expressão emocional não eram tão difundidas na China, talvez devido ao Confucionismo, onde o indivíduo muitas vezes é visto como menos importante que a sociedade.[16]

Deadman e Maciocia escreveram para acupunturistas que tratam pacientes com doenças mentais, mas acho que existem paralelos evidentes com o Tai Chi. Estamos vivendo um novo estágio na evolução do Tai Chi, em que, para a maioria dos praticantes, a autodefesa emocional é mais importante que a autodefesa física. Não admira que muitos ocidentais atraídos para o Tai Chi também façam psicoterapia, e que muitos usem o Tai Chi em combinação com tratamentos farmacológicos para transtornos do humor. Avaliando as diferenças evidentes entre a cultura ocidental contemporânea e a cultura tradicional chinesa, Deadman oferece um equilíbrio semelhante ao do Tai Chi entre introspecção reservada e exploração emocional honesta: "aquietando a mente e vivendo o presente podemos nos conectar com o que é universal e nos afastar do ruído periférico debilitante do que é desnecessário emocionalmente. Ao mesmo tempo, cultivando essa consciência mais profunda podemos sentir e explorar as correntes mais verdadeiras da nossa vida emocional. Talvez dessa forma possamos ter uma visão de saúde emocional que não seja nem repressiva nem condescendente".[17]

Como você vai ver, algumas evidências apoiam o Tai Chi e essa abordagem integrativa à saúde mental.

Evidências Clínicas de que o Tai Chi Aumenta o Bem-Estar Psicológico

Um número crescente de estudos confirma o impacto positivo do Tai Chi em muitos aspectos do bem-estar psicológico. Uma revisão e metanálise sistemática abrangente publicada em 2010 por minha colega, a dra. Chenchen Wang, da Faculdade de Medicina da Universidade de Tufts, identificou 40 estudos realizados no Ocidente e na China que incluíram uma avaliação dos efeitos psicológicos do Tai Chi. Esses estudos avaliaram esses efeitos principalmente em pessoas que estavam sendo estudadas para outras doenças, como insuficiência cardíaca ou artrite. Foi incluído também um pequeno número de estudos delineados especificamente para estudar os efeitos do Tai Chi nos transtornos psicológicos – ou seja, foram recrutados pacientes com diagnóstico clínico de depressão ou ansiedade.

A revisão concluiu que o Tai Chi parece estar associado com redução do estresse, da ansiedade e depressão, melhora do humor e aumento da autoestima. Não foi possível tirar conclusões mais definitivas por causa das limitações metodológicas de muitos dos estudos. Vamos apresentar a seguir o resumo de alguns dos estudos, bem como os achados mais recentes que destacam outros estudos significativos.[18]

Depressão

> "Eu gosto de tudo no Tai Chi, principalmente do fato de ter o meu próprio ritmo. Ele aumentou o meu nível de energia de uma maneira que eu nunca pensei que seria possível", diz Janice, uma mulher de 59 anos que participou de um dos nossos estudos de insuficiência cardíaca. "Eu estava profundamente deprimida, chorava quase todos os dias. Não posso tomar medicação para depressão por causa do coração. Agora as minhas perspectivas de vida são muito maiores. Só posso atribuir isso ao Tai Chi."

Mais de 20 estudos de Tai Chi identificados na revisão da dra. Wang indicam que o Tai Chi tende a reduzir a depressão. Quase todos esses estudos incluíram pessoas com outros problemas de saúde ou adultos mais velhos relativamente saudáveis. A dra. Wang conduziu três estudos randomizados de Tai Chi em pacientes com fibromialgia, artrite reumatoide e osteoartrite de joelho. Seus resultados mostram que esses pacientes apresentam reduções significativas na depressão, bem como alterações na dor e na função musculoesquelética.[19] Da mesma forma, em nossos próprios estudos recentes com pacientes portadores de insuficiência cardíaca, constatamos reduções na depressão e melhora geral na qualidade de vida e capacidade de exercício.[20] Esses estudos revelam que doenças crônicas e menor bem-estar psicológico muitas vezes estão interligados. Mudanças em uma dimensão da doença costumam produzir mudanças também na saúde emocional.

Estudos randomizados e bem-delineados também mostram que o Tai Chi pode melhorar a qualidade de vida de adultos mais velhos cujos sintomas de depressão não são totalmente aliviados pelo tratamento medicamentoso. Aqueles que praticam Tai Chi também obtêm melhoras significativamente mais acentuadas na capacidade funcional e se saem melhor nos testes cognitivos.[21] Obtivemos resultados semelhantes em um estudo randomizado exploratório de pequeno porte realizado com sino-americanos com transtorno depressivo maior, cuja maioria também estava tomando antidepressivos. Trabalhando em colaboração com o dr. Albert Yeung e colegas na Unidade de Depressão do Hospital Geral de Massachusetts, descobrimos que 12 semanas de treinamento de Tai Chi levaram a uma tendência de redução dos sintomas de depressão.[22] Esses estudos ilustram bem o potencial do Tai Chi no tratamento da depressão em adultos mais velhos e mostram como combinar o Tai Chi com outras terapias.

Ansiedade e Estresse Psicológico

Vários estudos relatam que o Tai Chi melhora os sintomas relacionados à ansiedade. Assim como no caso da depressão, a maioria dos estudos se concentra principalmente em adultos relativamente saudáveis ou pessoas que têm outros problemas de saúde, como infecção por HIV, distúrbios do equilíbrio ou doenças cardiovasculares.

Em um estudo representativo realizado em Taiwan, os pesquisadores designaram aleatoriamente 76 sujeitos que tinham pressão alta para um programa de 12 semanas de Tai Chi ou um grupo de controle onde eles permaneceram sedentários. O Tai Chi produziu melhoras acentuadas na pressão arterial, bem como nos níveis de ansiedade, em comparação com o grupo de controle.[23]

A dra. Wang também identificou onze estudos (cinco deles randomizados e controlados) que avaliaram o Tai Chi para o estresse. Uma metanálise de um subconjunto desses estudos mostrou melhoras significativas no controle do estresse e no sofrimento psicológico.[24]

Como o Tai Chi Afeta o Humor

O Tai Chi pode afetar seu humor por meio de exercícios e redução do estresse.

Exercício

O exercício físico é um poderoso antídoto contra estresse, ansiedade e depressão. Paralelamente aos efeitos do exercício sobre a função cognitiva analisados no Capítulo 5, vários estudos epidemiológicos de grande escala mostraram uma associação entre aumento da atividade física e bem-estar psicológico. Por outro lado, a inatividade física parece estar associada com o desenvolvimento de transtornos psicológicos.[25]

Estudos clínicos randomizados mostram que o exercício pode elevar o humor,[26] ser tão eficaz quanto os medicamentos no tratamento de depressão major em mulheres com mais de 50 anos[27] e aumentar os efeitos benéficos dos antidepressivos.[28]

O exercício também parece reduzir os sintomas de ansiedade, embora os resultados sejam menos claros do que na depressão.[29] Uma revisão sistemática, que identificou 40 estudos de adultos sedentários com doença crônica descobriu que o exercício diminuiu significativamente os sintomas de ansiedade.[30] Outros estudos revelam que o exercício pode reduzir a tensão, a ansiedade, a depressão e outros estados de espírito junto com o aumento da capacidade percebida de lidar com o estresse.[31] Pequenos estudos preliminares também indicam que o exercício pode ser útil para aqueles que sofrem de Transtorno de Estresse Pós-Traumático (TSPT)[32] e que a adição de exercício à terapia cognitivo-comportamental de grupo pode ajudar a aliviar os sintomas de transtorno de ansiedade generalizada, transtorno de pânico e fobias.[33] Precisamos de estudos de maior porte para avaliar melhor o papel do exercício nesses e em outros transtornos de ansiedade.

MOLDANDO SUA ATITUDE COM O TAI CHI

Como você leu, as formas que você faz com o corpo, consciente ou inconscientemente, afetam a maneira como você respira, a eficiência do seu coração e as cargas que você coloca no seu sistema musculoesquelético. A sua forma corporal também pode afetar a sua atitude. Você pode usar a palavra "atitude" para se referir a um sentimento, uma emoção ou estado mental em relação a um problema. Por exemplo, eu sempre digo ao meu filho adolescente: "Você não me dá nenhuma atitude". Mas a palavra atitude era usada originalmente na arte como um termo técnico para a postura de uma imagem em uma estátua ou pintura.

A relação entre formas e estados emocionais e energéticos está implícita no Tai Chi. Por exemplo, o mestre Yang Cheng Fu escreveu: "Se a coroa da cabeça não for suspensa de modo leve e alerta, o espírito vital não poderá ser elevado". Essa relação também é um princípio fundamental de muitas linhas de terapia manual e psicoterapeutas centrados no corpo que usam a forma do corpo, em parte, para diagnosticar desequilíbrios emocionais e desenvolver estratégias de tratamento.[34]

Em 1872, Charles Darwin descreveu como a linguagem corporal evoluiu em muitas espécies para comunicar não verbalmente várias emoções, como agressividade e submissão. Os pesquisadores atuais mostraram, por exemplo, que inclinar a cabeça ligeiramente para cima induz orgulho, e que ter uma postura arqueada evoca um sentimento de depressão.[35]

Uma pesquisa feita por Amy Cuddy, professora da Harvard Business School, indica que até mesmo mudanças de curto prazo na sua postura — a sua atitude — podem afetar significativamente suas emoções, como, por exemplo, como você se sente durante uma entrevista de emprego ou uma apresentação importante.[36]

Em um estudo com delineamento experimental inteligente, os pesquisadores designaram aleatoriamente 42 participantes para fazer poses que refletissem uma pessoa que tinha grande poder ou uma pessoa que tinha pouco poder. Os participantes do grupo de "grande poder" fizeram duas poses de um minuto cada: a pose clássica, sentados em uma cadeira com os pés em cima da mesa e as mãos atrás da cabeça, e em seguida, uma pose em pé com as mãos apoiadas na mesa. Os do grupo de "pouco poder" fizeram duas poses fisicamente restritivas, também de um minuto cada: sentados em uma cadeira com os braços ao lado do corpo e as mãos cruzadas no colo, e em pé com pernas e braços cruzados. Os pesquisadores coletaram amostras de saliva antes de cada pose e mediram os níveis de testosterona e cortisol, um hormônio associado ao estresse, depois da pose.

Depois de fazer o controle dos níveis iniciais de hormônio dos indivíduos, os pesquisadores descobriram que as poses de "grande poder" reduziram em cerca de 25% os níveis de cortisol e aumentaram em cerca de 19% os níveis de testosterona em cerca de 19 homens e mulheres. Em contrapartida, as poses de "pouco poder" aumentaram em cerca de 17% os níveis de cortisol e reduziram em cerca de 10% os níveis de testosterona. Não surpreendentemente, os participantes dos dois sexos que fizeram poses de "grande poder" também relataram maior sensação de poder e comando, e também estavam mais propensos a correr riscos.

Por causa da ênfase do Tai Chi na forma e na postura, e da sua clara ligação com certos estados psicológicos, pode ser uma ótima maneira de ajudá-lo a mudar a sua "atitude".

Controle do Estresse

No capítulo anterior, você aprendeu que o estresse, principalmente o estresse crônico, pode levar a um estado de maior excitação e desencadear a liberação de hormônios do estresse, como cortisol, que afetam a função cerebral. Além disso, o estresse pode alterar outros tipos de neurotransmissores no cérebro, como a serotonina e a dopamina, que, juntamente com os hormônios do estresse, estão relacionados com depressão e outros transtornos psicológicos.[37]

Vários ingredientes ativos do Tai Chi foram concebidos para reduzir o estresse e, portanto, podem ajudá-lo a controlar os distúrbios de estresse e humor. A respiração lenta e profunda do Tai Chi, por exemplo, foi associada com redução de ansiedade e de hormônios do estresse (veja o Capítulo 5). Outro ingrediente – imagens mentais e visualização – produz pensamentos mais positivos; por exemplo, o fato de imaginar que se está enraizado como uma árvore cria um arcabouço para liberar tensões para o solo e oferece sensações mais enraizadas no corpo. Um terceiro ingrediente, discutido a seguir, é maior foco e atenção, que ajuda a controlar a chamada mente de macaco.

Foco Meditativo e como Domar a Mente de Macaco

Eu estava tentando sonhar acordado, mas a minha mente continuava divagando.
– Stephen Wright

Uma das maneiras mais profundas pelas quais o Tai Chi afeta o bem-estar psicológico é por meio da atenção plena e da atenção focada. As pesquisas sobre meditação e terapia cognitivo-comportamental confirmam que o Tai Chi afeta positivamente o bem-estar emocional, bem como circuitos cerebrais subjacentes.

MOMENTO PRESENTE: GESTO DE CONSCIENTIZAÇÃO

Durante o treinamento de Tai Chi, eu sempre chamo a atenção dos meus alunos para as sensações no momento presente. Eu digo: "Sintam como seus pés estão apoiados no chão, sintam o movimento sutil que a sua cabeça faz (ou não faz) quando vocês mudam de postura para postura, sintam o movimento da respiração entrando e saindo do seu abdome".

Eu sempre os estimulo a "não pensar, mas simplesmente observar as coisas como elas são, sem tentar corrigi-las nem alterá-las". No nosso cotidiano, temos a tendência de sempre fazer ou realizar algo. Podemos fazer a mesma coisa durante o Tai Chi – corrigir o alinhamento dos pés ou ajustar a postura da coluna. Esses ajustes podem produzir maior eficiência e fazem parte do treinamento; porém, às vezes eu considero valioso, senão essencial, incentivar meus alunos a não "consertar" nada, mas apenas "ser" durante o treinamento de Tai Chi.

Um dos meus professores mais influentes, Charles Genoud, criou e ensinava o "Gesto de Conscientização", uma prática que integra princípios da filosofia e da meditação oriental, percepção sensorial e movimento.[38] Seu treinamento enfatiza que o momento em que você tenta ativamente corrigir ou transformar algo – por exemplo, a sua postura ou respiração –, você deixa esse momento e embarca em uma jornada para uma versão futura "imaginada" de si mesmo, isto é, alguém com melhor postura e respiração mais relaxada. Essa prática não é necessariamente ruim, mas para algumas pessoas torna-se um processo compulsivo e incessante. Você sempre pode assumir uma postura ligeiramente melhor e atingir um estado mais profundo de relaxamento. Com esse comportamento, mesmo no Tai Chi, você poderá ficar tentado a permanecer no momento presente, mas, se mentalmente você estiver sempre tentando ser uma versão imaginária de si mesmo, não poderá realmente estar presente.

Eu morava no estado do Maine, onde a resposta mais famosa para alguém que pede informação sobre como chegar a algum lugar é: "Você não pode chegar lá saindo daqui". O que eu aprendi com o gesto de conscientização e o meu treinamento de Tai Chi é que o contrário é verdadeiro — você só pode chegar "lá" "daqui". À medida que você avançar no treinamento de Tai Chi, e relaxar e confiar mais nos aspectos Yin, ou de não fazer, da sua prática, começará a cultivar uma curiosidade ou vontade meditativa de ser você mesmo onde quer que esteja. Essa consciência atenta, a sensação de estar aqui e agora, é um importante ingrediente ativo do Tai Chi que está por trás de muitos aspectos do bem-estar físico e psicológico.

Pensar demais, sobretudo esse burburinho incessante na sua cabeça enquanto seus pensamentos vagueiam, analisando relacionamentos, preocupando-se com o futuro ou simplesmente sonhando acordado — o que os chineses chamam de mente de macaco — pode prejudicar a sua saúde.

De acordo com um estudo fascinante realizado por Matthew A. Killingsworth e Daniel T. Gilbert, psicólogos da Faculdade de Harvard, cerca de metade do tempo você pensa em algo fora do seu entorno imediato, e a maior parte desse devaneio não faz com que você seja feliz. Na verdade, a capacidade de pensar no que não está acontecendo é um feito cognitivo, mas que tem um custo emocional.[39]

Para acompanhar o comportamento de mente errante, eles desenvolveram um aplicativo para o iPhone e perguntaram a mais de 2 mil voluntários em momentos aleatórios se eles estavam felizes, o que estavam fazendo naquele momento e se estavam pensando no que estavam fazendo naquele momento ou em outra coisa qualquer. Durante 47% de suas horas de vigília, os voluntários estavam pensando em algo diferente do que estavam fazendo, e isso geralmente os deixava infelizes. Quanto mais engajados eles estavam nas atividades do aqui e agora, mais felizes estavam. O exercício estava entre algumas das atividades que pareciam tornar as pessoas mais felizes.

Conclusão: passe mais tempo vivendo no momento presente e você será mais feliz do que se estivesse perdido em pensamentos e devaneios.

Aumentar a atenção plena e a atenção focada na verdade pode aumentar o seu bem-estar psicológico. Uma recente revisão sistemática das pesquisas sobre atenção plena concluiu que existe uma relação entre cultivar uma maneira mais consciente de ser e uma tendência a ter menos angústia emocional, estados de espírito mais positivos e melhor qualidade de vida global.[40] Nesses estudos, um dos principais efeitos da meditação de atenção plena parece ser reduzir a ruminação, isto é, domar a mente de macaco.[41] Esses efeitos positivos da meditação são corroborados pelas pesquisas que mostram que a terapia cognitivo-comportamental baseada em atenção plena previne recaídas de sintomas depressivos.[42]

Juntos, esses estudos indicam que os ingredientes ativos da atenção plena e atenção focada do Tai Chi podem ajudar a mudar a sua maneira de pensar e proporcionar maior bem-estar emocional.

Sono e Saúde

Todo mundo precisa de uma quantidade adequada de sono. O sono não é menos importante do que o ar, a água e os alimentos. Provavelmente você sabe como é ficar sem dormir e como a falta de sono afeta o seu humor, o seu nível de estresse e a sua capacidade funcional.

Segundo a Fundação Nacional do Sono dos Estados Unidos, os adultos necessitam de sete a nove horas de sono por noite para se manter saudáveis. Infelizmente, mais de um quarto da população norte-americana diz que de vez em quando não dorme o suficiente, e de 10% a 15% dos adultos sofrem de insônia crônica. A insônia é um problema entre os adultos mais velhos; mais da metade deles sofre de insônia. Além disso, 85% dos problemas de sono não são tratados.[43]

Os efeitos a longo prazo da deficiência de sono são um dos fatores que mais contribuem para doenças mentais crônicas, como depressão, ansiedade e angústia mental, bem como problemas físicos de saúde, como diabetes, doenças cardiovasculares e obesidade. Um estudo recente concluiu que quem dorme menos de seis horas por noite e tem um sono agitado tem 48% a mais de probabilidade de desenvolver ou morrer de doença cardíaca e 15% a mais de probabilidade de ter ou morrer de acidente vascular cerebral.[44]

Opções de Tratamento para Transtornos do Sono

As chamadas "pílulas para dormir", em geral sedativos-hipnóticos, ainda são a melhor escolha para o tratamento de distúrbios do sono. Esses medicamentos podem ajudar algumas pessoas a curto prazo, mas o seu uso prolongado pode ter efeitos nocivos, particularmente entre os adultos mais velhos, que podem sofrer confusão mental, quedas seguidas, fraturas e interações adversas com outros medicamentos. Algumas pessoas também têm o que é conhecido como insônia de rebote quando suspendem o uso desses medicamentos; ou seja, os problemas de sono voltam. Outros desenvolvem tolerância a esses fortes medicamentos e precisam tomar doses mais altas, o que pode exacerbar os efeitos colaterais.[45]

Uma alternativa à terapia medicamentosa é a terapia cognitivo-comportamental. Esse tipo de psicoterapia apresenta resultados tão bons, senão melhores, do que a terapia medicamentosa.[46] No entanto, os médicos não prescrevem com frequência a terapia cognitivo-comportamental, que requer alguém com formação e conhecimentos avançados. Os ingredientes ativos do Tai Chi, que são semelhantes a vários componentes integrados da terapia cognitivo-comportamental, podem ajudar a explicar como o Tai Chi exerce um impacto positivo sobre o sono.

Como o Tai Chi Ajuda o Sono

> "Para mim, o Tai Chi é como uma folha de árvore que flutua lentamente e é levada por uma brisa fresca. O Tai Chi é isso", diz Ruth, uma octogenária que participou do nosso estudo de insuficiência cardíaca. "É um novo recomeço para o meu corpo. Pela primeira vez, em quatro anos, eu consigo dormir do meu lado esquerdo. Sinto-me mais descansada pela manhã. O Tai Chi está me soltando, eu estou mais ereta."

O Tai Chi pode ajudá-lo a ter uma boa noite de sono ao reduzir o estresse, melhorar a sua respiração e aliviar a dor.

Estresse

Se você já teve dificuldade para dormir, pode ser que tenha tentado uma técnica de relaxamento para reduzir a tensão física ou os pensamentos intrusivos. Não admira que cerca de um quarto dos insones use técnicas de relaxamento para ajudar com seus problemas de sono; a respiração profunda é a técnica de relaxamento usada com maior frequência. Outras terapias psicossomáticas, como resposta de relaxamento, relaxamento muscular progressivo e hipnose, também têm se mostrado promissoras para melhorar o sono.[47]

Os homens de meia-idade, em particular, mostram maior vulnerabilidade do sono aos hormônios do estresse, que pode prejudicar a qualidade do sono em épocas de estresse. Conforme os homens envelhecem, parece que eles se tornam mais sensíveis aos efeitos estimulantes dos hormônios liberadores da corticotropina. Quando os pesquisadores da Universidade Estadual da Pensilvânia administraram esse hormônio do estresse que produz excitação a homens jovens e de meia-idade, os de meia-idade permaneceram acordados por mais tempo e tiveram um sono menos profundo. Os pesquisadores observam que as pessoas que não têm o suficiente desse "sono de ondas lentas" podem ser mais propensas à depressão. Eles acreditam que o estresse pode desempenhar um papel significativo no aumento acentuado da insônia em homens de meia-idade.[48] Em outro estudo, esses pesquisadores da Universidade Estadual da Pensilvânia compararam pacientes que tinham insônia com pacientes que não tinham distúrbios do sono. Eles descobriram que os insones com o mais alto grau de distúrbio do sono secretavam a maior quantidade de cortisol, principalmente à noite e de madrugada. Esses dados indicam que a insônia crônica está relacionada, em parte, com o estado sustentado de hiperexcitação em resposta ao estresse.[49]

Respiração e Apneia do Sono

Uma grave preocupação para o cérebro é apneia obstrutiva do sono, um distúrbio no qual a respiração é interrompida quando os músculos relaxam durante o sono. Geralmente ocorre em associação com acúmulo de gordura ou perda do tônus muscular com o envelhecimento. As pausas na respiração podem durar de alguns segundos a minutos e costumam ocorrer de 5 a 30 vezes ou mais por hora, de acordo com o Instituto Nacional de Saúde dos Estados Unidos. Em geral, a respiração volta ao normal, às vezes com um ronco alto ou som de asfixia.

Quem tem apneia do sono muitas vezes passa de sono profundo para sono leve quando a respiração é interrompida ou se torna superficial. O resultado, como era de esperar, é um sono de má qualidade que deixa a pessoa cansada durante o dia. A apneia do sono é uma das principais causas de sonolência diurna excessiva. Despertares frequentes causados por apneia do sono podem produzir mudanças na personalidade, como irritabilidade ou depressão. Como há uma privação de oxigênio, pode levar a um declínio no funcionamento mental, bem como aumentar o risco de acidente vascular cerebral ou infarto.[50]

Embora não tenham sido publicados estudos que avaliaram o Tai Chi especificamente para apneia do sono, algumas razões levam a crer que ele pode ajudar a reduzir a gravidade da apneia do sono e melhorar o sono. Em primeiro lugar, o treinamento de Tai Chi pode levar a uma postura mais eficiente, com maior tônus muscular na parte superior do tronco e no pescoço. O Tai Chi, especialmente em pessoas sedentárias, pode ser uma forma de exercício que ajuda a reduzir ou controlar o peso. Por fim, o Tai Chi inclui um rico treinamento respiratório.[51] Juntos, esses benefícios podem resultar em vias aéreas mais abertas durante o sono, mas são necessárias pesquisas para avaliar essa hipótese.

Dor e Sono

A dor pode levar a uma grave intrusão no seu sono. Se você sente dor lombar, provavelmente tem intensos microdespertares (uma mudança para uma fase de sono mais leve) de hora em hora, que o acordam. A dor é frequentemente associada com a insônia e pode ser difícil de tratar. As medicações comumente receitadas, como morfina e codeína, para aliviar a dor podem fragmentar o sono.

Como discutido no Capítulo 5, o Tai Chi pode reduzir muitas formas de dor musculoesquelética e também aumentar a amplitude de movimento do pescoço e das costas. Menos dor e posturas mais relaxadas para dormir podem contribuir para a melhora do sono observada nos estudos de Tai Chi.

Evidências Clínicas sobre Tai Chi e Sono

Alguns estudos randomizados analisaram especificamente os efeitos do Tai Chi em pacientes que tinham problemas de sono; outros simplesmente registram o sono de adultos saudáveis ou observaram os efeitos do sono ao avaliar os efeitos do Tai Chi em outros problemas de saúde. Pesquisadores da Universidade da Califórnia, em Los Angeles, constataram que 25 semanas de treinamento de Tai Chi ajudaram 112 idosos saudáveis com queixas moderadas de sono a ter uma melhor qualidade do sono, em comparação com controles inscritos em um programa educativo de saúde.[52] Em outro estudo com adultos mais velhos que também se queixavam de problemas moderados de sono, pesquisadores relataram melhoras significativas no sono daqueles que fizeram uma hora de Tai Chi três vezes por semana durante 24 semanas. Os autores desses estudos concluíram que o Tai Chi parece ser uma abordagem não farmacológica eficaz para melhorar o sono, principalmente para adultos mais velhos.[53]

Outros estudos também mostram que o Tai Chi parece melhorar a qualidade do sono. Nosso grupo observou um sono mais estável entre os pacientes com insuficiência cardíaca após três meses de treinamento de Tai Chi.[54] Outros estudos relataram melhora do sono após treinamento de Tai Chi entre pessoas que sofrem de fibromialgia e artrite, bem como as que se recuperaram de distúrbios cerebrovasculares, como acidente vascular cerebral.[55]

TERCEIRA PARTE

O Tai Chi no Cotidiano

10

Tai Chi em Dupla

"Eu adoro Push Hands (Empurrar com as Mãos). Depois da minha primeira aula de Push Hands, eu ria de felicidade", diz Roger, 47 anos, gerente de marketing. "É fácil relaxar quando você faz Tai Chi sozinho, mas quando faz com alguém que está tentando empurrá-lo, tem de se esforçar para conciliar o que está se passando dentro e fora de você. Tem que ser honesto com seus sentimentos e consigo mesmo e reconhecer prontamente onde você está."

"Por natureza, eu não sou uma pessoa extrovertida, mas no trabalho tenho de fazer apresentações e presidir reuniões", continua Roger, que frequenta aulas de Tai Chi duas vezes por semana e pratica uma hora por dia por conta própria. "Eu achava isso extremamente cansativo, mas não acho mais. Há pouco tempo, fiz uma apresentação em um grande congresso e fiquei absolutamente tranquilo. Eu atribuo isso ao Tai Chi e ao Push Hands. Eles me ajudam a me sentir mais à vontade na liderança."

"Eu também aprendi com o Push Hands a não ter um reflexo defensivo automático diante de um desafio, como acontece com muitas pessoas", diz Roger. "Um dos objetivos desse exercício é ceder, esperar e, depois, contra-atacar. Isso acontece o tempo todo no meu trabalho. Quando dou a minha opinião e alguém discorda, já não fico mais irritado. A minha tendência é não assumir uma atitude defensiva, e hoje minhas reuniões são mais produtivas."

Com prática diligente e um bom professor, e com a aplicação habilidosa de ingredientes ativos, o Tai Chi pode ser uma arte de luta altamente eficaz. Para desenvolver essas habilidades, o treinamento de Tai Chi precisa incluir exercícios interativos com um parceiro, que complementam a prática individual. Os exercícios de "Tai Chi em dupla" abrangem técnicas de empurrar, ceder, enraizar e fortalecer, bem como movimentos livres e coreografados que estimulam o equilíbrio dinâmico, melhoram os reflexos e treinam a capacidade de neutralizar e desferir ataques enérgicos.

Para se tornar um bom motorista, não basta aprender as regras de trânsito. É preciso tempo atrás do volante, na cidade e na rodovia, para fazer progressos. O mesmo acontece com o desenvolvimento das habilidades de artes marciais no Tai Chi. É preciso um treinamento substancial de duas pessoas para aplicar com eficácia os princípios do Tai Chi à defesa pessoal. No entanto, os benefícios do trabalho a dois vão além do treinamento marcial. Os exercícios de Tai Chi feitos em dupla vão ajudá-lo na sua prática individual e no seu dia a dia, mesmo que você nunca tenha pensado em treinar combate e defesa pessoal.

Na minha opinião, o trabalho de dupla é um dos aspectos mais transformadores e agradáveis da prática e do ensino do Tai Chi. Trabalhar com outra pessoa permite que você explore a aplicação dos movimentos do Tai Chi e os princípios físicos relacionados à estrutura e ao movimento. Além disso, fornece um arcabouço íntimo, estruturado e seguro para a exploração de questões emocionais e psicossociais. Durante as interações físicas no Tai Chi, em geral as pessoas exibem os mesmos comportamentos que adotam em suas interações em geral. As suas reações emocionais aos movimentos energéticos de puxar e empurrar do Tai Chi em dupla podem espelhar a maneira como você reage às sugestões de colegas ou aos conselhos de superiores, ou a sua preferência por assumir um papel de liderança ou desempenhar um papel secundário no trabalho. Você vai descobrir como costuma lidar com as incertezas e como aprender com seus erros. O trabalho em dupla serve como um catalisador para o progresso no Tai Chi e, ao mesmo tempo, contribui para melhorar seus embates sociais cotidianos.

A maioria dos professores de Tai Chi emprega alguma forma de interação entre duas pessoas em sala de aula. Alguns introduzem esses exercícios no começo do treinamento, quando os alunos iniciantes estão aprendendo os princípios básicos do Tai Chi e as formas individuais. Outros preferem ensinar esses exercícios aos alunos de nível intermediário ou avançado que já aprenderam as formas básicas. Na minha escola de Tai Chi, eu incorporo exercícios interativos às classes mais básicas de Tai Chi. A nossa equipe de Harvard e outros pesquisadores têm incorporado exercícios simples de dupla nos protocolos de estudos clínicos, inclusive estudos com adultos mais velhos ou com problemas de saúde.

Este capítulo analisa as vantagens do trabalho em dupla no Tai Chi. O trabalho em dupla inclui uma grande diversidade de exercícios e objetivos de treinamento. Foge ao escopo deste capítulo analisar todos esses exercícios. Existem ótimos livros inteiramente dedicados ao aprendizado e ao domínio dos exercícios interativos do Tai Chi.[1] Este capítulo explica brevemente que trabalhar com um parceiro pode ser uma excelente maneira de explorar os ingredientes ativos do Tai Chi, e que pode exercer um impacto positivo sobre a saúde.

Como Aprender com o Tai Chi Interativo

O Tai Chi evoluiu ao longo de muitas gerações, à medida que os conhecimentos de cinestesia eram transmitidos dos mestres para os discípulos. Grande parte dessa transmissão se dá de forma não verbal, por meio de toque consciente, maior consciência sensorial e movimento compartilhado. Além de desenvolver a conscientização e a sensibilidade, os exercícios em dupla também aumentam a força e a flexibilidade.

Toque Consciente

Quando eu praticava com alguns dos meus professores de Tai Chi e com outros praticantes de alto nível, eu tinha a impressão de que, no instante em que suas mãos tocavam meu corpo, eles ficam sabendo muito sobre o meu estado físico e emocional. Mesmo antes que eu pudesse empurrá-los ou me desviar de seus avanços, eles conseguiam perceber a minha intenção e "passar à minha frente". Os meus professores também pareciam transmitir informações não verbais intencionalmente; era como se seus toques e movimentos trocassem informações comigo sobre os meus padrões de movimento e energia. O fato de ficar consciente das qualidades físicas e enérgicas deles me dava uma referência contra a qual eu podia calibrar as minhas próprias qualidades e habilidades.

O tato é tão importante quanto a visão e a audição para o aprendizado e a retenção de informações. Atividades táteis, como blocos de montar, ajudam as crianças a melhorar vários aspectos, de habilidades matemáticas à capacidade de raciocínio. A falta de contato físico pode levar a distúrbios emocionais, bem como a menor capacidade intelectual, menor desenvolvimento físico, menor interesse sexual e até mesmo deficiências do sistema imunológico.[2]

Os educadores valorizam cada vez mais o chamado aprendizado háptico ou cinestésico – isto é, um estilo de aprendizagem que se dá principalmente através do toque ou do movimento. O engajamento físico prático é o estilo de aprendizado preferido de aproximadamente uma em cada três pessoas. A conexão entre o toque e aprendizagem é instintivo, começa na infância e continua por toda a vida.[3]

Os recentes avanços alcançados na engenharia robótica visaram o aprendizado háptico para ensinar habilidades complexas de controle motor. Os sujeitos dos estudos melhoraram seu desempenho no piano usando uma luva robótica que orienta o movimento passivo dos dedos em relação a sequências específicas de notas musicais. Além disso, adultos que estavam aprendendo a escrever em japonês e árabe tornavam-se mais proficientes quando dispositivos robóticos forneciam um *feedback* suave para orientar os movimentos de suas mãos ao escrever.[4]

Da mesma forma, o *feedback* tátil que você recebe do seu parceiro no Tai Chi em dupla pode acelerar a sua compreensão e a prática de formas individuais. O seu corpo se recorda da sensação de estar enraizado enquanto empurra, de estar relaxado e centrado e também de estar alinhado enquanto se esquiva de um ataque. Cinestesicamente, a sua recordação dessas sensações acrescenta intenção e foco quando você pratica a forma individual. O grande mestre Cheng Man Ching sempre falava para os alunos imaginarem um adversário na frente deles ao praticar a forma individual.

Um dos meus professores, Robert Morningstar, fazia um exercício divertido para ilustrar a importância do *feedback* tátil no aprendizado do Tai Chi. Ele pedia que os alunos levantassem o dedo indicador direito no ar e, sem pensar ou planejar, levá-lo ao umbigo. Em seguida, imediatamente depois de retirar a mão direita, sem pensar, eles tinham de repetir esse gesto com o indicador esquerdo. Ele chamava isso de "Teste do Umbigo". Alguns alunos diziam que conseguiam tocar com precisão no umbigo com os dois dedos, mas não tenho certeza de que todos eles estavam sendo honestos. A maioria das pessoas erra o umbigo com um ou com ambos os dedos. Robert usava este exercício para enfatizar que nem mesmo as nossas próprias mãos têm certeza de onde está situado o centro do nosso corpo. Às vezes, cada uma das mãos "pensa" que está em um local diferente.

Ele dizia que é por isso que precisamos de um bom professor de Tai Chi – para ajustar a nossa postura física, para ajudar a calibrar o nosso alinhamento, para identificar onde estamos acumulando tensões e observar eventuais desequilíbrios musculoesqueléticos. Os ajustes físicos não verbais que recebemos dos professores, além do *feedback* cinestésico que recebemos do nosso parceiro, nos ajudam a adquirir um nível de conscientização que não pode ser adquirido apenas com a prática individual.

Não admira que os estudos confirmem que o treinamento de Tai Chi aumenta a percepção sensorial em relação à posição e aos movimentos das articulações. Essa provavelmente é a base dos efeitos positivos do Tai Chi no equilíbrio e na saúde musculoesquelética.[5] Outro estudo realizado na Faculdade de Medicina de Harvard por minha colega, a dra. Cathy Kerr, mostra que os adultos experientes na prática de Tai Chi têm maior acuidade tátil – por exemplo, maior sensibilidade na ponta dos dedos para discriminar texturas finas, comparado com controles da mesma idade.[6]

Aumento da Força e da Flexibilidade

Deslocar continuamente o peso do corpo para trás e para a frente junto com outra pessoa, inclusive cedendo à força exercida pelo parceiro e exercendo força sobre ele, por mais suave que seja, fortalece as pernas e os braços. Nos exercícios de Tai Chi Interativo, você é exposto a uma variedade de padrões de movimento. Quando pratica com diferentes parceiros em uma aula, a magnitude e os padrões dos movimentos do adversário variam. Essas variações aumentam a diversidade e a amplitude de movimento das articulações que você usa durante o Tai Chi em dupla, comparado com a forma individual. Com sua ênfase na eficiência e na minimização da tensão muscular, o treinamento interativo de Tai Chi reforça os princípios do Tai Chi de integração estrutural e conexão das partes corporais. Os ganhos adquiridos em termos de força e eficiência são imediatamente transferidos para as atividades diárias, como levantar objetos pesados sem sobrecarregar ou lesar algumas partes do corpo, sobretudo as costas, os ombros ou os joelhos.

Até o momento, poucos estudos avaliaram especificamente os possíveis benefícios do Tai Chi interativo para a saúde musculoesquelética. Um pequeno estudo randomizado realizado por pesquisadores chineses avaliou o efeito de várias formas de exercício na densidade mineral óssea em mulheres mais velhas na pós-menopausa. Os grupos foram designados para pular corda, praticar boxe de Mulan (uma forma de dança parecida com o Kung Fu), Tai Chi individual e Push Hands, além de um grupo de controle que não fez nenhum exercício. As participantes do grupo de Push Hands foram as que apresentaram os maiores aumentos na densidade óssea.[7]

Um segundo estudo ajuda a entender como o Push Hands pode aumentar a densidade óssea e destaca outras características singulares do Tai Chi interativo. Nesse estudo, os pesquisadores estudaram a biomecânica de um mestre de Tai Chi que tinha 40 anos de experiência na técnica de Push Hands. Seus movimentos foram comparados com os de pessoas inexperientes em Tai Chi. Os movimentos foram filmados e digitalizados por meio de um sistema de análise de movimentos; a atividade dos grupos musculares e a força dos pés no chão também foram medidas.

O mestre mantinha o equilíbrio fazendo vários ajustes sutis na postura, enquanto aqueles que não tinham experiência anterior em Tai Chi caíam facilmente. O mestre deslocava o peso do seu corpo do pé que estava à frente para o pé que estava atrás e ajustava o seu centro de gravidade em resposta à direção dos empurrões recebidos. Além disso, as medições mostraram que os músculos dos seus braços e tronco permaneciam relaxados, enquanto os músculos das suas pernas, em especial os músculos posteriores da coxa, eram bastante ativos. A combinação de aumento da carga sobre os músculos e articulações nas pernas indica que o Push Hands pode melhorar as qualidades de sustentação de peso do Tai Chi e, portanto, torná-lo eficaz para a manutenção da saúde óssea.[8]

Tai Chi Interativo como Filosofia Aplicada

> "O Push Hands nos dá a oportunidade de adquirir novas habilidades e nos tornar mais sensíveis aos outros", diz Florence, 55 anos, que começou a praticar Push Hands há um ano e meio, depois de fazer Tai Chi por 20 anos. "No começo eu não conseguia, mas é uma lição de perseverança e força interior. Você aprende sobre si mesmo e sobre outras pessoas quando está interagindo."
>
> "É impressionante como as pessoas são diferentes, e o Push Hands ressalta essas diferenças. É uma experiência íntima", diz Florence, que trabalha no setor de varejo. "Algumas pessoas são duras e rápidas e outras, suaves e lentas, e isso influencia a maneira como você interage com elas. Quando pratico com três pessoas de estilo duro, eu me sinto diferente quando pratico com alguém de estilo suave. Isso revela a personalidade delas e também a minha personalidade e os meus hábitos, e a maneira como todos nós interagimos. Eu tenho que superar grandes dificuldades no trabalho, e o Push Hands me deu mais coragem para tentar mais e também para relaxar, em vez de ter medo."

A prática de exercícios interativos pode reavivar a sabedoria filosófica inerente do Tai Chi. Uma coisa é ouvir uma expressão como "seguir o fluxo" e pensar: tudo bem, faz sentido. Nos exercícios em dupla, você cede física e emocionalmente, para ficar relaxado, porém alerta, diante de uma ação agressiva. Esse tipo de treinamento de Tai Chi manifesta o que muitas vezes soa como princípios esotéricos elevados. Essa experiência incorporada o ajuda a levar adiante a prática de Tai Chi individual interativo, e pode ser estendida também para outras interações sociais.

Arthur Goodridge, um dos meus professores, costumava descrever o Tai Chi interativo como uma conversa ou um diálogo. Ele também enfatizava a importância de "ouvir" com todo o corpo. Assim como devemos ser bons ouvintes para ficar totalmente envolvidos em uma conversa verbal, devemos aprender a "ouvir a energia" (o que os textos clássicos de Tai Chi chamam de *tien jin*) para interagir física e energicamente durante o Tai Chi em dupla.

Os textos clássicos de Tai Chi consideram a capacidade de ouvir o movimento e a energia do parceiro como uma das habilidades mais fundamentais dessa prática. Obviamente, não é com os ouvidos que você ouve no Tai Chi, mas com o corpo. Você escuta com a sua pele, e com outros receptores neurofisiológicos que ainda não são totalmente compreendidos, para detectar o que um adversário vai fazer a partir do momento em que vocês fazem contato físico (geralmente com o antebraço ou a palma da mão, mas poderia ser qualquer parte do corpo). Ouvindo, você obtém informações sobre a força e a direção do ataque iminente. Enquanto escuta, ao mesmo tempo entra em sintonia com o seu parceiro e consigo mesmo. Com base nesse local e contato e na sua maior sensibilidade, você pode aplicar muitas outras técnicas de Tai Chi, como ceder para neutralizar e dissipar a força do adversário. Após uma ação de evasão, você pode tirar proveito da perda de vantagem mecânica do seu parceiro, o que muitas vezes é chamado de "empréstimo de energia", e avançar com a sua própria força consciente dirigida de forma estratégica. O resultado é que você comanda. Independentemente das técnicas utilizadas, ouvir é o princípio fundamental que está por trás de muitos princípios práticos e filosóficos do Tai Chi.

Nas aulas introdutórias de Tai Chi, eu estimulo os alunos a fazerem um exercício simples e informativo que requer guiar e seguir. Depois que as duplas são formadas, uma pessoa, designada líder, oferece a parte superior do pulso esquerdo para o parceiro; o seguidor designado coloca a palma da mão direita sobre o punho esquerdo do líder. Em seguida, o líder é instruído a caminhar livremente pela sala e a movimentar o braço esquerdo para cima e para baixo, movimento esse que o parceiro deve acompanhar. O seguidor deve manter o braço em contato com o braço do líder, sem agarrá-lo.

Muitas coisas interessantes emergem desse exercício simples. Em primeiro lugar, os alunos iniciantes costumam se esquecer dos princípios do Tai Chi quando estão "em contato" com outra pessoa. Isso acontece apesar dos meus lembretes regulares para caminharem de maneira relaxada e manterem uma boa postura, sentirem os pés no chão e continuarem respirando. A qualidade de seus movimentos está longe de ser meditativa.

Depois do exercício, alguns alunos dizem que tiveram dificuldade em permanecer centrados e aterrados por causa do desafio físico dos movimentos imprevisíveis e das preocupações com equilíbrio. Muitos, com frequência, descrevem desafios psicológicos. Alguns admitem honestamente que era muito difícil não estar no controle, enquanto outros sentem-se muito desconfortáveis por assumir a responsabilidade de liderar. Em ambos os casos, os alunos reconhecem o desafio de se manter atento durante o contato físico com o colega. Eu recomendo aos alunos que estão aprendendo Push Hands que procurem ativamente situações fora da classe que desafiem a sua capacidade de permanecer centrado, ou que desempenhem um papel de liderança ou um papel subordinado no trabalho ou em casa.

Até mesmo o mais simples dos exercícios interativos de Tai Chi, como o mencionado acima, deixa claro que a aprendizagem é mais do que apenas física. O toque e o movimento conjunto podem catalisar a percepção emocional e psicossocial. Angus Clark, professor de Tai Chi bastante respeitado na Inglaterra, descreve muito bem como o trabalho em dupla pode promover a conscientização e ajudar a transformar emoções e comportamentos:

> O Tai Chi não é uma forma de psicoterapia, mas lida com as emoções em um nível físico. Por exemplo, a prática em dupla incentiva as pessoas a olharem honestamente para si mesmas. A forma ou a posição do corpo e a sua eficácia diante de uma situação difícil, como um empurrão iminente, é um bom indicador da postura de uma pessoa na vida. Durante os movimentos de empurrar e ceder, dar e receber, de ambas as partes, há momentos em que fica evidente se o parceiro tem excesso ou falta de autoconfiança. O Tai Chi ajuda as pessoas a atingirem um equilíbrio.[9]

Apoio e Interação Social

> "O que eu mais gosto de fazer com meus filhos, Brian (9 anos) e Jacob (6 anos), é de lutar com eles", diz Andy, um advogado de 43 anos de idade que há dois anos faz aulas de Tai Chi duas ou três vezes por semana. "Depois que comecei a praticar Tai Chi, passei a brincar mais ativamente com eles. Meu filho mais velho é faixa marrom de Karatê, uma arte marcial externa. Estou tentando lhe ensinar um pouquinho sobre a força interior do Push Hands.
>
> "É divertido brincar de luta. Eu me lembro de como era essa sensação quando era criança, agora que tenho meus próprios filhos. É energizante e também um bom exercício. O desafio do Push Hands é usar a própria energia e a energia do parceiro ao mesmo tempo. Quando você volta para a forma individual do Tai Chi, percebe que atingiu um novo patamar e que a sua prática é mais marcial."

As interações físicas seguras e lúdicas das aulas de Tai Chi podem ajudar a compensar a falta de contato físico na sociedade ocidental dos dias de hoje, sobretudo nos Estados Unidos. Um estudo observou grupos de amigos norte-americanos, franceses e porto-riquenhos em cafés durante uma hora para determinar a frequência com que eles faziam contato físico. Nos Estados Unidos, os amigos costumam se tocar, em média, apenas duas vezes por hora, enquanto na França os amigos se tocam 110 vezes e em Porto Rico, 180 vezes.[10] Como afirmei em capítulos anteriores, o fato de ser membro de uma comunidade, como uma escola de Tai Chi, fornece um importante apoio social. A profundidade e a intimidade das interações sociais podem tornar-se ainda maiores quando você faz contato físico regularmente com um parceiro de Tai Chi.

No entanto, sabemos que até mesmo os exercícios interativos mais simples devem ser realizados com segurança e respeito. Os alunos podem ter histórias não reveladas de abuso, trauma ou lesões físicas, que fazem com que alguns aspectos do Tai Chi interativo pareçam não ser seguros. Por exemplo, em minhas aulas introdutórias básicas de Tai Chi, antes de iniciar um exercício interativo eu explico a todos os alunos o que vamos fazer e o que eles podem esperar dessas interações. Deixo bem claro que, assim como nos exercícios individuais que podem causar desconforto, a participação nos exercícios interativos é opcional.

A regra de 70% do Tai Chi se aplica tanto ao esforço físico quanto ao esforço emocional e social. Por razões semelhantes, minhas aulas mais avançadas de Push Hands são restritas a alunos que fazem parte da nossa comunidade há mais tempo, e raramente permito a participação de estranhos. Não estamos ocultando segredos de treinamento, mas respeitando a intimidade do trabalho interativo do Tai Chi. Por meio de relacionamentos de longa data na sala de aula, os alunos têm tempo de se conhecer. Eles atingem um nível de confiança e familiaridade que é fundamental para a nossa abordagem ao trabalho em dupla.

O trabalho em dupla é um rico componente do Tai Chi que vai muito além do treinamento marcial. Ele faz com que você compreenda a profundidade do treinamento individual, proporciona benefícios para a saúde e pode ser aplicado às atividades cotidianas. À medida que você explorar os princípios interativos do Tai Chi no seu dia a dia, vai observar mudanças que variam desde a maneira como você abre portas e anda por ruas movimentadas até a maneira como interage com colegas e familiares.

11

O Tai Chi e os Esportes

Martin, 60 anos, tinha jogado *squash* a maior parte da sua vida, até que uma grave lesão no ombro obrigou-o a passar por uma cirurgia do manguito rotador. "No processo pré-operatório fui diagnosticado como portador da doença de Parkinson. Com a cirurgia no ombro, a doença de Parkinson, o fato de ficar sem jogar por mais de um ano, a idade chegando e minha artrite crônica, eu não tinha muitas esperanças de voltar a praticar *squash*. Ao procurar outra atividade, encontrei o Tai Chi", conta ele. "No começo, o Tai Chi e o *squash* me pareceram coisas totalmente distintas. O Tai Chi era lento, gracioso e executado de forma predeterminada. O *squash* era rápido e cheio de movimentos loucos e improvisados, deliciosamente caótico e com um elemento de perigo e risco de lesão sempre presente."

"Então, comecei a perceber algumas semelhanças", diz ele. "Percebi que aprimorar a minha capacidade de permanecer no momento presente com o Tai Chi e ouvir o que o meu corpo estava dizendo também eram importantes para o *squash*, assim como a regra dos 70%. Tomei então a decisão consciente de deixar alguns pontos de lado e me preparar mentalmente para o próximo. Usar imagens mentais positivas para controlar as fronteiras entre a mente e o corpo também foi importante, pois em vez de confiar no diálogo interno combativo eu procurava encontrar calma e autoaceitação em meio ao caos controlado."

"Há pouco tempo, conheci a técnica Push Hands e percebi que ela pode ser aplicada ao *squash*", acrescenta Martin. "Aprendi a ser receptivo às informações que meu 'parceiro' está revelando e a confiar na minha intuição para integrar tudo o que está acontecendo ao que precisa acontecer em seguida. É melhor permanecer no presente do que ficar pensando demais. Agora eu espero um saque sem ansiedade, equilibrado sobre meus pés e confiante de que, quando chegar a hora, vou conseguir dar uma resposta coerente e adequada para aquele momento — um plano, que na verdade não é bem um plano. E quando consigo fazer isso, tanto o meu adversário quanto eu muitas vezes somos surpreendidos com o que acontece em seguida, pois consigo ter uma reação mais eficiente do que qualquer um de nós pensou ser possível."

A maioria dos atletas bem-sucedidos participa de outras atividades além do seu esporte predileto. A prática de várias modalidades ajuda a evitar "lesões por excesso de uso", isto é, lesões causadas por microtrauma repetitivo. Atividades alternadas também quebram a monotonia de repetir sempre o mesmo programa de treinamento. Você pode escolher os melhores aspectos de outras modalidades esportivas para aprimorar suas habilidades físicas e mentais como um todo.

O Tai Chi contribui para elevar o seu nível de modo geral: flexibilidade, equilíbrio, força e até certo condicionamento físico. Além disso, pode ajudar a melhorar seu foco e seus reflexos, aumentar a amplitude dos seus movimentos e criar novas vias neuromusculares. E se você precisar se recuperar de uma lesão causada por esporte, por exemplo, um estiramento, distensão ou laceração muscular, com o Tai Chi você estará em forma para que seu corpo se cure enquanto você se recupera.

Para alguns atletas, o Tai Chi se torna um esporte para a vida toda. Ele requer menos esforço físico que a maioria dos esportes e alimenta o corpo física, emocional e espiritualmente à medida que você envelhece e passa para os estágios posteriores da vida. É um excelente esporte para ser praticado após a aposentadoria e que pode ser mantido por toda a vida. De fato, muitos mestres chineses continuam a praticar Tai Chi até seus 80 ou 90 anos. Depois que parar de fazer os movimentos bruscos de outros esportes ou artes marciais mais vigorosas, você pode adotar o Tai Chi como um exercício mais suave, porém bastante saudável.

Este capítulo mostra como incorporar as ferramentas do Tai Chi para aprimorar a prática do esporte de sua preferência. Nos esportes e nas artes marciais, força, energia, coordenação, velocidade, flexibilidade, equilíbrio e resistência à lesão são fundamentais. Os exercícios de Tai Chi podem melhorar esses elementos que estão relacionados com basicamente todos os esportes, seja na precisão do saque no tênis, na duração de cada movimento de golfe ou nas manobras de curvas cavadas do esqui.

A Sinergia entre o Tai Chi e os Esportes

> A prática física e mental contínua e regular produz desempenhos extraordinários. A postura de um atleta extraordinário é descontraída, porém focada e aberta para conquistas cada vez mais elevadas. O sucesso ou vitória real é medido pela qualidade desse mesmo processo de atenção e envolvimento consciente, prática e comprometimento.
>
> — Chungliang Al Huang e Jerry Lynch, *Thinking Body, Dancing Mind*

O Tai Chi vai ajudá-lo a desenvolver os atributos físicos e a força interior que devem ser aplicados aos esportes. Vai ajudá-lo a expandir o conjunto de habilidades necessárias para enfrentar os desafios do desempenho atlético e a aprender a reagir de maneira harmoniosa às situações estressantes dos esportes competitivos. O Tai Chi pode criar uma sinergia em que o todo é maior que as partes.

A combinação de Tai Chi e outros esportes ajuda você a manter o equilíbrio, ficar motivado, animado e em boa forma, além de servir também como barreira contra o cansaço e a fadiga. Dentro das artes marciais, é uma tradição praticar várias modalidades, tradição esta que se reflete nas competições cada vez mais populares de artes marciais mistas. Muitos artistas de artes marciais mistas usam o Tai Chi para aumentar a sensibilidade e o foco mental. Todos os meus professores de Tai Chi praticavam também outras modalidades esportivas e estudavam outras artes marciais. Atualmente, além de fazer Tai Chi, faço Kung Fu, Bagua, Hsing Yi e diversas formas de Qigong e meditação.

Muitas pessoas aprendem mais de um estilo de Tai Chi, e cada estilo reforça a compreensão geral dos seus princípios e conceitos. Em um primeiro momento, pode ser difícil aprender um segundo estilo. Mas depois que você fica mais familiarizado, começa a identificar as semelhanças e a analisar as diferenças entre os estilos. O novo estilo poderá trazer novos movimentos e modos de vivenciar o Tai Chi que o ajudarão a esclarecer o que você aprendeu com o primeiro estilo.

Atletas renomados em esportes competitivos também descobriram os benefícios do Tai Chi. O ex-astro do Boston Celtics, Robert Parish, que jogou na NBA por 17 temporadas, atribuía ao Tai Chi a durabilidade da sua carreira. Tiger Woods, jogador profissional de golfe, estudou Qigong durante a infância, o que, segundo seu treinador de golfe na Universidade de Stanford, pode ter contribuído para a sua força mental e capacidade de arremessar uma bola de golfe a distâncias tão grandes. O esquiador Ted Ligety era o mais interessado aluno de Tai Chi entre os membros da equipe masculina de esqui alpino dos Estados Unidos em 2005, e fez uma temporada brilhante. Em fevereiro de 2006, ele ganhou uma medalha de ouro nos Jogos Olímpicos de Inverno em Turim, Itália.

Como Aplicar os Ingredientes Ativos do Tai Chi

> "Decidi ter aulas de Tai Chi para fortalecer o meu corpo para uma artroplastia de quadril e também para poder voltar à quadra de tênis mais rápido", diz Susan, empresária de 55 anos de idade que começou a jogar tênis assiduamente, cinco vezes por semana, aos 39. Mas a dor crônica no quadril direito acabou por obrigá-la a submeter-se a uma cirurgia para substituir a articulação por uma prótese. Seis meses após a cirurgia, "a riqueza do Tai Chi me ajudou a recuperar o equilíbrio físico e a força na perna operada. O Tai Chi deixou meu corpo mais preparado para o tênis", afirma ela.
>
> "Existem muitas semelhanças entre o Tai Chi e o tênis, que é um dos mais exigentes esportes sem contato físico", acrescenta Susan. "No tênis, o componente mental é enorme, e a força, principalmente dos músculos do tronco, é extremamente importante. Durante a competição, a respiração é fundamental. Os movimentos de balanço do Tai Chi, o giro da cintura e a respiração profunda, bem como o exercício de Push Hands para obter um tempo de reação mais rápido, ajudaram a melhorar o meu desempenho." Depois da cirurgia, Susan passou a jogar três vezes por semana, participando até mesmo de campeonatos do seu clube.

Os atletas podem se beneficiar da aplicação de muitos dos ingredientes do Tai Chi ao seu esporte, como a intenção, respiração profunda, movimento integrado e moderação.

Visualização e imagens mentais motoras são muito usadas para melhorar o desempenho esportivo. O uso de visualização do Tai Chi pode treinar sua mente como você treinaria um músculo. A conexão profunda entre mente e corpo que o Tai Chi proporciona pode ajudá-lo a visualizar cada movimento do esporte que você pratica exatamente como você gostaria que ele fosse. Essa prática de visualização vai ajudá-lo a realizar esses movimentos durante uma apresentação real. Um dos meus professores de Tai Chi, Arthur Goodridge, nos estimulava a fazer um vídeo imaginário durante o Push Hands e depois rever mentalmente esse filme para conhecer nossos padrões físicos e emocionais; com isso, poderíamos explorar estratégias alternativas.

A respiração do Tai Chi pode ser usada como uma forma de relaxamento; um atleta relaxado é mais eficiente e tem melhor coordenação. O relaxamento pode eliminar a tensão, o estresse e a ansiedade que prejudicam seu desempenho.

Força musculoesquelética, flexibilidade, coordenação e reflexos neuromusculares são partes integrantes do Tai Chi. O Tai Chi ajuda também a equilibrar os dois lados do corpo, permitindo que a pessoa esteja sempre pronta para ir para a esquerda ou para a direita, sem ficar presa em uma posição desequilibrada.

Novos estudos computadorizados realizados pelo professor William Tsang, da Universidade de Hong Kong, revelam os benefícios do Tai Chi para a prática esportiva. Lutadores de Tai Chi viram duas imagens aleatórias em uma tela de computador. Os pesquisadores observaram a rapidez com que eles reagiam às imagens e com que precisão tocavam na imagem correta. Durante o estudo, eletrodos ligados aos ombros dos participantes mediam o tempo de reação. O *feedback* do computador ajudava os sujeitos a saberem se tinham tomado a decisão correta ao tocar na tela. Esse estudo sugere que, com treinamento, é possível melhorar os reflexos. E essa melhora pode permitir, por exemplo, que um jogador de tênis que esteja próximo à rede reaja mais rapidamente a uma passada.[1]

A regra dos 70% do Tai Chi impede o treinamento excessivo e permite a recuperação de lesões. O princípio da moderação mostra quais são seus limites e, conhecendo seus limites, você honra o Yin, o componente de "não fazer" do Tai Chi.

Tai Chi para o Tênis, Golfe e Esqui

O uso das técnicas do Tai Chi pode ajudar você a alcançar um estado de harmonia entre mente e corpo ("estar na zona") ao praticar qualquer esporte. O Tai Chi tem importância especial para o tênis, o golfe e o esqui. Por exemplo, um jogador de tênis consegue focar melhor a bola que está se aproximando.

O golfista sente o taco de golfe como uma extensão natural do seu corpo. O esquiador sente os esquis conectados à montanha.

Tênis

> "Imagine que você é um tenista de alto nível com reflexos, coordenação e velocidade extraordinários. Durante um jogo, você não se dá conta dos seus reflexos e velocidade fenomenais; em vez disso, tem a impressão de que a bola de tênis é enorme e está se aproximando lentamente, e que tem tempo de sobra para rebatê-la."
>
> – David Foster Wallace, "Federer as Religious Experience", *New York Times*, 20 de agosto de 2006

Durante a minha infância, eu joguei na equipe de tênis da Junior Tennis League, em Nova York, e também na equipe da Stuyvesant High School. Comecei a fazer Tai Chi quando tinha 15 anos, o que fez de mim um jogador de tênis melhor. Minhas rebatidas melhoraram, meus reflexos ficaram mais rápidos e eu adquiri mais resistência. Agora, na casa dos 50, duas ou três vezes por ano jogo tênis com amigos que praticam o esporte com assiduidade e ainda consigo lhes proporcionar uma boa partida. Atribuo isso à minha prática contínua do Tai Chi.

Os textos clássicos de Tai Chi dizem que todo movimento é iniciado nos pés, comandado pela cintura e controlado pela mão. No tênis, as boas jogadas de fundo de quadra, de direita e esquerda, são feitas com os mesmos movimentos. O tenista posiciona os pés, vira a cintura para iniciar a rebatida do fundo da quadra, bate na bola com a raquete e depois acompanha com o braço e a mão. O Tai Chi também pode ajudar no condicionamento e na estratégia de como usar o corpo e se recuperar depois de uma partida.

O Tai Chi promove maior equilíbrio físico e emocional. O tênis exige muito equilíbrio para que o jogador consiga se movimentar de um lado a outro rebatendo as bolas do adversário e se preparando para a próxima jogada. Ele precisa transferir o peso do corpo corretamente para sacar, rebater bolas do fundo da quadra ou fazer um voleio. A pisada e a transferência de peso equilibradas aprendidas com o Tai Chi podem ser usadas na quadra de tênis. Quando o jogador está emocionalmente estável, ele consegue se concentrar mais no jogo.

Um erro arbitral ou uma jogada ruim em um momento crítico tem menos probabilidade de desestabilizá-lo.

O clássico livro de W. Timothy Gallwey, *The Inner Game of Tennis*, publicado em 1974, apresentou uma maneira original de ver esse esporte. O livro se concentrou no "jogo interno", ou seja, o que se passa na mente de um jogador, e em como aplicar isso ao jogo externo, ou seja, o que acontece na quadra de tênis. Grande parte do pensamento de Gallwey é semelhante ao conceito de Tai Chi de sair do seu próprio caminho para deixar que todo o seu potencial venha à tona. Suas teorias baseiam-se em concentração, confiança em si mesmo dentro da quadra e conscientização. Ele diz que, antes de tudo, o jogador precisa ver e sentir o que está fazendo, para ter mais consciência do que realmente está acontecendo na quadra.

Gallwey resume sua abordagem de quatro passos para um melhor desempenho na quadra. Os conceitos que ele propõe seguem alguns dos preceitos do Tai Chi:

1. Observe, sem julgamento, o seu comportamento de maneira interessada e um tanto desapegada.
2. Peça a si mesmo para mudar, por meio de imagens mentais. Se quer que a bola cruze a quadra em diagonal, imagine o percurso que ela tem de fazer para atingir o alvo.
3. Deixe acontecer. Depois de pedir ao seu corpo para executar determinada ação, dê-lhe liberdade para fazê-lo.
4. Observe os resultados de modo imparcial e com calma. Isso leva à continuação do processo de observação até que o comportamento se torne automático. Observe os resultados com calma e vivencie o processo. Veja-o se alterando. Não faça a mudança.[2]

TÊNIS TAI CHI

Como parte dos exercícios de aquecimento das aulas de Tai Chi, às vezes ensino o que chamo de "Tênis Tai Chi". Também ensinei essa abordagem no Longwood Tennis Club de Boston, durante um evento de arrecadação de fundos para a doença de Parkinson, para dar aos participantes uma amostra do Tai Chi.

Veja como jogar Tênis Tai Chi:

Fique na posição básica de arco e flecha do Tai Chi: perna esquerda à frente, pés separados na largura dos ombros, o pé direito ligeiramente virado para a direita num ângulo de 30 a 45 graus e o pé esquerdo apontando para a frente. Comece apoiando o seu peso sobre a perna de trás e o umbigo apontando na mesma direção que os dedos do pé direito. Levante a mão direita até a altura da cintura. À medida que transferir seu peso para a perna esquerda, imagine que está aplicando um "golpe de direita" sem a raquete na mão. O movimento do braço deve ser relaxado, contínuo e ligeiramente ascendente (no máximo até a altura do meio do peito e com ombros bem relaxados).

No final, deve haver um pequeno giro do quadril esquerdo/*kwah* e a liberação do calcanhar direito, como parte do movimento, de modo que o joelho direito fique entre o quadril e os dedos do pé, como no exercício "Balançar" do Tai Chi apresentado no Capítulo 3. Em seguida, os pés retornam à posição inicial e, à medida que o peso é transferido de volta para a perna de trás, o braço direito retorna à sua posição inicial com um movimento pendular.

Assim como no exercício "Mover as Mãos como Nuvens", ao transferir o peso do corpo para a frente, com a palma da mão aberta, você pode tentar intensificar o fluxo de Qi para a mão, usando atenção e intenção. Depois de fazer esse exercício de seis a nove vezes, repita-o com a perna direita à frente e jogue com a mão esquerda.

Enquanto faz esses exercícios, mentalize os princípios do Tai Chi. Sinta os pés enraizados no chão e mantenha-se ereto. Gire a cintura. Mantenha-se focado. Incorpore energia ao movimento. Pode ser que sinta as mãos mais quentes depois de "jogar" Tênis; isso significa que você está sentindo o Qi se movendo através de suas mãos.

Golfe

> Primeiro, eu "vejo" a bola aonde quero que ela vá, bonita, branca e pousada sobre a grama verde. Em seguida, a cena muda rapidamente e "vejo" a bola se dirigindo para lá: seu percurso e até mesmo seu comportamento na aterrissagem. Depois, a cena vai desaparecendo gradualmente e, na próxima, visualizo o tipo de *swing* que vai transformar as imagens anteriores em realidade.
>
> — JACK NICKLAUS, *Golf My Way*

O Tai Chi pode ser o complemento perfeito para o jogo de golfe. Os principais componentes do Tai Chi e um bom *swing* do golfe são semelhantes — uma combinação de relaxamento, mente e corpo trabalhando em conjunto e movimentos equilibrados. Tanto os movimentos do Tai Chi como os do golfe requerem uma aceleração suave para produzir a máxima potência no momento preciso do contato — o taco na bola ou o punho no adversário.

Todas as artes internas e o *swing* do golfe têm princípios básicos semelhantes. Primeiro, você relaxa na postura inicial. Depois, transfere seu peso, torce o corpo em torno de um eixo vertical para reunir força e depois destorce para liberar energia. A energia se origina na metade inferior do corpo, fluindo para cima a partir dos pés, passando pelos quadris e se dirigindo para os braços e mãos.

O Tai Chi também aumenta a flexibilidade, fortalece a parte inferior do corpo e melhora o equilíbrio. Com mais flexibilidade e mais força nas pernas, você terá um *swing* mais fluido, mais ritmo e conseguirá dar tacadas mais distantes. Maior equilíbrio resulta em uma postura bem alinhada e um *swing* firme.

O lado mental do Tai Chi permite que o jogador de golfe mantenha a concentração, a calma e a autoconfiança. Com uma atitude positiva, a partida de golfe será menos estressante, sobretudo quando você precisar dar uma boa tacada inicial de longo alcance ou acertar uma tacada importantíssima. Exercícios de respiração profunda vão ajudá-lo a adquirir a energia necessária para que se sinta tão bem nos últimos buracos como nos primeiros.

Movimentos Fluidos

Um *swing* fluido, poderoso e consistente tem tanto a ver com a sua conexão mente-corpo como com a sua técnica de *swing*. Alguns fundamentos aprendidos com a prática de Tai Chi traduzem-se diretamente em uma boa tacada de golfe. Quando estiver se concentrando na bola, relaxe para que o *swing* seja suave. Sinta o corpo equilibrado e os pés enraizados no chão. Acalme a mente por meio de respiração profunda para aumentar sua atitude positiva. Repita esses princípios enquanto se prepara para aumentar suas chances de realizar *swings* fluidos e suaves.

Meditação

Como você aprendeu praticando Tai Chi, a quietude é o mestre do movimento. A simples prática de meditação produz uma conscientização calma e ao mesmo tempo focada. Esse é o estado ideal para o desempenho dos golfistas.

O relaxamento ajuda a aquietar a "mente de macaco", o diálogo interno e os pensamentos negativos que muitas vezes surgem, sobretudo depois de uma tacada ruim. Retorne a um estado mental mais calmo para poder expressar seu nível real de habilidade e sua paixão pelo jogo. Use a meditação de atenção plena para reduzir a ansiedade em relação ao seu desempenho, principalmente quando se sentir pressionado a dar uma boa tacada. Quanto mais você exercitar como relaxar e acalmar a mente com o Tai Chi, maiores serão suas chances de usar essas técnicas quando precisar delas no campo de golfe. Meditar regularmente é importantíssimo para um bom desempenho.

Respiração

A respiração profunda diminui a frequência cardíaca, relaxa os músculos, aumenta a conexão entre a mente e o corpo e eleva a autoconfiança, criando um estado calmo e focado a partir do qual você pode se preparar para fazer uma tacada de golfe. Se estiver em uma situação difícil – por exemplo, se a bola estiver presa em um *bunker* – concentre-se na sua respiração. Antes da sua rotina pré-tacada, pare e faça algumas respirações profundas. Não deixe a sua reação ao estresse governar seu cérebro e corpo. Assuma o controle consciente do seu corpo com a respiração.

Prestar atenção à respiração também ajuda a aumentar a concentração. Sua rotina pré-tacada é ideal para a respiração profunda que o ajuda a se sentir relaxado. Em seguida, inspire no ponto mais alto do *backswing* e expire até que a bola atinja a sua posição final. Concentre-se totalmente na sua respiração e confie no seu *swing*.

Esqui

> Em primeiro lugar, preste atenção na sua respiração, observe-a e permita que ela seja plena. Direcione-a para o seu centro e deixe que ela aumente a sua receptividade às sensações do mundo ao seu redor e dentro de você. Sinta-a até as extremidades do seu corpo, em suas mãos enluvadas, nos dedos dos pés dentro das botas e nas raízes do seu cabelo.
>
> – Denise McCluggage, *The Centered Skier*

Esquiar é uma das minhas atividades favoritas. Para mim, é um esporte emocionante praticado junto à natureza que reúne a mente, o corpo e o espírito. O Tai Chi tornou o esqui uma experiência muito rica e meditativa para mim, e me permitiu acompanhar meu filho adolescente, que se tornou um esquiador excepcional.

A curva cavada é uma meditação perfeita, diz Denise McCluggage em *The Centered Skier*. Seu corpo fica relaxado, alerta, enquanto os braços (quando você segura os bastões de esqui) abraçam frouxamente uma bola de energia. Centre sua consciência no centro do corpo. Respire naturalmente. Seus ombros não devem ter nenhuma tensão. A energia flui para baixo, através das pernas, até atingir a neve sob os esquis. Concentre-se nas bordas do esqui, sentindo a sua capacidade de cortar e deixar sulcos na neve. Para iniciar a curva, seu pensamento direciona o esqui para a linha de queda. O pensamento se manifesta como uma sensação de pressão nos dedos dos pés que empurram as pontas dos esquis para o trajeto desejado. Você não faz nenhum esforço, nenhum movimento perceptível, os dedos dos pés relaxam, cedendo à gravidade.

A constante transferência de peso de uma perna para outra durante as curvas cavadas é uma expressão direta de Yin e Yang. Comandado pela cintura, tal como no Tai Chi, nas curvas à esquerda o peso do corpo é transferido para o esqui da direita, no lado externo da curva. Como um paradoxo taoista, para ir para a esquerda primeiro é preciso ir para a direita. O giro de cintura permite que o esqui externo avance para a curva e fique paralelo e harmonioso com o esqui interno. Em um bom dia de neve, ao abrir trilhas novas, você olha para trás e vê vários sulcos Yin-Yang em forma de "S" na montanha.

Consciência

Sintonize-se com o seu fluxo de energia enquanto esquia, assim como faz quando pratica Tai Chi. Sinta o Qi quando respirar o ar frio. Sinta o fluxo de energia penetrando em seu corpo e ligando-o à terra. Sinta-o em suas pernas e pés, em direção aos esquis. Sinta a ligação entre a neve, o vento e seus próprios movimentos. Use todos os seus sentidos para ficar em sintonia com os elementos e detalhes enquanto esquia graciosamente.

O Tai Chi pode ser uma ferramenta excepcional para a prática esportiva. Sua mensagem básica para todos os esportes é bastante simples: cultivar a consciência, prestar atenção ao ritmo do próprio corpo e seguir o fluxo de energia.

12

O Tai Chi no Trabalho

"Quando estou no trabalho, o Tai Chi me dá forças para que meu desempenho seja o melhor", diz Carol, 52 anos, executiva de uma empresa de alta tecnologia. "Eu me sinto menos afetada por coisas como a política do escritório e o grande volume de trabalho. Sei que ao interagir com alguém no trabalho consigo manter um forte senso de identidade. Mas o trabalho em um ambiente exigente e competitivo está sempre colocando essa capacidade em xeque. O Tai Chi é como uma armadura interior que me ajuda a desempenhar minhas funções."

Carol faz exercícios de aquecimento de Tai Chi todos os dias antes de ir para o escritório e frequenta aulas de Tai Chi duas vezes por semana à noite. "No trabalho, aplico, consciente e inconscientemente, vários aspectos de fluxo que aprendi nas aulas. Uso os exercícios do Tai Chi para acalmar minha mente, principalmente quando estou na correria. Tiro alguns momentos na minha mesa de trabalho para fazer alguns movimentos do Tai Chi. Eu não teria essa energia extra sem o Tai Chi na minha vida."

Uma das motivações por trás da abordagem simplificada do Tai Chi apresentada neste livro é que você pode facilmente aplicar os princípios fundamentais e benefícios do Tai Chi às suas atividades diárias. Em um de nossos estudos feitos com portadores de doença pulmonar obstrutiva crônica, reservamos um tempo no final de cada sessão para a prática de integração dos princípios de Tai Chi às atividades rotineiras. Recentemente, fizemos uma rápida visita de campo logo após uma profunda e relaxante sessão de Tai Chi. Conduzi um grupo de cinco participantes pelos movimentados corredores do Centro Médico Beth Israel Deaconess até a loja de *souvenir*.

Eu me sentia como um professor de primeiro ano do ensino fundamental levando os alunos para uma excursão; no entanto, em vez de ficar gritando para os pacientes ficarem em fila ou pararem de conversar, eu perguntava baixinho repetidamente: "Você está respirando?" "Consegue sentir os pés no chão?" "Está confiante?" Nem os médicos com jalecos brancos e estetoscópios pendurados no pescoço nem os enfermeiros que passavam rapidamente por nós conseguiam entender o porquê da nossa caminhada lenta e meditativa. Não demorou muito para sairmos do estado meditativo que vivenciamos durante a aula de Tai Chi, mas vimos como era fácil incorporar os princípios do Tai Chi às nossas atividades rotineiras usando alguns lembretes simples. A visita foi divertida e uma profunda revelação para todos nós.

O trabalho é um lugar óbvio e muito apropriado para se avaliar a integração da prática do Tai Chi. Se seu expediente é de tempo integral, provavelmente você passa a maior parte do dia no emprego e é muito provável que o trabalho faça parte da sua identidade. Mas o trabalho pode ser estressante. Na verdade, o Instituto Americano de Estresse relata que a pressão relacionada ao trabalho é a principal fonte de estresse para os norte-americanos. Pesquisas feitas com empregados mostram que 80% deles sentem-se estressados no trabalho, quase metade afirma que precisa de ajuda para aprender a controlar o estresse e 42% dizem que seus colegas de trabalho também precisam de ajuda para administrar o estresse. Outras inquietantes estatísticas de saúde revelam que as pressões e os riscos ocupacionais são responsáveis por 30% das dores nas costas dos empregados e que 60% deles se queixam rotineiramente de dor no pescoço relacionada ao trabalho, 44% dizem ter vista cansada, 38% sentem dor na mão e 34% têm dificuldade para dormir.[1]

Este capítulo sugere algumas maneiras de incorporar os princípios do Tai Chi ao seu trabalho. Os programas de ginástica laboral abordam a redução do estresse diretamente no local de trabalho. As principais empresas já perceberam que esses programas são benéficos não apenas para os funcionários, mas também para a própria empresa. Pessoalmente, aquilo que você aprende com o Tai Chi pode ajudá-lo a administrar tanto a tensão física quanto a tensão emocional decorrentes do trabalho; por exemplo, você pode mudar a maneira de se sentar e de administrar o seu tempo, incluindo alguns intervalos para fazer exercícios de Tai Chi. Isso pode torná-lo mais eficiente e criativo no trabalho. O local de trabalho pode ser uma nova fronteira para que você possa continuar a desenvolver e aplicar suas habilidades do Tai Chi.

Investindo no Tai Chi

Quase todo mundo luta para dar conta do trabalho excessivo. É preciso cumprir prazos, solucionar conflitos, e as listas de tarefas nunca chegam ao fim enquanto você tenta manter suas atividades rotineiras regulares. Assim, a dúvida é: será que posso me dar ao luxo de reservar um tempo para o Tai Chi e outros exercícios, ou seria melhor começar a trabalhar um pouco mais cedo ou ficar até mais tarde, sacrificando o exercício matinal ou o intervalo de almoço e, com isso, eliminar algumas coisas mais da minha lista de tarefas?

Pela minha própria experiência e pelo que os meus alunos me dizem, acho que reservar um tempo para o Tai Chi e outros exercícios, além de fazer uma pausa para relaxar de vez em quando, é um investimento valioso do seu tempo. O tempo gasto praticando Tai Chi vai tornar você mais focado e criativo no trabalho, ajudá-lo a administrar o estresse, fazer com que suas interações com os colegas sejam mais eficientes e lhe dar energia para que suas horas de trabalho sejam mais produtivas. Essa perspectiva de "investimento" tem recebido cada vez mais apoio das pessoas mais preocupadas com os resultados (dinheiro e produtividade), isto é, os dirigentes de empresas e de negócios que investiram em programas de bem-estar.

O Movimento de Bem-Estar Corporativo

Se você quer melhorar seu trabalho, experimente Tai Chi, meditação, Yoga ou outras técnicas de redução do estresse. Isso é o que os pesquisadores da Clínica Mayo sugeriram depois de analisar a relação entre os níveis de estresse e a qualidade de vida em um centro de bem-estar no local de trabalho. Os pesquisadores fizeram uma pesquisa com mais de 13 mil funcionários que eram membros do centro de bem-estar, fazendo-lhes perguntas sobre estresse, comportamentos de saúde e qualidade de vida. Mais de 2 mil funcionários disseram que viviam sob altos níveis de estresse. Em termos estatisticamente significantes, eles tinham pior qualidade de vida, sentiam-se mais cansados e tinham menos saúde do que os trabalhadores que tinham níveis baixos de estresse. Eles também eram mais propensos a ter pressão alta, níveis elevados de glicose no sangue, colesterol alto e a estar acima do peso. Os pesquisadores concluíram que programas personalizados de redução do estresse seriam benéficos para esses funcionários.[2]

Empregadores de todo o país estão reconhecendo a importância de um ambiente de trabalho saudável e uma equipe de funcionários saudáveis para melhorar a produtividade, bem como para controlar os custos com assistência médica. As melhores empresas implantam programas de bem-estar no local de trabalho, criando um ambiente que garante apoio aos funcionários dispostos a fazer mudanças comportamentais de longo prazo, e introduzem programas ou serviços para promover um estilo de vida mais saudável. De modo geral, os programas de bem-estar corporativo inicialmente se concentram em condicionamento físico e perda de peso, embora alguns também estejam começando a abordar outros domínios do bem-estar, como controle do estresse, equilíbrio entre vida profissional e vida pessoal, espiritualidade e resiliência. Não causa surpresa o fato de muitos desses programas atualmente incorporarem terapias psicossomáticas, como Tai Chi, Yoga e treinamento de relaxamento.

Atualmente, cerca de dois terços das grandes empresas norte-americanas oferecem alguns componentes de programas de bem-estar, embora apenas um pouco mais de 10% delas tenham programas globais de bem-estar.[3] Mas o número de empresas que estão adotando programas de bem-estar no local de trabalho está crescendo, impulsionadas pelo aumento dos custos de assistência médica com seus funcionários. A reforma da assistência médica nos Estados Unidos também está ampliando a cobertura para incluir serviços preventivos, o que dá às empresas incentivos para oferecer algum tipo de exame de saúde. A Lei de Proteção ao Paciente e Assistência Médica Acessível (*Patient Protection and Affordable Care Act*) garante recursos para as empresas pequenas implantarem programas abrangentes de bem-estar no local de trabalho. Cerca de 200 milhões de dólares estão sendo alocados de 2011 a 2015 para empresas com 100 ou menos empregados.

O objetivo das empresas é ganhar dinheiro, e um número cada vez maior de evidências mostra que compensa investir no bem-estar. Um estudo mencionado na edição de dezembro de 2010 da *Harvard Business Review*[4] revelou que o retorno de cada dólar investido por uma empresa grande em um programa de bem-estar para seus funcionários pode chegar a seis vezes o valor investido. Outros estudos mostram que os programas de bem-estar têm garantido uma taxa de retorno de 3 a 15 dólares para cada dólar investido, com economia no prazo de 12 a 18 meses.[5]

Aqui estão algumas razões pelas quais o investimento em programas de bem-estar compensa para as empresas e seus funcionários:

- Redução dos Custos com Assistência Médica

  Em geral, os programas abrangentes de bem-estar têm por finalidade melhorar a saúde cardiovascular e global dos empregados, de acordo com uma declaração de política de 2009 da Associação Americana de Cardiologia. Esses programas incluem atividade física regular, administração/redução do estresse, detecção precoce de doenças/exames, educação alimentar, controle de peso, abandono e prevenção do tabagismo, tratamento de doenças, educação sobre doenças cardiovasculares e mudanças no ambiente de trabalho que incentivem a adoção de comportamentos saudáveis e promovam segurança e saúde ocupacionais.[6] Estima-se que as empresas gastem 25% a 30% de suas despesas médicas anuais com os funcionários expostos a esses importantes fatores de risco.[7] Alguns programas de bem-estar no local de trabalho têm certo sucesso na prevenção dos fatores de risco para doença cardiovascular e acidente vascular cerebral, como tabagismo, obesidade, hipertensão, dislipidemia (níveis anormais de colesterol), inatividade física e diabetes.[8]

- Aumento da Produtividade

  As estimativas indicam que as perdas de produtividade relacionadas com a saúde custam aos empregadores dos Estados Unidos 225,8 bilhões de dólares por ano ou 1.685 dólares por funcionário, dos quais 71% devem-se à redução do desempenho no trabalho. Só a depressão custa para as empresas norte-americanas aproximadamente 35 bilhões de dólares em produtividade perdida. Estudos que avaliaram as perdas de produtividade mostram ligações entre essas perdas e absenteísmo e problemas de saúde associados.[9]

A boa notícia é que a produtividade aumenta à medida que a saúde melhora. As pessoas que conseguem melhorar nem que seja apenas um fator de risco de doença cardiovascular têm um aumento de 2% na sua produtividade. Para as empresas, esse aumento se converte em uma economia com gastos de saúde estimada em 950 dólares por ano por risco reduzido.[10]

- Menos Tempo Perdido no Trabalho

  Os índices de dias de trabalho perdidos e menor produtividade são muito mais altos entre os empregados com os maiores riscos de saúde, saúde emocional mais insatisfatória e porcentagens mais elevadas de comportamentos adversos. Exercícios e outras técnicas de controle do estresse podem ajudar a amenizar os efeitos do problema, que se manifestam como dores nas costas, enxaquecas e outros sintomas. Uma metanálise de programas de bem-estar corporativo mostrou uma redução média de 28% nas taxas de absenteísmo por licença por doença e redução de 30% nos custos com pedidos de indenização por acidente no trabalho ou doença ocupacional e incapacidade.[11] Um estudo realizado com operários japoneses mostra como um programa de redução do estresse pode diminuir o estresse e os sintomas da depressão, bem como a necessidade de licença médica. Os trabalhadores de uma empresa de eletricidade, avaliados por meio de uma escala de diagnóstico de depressão e que participaram de um programa de redução do estresse com um ano de duração, apresentaram redução dos sintomas, em comparação com um grupo semelhante que não passou pelo programa. Além do mais, os funcionários com estresse reduzido também tinham, em média, menos dias de afastamento por doença do que no ano anterior à participação no programa.[12]

- Melhora do Estado de Espírito

  A equipe da juíza Ruth Ginsberg faz Yoga no Supremo Tribunal antes do expediente. Obviamente, ela entende o valor de uma equipe saudável e feliz. Os programas de bem-estar também podem melhorar o estado de espírito e a camaradagem, promovendo interação entre os funcionários. Outros benefícios para as empresas que oferecem programas de bem-estar são o recrutamento e a retenção de funcionários, bem como uma imagem mais positiva da empresa.

O investimento em bem-estar por parte das empresas baseia-se no mesmo espírito do princípio de 70% do Tai Chi. Um executivo que sempre exige que sua equipe trabalhe horas extras pode descobrir que, quanto mais exigir das pessoas, menos conseguirá delas. Nesse caso, mais tempo preso a uma mesa não significa necessariamente maior produtividade. Em vez disso, meia hora extra para o almoço que permita fazer alguns exercícios ou práticas de redução do estresse pode ajudar sua equipe a espairecer e se equilibrar. Moderação no ambiente de trabalho — mais equilíbrio Yin-Yang — pode servir como um escudo contra a resistência, fadiga e exaustão.

Incorpore o Tai Chi ao seu Dia de Trabalho

Além de assistir às aulas e praticar em casa, ou participar de um programa de bem-estar no trabalho, várias abordagens podem ajudá-lo a incorporar os princípios do Tai Chi à sua jornada de trabalho. A seguir, algumas dicas que eu explorei por conta própria e aprendi com meus alunos.

Use seu Tempo de Viagem de Ida e Volta do Trabalho para Praticar os Princípios do Tai Chi

Provavelmente, você gasta muito tempo no deslocamento diário de casa para o trabalho e vice-versa. Eu aprendi a aproveitar o tempo tranquilo durante meu percurso de 30 minutos de carro. Às vezes, no caminho para o trabalho, faço exercícios lentos de respiração profunda. Ao parar em um semáforo, faço alongamentos simples dos ombros, pescoço e mãos. No trajeto, presto atenção à minha postura, inclusive a forma como seguro o volante. Faço também uma preparação mental e organizo meus pensamentos. Se tenho de lidar com uma questão estressante, como uma apresentação difícil que está me deixando ansioso, tento desmembrar o problema em partes administráveis. Eu me visualizo fazendo a apresentação com o mínimo de estresse possível. No caminho para casa, ou quando vou a uma aula noturna de Tai Chi, uso práticas semelhantes para deixar para trás o estresse do dia.

Se você usa transporte público, também pode adotar muitas dessas medidas, e talvez seja até mais fácil, pois você pode fechar os olhos e se aprofundar um pouco mais no relaxamento e na meditação. Alguns dos meus alunos de Tai Chi compraram CDs ou baixaram vídeos de respiração ou meditação guiada, ou simplesmente relaxam com música suave. Se você precisa ficar muito tempo em pé, por exemplo esperando o ônibus ou trem, pode fazer exercícios simples de Tai Chi, como "verter", ou fazer uma simples meditação em pé. Uma sessão de cinco ou dez minutos por dia no caminho para o trabalho pode fazer uma enorme diferença, definindo o tom para o seu dia ou noite.

Configure o seu Espaço de Trabalho

Não importa se você trabalha em um cubículo, um grande escritório ou atrás de uma caixa registradora no *shopping center*, praticar os princípios do Tai Chi pode ajudar você a organizar um ambiente mais saudável e eficiente em termos de energia.

Para funcionários sedentários de escritório, os princípios do Tai Chi podem amenizar os riscos ocupacionais, atualmente considerados de níveis epidêmicos – dor no pescoço, nas costas, nos ombros e nas mãos – causados por trabalhar sentado na postura errada. Se você passar a maior parte do dia fazendo os mesmos movimentos, ficará suscetível a lesões por esforço repetitivo. Uma das mais comuns é a síndrome do túnel do carpo, que costuma acometer quem digita ou usa o *mouse* do computador por longos períodos. Esse problema é causado pela pressão sobre o nervo mediano, que é o nervo responsável pelas sensações e movimentos de partes da mão. A área no punho onde o nervo penetra na mão é chamada de túnel do carpo. Esse túnel normalmente é estreito, portanto, qualquer inchaço pode comprimir o nervo e causar dor, dormência, formigamento ou fraqueza; o resultado é a síndrome do túnel do carpo. Outras lesões podem ser causadas por atividades como cortar legumes, tocar um instrumento musical ou realizar qualquer outra tarefa repetitiva.

Os princípios de um alinhamento postural eficiente que você aprendeu na prática do Tai Chi refletem-se diretamente na maneira como você se senta à sua mesa de trabalho. Coluna ereta, ombros relaxados e pés firmes no chão, entre outros princípios posturais, permitem que seus sistemas neuromusculares e esqueléticos trabalhem de modo mais eficiente. Do ponto de vista da medicina chinesa, essa boa postura, combinada com a respiração profunda regular, melhora o fluxo de sangue e de Qi, minimizando os bloqueios de energia que causam lesões físicas, fadiga e desequilíbrios emocionais.

Esses princípios intuitivos do Tai Chi em sua mesa de trabalho somam-se ao rápido crescimento do campo da ergonomia. Ergonomia é a ciência de adequar equipamentos e locais de trabalho ao usuário (para garantir bem-estar, preservar a saúde etc.).[13] Outros princípios de ergonomia semelhantes às metas do Tai Chi são manter uma boa altura e distância da tela do computador em relação aos olhos para minimizar o cansaço visual ou a dor no pescoço e adaptação da altura e do ângulo do teclado para minimizar o esforço do braço.

A maior consciência e sensibilidade corporais obtidas com prática do Tai Chi podem ajudá-lo a perceber um alinhamento corporal inadequado e posturas tensas no trabalho. Se você já tem lesões por esforço repetitivo nas articulações, osteoartrite ou dor nas costas, o Tai Chi pode ajudá-lo a controlar e minimizar os sintomas e permitir que você trabalhe com mais conforto. (O Capítulo 5 descreve como o Tai Chi ajuda a reduzir a dor.) Os princípios ergonômicos do Tai Chi não se aplicam apenas aos trabalhos realizados atrás de uma escrivaninha, mas também às tarefas físicas. Um dos meus professores, Robert Morningstar, tem trabalhado para integrar os princípios do Tai Chi a atividades tão diversas como as que envolvem pilotos de aeronaves, trabalhadores da linha de montagem que levantam objetos pesados e os caixas de supermercados.

Existem poucas pesquisas sobre saúde ocupacional e Tai Chi. Um pequeno estudo da Universidade de York, de Toronto, Canadá, examinou os efeitos do Tai Chi em mulheres que trabalhavam em computadores na universidade. Depois de frequentar duas aulas semanais de Tai Chi de 50 minutos por 12 semanas durante o horário de almoço, as 52 mulheres que participaram do estudo melhoraram não só seu condicionamento físico, mas também aumentaram seu bem-estar psicológico.[14]

Em outro estudo, pesquisadores da Universidade de Vermont analisaram se um programa de bem-estar com Tai Chi no local de trabalho seria uma maneira econômica e eficiente para melhorar a saúde física e mental, reduzir o estresse ocupacional e melhorar a produtividade de enfermeiros mais velhos que trabalhavam em um hospital (média de idade 54 anos). Seis enfermeiros participaram de aulas semanais de Tai Chi no hospital e praticaram por conta própria durante dez minutos todos os dias, no mínimo quatro vezes por semana, durante 15 semanas. Cinco outros enfermeiros (controles) não praticaram Tai Chi. Durante o estudo, o grupo de Tai Chi não teve folgas do trabalho, ao passo que os controles tiveram folga de 49 horas. O Tai Chi também resultou em aumento de 3% na produtividade e melhora significativa no teste de alcance funcional dos enfermeiros em comparação com o grupo de controle.[15]

Movimente-se Sempre que Puder

Apesar do meu trabalho ser essencialmente sedentário, percebi que tenho muitas oportunidades de me movimentar durante o dia. Por exemplo, durante algumas chamadas de teleconferência, ligo o viva-voz, fico em pé e faço alguns movimentos simples de alongamento e de Tai Chi que não me distraiam da conversa. Além disso, acho que penso melhor quando estou em pé. Se estou começando a escrever um artigo científico ou uma solicitação de financiamento de estudo, em vez de sentar à minha mesa e fazer anotações em pedaços de papel ou no computador, penduro grandes folhas de papel em branco na parede do meu escritório, ou uso uma sala com um quadro branco, para organizar meus pensamentos. Faço um esboço de algumas ideias, me afasto e penso sobre elas, movimentando-me para diferentes partes da sala para vê-las a partir de diferentes perspectivas. Quando começo a ficar impaciente ou ansioso, ou quando quero ser mais criativo, muitas vezes faço alguns movimentos e exercícios de respiração inspirados no Tai Chi para manter os líquidos e o Qi fluindo.

Gosto também de elaborar e praticar minhas palestras acadêmicas enquanto me exercito em uma esteira, andando a um ritmo moderado, com um rascunho de meus *slides* em PowerPoint na minha frente. Silenciosamente, imagino as palavras ou ideias que quero transmitir com cada *slide*. Além de encaixar um pouco de exercício extra em meu dia, sinto que o fluxo de ideias é menos inibido enquanto estou em movimento, e consigo sentir melhor as coisas que quero transmitir, no espírito que quero transmitir.

Mini-intervalos de Exercícios de Tai Chi

Para ajudar a evitar o estresse físico e emocional, ao longo do dia você pode incorporar uma série de exercícios simples de Tai Chi que já aprendeu.

- Alongamentos simples de um a três minutos, por hora ou a cada duas horas, enquanto estiver sentado à sua mesa. Particularmente, recomendo alguns bons alongamentos: respiração medular, alongamentos de Tai Chi para mãos, pescoço e ombros e alongamentos do pé e tornozelo.
- Minimeditações com respiração. Feche os olhos em sua mesa e renove o seu corpo com a respiração ou usando a respiração do Tan Tien por três a cinco minutos algumas vezes por dia.
- Caminhe com bastante atenção até o bebedouro ou ao banheiro. Sinta os pés no chão. Observe as partes do seu corpo que estão tensas e convide-as suavemente para começar a relaxar. Recupere a sensação que você teve durante uma sessão recente de Tai Chi.
- Se tiver espaço suficiente em sua área de trabalho, faça alguns minutos dos exercícios "Balançar e Bater" e, em seguida, "Banho de Qi Celestial". Os movimentos de balançar e bater vão movimentar o sangue e o Qi, e o banho de Qi vai ajudar a deixar você equilibrado e enraizado.
- E, claro, se você conseguir encontrar um lugar apropriado e tiver dez minutos, pratique alguns movimentos convencionais do Tai Chi.

Se você procurar, verá que existem muitas oportunidades para praticar e incorporar os princípios do Tai Chi ao seu dia de trabalho. Uma pausa curta de Tai Chi pode ajudá-lo a trabalhar mais e melhor, e até ser mais criativo, tema tratado no próximo capítulo.

13

Aumente a sua Criatividade com o Tai Chi

O T'ai-chi Ch'uan é uma arte no sentido mais profundo da palavra. Esteticamente, pode ser comparado a uma composição de Bach ou a um soneto de Shakespeare. Entretanto, não é uma arte dirigida para fora, para uma plateia. É uma arte em ação para quem pratica; o observador, movido por sua beleza, só pode pressupor seu conteúdo. A experiência da forma em processo de mudança faz com que seja uma arte para si próprio.

— SOPHIA DELZA, DANÇARINA E MESTRE DE TAI CHI
T'ai-chi Ch'uan: Body and Mind in Harmony

Não admira que muitas pessoas que praticam Tai Chi também estejam envolvidas com as artes criativas. Além disso, muitos programas de artes criativas são inspirados no Oriente. O Tai Chi é definido pela união de Yin e Yang, o que, em efeito, é criatividade. A criatividade resultante do Tai Chi leva à integração de coisas complementares — hemisfério esquerdo (lógica) e direito (intuição) do cérebro, forma e função e corpo e mente.

Na verdade, o Tai Chi pode ser uma chave para desvendar a consciência criativa. O estado de espírito alcançado durante a prática de Tai Chi permite que a criatividade flua naturalmente. Muitos alunos de Tai Chi dizem que adquiriram mais clareza mental. Se você conseguir reduzir a tensão e o nervosismo, será capaz de ter pensamentos mais profundos e de explorar mais a sua criatividade.

Este capítulo trata dos princípios do Tai Chi da maneira como eles se aplicam à pintura (o Qi flui através de cada pincelada), à escrita (postura, capacidade de concentração), à música (respiração e forma do corpo), às artes cênicas (honestidade e paciência), e à dança (expressão através do movimento).

Como Usar os Oito Ingredientes Ativos do Tai Chi para Ser Criativo

Para que haja criatividade, é preciso que as coisas aconteçam naturalmente. Muitos dos princípios do Tai Chi ajudam a aumentar a criatividade ao desenvolver foco; capacidade de permanecer no momento presente; concentração de energia; economia de movimentos; quietude interior; flexibilidade e equilíbrio corporal; unificação da mente e do corpo; e disciplina.

Aqui estão algumas maneiras pelas quais os oito ingredientes ativos do Tai Chi podem levar à criatividade.

É necessário se concentrar e prestar atenção na própria arte para ser habilidoso, preciso e se expressar com clareza, bem como estar em contato com os próprios sentimentos para ficar engajado no processo artístico. Além disso, a capacidade de ouvir, especialmente cultivada no Tai Chi interativo, é adquirida por meio de conscientização e atenção. Por exemplo, bons atores precisam reagir com honestidade e espontaneidade para interagir uns com os outros de maneira eficaz, e os músicos de *jazz* precisam ouvir e responder uns aos outros para improvisar.

A visualização ajuda a moldar a criatividade. A maioria dos artistas usa a sua visão e imaginação "interiores" durante o processo criativo.

É por meio do controle da respiração que os instrumentistas e dançarinos mantêm o ritmo e o equilíbrio. No caso de cantores e músicos que tocam instrumentos de sopro, o som que eles produzem é criado pela respiração, essencial em todos os aspectos da sua arte.

Artistas mais sedentários, como pintores e escritores, precisam manter o corpo sadio para ter a resistência física necessária para atravessar longos períodos de criatividade. Os dançarinos podem se beneficiar diretamente da força e flexibilidade proporcionadas pelo treinamento de Tai Chi, e de seus possíveis efeitos protetores e restauradores sobre lesões recorrentes.

Uma postura relaxada é importante para manejar ferramentas de escultura e pincéis, bem como sentar-se corretamente para tocar um instrumento musical ou escrever. Padrões neuromusculares relaxados podem prevenir as lesões por esforço repetitivo (LER) que acometem as mãos dos pianistas e trompetistas e o pescoço dos violinistas, bem como vários tipos de lesões a que os escritores estão sujeitos por passarem grande parte do tempo sentados diante do computador.

O Tai Chi e as Artes

Pintura e Escrita

> "O Tai Chi promove o fluxo de dentro para fora, de um lado para o outro e de cima para baixo", diz Michael, um pintor de 53 anos de idade. "É o mesmo que criatividade – a busca por um estado de fluxo. Quando estou criativo e trabalhando, estou em estado de fluxo, um lugar calmo onde a energia flui livremente."
>
> "Se estou pintando, em parte, o que busco na pintura é um movimento dinâmico da esquerda para a direita, do centro para a periferia e de cima para baixo", continua Michael, que costuma praticar Tai Chi antes de pintar. "Eu quero que o quadro faça com que o observador entre num fluxo energético que o estimule. Quero que ele experimente o estado de consciência no qual tenho vivido como pintor. Trata-se de um estado de fluxo dinâmico que emerge da quietude e se expressa."
>
> "A verdadeira alegria do ato criativo é apenas ser", diz ele. Para conseguir esse estado criativo é preciso deixar de lado todas as distrações e pensamentos. Quando a criatividade aflora, ela é uma expressão dessa abertura. Essa é a essência tanto da criatividade como do Tai Chi."

A vida do grão-mestre Cheng Man Ching ilustra perfeitamente a interconexão do Tai Chi e as artes criativas. Mestre Cheng era conhecido como estudioso e Mestre das Cinco Excelências – Tai Chi, caligrafia, medicina, filosofia e poesia. No entanto, como Mark Hennessy, biógrafo de Cheng, escreveu com propriedade no livro *Master of Five Excellences*, "ele era, em essência, mestre de uma só coisa: do fluxo livre de Ch'i".[1] Essa integração harmoniosa do Tai Chi e dos princípios artísticos, aliada a estudo e prática diligentes, levou Tam Gibbs, um dos alunos avançados do Mestre Cheng, a descrever sua caligrafia como "plena, unificada, uniforme e sólida [...] sua pincelada parecia penetrar no papel [...] a tinta parecia manter seu frescor e até mesmo a água parecia ter corpo".[2] Ironicamente, talvez tenha sido a arte do mestre Cheng – sua pintura e caligrafia – que o levou e ao Tai Chi para o Ocidente.

Assim como na caligrafia, o pintor se esforça para dar pinceladas vigorosas e rítmicas e produzir linhas fluidas, bem como projetar seus pensamentos na tela. Graças à energia positiva e à concentração acumulada no treinamento de Tai Chi, o pintor consegue criar com mais facilidade.

Da mesma forma, a mobilização e a manutenção da energia desempenham um papel vital no sucesso de um escritor. O processo de escrever requer enorme concentração e perseverança. Os exercícios de Tai Chi aumentam o nível de energia ao mesmo tempo que induzem um estado agradável de relaxamento que ajuda o escritor a adquirir a capacidade de deixar os pensamentos fluírem naturalmente. Relaxar significa desacelerar a mente para que o Qi possa se movimentar suavemente. Assim como o processo de aprendizagem do Tai Chi se dá em vários níveis – físico, emocional e cognitivo –, o processo de escrever flui por fases físicas, emocionais e cognitivas. Os movimentos do Tai Chi podem ajudar a desacelerar ou acalmar a mente, promover o relaxamento e dissolver bloqueios psicológicos, como o bloqueio de escritor.

Os escritores costumam ficar sentados durante horas a fio. Os exercícios simples de Qigong ou Tai Chi ajudam a movimentar o Qi depois que se fica muitas horas sentado. A energia obtida com os movimentos graciosos do Tai Chi ajuda os escritores não só a focar a mente, mas também a energizar a sua redação.

Música

> "Aprender Tai Chi foi para mim como entrar num território bastante familiar", diz Jackie, uma professora de música de 58 anos de idade que começou a tocar violino aos 10 anos e pratica Tai Chi há 17 anos. "A experiência foi muito parecida com a de tocar um instrumento. Movimento, ritmo, temas e até mesmo vibrações entram em jogo nas duas atividades. Quando você toca um instrumento, tem de tocar afinado e em harmonia com os outros músicos, e saber onde você está, mas sem pensar demais nisso. Com o Tai Chi você aprende a entrar em sintonia com o corpo e a mente, a ter uma noção de equilíbrio e a

estar apenas no momento presente. Fazer Tai Chi é muito parecido com tocar num recital de música de câmara!"

"À medida que você se aprofunda na prática de Tai Chi, começa a ter mais intimidade com seu corpo e sua mente", continua Jackie. "Movimentos complexos se tornam instintivos, você aprende a confiar em si mesmo, a estar no controle, permanecer aberto e 'seguir o fluxo'. Isso, por sua vez, influencia a sua música. Em vez de se ater às dificuldades, por exemplo, você se sente mais confiante. Com o modo de ser do Tai Chi você fica mais *na* música. Qualquer nervosismo ou ansiedade em relação ao seu desempenho tende a diminuir e até mesmo a simplesmente desaparecer!"

Se você gosta de música, provavelmente vai gostar de Tai Chi. Você vai aprender a entrar em sintonia com seu corpo e saber o que isso significa. Quando você aprende a fazer bem Tai Chi e a corrigir a sua forma, isso se reflete em todo o seu corpo. Você consegue senti-lo em sintonia, se abrindo, e o Qi fluindo. Essa expressão dinâmica do momento também é algo que os músicos almejam.

Não é por acaso que muitos mestres de Tai Chi também estudam música. Os padrões sensitivos e as formas de expressão não verbais do hemisfério direito do cérebro são semelhantes em ambos. Ambos envolvem fluidez dentro de uma estrutura. Quanto mais fluido você se torna, mais consegue sentir as qualidades vibratórias. Os músicos estão afinados com um estilo de aprendizagem cinestésico e familiarizados com o processo complexo e dinâmico do aprendizado de novas habilidades.

Existem muitas semelhanças entre a música e o Tai Chi. Ambos precisam de um corpo repleto de energia, porém maleável. O músico tem de liberar a tensão para tocar bem, assim como o Tai Chi não fluirá com tensão. Tanto na música como no Tai Chi é preciso ter equilíbrio físico, mental e emocional, capacidade de ficar centrado e foco. O músico reúne motivos e frases musicais, assim como o praticante de Tai Chi liga os movimentos. Postura correta e alinhamento corporal são importantes para ambos.

Se a respiração do músico estiver aberta, a música fluirá livremente. Mas se houver alguma resistência respiratória causada por problema pulmonar ou emoções reprimidas, essa resistência poderá afetar de maneira sutil a qualidade da sua interpretação. Um controle deficiente da respiração também pode afetar a forma como o músico se move, fica em pé e interage com os colegas.

A respiração do Tai Chi, ensinada no treinamento, pode ajudá-lo a relaxar. Fazer exercícios respiratórios e outros exercícios do Tai Chi é uma excelente maneira de se aquecer para uma apresentação. Você já está no fluxo antes mesmo de começar a tocar. A experiência de ter acabado de fazer Tai Chi o torna mais centrado, mais aberto para a música que está executando e menos distraído pelo nervosismo relacionado com a apresentação. A prática do Tai Chi pode aumentar muito a sua capacidade de interpretar e apreciar música.

Longas horas de prática, posições corporais incômodas, instrumentos pesados, movimentos repetitivos e o estresse da apresentação e da competição podem prejudicar a saúde de um músico. Os músicos correm um grande risco de sofrer lesões musculoesqueléticas, mas medidas preventivas, como o Tai Chi, podem reduzir a probabilidade e a intensidade de uma lesão. Pesquisadores do Centro Médico da Universidade da Califórnia e da Faculdade de Enfermagem da Universidade da Califórnia recomendam que os músicos façam trabalho postural, como a técnica de Alexander, Yoga, Tai Chi ou método Feldenkrais, bem como redução do estresse baseado em atenção plena. Essas técnicas ajudam os músicos a identificar a sua força e flexibilidade, a melhorar a postura e a ter mais consciência de que a maneira como eles trabalham com seu instrumento afeta todo o seu corpo. Os pesquisadores também incentivam os músicos a fazerem pausas para descanso; usarem dispositivos ergonômicos para levantar, carregar e apoiar os instrumentos; e incorporarem exercícios de aquecimento, alongamento e práticas de movimento que melhoram a percepção postural e a eficiência do movimento.[3]

Alguns roqueiros adotaram o Tai Chi. Lou Reed, ex-cantor e guitarrista da banda The Velvet Underground, disse que domou o "animal *rock and roll*" praticando Tai Chi três horas por dia. Ele coescreveu e interpretou músicas de fundo para um DVD de instruções sobre o estilo Chen de Tai Chi. Robert Diggs, mais conhecido como RZA, é o líder do grupo de *rap* Wu Tan Clan. Esse produtor musical, *rapper* e ator que ganhou o Grammy treinou Kung Fu e Tai Chi durante vários anos.

> "No Tai Chi, você aprende a ficar equilibrado, a encontrar o seu centro e a se manter no momento presente", diz John, um ator de 47 anos de idade. "O ator tem de sentir o próprio corpo, o próprio peso, descobrir onde existe tensão e liberá-la. Depois, ele olha para os companheiros de cena e alguma coisa começa a acontecer. Para estar ciente do próprio corpo e das outras pessoas é preciso se desprender do exterior e permanecer no momento presente. Essa é a coisa mais importante na arte de representar – ser humano, estar no momento presente."
>
> "O Tai Chi não é apenas uma prática física", prossegue John, que treinou Tai Chi alternadamente por mais de 25 anos. "Você adquire consciência corporal e envia energia para todas as partes do corpo. Isso gera um estado intuitivo elevado e uma profunda percepção espiritual. Com o Tai Chi você se livra da dureza externa e desenvolve suavidade interior, para enfrentar a vida com um coração genuíno aberto e, portanto, vivenciar o mundo de uma forma mais aberta. Se conseguir fazer isso, a expressão da arte virá de um lugar genuíno dentro de você.

Os atores precisam estar no momento presente e abertos para dar o melhor de si. Mesmo quando seguem um roteiro, eles procuram viver cada momento. Ao mesmo tempo que expressam as emoções do seu personagem, eles têm que se movimentar em cena e também encaixar comunicação não verbal.

O Tai Chi é uma excelente forma de treinamento mental e de movimento para os atores. A prática regular de Tai Chi aumenta a capacidade de se manter centrado e a coordenação, precisão e fluência dos movimentos corporais; desperta consciência corporal; e desenvolve resistência física e mental. Além disso, o Tai Chi nos ensina a interagir com as pessoas e, sobretudo no exercício Push Hands, a nos tornar sensíveis à energia das outras pessoas. Os alunos aprendem a reconhecer e a administrar os próprios sentimentos e, ao mesmo tempo, ficam mais sensíveis aos sentimentos alheios. Essa sensibilidade é essencial para que um ator seja capaz de "sentir" e reagir aos colegas com os quais está contracenando.

Atores famosos também adotaram o Tai Chi como uma arte marcial chinesa relaxante, porém altamente estruturada. Jet Li, o artista marcial chinês que virou astro de cinema, abriu uma escola de Tai Chi e tem a esperança de acabar com a visão estereotipada do Tai Chi como arte praticada somente por idosos em parques. O falecido David Carradine popularizou o pensamento taoista quando estrelava a série de televisão *Kung Fu*, e mais tarde fez vários vídeos de aulas de Tai Chi. O astro de cinema Mel Gibson é bem versado em Jiu-Jitsu Brasileiro e em Tai Chi. Outro praticante de Tai Chi é Adrian Paul, ator mais conhecido por seu papel na série de televisão *Highlander: The Series*.

Dança

> O Tai Chi tem muito a ensinar aos alunos de dança. Há coisas óbvias — equilíbrio, centralização e continuidade de movimento. A lentidão dos movimentos do Tai Chi, como se fossem feitos debaixo d'água, aumenta a conscientização espacial. O ar ao redor do corpo assume uma qualidade viscosa. O espaço ambiente torna-se real e substancial.
>
> — TEM HOROWITZ E SUSAN KIMMELMAN, *Tai Chi Chuan*

> Para se tornar realmente eficaz no Tai Chi ou em qualquer arte marcial é preciso trabalhar com afinco, disciplina, inteligência e perseverança. Até mesmo uma forma curta de Tai Chi promove ritmos regulares no corpo e na mente de um dançarino. Assim é mais fácil manter outros ritmos relacionados com a dança.
>
> — BRUCE FRANTZIS, *Tai Chi for Health*

A conexão entre a dança e o Tai Chi nos Estados Unidos é anterior à chegada do professor Cheng, quando Sophia Delza dava aulas e escrevia sobre Tai Chi. Sophia tinha morado em Xangai no final da década de 1940 e início da década de 1950, quando seu marido trabalhava para as Nações Unidas. Ela ficou fascinada pelo Tai Chi praticado nos parques, mas não conseguiu encontrar alguém disposto a ensinar uma ocidental. Depois de sofrer uma lesão nas costas durante uma aula de dança chinesa, foi encaminhada a um mestre chinês que a aceitou como aluna. Ao voltar para Nova York, continuou a procurar professores em Chinatown. Ela escreveu livros, artigos para revistas e também fez aparições na televisão para promover o Tai Chi. Sophia, que chefiou o programa de dança no Hunter College, em Nova York, ensinava Tai Chi, as formas de espada e faca, e Qigong, tendo como base sua própria formação como dançarina.

A dança e o balé modernos se baseiam em princípios de alinhamento corporal semelhantes aos do Tai Chi. As articulações são relaxadas e o corpo "pende" como se estivesse sendo suspenso pelo topo da cabeça. Os braços raramente se movem isoladamente do restante do corpo. Todos os movimentos começam no centro, quando a cintura balança sem tensão. Assim como no Tai Chi, o dançarino integra o tronco com as pernas. Tanto os dançarinos como os praticantes de Tai Chi treinam a capacidade de se equilibrar em uma só perna. A perna "vazia" fica livre para se estender e girar na altura do quadril.

O princípio de 70% do Tai Chi também é de grande valia para os dançarinos, que tendem a sofrer lesões por esforço e alongamento excessivos. Ao trabalhar para esticar seus músculos ainda mais, eles podem exceder a capacidade natural do corpo de compensar. O Tai Chi ajuda a suavizar os músculos e tecidos conjuntivos para que eles possam ser esticados ainda mais sem muita força. O Tai Chi também oferece um pouco de descanso e proteção contra lesões para o dançarino esforçado. Portanto, as qualidades de cura, alívio do estresse e meditação do Tai Chi podem ser especialmente atraentes para os dançarinos.

O Tai Chi ajuda a melhorar o desempenho de um dançarino. Ele relaxa e abre as articulações e ligamentos, permitindo movimentos mais fluidos. Além disso, desenvolve uma forte coordenação de todo o organismo através da integração da parte superior e inferior do corpo. O Tai Chi aumenta a força das pernas, os reflexos e a leveza, todos esses aspectos valiosos para os dançarinos.

Não importa se você se expressa artisticamente ou não, obterá benefícios com a prática regular de Tai Chi, que você aprenderá no capítulo seguinte.

14

Aprendizado Vitalício

"Há vinte anos, eu fazia parte de uma banda de música, quando o líder do grupo nos apresentou a alguns exercícios de Tai Chi", diz Pam, uma corretora de imóveis de 55 anos de idade. "Eu decidi estudar Tai Chi e, por meio de um amigo, encontrei um professor. Tive aula com ele durante alguns anos, até que ele se mudou para outro estúdio e eu perdi o contato."

Nos dez anos seguintes, Pam fez aulas esporádicas com professores de Tai Chi e cursos para adultos. Um dia ela foi convidada a participar de um estudo de Tai Chi da Universidade de Harvard sobre saúde óssea. "O Tai Chi acabou se tornando um hábito. Depois que o estudo terminou, experimentei várias escolas locais de Tai Chi", diz Pam, que atualmente faz aulas três ou quatro dias por semana e pratica em casa sempre que pode. "Eu pesquisava sobre a escola na Internet, sobre a sua abordagem e o estilo de Tai Chi que ela ensinava, e encontrei uma que parecia bastante agradável e acolhedora."

Os dois fatores necessários para aprender Tai Chi, segundo o professor Cheng Man Ching, são perseverança e ensino correto. Para fazer progressos no Tai Chi, é preciso praticar. Mesmo com os professores certos, o aluno é responsável pelo que vai obter com o Tai Chi. Costumo dizer aos meus alunos em tom de brincadeira: "Quando vocês se inscrevem em um curso de Tai Chi, é bom para a minha saúde (quer dizer, para a minha saúde financeira). Mas, para que seja bom para a saúde de vocês, vocês têm que praticar e explorar os benefícios que o Tai Chi tem a oferecer". Como professor, eu respeito todos os alunos.

Aqueles que são mais empenhados e admiradores da arte são os mais fáceis de ensinar. Com os professores certos, você pode ir longe no Tai Chi.

Agora que você já está familiarizado com os ingredientes ativos e princípios básicos do Tai Chi, este capítulo vai ajudá-lo a desenvolver uma prática formal de Tai Chi que seja sustentável e atenda aos seus objetivos. Se quiser aprender outros exercícios além dos apresentados neste livro, saberá como encontrar um bom programa de Tai Chi.

Como Desenvolver uma Prática de Tai Chi

"Quando comecei a fazer aulas de Tai Chi, eu não me lembrava de imediato o que tinha aprendido. Mas, depois de algumas semanas, já tinha um bom ritmo", diz Linda, uma vendedora de 53 anos de idade. "Eu conseguia fazer pequenos segmentos sozinha, a abertura da forma, movimentos de afastamento à direita e à esquerda e o exercício Segurar o Rabo do Pardal."

"Descobri que a melhor hora para praticar em casa é logo cedo, antes do café da manhã", diz Linda, que também faz aulas de Tai Chi várias vezes por semana. "Costumo dedicar 30 minutos ao Tai Chi. É divertido colocar uma música suave, ou então praticar ao ar livre, descalça, na praia ou no quintal. Quando estou junto à natureza, eu me desligo, o ar flui por meus pulmões e sinto o ar em contato com a minha pele. Sem as referências familiares das minhas aulas, eu tenho de me esforçar um pouco mais, mas fazer Tai Chi e ver uma bela paisagem é muito inspirador."

"O Tai Chi se tornou parte da minha vida", diz Linda. "Eu leio sobre Tai Chi, penso em Tai Chi e incorporo os elementos do Tai Chi à minha vida. Eu uso a respiração do Tai Chi para relaxar no trabalho, e faço exercícios para alinhar meu corpo quando estou sentada à minha mesa. Faço o exercício simples de verter o tempo todo. Não tenho mais de ficar apenas na fila!"

Algumas regras básicas se aplicam ao desenvolvimento de uma prática de Tai Chi. Você precisa descobrir quais são a frequência e a duração ideais para você, os melhores horários do dia e os locais mais adequados para fazer Tai Chi, seja na classe, em casa ou em um parque local.

Estas são as recomendações que faço aos meus alunos de Tai Chi:

- *Praticar pouco é melhor do que não praticar.* Assim como qualquer processo de aprendizagem, quanto mais você se dedicar, mais proveito vai tirar. O esquema que você vai escolher vai depender dos seus objetivos. Um dos meus professores, Arthur Goodridge, dizia que aprender Tai Chi é como aprender a tocar piano. Uma coisa é estudar para aprender a tocar algumas músicas para os amigos, outra coisa é estudar para se tornar um concertista. Se seu objetivo for manter o bem-estar e administrar os pequenos estresses da vida, provavelmente vai obter benefícios substanciais com 30 minutos diários alguns dias por semana, além de outros tipos de exercício. Mas se tiver uma doença grave, ou estiver sem condicionamento físico algum e quiser fazer grandes mudanças relacionadas à saúde e/ou explorar as dimensões marciais e espirituais mais profundos do Tai Chi, precisará de um regime de treinamento mais rigoroso.

- *Estabeleça um ritmo.* Assim como na maioria dos exercícios, é melhor fazer um pouco de Tai Chi com frequência do que muito de uma só vez, mas com um intervalo muito grande. Parte da regra dos 70% é que o corpo precisa de tempo para absorver e se adaptar às mudanças operadas pela prática de Tai Chi. Uma árvore recém-plantada precisa de determinada quantidade de água para vingar, mas no tempo certo. A árvore crescerá mais com chuvas intermitentes que penetram no solo do que com um único temporal.
- *Seja paciente.* No Tai Chi, as mudanças ocorrem lentamente. Em alguns estágios, a curva de aprendizagem pode se tornar relativamente plana, e você vai achar que está retroagindo. Então, um dia você percebe que consegue fazer determinado movimento de maneira mais harmoniosa e mais eficiente. Ou então observa uma mudança simples na vida real, como, por exemplo, conseguir vestir a calça em pé, equilibrando-se em uma só perna, em vez de se sentar. Encontre maneiras de marcar o seu progresso. Muitos dos meus alunos ficam frustrados, embora eu sempre lhes diga para serem pacientes. Eles perguntam: "Existe algo mais que possa ajudar? Um livro, um DVD, um comprimido?" Com o Tai Chi, você precisa aprender a aprender devagar, organicamente, e a ter paciência.
- *Não se compare aos outros.* As pessoas aprendem de maneiras diferentes e em ritmos diferentes. Pode ser que os elementos que você extrai do Tai Chi sejam diferentes dos de um colega. Algumas pessoas aprendem com facilidade as coreografias de determinada forma de Tai Chi, mas a men-

te delas trabalha a mil por hora. Outras podem incorporar fisicamente alguns dos princípios psicossomáticos, mas ter dificuldade para coordenar os movimentos.

- *Não seja excessivamente autocrítico.* Sempre tenho de lembrar aos meus alunos (e a mim mesmo) para encararem com tranquilidade o progresso alcançado em qualquer aula. Às vezes, sugiro que desliguem seus "placares internos". Você precisa estar ciente das deficiências e imprecisões das suas técnicas e fazer o melhor que puder para corrigi-las. Mas, na maioria das vezes, quer apenas curtir o que está indo bem, ter a sensação de até mesmo um pouquinho de fluxo ou de estar executando bem um movimento. Talvez se sinta bem pelo simples fato de ter ido à aula. Pensamentos negativos só servem para dispersar o Qi e prejudicar o desempenho. Ser amável e delicado para consigo mesmo será melhor para o seu Qi e para o seu relaxamento, e fará com que você tenha mais chances de melhorar.
- *Incorpore o Tai Chi à sua rotina.* Uma rotina estruturada irá ajudá-lo a priorizar a sua prática. É como colocar na sua agenda: "Ir para a academia". Escolha um lugar e um horário para praticar Tai Chi, de modo que se torne uma espécie de ritual. Para algumas pessoas, o ato de tirar os sapatos ou calçar as sapatilhas de Tai Chi faz com que elas entrem no clima. Descubra algo que o ajude a se lembrar de boas experiências anteriores enquanto se prepara para fazer Tai Chi. Definir o lugar e o horário, praticar com um amigo, usar roupas confortáveis e desligar o telefone celular podem ajudar a criar uma atmosfera de ritual e propósito para a sua prática.
- *Mantenha um caderno de anotações.* Quando aprender novos movimentos, tome nota. Descreva os movimentos com suas próprias palavras ou desenhos. O processo de registrar uma experiência intangível com as próprias palavras ou com imagens ajuda a incorporá-la. Essa iniciativa é particularmente útil no início da prática, em vez de confiar apenas na própria memória. Mais tarde, isso o ajudará a refletir sobre princípios mais ricos e mais sutis. Muitos dos livros escritos por mestres de Tai Chi hoje em dia

se baseiam em seus diários, bem como em seus momentos "eureca!" e nas pérolas de sabedoria que ouviram em suas aulas semanais.

- *Descubra maneiras de integrar o Tai Chi durante todo o dia.* Com o protocolo simples deste livro, você poderá se concentrar nos principais ingredientes ativos do Tai Chi, e não na coreografia de uma forma longa. Encontre lugares para aplicar esses ingredientes ativos ao seu cotidiano. Quando estiver na fila do caixa do supermercado ou do banco, alterne o peso do corpo para trás e para a frente, sinta os pés no chão e preste atenção à sua respiração. Sem parecer estranho, você está praticando Tai Chi e fazendo um pouco de meditação em movimento. Ao ver televisão, faça alongamentos conscientes para os pés, tornozelos e ombros. No trabalho, faça uma pausa de dois minutos a cada hora para fazer um pouco de respiração profunda. Se precisar, use um despertador ou baixe um programa no seu computador ou *smart phone* para lembrá-lo de fazer uma pausa para respiração. Assim como o computador tem um protetor de tela para impedir o uso excessivo de certos *pixels*, você pode estabelecer uma "proteção de tela" interna para não "fritar" muitos neurônios.
- *Junte-se a um programa de Tai Chi.* Veja se consegue fazer Tai Chi em grupo. Assim, você vai acrescentar apoio social à sua prática estruturada. É muito importante encontrar o professor certo para ajudá-lo a progredir cada vez mais.

Como Encontrar um Programa de Tai Chi

"Eu aprendi alguns movimentos de Tai Chi com a mulher que cuidava da minha avó quando eu era adolescente. Vinte e cinco anos depois, quando meu filho Brandon entrou para o primeiro grau, o pai de um de seus coleguinhas fazia artes marciais. Eu lhe fiz algumas perguntas sobre o Tai Chi, e ele sugeriu uma escola do próprio bairro", diz Sunny, um artista de 50 anos de idade. "Nessa escola, durante vários anos eu aprendi a forma curta do estilo Yang. Quando entrei para a Associação Cristã de Moços local, descobri que ela oferecia aulas gratuitas de Tai Chi, e comecei a frequentar também essas aulas. Lá, encontrei o pai do coleguinha do meu filho, que me disse que estava ensinando Tai Chi. Comecei a ir às suas aulas, onde aprendi Push Hands e uma forma de espada", diz Sunny, que atualmente faz quase uma hora de Tai Chi por dia.

Assim como você faz ao procurar um médico ou uma casa ou carro para comprar, vale a pena pesquisar um pouco para encontrar um professor de Tai Chi. É preciso levar em consideração vários fatores. Vá a várias escolas de Tai Chi e converse com os professores e alunos para ter uma ideia de como são as aulas e obter mais informações. Analise a sua disponibilidade de tempo e seus recursos financeiros, bem como restrições práticas, como a distância que terá de percorrer para ir às aulas. Se a escola de Tai Chi for do outro lado da cidade, a aula for bem no horário de pico do trânsito e for difícil estacionar, talvez essa não seja a opção ideal.

O primeiro lugar onde você deve procurar um professor ou escola de Tai Chi é na Internet. O *site* da escola lhe dará algumas dicas sobre o tipo de treinamento, o tempo de experiência do professor e com quem ele treinou. Lembre-se de que na Internet os professores podem "vender o seu peixe" como quiserem. A melhor maneira de avaliar o professor é indo a uma aula, onde você poderá ver o estilo e a conduta do professor, e também conversar com os alunos. Sinta a "vibração" da classe. Encontrar um professor é mais uma ciência humana do que uma ciência exata.

Aqui estão os aspectos que você tem de levar em consideração ao procurar um professor ou uma escola de Tai Chi:

- *Um professor experiente.* Mantidas inalteradas todas as outras condições, alguém com mais experiência provavelmente vai ensiná-lo de forma mais eficaz. Um professor experiente deve estar intimamente familiarizado com o Tai Chi, incorporar os exercícios que ensina e ser capaz de guiar o aluno para a experiência mais profunda do Tai Chi. O professor também pode ter treinamento em artes marciais internas relacionadas, como Qigong, e formação em Medicina Tradicional Chinesa, ou até mesmo formação biomédica (por exemplo, fisioterapia). Essa gama de conhecimentos é importante, principalmente se você tiver problemas de saúde. Além disso, considere a oportunidade de crescimento a longo prazo da sua prática de Tai Chi. Se o professor ou o programa oferecer diversas formas de Tai Chi (incluindo as formas com armas, como uma forma com espada) e treinamento interativo como Push Hands, isso representa não só um treinamento diversificado, mas também uma oportunidade de aprender várias técnicas. A linhagem é enfatizada por muitos professores, e muitos tiveram oportunidade de estudar diretamente com mestres renomados. Mas saiba que não existem critérios formais para ganhar o título de mestre, e qualquer um pode dizer que é mestre de Tai Chi, portanto pode ser complicado. Você terá de "sondar" o professor. A maioria das escolas oferece uma aula experimental. Isso lhe dará oportunidade de experimentar o programa que ela oferece. Depois disso, converse com os outros alunos sobre a experiência deles com o professor.

- *Bons professores geralmente têm alunos de longa data.* Se os alunos decidiram ficar com um professor, isso depõe a favor desse professor. Visite uma classe e pergunte aos alunos há quanto tempo eles têm aulas com esse professor. Se os alunos forem abertos e amistosos, pergunte quais são os pontos fortes e fracos do professor para ter uma noção de como ele conduz a classe. Os alunos devem estar felizes e bem-humorados. Em um bom programa, o sentimento de comunidade transparece, com muita interação social antes e após as aulas.
- *Um professor com boas habilidades de ensino e que sabe lidar com as pessoas.* Nem sempre os melhores praticantes de Tai Chi são os melhores professores. Um professor precisa ter boas habilidades de comunicação, não apenas para ensinar os movimentos exteriores, mas, ainda mais importante, para fazer com que os alunos possam vivenciar as qualidades internas meditativas e energéticas do Tai Chi. Para alguns professores, boa comunicação pode incluir expressão verbal clara e voz meditativa. Outros se comunicam de forma muito eficaz demonstrando movimentos, incorporando princípios e fazendo ajustes físicos e energéticos às posturas dos alunos. É importante também que o professor seja capaz de transmitir essas informações de uma maneira fácil de entender. Como você provavelmente terá um relacionamento longo e íntimo com seu professor, procure um que combine com o seu estilo de aprendizagem, seja ele uma pessoa verbal ou não verbal, comunicativa ou mais reservada. Se você tiver algum problema de saúde ou limitação, terá de se sentir seguro na

aula de Tai Chi. Converse com o professor sobre suas necessidades, veja se ele tem experiência com seu problema e se está disposto a colaborar.

- *Um ambiente confortável em um local prático.* É preciso se sentir confortável no ambiente da sala de aula. Se um espaço limpo e bem iluminado for importante para você, não escolha uma classe em um local sujo e escuro. Um local inadequado pode inviabilizar a sua prática, pois você perderá o entusiasmo de fazer Tai Chi. Se tiver algum problema de saúde e tiver que subir quatro lances de escada, provavelmente esse não é o melhor local para ter aula.
- *Procure uma turma de tamanho certo.* Algumas pessoas gostam de turmas pequenas, enquanto outras preferem turmas grandes. Turmas grandes podem revelar a popularidade do professor, mas pode ser que você não receba atenção individual. Às vezes, turmas grandes são divididas em grupos menores para que o professor possa dar mais atenção a cada aluno. Em uma turma pequena, provavelmente você vai receber atenção especial, mas se você for tímido, poderá chamar muito a atenção. Visite várias escolas de Tai Chi para ter uma ideia do tamanho de turma que prefere.
- *Confie em seus instintos.* Se você encontrar um professor, mas acha que talvez não seja a pessoa certa, respeite seus instintos. Os aspectos mais ricos do Tai Chi demoram para ser absorvidos, de modo que você terá de ficar com um professor por um bom tempo para atingir esses níveis. Se você confia no professor, deixe que ele o desafie e talvez até mesmo o "pressione" a alcançar o seu potencial.
- *Analise os custos.* Se dinheiro for um problema, procure uma escola acessível. Em geral, as aulas de Tai Chi não são muito caras, e muitas academias de ginástica e Associações Cristãs de Moços (ACMs) oferecem aulas em grupo gratuitas.
- *Entenda seus objetivos.* Você está praticando Tai Chi para melhorar a saúde, aumentar suas habilidades de artes marciais ou explorar sua espiritualidade? Avalie as habilidades do professor de acordo com suas intenções. Se você está fazendo Tai Chi para se recuperar de um problema significativo de saúde, vai querer um professor que não seja apenas proficiente em Tai Chi, mas que também entenda alguns aspectos de biomedicina, assim

como de mecânica corporal e alinhamento da estrutura esquelética. Muitos professores de Tai Chi têm formação em medicina de reabilitação, medicina esportiva ou acupuntura e podem adaptar as aulas para alguém com necessidades especiais. Se o que atrai você no Tai Chi é o aspecto de artes marciais, procure um professor com habilidades em artes marciais. Se a tradição espiritual do Tai Chi é importante para você, verifique se o professor tem bom caráter, sabe ouvir, é simpático e compreensivo.

- *Escolha um estilo.* Existem muitos estilos de Tai Chi. Embora as diferenças sistemáticas entre esses estilos estejam nas posturas e no treinamento, os princípios do Tai Chi são os mesmos em todos os estilos. Não existem regras claras sobre o estilo que se deve aprender primeiro. Depois de ter aprendido bem um estilo, você pode passar para outro. Pode ser que queira conhecer outros estilos.

O seu progresso no Tai Chi vai depender do seu comprometimento e da sua perseverança. Assim como em qualquer exercício ou atividade de autoaperfeiçoamento, pode ser difícil manter o entusiasmo. Os exercícios e as ideias apresentados neste livro, bem como as dicas descritas antes, vão ajudá-lo a desenvolver a sua prática de Tai Chi. Entrando para uma classe ou programa de Tai Chi conduzido por um professor experiente, você vai aprender novos exercícios e poderá contar com o apoio de uma comunidade de Tai Chi. Agora que você aprendeu e praticou os exercícios e princípios gerais do Tai Chi apresentados neste livro, está preparado para aprofundar seus conhecimentos e conseguirá encontrar um programa que atenda aos seus interesses e combina com seu estilo de aprendizagem.

Posfácio

O Tai Chi e a Medicina do Século XXI

O médico do futuro não vai receitar remédios, mas se preocupar com o aspecto humano dos pacientes, com a alimentação, a causa e a prevenção de doenças.

— Thomas Edison

O sistema de saúde norte-americano está enfrentando graves problemas. O gasto *per capita* com assistência médica é maior do que o dos cidadãos de qualquer outro país do mundo, e os custos médicos continuam fora de controle. Um estudo realizado em 2009 por professores da Faculdade de Medicina de Harvard constatou que mais de 60% das falências pessoais são devidas a despesas médicas e, na maioria dos casos, as pessoas que declaram falência têm plano de saúde.[1]

O que é ainda mais perturbador é que esses gastos enormes com saúde não fazem com que os cidadãos norte-americanos sejam os mais saudáveis do mundo. Usando praticamente todas as medidas de resultados de atendimento à saúde, como longevidade, mortalidade infantil, condicionamento físico e índices de doenças crônicas, o desempenho do sistema de saúde dos Estados Unidos está muito abaixo do de outros países desenvolvidos. Recentemente, a Organização Mundial da Saúde classificou os Estados Unidos em trigésimo sétimo lugar em resultados de saúde, no mesmo nível que a Sérvia. Além disso, pela primeira vez na história, os norte-americanos estão testemunhando uma redução da expectativa de vida. Estamos pagando cada vez mais para ter assistência de saúde e recebendo cada vez menos. Alguma coisa precisa mudar na medicina do século XXI, para evitar que esta crise se arraste.

A palavra chinesa para crise (*wēijī*; 危机) às vezes é interpretada como sendo composta por dois caracteres, um que representa "perigo" e o outro, "oportunidade". De maneira mais geral, segundo o princípio Yin-Yang, quando um sistema fica desequilibrado e instável, ele oferece uma oportunidade para transformação ou mudança. O nosso atual sistema de saúde está nesta situação, e uma das soluções é dar maior ênfase ao autocuidado e à prevenção.

Sistema de Saúde Preventivo *vs.* Sistema de Saúde Curativo

Em um artigo provocador, a dra. Susan Blumenthal, ex-assistente do *Surgeon General* – respeitado Diretor do Serviço Nacional de Saúde Pública dos Estados Unidos –, declarou: "Os esforços atuais para reformar o nosso sistema de saúde precisam restabelecer as prioridades de saúde pública e prevenção de doenças e transformar o sistema focado na doença do nosso país em um sistema focado na saúde".[2] A dra. Blumenthal salienta as principais causas de morte e incapacidade nos Estados Unidos atualmente, inclusive doenças crônicas como doenças cardíacas, câncer, acidente vascular cerebral, diabetes e doença pulmonar. Essas doenças acometem 40% dos norte-americanos e contribuem para os custos elevados e ainda em ascensão da assistência médica norte-americana.

Infelizmente, a prevalência, o surgimento e gravidade de todas essas e de muitas outras doenças podem ser melhorados por meio de mudanças no estilo de vida, como atividade física, controle de peso, abandono do tabagismo e alimentação saudável. O mais impressionante é que as doenças crônicas contribuem com 75% dos custos com assistência médica nos Estados Unidos, mas apenas entre 2% e 3% do orçamento de saúde do governo americano é investido em prevenção – uma porcentagem que não mudou desde 1934. A dra. Blumenthal escreveu também que um foco reenergizado na prevenção não pode ficar exclusivamente a cargo dos médicos. Concordo plenamente. Cada um de nós tem uma responsabilidade pessoal com as escolhas de estilo de vida, e todos os setores da sociedade, inclusive as famílias, escolas, empresas, profissionais da área de saúde, fundações, meios de comunicação e governo, terá que desempenhar um papel.

Maior Ênfase em Autocuidado e Prevenção

Grande parte da discussão sobre a reforma do sistema de saúde nos Estados Unidos girou em torno de como tornar o sistema atual mais eficiente, mas não temos dedicado tempo e esforço suficientes para as bases do autocuidado e da prevenção.

De modo geral, os médicos classificam os níveis de atenção à saúde em primário, secundário e terciário. Na base dessa pirâmide está o atendimento primário. O atendimento primário representa o primeiro contato com o sistema de saúde. Por exemplo, você pode procurar tratamento para novos sintomas, como gripe ou distensão muscular, ou então fazer o seu *check-up* anual. O profissional de saúde pode ser um médico ou enfermeiro. O nível seguinte da pirâmide é o atendimento secundário, que se refere aos encaminhamentos do prestador de atendimento primário a um médico especialista. O prestador de atendimento primário pode encaminhá-lo, por exemplo, a um cardiologista no caso de uma doença cardíaca ou a um endocrinologista no caso de uma doença relacionada com hormônios, como diabetes. O topo da pirâmide é o nível terciário. Esse nível se refere a tratamentos altamente especializados, muitas vezes realizados em centros médicos acadêmicos. Por exemplo, talvez você precise de um procedimento complicado, como artroplastia de joelho, que requer uma equipe médica altamente especializada.

Dois outros níveis deveriam ser incluídos na pirâmide de atenção à saúde – autocuidado e prevenção – sugere meu colega, o dr. Donald Levy, diretor do Centro Clínico Osher de Terapias Complementares e Integrativas do Hospital Brigham da Mulher. Tanto em suas palestras acadêmicas como em suas consultas clínicas, o dr. Levy enfatiza a importância fundamental de exercício físico, redução do estresse, apoio psicossocial, hábitos alimentares saudáveis, controle do peso e uma boa noite de sono. Ele dá esse conselho aos pacientes que já têm doenças crônicas, como doença cardiovascular ou dor nas costas, bem como para aqueles que procuram seus conselhos sobre como prevenir doenças crônicas, para que possam ter uma vida longa e sadia, sem problemas de saúde. O dr. Levy, juntamente com um número crescente de profissionais da medicina integrativa, acredita que ao envolver os pacientes em seus próprios cuidados, eles ficam mais propensos não só a melhorar a própria saúde, mas também a aprender mais sobre seus mecanismos corporais para conservar a saúde. O resultado é que eles se sentem mais no comando, tornam-se pacientes melhores e defendem seus direitos no sistema de saúde.

Uma das ferramentas mais versáteis de autocuidado da caixa de ferramentas do dr. Levy para promover mudanças de estilo de vida é o Tai Chi. Em geral, os pacientes que querem controlar a pressão arterial sem medicamentos, aliviar ou se recuperar de uma dor lombar crônica ou tratar de depressão crônica ou ansiedade saem com uma "receita" para aprender Tai Chi como parte de uma estratégia integrada de saúde. Como o dr. Levy emprega uma abordagem baseada em evidências, os pacientes para os quais ele "receita" Tai Chi muitas vezes saem do consultório com um artigo científico que corrobora a aplicação do Tai Chi para a sua doença específica. Eu também muitas vezes mostro artigos científicos sobre Tai Chi às pessoas que me procuram com doenças específicas. Essas evidências geram maior aceitação, comprometimento e adesão a longo prazo do paciente ao tratamento.

Como Integrar o Tai Chi e Práticas Psicossomáticas Afins Durante Toda a Vida

Até agora, a maior parte das pesquisas sobre Tai Chi se concentrou nos seus possíveis benefícios à saúde para adultos relativamente mais velhos, bem como para aqueles que estão tratando ou se recuperando de uma variedade de doenças. No entanto, para que o Tai Chi e práticas afins influenciem de forma significativa a atual crise do sistema de saúde, precisamos incluir pessoas de todas as idades. Essa visão mais ampla nos ajudará a expandir bastante o potencial de impacto sobre uma população muito maior e, portanto, reduzir os custos com saúde. Para prevenir doenças crônicas e promover um estilo de vida saudável de forma eficaz, creio que o Tai Chi e as práticas psicossomáticas afins devem ser introduzidas na infância. Minhas pesquisas estão indo nessa direção, isto é, para estudar como a integração de práticas psicossomáticas pode afetar significativamente todas as faixas etárias, inclusive crianças. O Tai Chi pode ajudar as crianças a adquirir bem cedo habilidades para toda a vida, com a ajuda dos pais e professores.

Quando olho para o futuro, vejo que sementes dessa abordagem já estão brotando nos Estados Unidos e no mundo.

Integração de Exercícios Psicossomáticos e de Tai Chi para Alunos do Ensino Fundamental

A disciplina de educação física está sendo cada vez mais prejudicada nas escolas por razões orçamentárias e curriculares. A falta de visão de cortar aulas de ginástica é um exemplo de como a conexão entre mente e corpo não é levada em consideração. A falta de exercício físico na escola provavelmente contribui para a atual epidemia de obesidade infantil e prejudica o desempenho escolar das crianças.[3] Vários estudos mostram que o exercício é essencial para a saúde do corpo e da mente dos adolescentes e que estabelece uma trajetória de comportamentos saudáveis ao longo da vida.

Acontece que as crianças são excepcionalmente receptivas e sensíveis aos exercícios psicossomáticos como o Tai Chi. Há cerca de 15 anos, tive a oportunidade de ensinar Tai Chi para alunos da quarta série das escolas da rede pública de Cambridge, Massachusetts. Fui contratado inicialmente para ensinar Tai Chi para ajudar as crianças a controlar suas ansiedades e a se concentrar melhor nos novos testes padronizados de desempenho escolar. Eu elaborei um currículo lúdico baseado em movimentos simples de Tai Chi inspirados em animais, consciência corporal e exercícios respiratórios. E, ao contrário das minhas expectativas iniciais, as crianças estavam muito abertas, não só para os movimentos do Tai Chi, mas também para a meditação, a visualização de imagens mentais e a experiência de energia.

Desde então, enquanto eu criava o meu filho, adquiri um gosto especial por ensinar os ingredientes ativos do Tai Chi para crianças. Além de incentivar meu filho a aprender artes marciais e a fazer esportes, minha esposa e eu aliamos histórias para dormir com exercícios de respiração, visualização, consciência corporal e técnicas de relaxamento. O fato de ver meu filho crescer com esses recursos aumentou ainda mais meu interesse em tornar o Tai Chi e as práticas psicossomáticas afins parte integrante do ensino fundamental. Aprender a ficar em pé e se mover com facilidade e confiança, a respirar profundamente e a ser capaz de perceber e controlar as emoções deve ser uma parte tão importante da escola quanto ler, escrever e fazer conta. Todos os meus alunos adultos admitem que queriam ter aprendido alguns dos ingredientes ativos do Tai Chi quando eram criança.

Na minha opinião, o Tai Chi e exercícios psicossomáticos afins serão inseridos no currículo do ensino fundamental, em vez de ficarem restritos às aulas de educação física e a hora do recreio. As práticas psicossomáticas podem se tornar parte de módulos relacionados ao ensino de biologia humana – como respiramos, como os músculos e ossos se relacionam entre si e como flexibilidade, equilíbrio e foco afetam o desempenho nos esportes. Elas podem ser incluídas nos currículos de ciência que testam hipóteses sobre o impacto das atividades que promovem a saúde sobre a fisiologia humana. Assim como as crianças aprendem sobre a cultura asiática nas aulas de estudos sociais, elas podem aprender sobre diferentes maneiras de ver o corpo para ter um estilo de vida saudável e equilibrado.

Hoje em dia, há vários programas de Tai Chi para crianças, e muitos têm sido implementados com sucesso em escolas públicas. Existem poucas evidências provenientes de pesquisas, mas observações isoladas indicam que a prática regular de Tai Chi faz com que as crianças tenham mais foco e melhor comportamento.[4] O Tai Chi ajuda as crianças com necessidades especiais, entre elas as com transtorno de déficit de atenção e hiperatividade (TDAH) a controlar a ansiedade e o humor.[5] Além disso, um número crescente de estudos sobre Qigong, Yoga e outras práticas psicossomáticas, inclusive uma revisão realizada pelo nosso grupo, corrobora o emprego de exercícios semelhantes aos de Tai Chi em sala de aula.[6]

O Tai Chi É uma Boa Alternativa para as Aulas de Educação Física do Ensino Médio

Várias escolas de ensino médio na área da Grande Boston, nos Estados Unidos, já oferecem aos alunos a opção de ter aula de Tai Chi ou Yoga, em vez de participar de aulas convencionais de ginástica. Acho que seria muito bom se essa opção fosse oferecida para outros níveis.

Um pequeno estudo realizado por meu colega Robert Wall combinou Tai Chi com redução do estresse baseada em atenção plena. Ele descobriu que esses alunos do ensino médio se sentiam mais calmos, mais relaxados, dormiam melhor, eram menos reativos e cuidavam melhor de si próprios.[7]

Da mesma forma, um estudo clínico randomizado de Yoga *versus* educação física realizado por colegas pesquisadores da Faculdade de Medicina de Harvard mostrou que os alunos do ensino médio que praticavam Yoga geral eram mais bem-humorados e se sentiam menos ansiosos, enquanto os que faziam aula de ginástica convencional apresentaram piora desses sintomas ao longo do estudo, que teve 10 semanas de duração.[8]

O Tai Chi Vai à Universidade e à Faculdade de Medicina

A época da faculdade muitas vezes é estressante. Em geral, é a primeira vez que os jovens moram sozinhos. A carga horária é puxada. Tem também as horas insuficientes de sono e as tentações de beber e usar drogas. O Tai Chi pode ser um bom antídoto contra o estresse.

Na verdade, o Tai Chi está sendo cada vez mais adotado nas faculdades norte-americanas. Muitos departamentos de educação física do ensino superior agora incluem alternativas de Tai Chi, Yoga ou meditação. Na China, o Tai Chi faz parte do currículo de quase todas as universidades. Os pesquisadores começaram a mostrar os benefícios do Tai Chi para os estudantes universitários. Um número crescente de estudos tem relatado que os estudantes universitários que fazem Tai Chi durante alguns meses melhoram a qualidade do sono e o humor e se sentem menos estressados.[9]

Nos Estados Unidos, o Tai Chi também está começando a entrar nas faculdades de medicina e enfermagem, como parte da tendência de maior formação psicossomática. O dr. Andrew Weil, professor de medicina, diretor e fundador do Centro de Medicina Integrativa da Universidade do Arizona, em Tucson, introduz o Tai Chi e práticas afins a todos os seus colegas de medicina interna. Cerca de 80% dos alunos da Faculdade de Medicina da Universidade de Georgetown fazem onze semanas de treinamento psicossomático durante o primeiro semestre letivo, e apresentam mudanças acentuadas em seus níveis relatados de estresse.[10] Eu exponho todos os colegas do Programa de Treinamento em Pesquisas de Medicina Complementar e Alternativa da Faculdade de Medicina de

Harvard ao Tai Chi e ao Qigong, e todos os anos ensino essas práticas a mais de 200 profissionais de saúde que participam do programa de educação continuada em medicina psicossomática da Faculdade de Medicina de Harvard.

A inclusão do Tai Chi na formação médica é especialmente valiosa. Por causa da carga horária rigorosa e da falta de sono, o nível de esgotamento físico e mental entre os estudantes de medicina e enfermagem é bastante alto.[11] As habilidades de redução do estresse que eles aprendem através do Tai Chi e de outros exercícios psicossomáticos serão levadas para o consultório para torná-los profissionais de saúde melhores. Uma nova geração de médicos e enfermeiros saberá como e quando prescrever terapias psicossomáticas para melhorar a saúde de seus pacientes. Aqueles que praticam essas habilidades também se tornam melhores conselheiros para seus pacientes. Existem boas evidências de que os pacientes têm mais propensão a seguir quem lidera pelo exemplo. Ou seja, um paciente com sobrepeso tende a seguir mais a recomendação para emagrecer feita por um médico magro do que por um médico gordo. Um médico com aspecto saudável e centrado tende a ter mais sucesso quando "prescreve" Tai Chi, Yoga ou meditação para os pacientes.[12]

Tai Chi – O Embaixador do Oriente para Questões de Autocuidado e Prevenção

O Tai Chi está ajudando a transformar a assistência de saúde ocidental em medicina integrativa. Os benefícios do Tai Chi à saúde baseiam-se cada vez mais em evidências, com mais de 700 trabalhos científicos publicados e mais de 180 estudos clínicos randomizados realizados até o momento. Pode-se dizer o Tai Chi desempenha um papel de embaixador, ajudando a integrar as abordagens oriental e ocidental para otimizar a saúde.

O Tai Chi não apenas serve como um catalisador e exemplo de medicina integrativa, mas também tem um nicho único. O Tai Chi tem algo a oferecer a todas as pessoas, jovens ou velhas, que querem se prevenir de doenças ou recuperar a saúde, que estão tentando controlar o estresse diário de maneira mais graciosa ou estão interessadas em autodescoberta, maior criatividade ou melhor desempenho esportivo. Graças a essa versatilidade, o Tai Chi pode exercer um impacto sobre o sistema de saúde ocidental e ajudar a manter você e o restante da sociedade física e psicologicamente saudáveis.

Apesar de todos nós sabermos que mudanças no estilo de vida, como exercícios e redução do estresse, podem ajudar a prolongar a vida, é difícil mudar de comportamento. Uma parte importante do trabalho dos pesquisadores de Tai Chi e dos elaboradores de programas de Tai Chi para pessoas de todas as idades será analisar o que motiva as pessoas a mudar suas vidas para melhor. O Tai Chi pode oferecer uma abordagem suficientemente diferente ao exercício e ao autocuidado para inspirar as pessoas a adotar um estilo de vida saudável.

Uma razão para isso é que o Tai Chi cultiva a responsabilidade e participação. Quando você faz o Tai Chi, sente-se mais saudável, em parte porque está participando ativamente dos cuidados com a sua própria saúde. Além disso, fica mais propenso a tornar-se fisicamente ativo e a fazer outras formas de exercício. A autodescoberta é uma habilidade de aprendizagem vitalícia. Praticar Tai Chi pode ser muito mais divertido do que fazer esteira todos os dias; portanto, é provável que você prefira o Tai Chi.

Mas a nossa cultura ocidental precisa encontrar novas formas de ensinar e divulgar o Tai Chi para conquistar novos adeptos e uma maior adesão a longo prazo. A ênfase em evidências científicas e o maior conhecimento dos mecanismos corporais, aliados à sabedoria oriental, podem tornar o Tai Chi ainda mais atraente para os novos alunos de Tai Chi, bem como para os profissionais de saúde que encaminham os pacientes para especialistas. Precisamos também de mais professores que possam construir a ponte entre o Oriente e o Ocidente.

Espero que este livro contribua para este conceito de ponte entre o Oriente e o Ocidente e o inspire a praticar Tai Chi e a aprender mais sobre ele, e talvez se tornar um professor. Uma das minhas experiências mais gratificantes como professor e pesquisador de Tai Chi foi saber que alguns participantes dos nossos estudos clínicos — que originalmente se oferecem como voluntários para participar dos estudos por razões de saúde — continuaram sua formação e se tornaram professores de Tai Chi. Talvez você esteja entre a próxima geração de professores de Tai Chi que trabalham com crianças em idade escolar, em um centro de bem-estar corporativo, com médicos ou em um lar de idosos e contribua para a integração do Tai Chi nos cuidados de saúde do século XXI.

Notas

Introdução

1. Ted Kaptchuk, *The Web That Has No Weaver: Understanding Chinese Medicine* (Nova York: McGraw-Hill, 2000).
2. A. C. Ahn *et al.*, "The Limits of Reductionism in Medicine: Could Systems Biology Offer an Alternative?" *Public Library of Science Medicine* 3, nº 6 (2006), e 208.
3. *Ibid.*

Capítulo 1

1. Existem dois sistemas para a transcrição fonética dos ideogramas chineses. Um deles é o sistema Wade-Giles, desenvolvido por pensadores acadêmicos ocidentais. O outro é o sistema Pinyin, mais usado atualmente. Ao longo de todo este livro, adotamos o sistema Pinyin, por exemplo, grafando Qigong (em vez de Chi Kung). No entanto, como o termo já é amplamente aceito no Ocidente, continuaremos a usar "Tai Chi", do sistema Wade-Giles, em vez de "Taiji" do sistema Pinyin.
2. Douglas Wile, *T'ai Chi's Ancestors: The Making of an Internal Art* (Brooklyn: Sweet Chi Press, 1999).
3. Os leitores interessados em discussões eruditas sobre a história do Tai Chi devem consultar Douglas Wile, *Lost T'ai-chi Classics from the Late Ch'ing Dynasty* (Albany: SUNY Press, 1996); Douglas Wile, *Tai Chi Touchstones: Yang Family Secret Transmissions*, Sweet Chi Press: Brooklyn, 2010; Douglas Wile, *T'ai Chi's Ancestors: The Making of an Internal Art* (Brooklyn: Sweet Chi Press: Brooklyn, 1999); Barbara Davis, *The Taijiquan Classics, An Annotated Translation* (Berkeley: North Atlantic Books, 2004); e Benjamin Lo, Martin Inn, Susan Foe e Robert Amacker, *The Essence of T'ai Chi Ch'uan: The Literary Tradition* (Berkeley: North Atlantic Books, 1993).
4. Para saber mais sobre a história de Shaolin e, de maneira mais geral, sobre a história das artes marciais chinesas, ver Meir Shahar, *The Shaolin Monastery: History, Religion, and the Chinese Martial Arts* (Honolulu: University of Hawaii Press, 2008); David Chow e Richard Spangler, *Kung Fu: History, Philosophy, and Techniques* (Dallas: Unique Publications, 1989); Donn Draeger e Robert Smith, *Comprehensive Asian Fighting Arts (Bushido –The Way of the Warrior)*, (Nova York: Kodansha USA, 1981); e Robert Smith, *Chinese Boxing Masters and Methods* (Berkeley: North Atlantic Books, 1993).
5. Para um relato histórico mais especializado sobre Chang San-feng, ver Anna Seidel, "A Taoist Immortal of the Ming Dynasty: Chang San-feng", *in* William DeBary, *Self and Society in Ming Thought* (Nova York: Columbia University Press, 1970), pp. 483-531.

6. Na verdade, a classificação das artes marciais em internas e externas representa um gradiente. Uma excelente análise desse tópico pode ser encontrada em: Barbara Davis, *The Taijiquan Classics: An Annotated Translation* (Berkeley: North Atlantic Books, 2004). Ver também Stanley Henning, "Chinese Boxing: The Internal vs. External Schools in Light of History and Theory", *Journal of Asian Martial Arts* 6, nº 3 (1997), pp. 10-19.
7. Outros relatos sugerem que Yang Lu-chan foi criado do mestre Chen Chang Shing; ver Barbara Davis, *The Taijiquan Classics, An Annotated Translation* (Berkeley: North Atlantic Books, 2004).
8. Para uma boa introdução das brincadeiras dos animais, ver Kenneth S. Cohen, *The Way of Qigong: The Art and Science of Chinese Energy Healing* (Nova York: Ballantine Books, 1997). Ver também: Yang Jwing-Ming, *The Root of Chinese Chi Kung* (Boston: YMAA Publications, 1989).
9. Seria um erro não reconhecer a longa história de mestres de Tai Chi que gostavam de beber, comer e fumar e que também tinham outros hábitos prejudiciais à saúde. Talvez a associação de Tai Chi com hábitos nocivos à saúde seja mais enfatizada na sociedade ocidental atual.
10. Poema anônimo escrito provavelmente no final do século XIX ou início do XX. De Barbara Davis, *The Taijiquan Classics: An Annotated Translation* (Berkeley: North Atlantic Books, 2004).
11. Para um bom resumo da história e do desenvolvimento de formas curtas padronizadas, ver Alexandra Ryan, "Globalization and the 'Internal Alchemy' *in* Chinese Martial Arts: The Transmission of Taijiquan to Britain", *East Asia Science, Technology, and Society* 2, nº 4 (2008), pp. 525-43.
12. Assim como o próprio Tai Chi, o Taoismo é bastante pluralístico, sendo que alguns ramos são mais seculares e outros, mais espirituais e esotéricos. Algumas excelentes referências ao Taoismo são Livia Kohn, *Introducing Daoism* (Londres: Routledge, 2008) e Eva Wong, *Taoism: An Essential Guide* (Boston: Shambhala, 2011).
13. Stephen Mitchell, *The Tao Te Ching* (Nova York: Harper Perennial, 1992).
14. *Ibid.*
15. Douglas Wile, *Lost T'ai-chi Classics from the Late Ch'ing Dynasty* (Albany: SUNY Press, 1996).
16. *Hall* da Felicidade é um bom exemplo de como outras filosofias, além do Taoismo, neste caso o Confucianismo, influenciaram a evolução do Tai Chi. Muitos dos textos do mestre Cheng também desenvolveram essa ligação. Ver Cheng Man Ching Enterprise, "Hall of Happiness", www.chengmanching.com/hallofhappiness.html.
17. Uma professora digna de menção nos Estados Unidos, antes de Cheng Man Ching, é a dançarina Sophia Delza que, em 1954, abriu a primeira escola de Tai Chi em Nova York, e em 1961 escreveu o primeiro livro em língua inglesa sobre essa arte: Sophia Delza, *Tai Chi Chuan: Body and Mind in Harmony* (N. Canton, Ohio: Good News Publishing, 1961). Para uma análise mais geral sobre a história da Medicina Tradicional Chinesa nos Estados Unidos, ver Linda Barnes, *Needles, Herbs, Gods, and Ghosts: China, Healing, and the West to 1842* (Cambridge, Massachusetts: Harvard University Press, 2005).
18. Para saber mais sobre a vida de Cheng Man Ching, ver Barbara Davis, "In Search of a Unified Dao: Zheng Manqing's Life and Contributions to Taijiquan", *Journal of Asian Martial Arts* 5, nº 2 (1996), pp. 36-59; e Cheng Man Ching e Mark Hennessey, *Master of Five Excellences* (Berkeley: North Atlantic Books, 1995).
19. Douglas Wile, *Lost T'ai-chi Classics from the Late Ch'ing Dynasty* (Albany: SUNY Press, 1996).
20. Ver http://worldtaichiday.org.
21. Uma excelente discussão sobre o impacto do Ocidente nas práticas chinesas como o Tai Chi pode ser encontrada em Alexandra Ryan, "Globalization and the 'Internal Alchemy' *in* Chinese Martial Arts: The Transmission of Taijiquan to Britain", *East Asia Science, Technology,*

and Society 2, nº 4 (2008), pp. 525-43. Ver também Nancy Chen, *Breathing Spaces* (Nova York: Columbia University Press, 2003); Elizabeth Hsu, *The Transmission of Chinese Medicine (Cambridge Studies in Medical Anthropology)*, (Cambridge, RU: Cambridge University Press, 1999); e Heiner Freuhauf, "Chinese Medicine in Crisis: Science, Politics, and the Making of TCM", *Journal of Chinese Medicine* (outubro de 1999).

22. Ver, por exemplo, Joseph Needham, *Science and Civilization in China*, vol. 6, *Biology and Biological Technology*, parte 1, *Botany* (Taipei: Caves Books, 1986); Robert K. G. Temple, *The Genius of China: 3,000 Years of Science, Discovery, and Invention* (Nova York: Simon e Schuster, 1986).
23. J. Van Deusen e D. Harlowe, "The Efficacy of the ROM Dance Program for Adults with Rheumatoid Arthritis", *American Journal of Occupational Therapy* 41, nº 2 (1987), pp. 90-5.
24. G. S. Birdee, P. M. Wayne, R. B. Davis, R. S. Phillips e G. Y. Yeh, "T'ai Chi and Qigong for Health: Patterns of Use in the United States", *Journal of Alternative and Complementary Medicine* 15, nº 9 (2009), pp. 969-73.
25. S. L. Wolf *et al.*, "Reducing Frailty and Falls in Older Persons: An Investigation of Tai Chi and Computerized Balance Training. Atlanta FICSIT Group. Frailty and Injuries: Cooperative Studies of Intervention Techniques", *Journal of the American Geriatrics Society* 44, nº 5 (1996), pp. 489-97.
26. Alguns exemplos de pesquisas sobre Qigong e Qi incluem G. Yount *et al.*, "In Vitro Test of External Qigong", *BMC Complementary and Alternative Medicine* 4, nº 5 (2004), pp. 1-8; K. W. Chen *et al.*, "A Preliminary Study of the Effect of External Qigong on Lymphoma Growth in Mice", *Journal of Alternative and Complementary Medicine* 8, nº 5 (2002), pp. 615-21; A. P. Colbert, "Electrodermal Activity at Acupoints: Literature Review and Recommendations for Reporting Clinical Trials", *Journal of Acupuncture and Meridian Studies* 4, nº 1 (2011), pp. 5-13; A. C. Ahn *et al.*, "Electrical Impedance of Acupuncture Meridians: the Relevance of Subcutaneous Collagenous Bands", *PLoS One* 5, nº 7 (2010), e11907; A. C. Ahn *et al.*, "Electrical Properties of Acupuncture Points and Meridians: A Systematic Review", *Bioelectromagnetics* 29, nº 4 (2008), pp. 245-56; N. T. Jou e S. X. Ma, "Responses of Nitric Oxide-cGMP Release in Acupuncture Point to Electroacupuncture in Human Skin in Vivo Using Dermal Microdialysis", *Microcirculation* 16, nº 5 (2009), pp. 434-43; P. L. Faber *et al.*, "EEG Source Imaging during Two Qigong Meditations", *Cognitive Processing* 13, nº 3 (2012), pp. 255-65. Para boas revisões, ver Wayne B. Jonas e Cindy C. Crawford, *Healing, Intention, and Energy Medicine: Science, Research Methods, and Clinical Implications* (Filadélfia: Churchill Livingstone, 2003); e K. W. Chen, "An Analytic Review of Studies on Measuring Effects of External QI in China", *Alternative Therapies in Health and Medicine* 10, nº 4 (2004), pp. 38-50; D. L. Fazzino *et al.*, "Energy Healing and Pain: A Review of the Literature", *Holistic Nursing Practice* 24, nº 2 (2010), pp. 79-88; S. Jain e P. J. Mills. "Biofield Therapies: Helpful or Full of Hype? A Best Evidence Synthesis, *Internal Journal of Behavioral Medicine*, 17, nº 1 (2010), pp. 1-16; J. Levin, "Energy Healers: Who They Are and What They Do", *Explore* 7, nº 13 (2011), pp. 13-26; B. Rubik "The Biofield Hypothesis: Its Biophysical Basis and Role in Medicine, *Journal of Alternative and Complementary Medicine*, 8, nº 6 (2002), pp. 703-17.

Capítulo 2

1. A nossa abordagem é semelhante à desenvolvida por S. L. Wolf e colegas em seu importante estudo de Tai Chi para equilíbrio na Universidade Emory: S. L. Wolf *et al.*, "Reducing Frailty and Falls in Older Persons: An Investigation of Tai Chi and Computerized Balance Training. Atlanta FICSIT Group. Frailty and Injuries: Cooperative Studies of Intervention Techniques", *Journal of the American Geriatrics Society* 44, nº 5 (1996), pp. 489-97. Ver também

S. L. Wolf *et al.*, "Exploring the Basis for Tai Chi Chuan", *Archives of Physical Medicine Rehabilitation* 78, nº 8 (1997), pp. 886-92.

2. Wolfe Lowenthal, *There Are No Secrets: Professor Cheng Man Ch'ing and His T'ai Chi Chuan* (Berkeley: North Atlantic Books, 1993), capítulo 23.
3. A linguagem relacionada com percepção que uso em meus ensinamentos é fortemente influenciada por meu estudo de Gestos de Consciência, desenvolvida por meu professor Charles Genoud. Ver Charles Genoud, *Gesture of Awareness: A Radical Approach to Time, Space, and Movement* (Somerville, Massachusetts: Wisdom Publications, 2006).
4. Entre as revisões sistemáticas de estudos que avaliaram os aspectos de atenção plena e percepção da meditação estão P. Grossman *et al.*, "Mindfulness-Based Stress Reduction and Health Benefits: A Meta-analysis", *Journal of Psychosomatic Research* 57, nº 1 (2004), pp. 35-43; e A. Chiesa e A. Serretti, "A Systematic Review of Neurobiological and Clinical Features of Mindfulness Meditations", *Psychological Medicine* 40, nº 8 (2010), pp. 1239-52. Ver também M. E. Teixeira, "Meditation as an Intervention for Chronic Pain: An Integrative Review", *Holistic Nursing Practice* 22, nº 4 (2008), pp. 225-34.
5. L. Li e B. Manor, "Long Term Tai Chi Exercise Improves Physical Performance Among People with Peripheral Neuropathy", *American Journal of Chinese Medicine* 38, nº 3 (2010), pp. 449-59.
6. Alguns exemplos de estudos sobre propriocepção e cinestesia incluem W. W. Tsang e C. W. Hui-Chan, "Effects of Tai Chi on Joint Proprioception and Stability Limits in Elderly Subjects, *Medicine, Science, Sports, and Exercise* 35, nº 12 (2003), pp. 1962-71; B. H. Jacobson *et al.*, "The Effect of T'ai Chi Chuan Training on Balance, Kinesthetic Sense, and Strength", *Perception and Motor Skills* 84, nº 1 (1997), pp 27-33; D. Xu *et al.*, "Effect of Tai Chi Exercise on Proprioception of Ankle and Knee Joints in Old People", *British Journal of Sports Medicine* 38, nº 1 (2004), pp. 50-4; e S. M. Fong e G. Y. Ng, "The Effects on Sensorimotor Performance and Balance with Tai Chi Training", *Archives of Physical Medicine Rehabilitation* 87, nº 1 (2006), p. 82-7.
7. M. A. Killingsworth e D. T. Gilbert, "A Wandering Mind Is an Unhappy Mind", *Science* 330, nº 6006 (2010), p. 932. Discutido mais detalhadamente no Capítulo 8, "Aguce a sua Mente".
8. Exemplos recentes de pesquisas sobre meditação incluem F. Zeidan *et al.*, "The Effects of Brief Mindfulness Meditation Training on Experimentally Induced Pain", *Journal of Pain* 11, nº 3 (2010), pp. 199-209; R. J. Davidson *et al.*, "Alterations in Brain and Immune Function Produced by Mindfulness Meditation", *Psychosomatic Medicine* 65, nº 4 (2010), pp. 564-70; L. E. Carlson *et al.*, "One Year Pre-Post Intervention Follow-up of Psychological, Immune, Endocrine, and Blood Pressure Outcomes of Mindfulness-Based Stress Reduction (MBSR) in Breast and Prostate Cancer Outpatients", *Brain, Behavior, and Immunology* 21, nº 8 (2007), pp. 1038-049; J. Carmody e R. Baer, "Relationships between Mindfulness Practice and Levels of Mindfulness, Medical and Psychological Symptoms, and Well-Being in a Mindfulness-Based Stress Reduction Program", *Journal of Behavioral Medicine* 31, nº 1 (2007), pp. 23-33.
9. Para uma discussão mais extensa sobre a impossibilidade de usar controle com placebo nos estudos clínicos sobre Tai Chi, ver P. M. Wayne e T. J. Kaptchuk, "Challenges Inherent to Tai Chi Research: Part 2 — Defining the Intervention and Optimal Study Design", *Journal of Alternative and Complementary Medicine* 14, nº 2 (2008), pp. 191-97.
10. Jeanne Achterberg, *Imagery and Healing* (Boston: Shambhala, 2002). Para excelentes análises de imagens mentais em relação ao Tai Chi, ver também Martin Mellish, *A Tai Chi Imagery Workbook: Spirit, Intent, and Motion* (Londres: Jessica Kingsley, 2010); Bruce McFarlane, "Notes on Anatomy and Physiology: Using Imagery to Relax the Weight", *From the Tiger's Mouth: Official Blog of the International Taoist Tai Chi Society*, 25 de abril de 2010, http://ittcs.wordpress.com/?s=imagery.

11. Bons exemplos são E. Lang *et al.*, "Adjunctive Self-Hypnotic Relaxation for Outpatient Medical Procedures: A Prospective Randomized Trial with Women Undergoing Large Core Breast Biopsy", *Pain* 126, n°s 1-3 (2006), pp. 155-64; O. Eremin, "Immuno-Modulatory Effects of Relaxation Training and Guided Imagery in Women with Locally Advanced Breast Cancer Undergoing Multimodality Therapy: A Randomized Controlled Trial", *Breast* 18, nº 1 (2009), pp. 17-25.
12. As evidências dessas teorias são oriundas do campo de imagens motoras. Alguns estudos representativos incluem T. Mulder *et al.*, "Observation, Imagination, and Execution of an Effortful Movement: More Evidence for a Central Explanation of Motor Imagery", *Experimental Brain Research* 163, nº 3 (2005), pp. 344-51; C. Schuster *et al.*, "Best Practice for Motor Imagery: A Systematic Literature Review on Motor Imagery Training Elements in Five Different Disciplines", *BMC Medicine* 17, nº 9 (2011), p. 75; M. Jeannerod, "Neural Simulation of Action: A Unifying Mechanism for Motor Cognition", *Neuroimage* 14, nº 1, parte 2 (2001), S103-9; e S. J. Page *et al.*, "Mental Practice in Chronic Stroke: Results of a Randomized, Placebo-Controlled Trial", *Stroke* 38, nº 4 (2007), pp. 1293-297. O Capítulo 8, "Aguce a sua Mente", apresenta mais uma discussão sobre as pesquisas de imagens motoras.
13. Uma boa revisão desse tópico é encontrada em H. A. Shlagter *et al.*, "Mental Training as a Tool in the Neuroscientific Study of Brain and Cognitive Plasticity", *Frontiers in Human Neuroscience* 10, nº 5 (2011), p. 17.
14. Resumos das pesquisas com placebo podem ser encontrados em Anne Harrington, *The Placebo Effect: An Interdisciplinary Exploration* (Cambridge, Massachusetts: Harvard University Press, 1999); Fabrizio Benedetti, *Placebo Effects: Understanding the Mechanisms in Health and Disease* (Oxford: Oxford University Press, 2008).
15. T. T. Liang, *Imagination Becomes Reality* (Little Canada: Dragon Door Publications, 1992).
16. T. J. Kaptchuk, J. M. Kelley, A. Deykin, P. M. Wayne, L. C. Lasagna, I. O. Epstein, I. Kirsch, M. E. Wechsler. "Do 'Placebo Responders' Exist?" *Contemporary Clinical Trials* 29 (2008), pp. 587-95.
17. Para uma discussão mais aprofundada sobre imagens mentais e Tai Chi, ver: Martin Mellish, *A Tai Chi Imagery Workbook: Spirit, Intent, and Motion* (Londres: Jessica Kingsley, 2010).
18. Ver, por exemplo, A. C. Ahn *et al.*, "Electrical Properties of Acupuncture Points and Meridians: A Systematic Review", *Bioelectromagnetics* 29, nº 4 (2008), pp. 245-56; A. C. Ahn *et al.*, "Electrical Impedance of Acupuncture Meridians: The Relevance of Subcutaneous Collagenous Bands", *PLoS One* 5, nº 7 (2012), e11907; H. M. Langevin e J. A. Yandow, "Relationship of Acupuncture Points and Meridians to Connective Tissue Planes", *The Anatomical Record* 269, nº 6 (2002), pp. 257-65.
19. James Oschman, *Energy Medicine: The Scientific Basis* (Filadélfia: Churchill Livingstone, 2000).
20. O importante papel do tecido conjuntivo nessa matriz, bem como seu potencial para fazer uma ponte entre o conceito de integração baseado em mecânica do Ocidente e o conceito de integração baseado em energia do Oriente, são lindamente captados na seguinte citação do dr. James Oschman:

    O tecido conjuntivo forma um sistema continuamente interconectado por todo o corpo vivo. Todos os movimentos, do corpo como um todo e de suas partes menores, são gerados pelas tensões transportadas pela rede de tecido conjuntivo. Trata-se de um material líquido cristalino cujos componentes são semicondutores, propriedades que dão origem a muitas propriedades extraordinárias. Uma das propriedades semicondutoras do tecido conjuntivo é a piezoeletricidade, do grego, que significa "eletricidade por pressão". Por causa da piezoeletricidade, cada movimento corporal, cada pressão e cada tensão em qualquer parte gera uma variedade de sinais ou microcorrentes bioelétricos oscilantes e outros tipos de sinais...

Graças à continuidade e condutividade do tecido conjuntivo, esses sinais se propagam pelos tecidos... e também são conduzidos para as células. Se as partes do organismo funcionam de maneira cooperativa e cada célula sabe o que cada uma das outras células está fazendo, isso se deve as propriedades de continuidade e sinalização do tecido conjuntivo.

James Oschman, *Energy Medicine: The Scientific Basis* (Filadélfia: Churchill Livingstone, 2000). Ver também: Emily Conrad, *Life on Land: The Story of Continuum* (Berkeley: North Atlantic Books, 2007) e Bonnie Gintis, *Engaging the Movement of Life* (Berkeley: North Atlantic Books, 2007).

21. Chen Wei-Mind, Benjamin Pang Jeng Lo e Robert W. Smith, *T'ai Chi Ch'uan Ta Wen: Questions and Answers on T'ai Chi Ch'uan* (Berkeley: North Atlantic Books, 1993).
22. Cheng Man Ching, tradução de Mark Hennessy, *Master Cheng's New Method of Taichi Ch'uan Self-Cultivation* (Berkeley: Blue Snake Books, 1999).
23. Charles Darwin, *The Expression of Emotions in Man and Animals* (Londres: Penguin Classics, 2009); Paul Eckman, *What the Face Reveals: Basic and Applied Studies of Spontaneous Expression Using the Facial Action Coding System (FACS)* (Series in Affective Science) (Nova York: Oxford University Press, 2005).
24. D. R. Carney *et al.*, "Power Posing: Brief Nonverbal Displays Affect Neuroendocrine Levels and Risk Tolerance", *Psychological Sciences* 21, nº 10 (2010), pp. 1363-368.
25. Para uma revisão sistemática do Tai Chi para quadros álgicos que salienta a segurança do Tai Chi, ver C. Wang, "Tai Chi and Rheumatic Diseases", *Rheumatological Disease Clinics of North America* 37, nº 1 (2010), pp. 19-32.
26. Surpreendentemente, a compreensão científica da fisiologia do alongamento e, portanto, dos tipos de alongamento que são mais seguros e mais eficazes é inconclusiva e objeto de controvérsia. Para resumos dessas pesquisas, ver L. C. Decoster *et al.*, "The Effects of Hamstring Stretching on Range of Motion: A Systematic Literature Review", *Journal of Orthopaedic & Sports Physical Therapy* 35, nº 6 (junho de 2005), pp 377-87; L. E. Hart, "Effect of Stretching on Sport Injury Risk: A Review", *Medicine and Science in Sports and Exercise* 15, nº 2 (2005), p. 113; R. Shehab *et al.*, "Pre-Exercise Stretching and Sports Related Injuries: Knowledge, Attitudes and Practices", *Clinical Journal of Sport Medicine* 16, nº 3 (maio de 2006), pp. 228-31.
27. L. Sheppard *et al.*, "The National Blueprint Consensus Conference Summary Report: Strategic Priorities for Increasing Physical Activity among Adults Aged ≥ 50", *American Journal of Preventive Medicine* 25, nº 3, suplemento 2 (2001), pp. 209-13.
28. Para um bom resumo da intensidade aeróbica do Tai Chi, ver C. Lan *et al.*, "The Exercise Intensity of Tai Chi Chuan", *Medicine and Sport Science* 52 (2008), pp. 12-9.
29. G. Y. Yeh, E. P. McCarthy, P. M. Wayne, L. W. Stevenson, M. J. Wood, D. Forman, R. B. Davis e R. S. Phillips, "Tai Chi Exercise in Patients with Chronic Heart Failure: A Randomized Clinical Trial", *Archives of Internal Medicine* 171, nº 8 (2011), pp. 750-57; J. A. Fontana *et al.*, "Tai Chi as an Intervention for Heart Failure", *Nursing Clinics of North America* 35 (2000), pp. 1031-046.
30. Revisões sistemáticas do Tai Chi para pacientes com doença cardiovascular ou fatores de risco cardiovascular confirmam que o Tai Chi é seguro para essa população. Ver: G. Y. Yeh, C. Wang, P. M. Wayne e R. Phillips, "Tai Chi Exercise for Patients with Cardiovascular Conditions and Risk Factors: A Systematic Review", *Journal of Cardiopulmonary Rehabilitation Prevention* 29, nº 3 (2009), pp. 152-60; R. E. Taylor-Pillae e E. S. Froelicher, "The Effectiveness of Tai Chi Exercise in Improving Aerobic Capacity: A Meta Analysis", *Journal of Cardiovascular Nursing* 19, nº 1 (2004), pp. 48-57.
31. Ver, por exemplo, G. Wu e D. Mellon, "Joint Kinetics During Tai Chi Gait and Normal Walking Gait in Young and Elderly Tai Chi Chuan Practitioners", *Clinical Biomechanics* 23, nº 6 (2008), pp. 787-95; G. Wu e J. Hitt, "Ground Contact Characteristics of Tai Chi Gait",

Gait Posture 22, nº 1 (2005), pp. 32-9; P. M. Wayne, D. P. Kiel, J. E. Buring, E. M. Connors, P. Bonato, G. Y. Yeh, C. J. Cohen, C. Mancinelli e R. B. Davis, "Impact of Tai Chi Exercise on Multiple Fracture-Related Risk Factors in Post-Menopausal Osteopenic Women: A Pilot Pragmatic, Randomized Trial. *BMC Complementary and Alternative Medicine* 12, nº 7 (2012); P. M. Wayne, D. E. Krebs, S. L. Wolf, K. M. Gill-Body, D. M. Scarborough, C. A. McGibbon, T. J. Kaptchuk e S. W. Parker, "Can Tai Chi Improve Vestibulopathic Postural Control?" *Archives of Physical Medicine Rehabilitation* 85, nº 1 (2004), pp. 142-52; P. M. Wayne, D. P. Kiel, D. E. Krebs, R. B. Davis, J. Savetsky-German, M. Connolly e J. E. Buring, "The Effects of Tai Chi on Bone Mineral Density in Postmenopausal Women: A Systematic Review", *Archives of Physical Medicine Rehabilitation* 88, nº 5 (2007), pp. 673-80.

32. S. L. Wolf *et al.*, "Reducing Frailty and Falls in Older Persons: An Investigation of Tai Chi and Computerized Balance Training", *Journal of the American Geriatrics Society* 44, nº 5 (1996), pp. 489-97.
33. Ver C. Wang, "Tai Chi and Rheumatic Diseases", *Rheumatological Disease Clinics of North America* 37, nº 1 (2010), pp. 19-32, bem como o Capítulo 4.
34. Para uma excelente história da respiração nas tradições ocidentais, ver Don Hanlon Johnson, *Bone, Breath, and Gesture: Practices of Embodiment Volume 1* (Berkeley: North Atlantic Books, 1995).
35. Ver A. W. Chan *et al.*, "Tai Chi Qigong Improves Lung Functions and Activity Tolerance in COPD Clients: A Single Blind, Randomized Controlled Trial", *Complementary Therapies in Medicine* 19, nº 1 (2011), pp. 3-11; R. W. Leung *et al.*, "A Study Design to Investigate the Effect of Short-Form Sun-Style Tai Chi in Improving Functional Exercise Capacity, Physical Performance, Balance, and Health-Related Quality of Life in People with Chronic Obstructive Pulmonary Disease (COPD)", *Contemporary Clinical Trials* 32, nº 2 (2011), pp. 267-72; S. Kiatboonsri *et al.*, "Effects of Tai Chi Qigong Training on Exercise Performance and Airway Inflammation in Moderate to Severe Persistent Asthma", *CHEST* 134 (2008), s54003.
36. Essa afirmação é corroborada por estudos epidemiológicos de grande escala, como G. D. Friedman *et al.*, "Lung Function and Risk of Myocardial Infarction and Sudden Cardiac Death", *New England Journal of Medicine* 294, nº 20 (1976), pp. 1071-075; P. C. Hall, "Impaired Lung Function and Mortality Risk in Men and Women: Findings from the Renfrew and Paisley Prospective Population Study", *British Medical Journal* 313, nº 7059 (1996), p. 21; pp. 711-15; e J. Weuve *et al.*, "Forced Expiratory Volume in 1 Second and Cognitive Aging in Men", *Journal of the American Geriatrics Society* 59, nº 7 (2011), pp. 1283-292.
37. Ver, por exemplo, E. H. Hulzebos *et al.*, "Preoperative Intensive Inspiratory Muscle Training to Prevent Postoperative Pulmonary Complications in High-Risk Patients Undergoing CABG Surgery: A Randomized Clinical Trial", *Journal of the American Medical Association* 296, nº 15 (2006), pp. 1851-857.
38. T. Raupach *et al.*, "Slow Breathing Reduces Sympathoexcitation in COPD", *European Respiratory Journal* 32, nº 2 (2008), pp. 387-92.
39. Ver, por exemplo, E. Agostoni e H. Rand, "Abdominal and Thoracic Pressures at Different Lung Volumes", *Journal of Applied Physiology* 15 (1960), pp. 1087-092; G. E. Tzelepis *et al.*, "Transmission of Pressure within the Abdomen", *Journal of Applied Physiology* 81, nº 3 (1996), pp. 1111-114; e J. Mead *et al.*, "Abdominal Breathing Transmission in Humans during Slow Breathing Maneuvers", *Journal of Applied Physiology* 68, nº 5 (1990), pp. 1850-853.
40. T. Osada *et al.*, "Determination of Comprehensive Arterial Blood Inflow in Abdominal-Pelvic Organs: Impact of Respiration and Posture on Organ Perfusion", *Medical Science Monitor* 17, nº 2 (2011), CR57-66.
41. W. E. Mehling *et al.*, "Randomized Controlled Trial of Breath Therapy in Patients with Chronic Low Back Pain", *Alternatives Therapies for Health and Medicine* 11, nº 4 (2005), pp. 44-52. Ver

também W. E. Mehling, "The Experience of Breath as a Therapeutic Intervention – Psychosomatic Forms of Breath Therapy. A descriptive study about the actual situation of breath therapy in Germany, its relation to medicine, and its application in patients with back pain". *Forsch Komplementarmed Klass Naturheilkd* 8, nº 6 (2001), pp. 359-67.

42. B. N. Uchino, "Understanding the Links between Social Support and Physical Health", *Perspectives on Psychological Science* 4 (2009), pp. 236-55; F. Mookadam e H. M. Arthur, "Social Support and Its Relationship to Morbidity and Mortality after Acute Myocardial Infarction: Systematic Overview", *Archives of Internal Medicine* 164 (2004), pp. 1514-518.
43. T. J. Kaptchuk *et al.*, "Components of Placebo Effect: Randomised Controlled Trial in Patients with Irritable Bowel Syndrome", *British Medical Journal* 336, nº 7651 (2008), pp. 999-1003; L. A. Conboy *et al.*, "Which Patients Improve: Characteristics Increasing Sensitivity to a Supportive Patient-Practitioner Relationship", *Social Sciences and Medicine* 70, nº 3 (2010), pp. 479-84.
44. M. H. Huffman, "Health Coaching: A Fresh, New Approach to Improve Quality Outcomes and Compliance for Patients with Chronic Conditions", *Home Healthcare Nurse* 27, nº 8 (2009), pp. 490-96; T. G. Wetzel, "Health Coaching", *Hospital Health Networks* 85, nº 5 (2011), pp. 20-4.
45. Harold George Koenig e Harvey Jay Cohen, *The Link between Religion and Health: Psychoneuroimmunology and the Faith Factor* (Nova York: Oxford University Press, 2002).
46. Assim como o Tai Chi, a filosofia taoista é bastante diversa. Para boas introduções ao Taoismo, ver Livia Kohn, *Introducing Daoism* (Londres: Routledge, 2008); Eva Wong, *Taoism: An Essential Guide* (Boston: Shambhala, 2011).
47. J. A. Astin, "Why Patients Use Alternative Medicine: Results of a National Study", *Journal of the American Medical Association* 279, nº 19 (1998), pp. 1548-553. Ver também T. J. Kaptchuk e D. Eisenberg, "The Persuasive Appeal of Alternative Medicine", *Annals of Internal Medicine* 129, nº 12 (1998), pp. 1061-065.
48. Jeffrey S. Levin e Wayne B. Jonas, *Essentials of Complementary and Alternative Medicine* (Filadélfia: Lippincott Williams & Wilkins, 1999). O capítulo introdutório desse livro apresenta uma boa visão geral da abordagem holística à saúde e aos cuidados de saúde.
49. A. L. Goldberger, "Giles F. Filley Lecture: Complex Systems", *Proceedings of the American Thoracic Society* 3, nº 6 (2006), pp. 467-71; A. L. Goldberger, "Fractal Dynamics in Physiology: Alterations with Disease and Aging", *Procedures of the National Academy of Science USA* 99, suplemento 1 (2002), pp. 2466-472; B. Manor *et al.*, "Physiological Complexity and System Adaptability: Evidence from Postural Control Dynamics of Older Adults", *Journal of Applied Physiology* 109, nº 6 (2010), pp. 1786-789; P. H. Chaves *et al.*, "Physiological Complexity Underlying Heart Rate Dynamics and Frailty Status in Community-Dwelling Older Women", *Journal of the American Geriatrics Society* 56, nº 9 (2008), pp. 1698-703; P. M. Wayne *et al.* "A Systems Biology Approach to Studying Tai Chi, Physiological Complexity and Healthy Aging: Design and Rationale of a Pragmatic Randomized Controlled Trial", *Contemporary Clinical Trials* (publicação *on-line* em 9 outubro de 2012).
50. M. Sasagawa, "Positive Correlation between the Use of Complementary and Alternative Medicine and Internal Health Locus of Control", *Explore* 4, nº 1 (2008), pp. 38-41.
51. R. E. Taylor-Piliae e E. S. Froelicher, "Measurement Properties of Tai Chi Exercise Self-Efficacy among Ethnic Chinese with Coronary Heart Disease Risk Factors: A Pilot Study", *European Journal of Cardiovascular Nursing* 3, nº 4 (2004), pp. 287-94; F. Li *et al.*, "Tai Chi, Self-Efficacy, and Physical Function in the Elderly", *Prevention Science* 2, nº 4 (2001), pp. 229-39.
52. C. Wang, "Tai Chi and Rheumatic Diseases", *Rheumatological Disease Clinics of North America* 37, nº 1 (2010), pp. 19-32; G. Y. Yeh, C. Wang, P. M. Wayne e R. Phillips, "Tai Chi Exercise for Patients with Cardiovascular Conditions and Risk Factors: A Systematic Review",

Journal of Cardiopulmonary Rehabilitation Prevention 29, nº 3 (2009), pp. 152-60; R. W. Motl e E. McAuley, "Physical Activity, Disability, and Quality of Life in Older Adults", *Physical Medicine and Rehabilitation Clinics of North America* 21, nº 2 (2010), pp. 299-308.

53. S. Kliewer, "Allowing Spirituality into the Healing Practice", *Journal of Family Practice* 53, nº 8 (2004), pp. 616-24.
54. George Gallup e D. Michael Lindsay, *Surveying the Religious Landscape: Trends in US Beliefs* (Nova York: Morehouse Group, 1999); S. Kliewer, "Allowing Spirituality into the Healing Practice", *Journal of Family Practice* 53, nº 8 (2004), pp. 616-24.
55. A. H. Fortin VI e K. G. Barnett, "Medical School Curricula in Spirituality and Medicine", *Journal of the American Medical Association* 291, nº 23 (2004), p. 2883.
56. Harold George Koenig, *Handbook of Religion and Health* (Nova York: Oxford University Press, 2001). Harold George Koenig e Harvey Jay Cohen, *The Link between Religion and Health: Psychoneuroimmunology and the Faith Factor* (Nova York: Oxford University Press, 2002).
57. Ver, por exemplo, Robert Ader, *Psychoneuroimmunology*, 4ª ed. (Salt Lake City: Academic Press, 2006).
58. William James, *The Varieties of Religious Experience* (Nova York: Cosimo, 2007). [*As Variedades da Experiência Religiosa*, publicado pela Editora Cultrix, São Paulo, 1992.]

Capítulo 4

1. "Bone Health and Osteoporosis: A Report of the Surgeon General", Rockville, Maryland: Departamento de Saúde e Serviços Humanos dos Estados Unidos, 2004.
2. A discussão sobre controle postural neste capítulo baseia-se, em grande parte, no modelo de Anne Shumway-Cook e Marjorie Woollacott, *Motor Control: Translating Research into Clinical Practice*, 4ª ed. (Filadélfia, Lippincott Williams & Wilkins, 2011).
3. Stephen R. Lord *et al.*, *Falls in Older People: Risk Factors and Strategies for Prevention*, 2ª edição (Cambridge, Massachusetts: Cambridge University Press, 2007); W. R. Frontera *et al.*, "Aging of Skeletal Muscle: A 12-Year Longitudinal Study", *Journal of Applied Physiology* 88, nº 4 (2000), pp. 1321-326; Lewis C. Bottomley, "Musculoskeletal Changes with Age", *in* C. Lewis, org., *Aging: Health Care's Challenge*, 2ª ed. (Filadélfia: F. A. Davis, 1990); A. A. Vandervoort *et al.*, "Age and Sex Effects on Mobility of the Human Ankle", *Journal of Gerontology* 47, nº 1 (1992), M17-21.
4. W. M. Paulus *et al.*, "Visual Stabilization of Posture. Physiological Stimulus Characteristics and Clinical Aspects", *Brain* 107, pt. 4 (1984), pp. 1143-163.
5. M. Magnusson *et al.*, "Significance of Pressor Input from the Human Feet in Lateral Postural Control: The Effect of Hypothermia on Galvanically Induced Body-Sway", *Acta Oto-Laryngologica* 110, nºs 5-6 (1990), pp. 321-27.
6. Anne Shumway-Cook e Marjorie Woollacott, *Motor Control: Translating Research into Clinical Practice*, 4ª ed. (Filadélfia, Lippincott Williams & Wilkins, 2011).
7. D. G. Pitts, "Visual Acuity as a Function of Age", *Journal of American Optometric Association* 53, nº 2 (1982), pp. 117-24; N. S. Gittings e J. L. Fozard, "Age-Related Changes in Visual Acuity", *Experimental Gerontology* 21, nºs 4-5 (1986), pp. 423-33; S. L. Lord, "Vision, Balance, and Falls in the Elderly", *Geriatric Times* 4, nº 6 (2003), pp. 9-10.
8. P. F. Meyer *et al.*, "Reduced Plantar Sensitivity Alters Postural Responses to Lateral Perturbations of Balance", *Experimental Brain Research* 157, nº 4 (2004), pp. 526-36; P. F. Meyer *et al.*, "The Role of Plantar Cutaneous Sensation in Unperturbed Stance", *Experimental Brain Research* 154, nª 4 (2004), pp. 505-12; L. Li e B. Manor, "Long Term Tai Chi Exercise Improves Physical Performance among People with Peripheral Neuropathy", *American Journal of Chinese Medicine* 38, nº 3 (2010), pp. 449-59; G. C. Gauchard *et al.*, "Beneficial Effect of Pro-

prioceptive Physical Activities on Balance Control in Elderly Human Subjects", *Neuroscience Letters* 273 (1999), pp. 81-4.

9. B. M. Tourtillott *et al.*, "Age-Related Changes in Vestibular Evoked Myogenic Potentials Using a Modified Blood Pressure Manometer Feedback Method", *American Journal of Audiology* 19, nº 2 (2010), pp. 100-08; T. Brandt *et al.*, "Long-Term Course and Relapses of Vestibular and Balance Disorders", *Restorative Neurology and Neuroscience* 28, nº 1 (2010), pp. 69-82.
10. Anne Shumway-Cook e Marjorie Woollacott, *Motor Control: Translating Research into Clinical Practice*, 4ª ed. (Filadélfia: Lippincott Williams & Wilkins, 2011).
11. A. C. Scheffer *et al.*, "Fear of Falling: Measurement Strategy, Prevalence, Risk Factors and Consequences among Older Persons", *Age and Ageing* 37, nº 1 (2008), pp. 19-24; J. Visschedijk *et al.*, "Fear of Falling after Hip Fracture: A Systematic Review of Measurement Instruments, Prevalence, Interventions, and Related Factors", *Journal of the American Geriatrics Society* 58, nº 9 (2010), pp. 1739-748.
12. T. Herman *et al.*, "Executive Control Deficits as a Prodrome to Falls in Healthy Older Adults: A Prospective Study Linking Thinking, Walking, and Falling", *Journals of Gerontology: Series A: Biological Sciences and Medical Sciences* 65, nº 10 (2010), pp. 1086-092; G. Yogev-Seligmann *et al.*, "The Role of Executive Function and Attention in Gait", *Movement Disorders* 23, nº 3 (2008), pp 329-42.
13. A. J. Campbell *et al.*, "Falls in Old Age: A Study of Frequency and Related Clinical Factors", *Age and Ageing* 10, nº 4 (1981), pp. 264-70; M. E. Tinetti *et al.*, "Risk Factors for Falls among Elderly Persons in the Community", *New England Journal of Medicine* 319, nº 26 (1988), pp. 1701-707; L. A. Lipsitz *et al.*, "Causes and Correlates of Recurrent Falls in Ambulatory Frail Elderly", *Journal of Gerontology* 46, nº 4 (1991), M114-22.
14. L. Z. Rubenstein, "Falls in Older People: Epidemiology, Risk Factors and Strategies for Prevention", *Age and Ageing* 35, suplemento 2 (2006), ii37-ii41.
15. L. D. Gillespie *et al.*, "Interventions for Preventing Falls in Older People Living in the Community", *Cochrane Database of Systematic Reviews* 15, nº 2 (2010), CD007146; M. M. Gardner *et al.*, "Exercise in Preventing Falls and Fall Related Injuries in Older People: A Review of Randomized Controlled Trials", *British Journal of Sports Medicine* 34 (2000), pp. 7-17; D. J. Rose, "Preventing Falls among Older Adults: 'No One Size Suits All' Intervention Strategy", *Journal of Rehabilitation Research and Development*, 45, nº 8 (2008), pp. 1153-166; E. Costello e J. E. Edelstein, "Update on Falls Prevention for Community-Dwelling Older Adults: Review of Single and Multifactorial Intervention Programs", *Journal of Rehabilitation Research and Development* 45, nº 8 (2008), pp 1135-52; C. Sherrington *et al.*, "Exercise to Prevent Falls in Older Adults: An Updated Meta-Analysis and Best Practice Recommendations", *New South Wales Public Health Bulletin* 22, nºs 3-4 (2011), pp. 78-83.
16. I. H. Logghe *et al.*, "The Effects of Tai Chi on Fall Prevention, Fear of Falling and Balance in Older People: A Meta-Analysis", *Preventive Medicine* 51, nºs 3-4 (2010), pp. 222-27; L. D. Gillespie *et al.*, "Interventions for Preventing Falls in Older People Living in the Community", *Cochrane Database of Systematic Reviews* 15, nº 2 (2010), CD007146; F. Li e P. A. Harmer, "Tai Chi and Falls Prevention in Older People", *Medicine Sports and Science* 52 (2008), pp. 124-34; H. Lui e A. Frank, "Tai Chi as a Balance Improvement Exercise for Older Adults: A Systematic Review", *Journal of Geriatric Physical Therapy* 33, nº 3 (2010), pp. 103-09; M. M. Schleicher *et al.*, "Review of Tai Chi as an Effective Exercise on Falls Prevention in Elderly", *Research in Sports Medicine* (2011); D. P. K. Leung, "Tai Chi as an Intervention to Improve Balance and Reduce Falls in Older Adults: A Systematic and Meta-analytical Review", *Alternative Therapies in Health and Medicine* 17, nº 1 (2011), pp. 40-8; S. Low *et al.*, "A Systematic Review of the Effectiveness of Tai Chi on Fall Reduction among the Elderly", *Archives of Gerontology and Geriatrics* 48, nº 3 (2009), pp. 325-31; M. M. Schleicher, L. Wedam, G. Wu, "Review of Tai

Chi as an Effective Exercise on Falls Prevention in Elderly", *Research in Sports Medicine* 20, nº 1 (2012), pp. 37-58.

17. F. Li *et al.*, "Tai Chi and Fall Reductions in Older Adults: A Randomized Controlled Trial", *Journal of Gerontology* 60A, nº 2 (2005), pp. 187-94; F. Li *et al.*, "Tai Chi: Improving Functional Balance and Predicting Subsequent Falls in Older Persons", *Medical Science Sports Exercise* 36 (2004), pp. 2046-052; F. Li *et al.*, "Translation of an Effective Tai Chi Intervention into a Community-Based Falls-Prevention Program", *American Journal of Public Health* 98, nº 7 (2008), pp. 1195-198.
18. S. L. Wolf *et al.*, "Reducing Frailty and Falls in Older Persons: An Investigation of Tai Chi and Computerized Balance Training. Atlanta FICSIT Group. Frailty and Injuries: Cooperative Studies of Intervention Techniques", *Journal of the American Geriatrics Society* 44, nº 5 (1996), pp. 489-97. S. L. Wolf *et al.*, "The Effect of Tai Chi Quan and Computerized Balance Training on Postural Stability in Older Subjects. Atlanta FICSIT Group. Frailty and Injuries: Cooperative Studies on Intervention Techniques", *Physical Therapy* 77, nº 4 (1997), pp. 371-84.
19. Alguns estudos clínicos randomizados e de grande escala realizados recentemente não observaram superioridade do Tai Chi em estudos randomizados. Entre eles estão I. H. Logghe *et al.*, "Lack of Effect of Tai Chi Chuan in Preventing Falls in Elderly People Living at Home: A Randomized Clinical Trial", *Journal of the American Geriatrics Society* 57, nº 1 (janeiro de 2009), pp. 70-5; D. Taylor *et al.*, "Effectiveness of Tai Chi as a Community-Based Falls Prevention Intervention: A Randomized Controlled Trial", *Journal of the American Geriatrics Society* 60, nº 5 (maio de 2012), pp. 841-48. Para uma discussão sobre esses resultados negativos, ver: I. H. Logghe *et al.*, "Explaining the Ineffectiveness of a Tai Chi Fall Prevention Training for Community-Living Older People: A Process Evaluation alongside a Randomized Clinical Trial (RCT)", *Archives of Gerontology and Geriatrics* 52, nº 3 (2011), pp. 357-62.
20. C. J. Wilson e S. K. Datta, "Tai Chi for the Prevention of Fractures in a Nursing Home Population: An Economic Analysis", *Journal of Clinical Outcomes Management* 8 (2001), pp.19-27; J. Church *et al.*, "An Economic Evaluation of Community Residential Aged Care Falls Prevention Strategies in NSW", *New South Wales Public Health Bulletin* 22, nºs 3-4 (2011), pp. 60-8; K. D. Frick *et al.*, "Evaluating the Cost-Effectiveness of Fall Prevention Programs that Reduce Fall-Related Hip Fractures in Older Adults", *Journal of the American Geriatrics Society* 58, nº 1 (2010), pp. 136-41; L. Day *et al.*, "Modelling the Population-level Impact of Tai-Chi on Falls and Fall-related Injury among Community-Dwelling Older People", *Injury Prevention* 16 (2010), pp. 321-26.
21. O professor Ge Wu da Universidade de Vermont documentou maior tempo de apoio simples, bem como carga e torque associados, durante a prática de Tai Chi do que durante a marcha: G. Wu, "Muscle Action Pattern and Knee Extensor Strength of Older Tai Chi Exercisers", *Medicine and Sport Science* 52 (2008), pp. 20-9; G. Wu e D. Millon, "Joint Kinetics during Tai Chi Gait and Normal Walking Gait in Young and Elderly Tai Chi Chuan Practitioners", *Clinical Biomechanics* (Bristol, Avon) 23, nº 6 (2008), pp. 787-95. Os estudos representativos que demonstram aumento da força são D. Q. Xu *et al.*, "Tai Chi Exercise and Muscle Strength and Endurance in Older People", *Journal of Biomechanics* 29, nº 8, pt. 42 (2009), pp. 967-71; J. X. Li *et al.*, "Changes in Muscle Strength, Endurance, and Reaction of the Lower Extremities with Tai Chi Intervention", *Journal of Biomechanics* 42, nº 8 (2009), pp. 967-71; W. W. Tsang e C. W. Hui-Chan, "Comparison of Muscle Torque, Balance, and Confidence in Older Tai Chi and Healthy Adults", *Medicine and Science in Sports and Exercise* 37, nº 2 (2005), pp. 280-89. Os estudos que mostram maior flexibilidade são C. Lan *et al.*, "12-month Tai Chi Training in the Elderly: Its Effect on Health Fitness", *Medicine and Science in Sports and Exercise* 30, nº 3 (1998), pp. 345-51; E. N. Lee *et al.*, "Tai Chi for Disease Acti-

vity and Flexibility in Patients with Ankylosing Spondylitis – a Controlled Clinical Trial", *Evidence-Based Complementary and Alternative Medicine* 5, nº 4 (2008), pp. 457-62.

22. A. L. Gyllensten *et al.*, "Stability Limits, Single-Leg Jump, and Body Awareness in Older Tai Chi Practitioners", *Archives of Physical Medicine and Rehabilitation* 91, nº 2 (2010), pp. 215-20.
23. D. Xu *et al.*, "Effect of Tai Chi Exercise on Proprioception of Ankle and Knee Joints in Old People", *British Journal of Sports Medicine* 38 (2004), pp. 50-4. Ver também J. X. Li *et al.*, "Effects of 16-Week Tai Chi Intervention on Postural Stability and Proprioception of Knee and Ankle in Older People", *Age and Ageing* 37, nº 5 (2008), pp. 575-78; S. M. Fong e G. Y. Ng, "The Effects on Sensorimotor Performance and Balance with Tai Chi Training", *Archives of Physical Medicine Rehabilitation* 87, nº 1 (2006), pp. 82-7; W. W. Tsang e C. W. Hui-Chan, "Effects of Tai Chi on Joint Proprioception and Stability Limits in Elderly Subjects", *Medicine and Science in Sports and Exercise* 35 (2003), pp 1962-71; W. W. Tsang e C. W. Hui-Chan, "Effect on Exercise on Joint Sense and Balance in Elderly Men: Tai Chi versus Golf", *Medicine and Science in Sports and Exercise* 36 (2004), pp. 658-67.
24. B. Manor e L. Li, "Characteristics of Functional Gait among Older Adults with and without Peripheral Neuropathy", *Gait and Posture* 30, nº 2 (2009), pp. 253-56.
25. L. Li e B. Manor, "Long Term Tai Chi Exercise Improves Physical Performance among People with Peripheral Neuropathy", *American Journal of Chinese Medicine* 38, nº 3 (2010), pp. 449-59.
26. J. W. Hung *et al.*, "Effect of 12-Week Tai Chi Chuan Exercise on Peripheral Nerve Modulation in Patients with Type 2 Diabetes Mellitus", *Journal of Rehabilitation Medicine* 41, nº 11 (2009), pp. 924-29.
27. C. E. Kerr *et al.*, "Tactile Acuity in Experienced Tai Chi Practitioners: Evidence for Use Dependent Plasticity as an Effect of Sensory-Attentional Training", *Experimental Brain Research* 188, nº 2 (2008), pp. 17-22. E outro estudo prospectivo mostrou que o Tai Chi pode aumentar a percepção cinestésica das articulações dos ombros: Jacobson *et al.*, "The Effect of T'ai Chi Chuan Training on Balance, Kinesthetic Sense, and Strength", *Perception and Motor Skills* 84, nº 1 (1997), pp. 27-33.
28. C. A. McGibbon *et al.*, "Effects of Tai Chi and Vestibular Rehabilitation on Gaze and Whole-Body Stability during a Repeated Stepping Task in Patients with Vestibulopathy", *Journal of Vestibular Research* 14 (2004), pp. 467-78; P. M. Wayne *et al.*, "Tai Chi for Vestibulopathic Balance Dysfunction: A Case Study", *Alternative Therapies in Health and Medicine* 11, nº 2 (2005), pp. 60-6.
29. W. W. Tsang *et al.*, "Tai Chi Improves Standing Balance Control under Reduced or Conflicting Sensory Conditions", *Archives of Physical Medicine Rehabilitation* 85 (2004), pp. 129-37; W. W. Tsang e C. W Hui-Chan, "Standing Balance after Vestibular Stimulation in Tai Chi – Practicing and Nonpracticing Healthy Older Adults", *Archives of Physical Medicine Rehabilitation* 87 (2006), pp. 546-53.
30. S. K. Gatts e M. H. Woollacott, "How Tai Chi Improves Balance: Biomechanics of Recovery to a Walking Slip in Impaired Seniors", *Gait and Posture* 25, nº 2 (2007), pp. 205-01; ver também D. Q. Xu *et al.*, "Effect of Regular Tai Chi and Jogging Exercise on Neuromuscular Reaction in Older People", *Age and Ageing* 34, nº 5 (2005), pp. 439-44; A. K. Ramachandran *et al.*, "Effect of Tai Chi on Gait and Obstacle Crossing Behaviors in Middle-Aged Adults", *Gait and Posture* 26, nº 2 (2007), pp. 248-55; G. Wu, "Biomechanical Characteristics of Stepping in Older Tai Chi Practitioners", *Gait and Posture* nº 3 (2012).
31. C. J. Hass *et al.*, "The Influence of Tai Chi Training on the Center of Pressure Trajectory during Gait Initiation in Older Adults", *Archives of Physical Medicine and Rehabilitation* 85, nº 10 (2004), pp. 1593-598.

32. C. A. McGibbon *et al.*, "Tai Chi and Vestibular Rehabilitation Improve Vestibulopathic Gait via Different Neuromuscular Mechanisms: Preliminary Report", *BMC Neurology* 18, nº 5 (2005), p. 3.
33. R. W. Sattin *et al.*, "Reduction in Fear of Falling through Intense Tai Chi Exercise Training in Older, Transitionally Frail Adults", *Journal of the American Geriatrics Society* 53, nº 7 (2005), pp. 1168-178; S. L. Wolf *et al.*, "Reducing Frailty and Falls in Older Persons: An Investigation of Tai Chi and Computerized Balance Training. Atlanta FICSIT Group. Frailty and Injuries: Cooperative Studies of Intervention Techniques", *Journal of the American Geriatrics Society*, 44, nº 5 (1996), pp. 489-97; S. L. Wolf *et al.*, "The Effect of Tai Chi Quan and Computerized Balance Training on Postural Stability in Older Subjects. Atlanta FICSIT Group. Frailty and Injuries: Cooperative Studies on Intervention Techniques", *Physical Therapy* 77, nº 4 (1997), pp. 371-84.
34. T. T. Huang *et al.*, "Reducing the Fear of Falling among Community-Dwelling Elderly Adults through Cognitive-Behavioural Strategies and Intense Tai Chi Exercise: A Randomized Controlled Trial", *Journal of Advanced Nursing* 67, nº 5 (2011), pp. 961-71.
35. W. W. Tsang *et al.*, "Effects of Tai Chi on Pre-landing Muscle Response Latency during Stepping Down While Performing a Concurrent Mental Task in Older Adults", *European Journal of Applied Physiology* (Novembro de 2011).
36. F. Li, *et al.*, "Tai Chi and Postural Stability in Patients with Parkinson's Disease", *New England Journal of Medicine* 366, nº 6 (2012), pp. 511-19.
37. P. J. Klein e L. Rivers, "Taiji for Individuals with Parkinson Disease and their Support Partners: A Program Evaluation", *Journal of Neurologic Physical Therapy* 30, nº 1 (Março de 2006), pp. 22-7; M. E. Hackney e G. M. Earhart, "Tai Chi Improves Balance and Mobility in People with Parkinson Disease", *Gait and Posture* 28 (2008), pp. 456-60; T. Schmitz-Hubsch *et al.*, "Qigong Exercise for the Symptoms of Parkinson's Disease: A Randomized, Controlled Pilot Study". *Movement Disorders*, 21, nº 4 (2006), pp. 543-48; M. Venglar, "Case Report: Tai Chi and Parkinsonism", *Physiotherapy Research International* 10 (2005), pp. 116-21.
38. M. M. Matthews e H. G. Williams, "Can Tai Chi Enhance Cognitive Vitality? A Preliminary Study of Cognitive Executive Control in Older Adults after a Tai Chi Intervention", *Journal of the South Carolina Medical Association* 104 (2008), pp. 255-57.
39. C. D. Hall *et al.*, "Effects of Tai Chi Intervention on Dual-Task Ability in Older Adults: A Pilot Study", *Archives of Physical Medicine and Rehabilitation* 90, nº 3 (2009), pp. 525-29.
40. "Bone Health and Osteoporosis: A Report of the Surgeon General", 14 de outubro de 2004.
41. *Ibid.*
42. *Ibid.*
43. P. M. Wayne *et al.*, "The Effects of Tai Chi on Bone Mineral Density in Postmenopausal Women: A Systematic Review", *Archives of Physical Medicine and Rehabilitation* 88, nº 5 (maio de 2007), pp. 673-80; ver também: M. S. Lee, "Tai Chi for Osteoporosis: A Systematic Review", *Osteoporosis International* 19, nº 2 (2008), pp. 139-46.
44. L. Qin *et al.*, "Beneficial Effects of Regular Tai Chi Exercise on Musculoskeletal System", *Journal of Bone and Mineral Metabolism* 23 (2005), pp. 186-90.
45. Y. Zhou, "The Effect of Traditional Sports on the Bone Density of Menopausal Women", *Journal of Beijing Sport University* 27 (2004), pp. 354-60.
46. J. Woo *et al.*, "A Randomised Controlled Trial of Tai Chi and Resistance Exercise on Bone Health, Muscle Strength and Balance in Community-Living Elderly People", *Age and Ageing* 36, nº 3 (2007), pp. 262-68.
47. P. M. Wayne *et al.*, "Tai Chi for Osteopenic Women: Design and Rationale of a Pragmatic Randomized Controlled Trial", *BMC Musculoskeletal Disorders* 11 (2010), p. 40; P. M. Wayne *et al.*, "Impact of Tai Chi Exercise on Multiple Fracture-Related Risk Factors in Postmeno-

pausal Osteopenic Women: A Pilot Pragmatic, Randomized Trial", *BMC Complementary and Alternative Medicine* 12 (30 de janeiro de 2012), p. 7.

48. C. L. Shen *et al.*, "Effect of Green Tea and Tai Chi on Bone Health in Postmenopausal Osteopenic Women: A 6-Month Randomized Placebo-Controlled Trial", *Osteoporosis International* 23 (2011), pp. 1541-552; C. L. Shen *et al.*, "Green Tea Polyphenols Supplementation and Tai Chi Exercise for Postmenopausal Osteopenic Women: Safety and Quality of Life Report", *BMC Complementary and Alternative Medicine* 9 (2010), p. 76; M. C. Chyu *et al.*, "Effects of Tai Chi Exercise on Posturography, Gait, Physical Function and Quality of Life in Postmenopausal Women with Osteopaenia: A Randomized Clinical Study", *Clinical Rehabilitation* 24, nº 12 (2010), pp. 1080-090.
49. Embora seja bem diferente do chacoalhar do Tai Chi, algumas evidências indicam que a vibração mecânica dos ossos pode melhorar a saúde óssea. Ver, por exemplo, J. O. Totosy de Zepetnek, "Whole-Body Vibration as Potential Intervention for People with Low Bone Mineral Density and Osteoporosis: A Review", *Journal of Rehabilitation Research and Development* 46, nº 4 (2009), pp. 529-42.

Capítulo 5

1. A. Malmivaara *et al*, "The Treatment of Acute Low Back Pain – Bed Rest, Exercises, or Ordinary Activity", *New England Journal of Medicine*, 332, nº 6 (1995), pp. 351-55.
2. M. Lethbridge-Cejku e J. Vickerie, "Summary Health Statistics for U.S. Adults: National Health Interview Survey, 2003. National Center for Health Statistics", *Vital Health Statistics* 10 (2005), p. 225; S. M. Schappert, "Ambulatory Care Visits to Physicians Offices, Hospital Outpatient Departments, and Emergency Departments: United States, 1996", *Vital and Health Statistics* 13, nº 134 (1998), pp. 1-80; C. Harstall, "How Prevalent Is Chronic Pain?" *Pain: Clinical Updates* 9, nº 2 (2003), pp. 1-4.
3. P. M. Wolsko *et al.*, "Use of Mind-Body Medical Therapies", *Journal of General Internal Medicine* 19, nº 1 (2004), pp. 43-50; D. M. Eisenberg, "Trends in Alternative Medicine Use in the United States, 1990-1997: Results of a Follow-Up National Survey", *Journal of the American Medical Association* 208 (1998), pp. 1569-575; S. M. Bertisch *et al.*, "Alternative Mind-Body Therapies Used by Adults with Medical Conditions", *Journal of Psychosomatic Research* 66, nº 6 (2009), pp. 511-19.
4. A. K. Kanodia *et al.*, "Perceived Benefit of Complementary and Alternative Medicine (CAM) for Back Pain: A National Survey", *Journal of the American Board of Internal Medicine* 23, nº 3 (2010), pp. 354-62; H. A. Tindle *et al.*, "Factors Associated with the Use of Mind-Body Therapies among United States Adults with Musculoskeletal Pain", *Complementary Therapies in Medicine* 13, nº 3 (2005), pp. 155-64.
5. R. L. Nahin *et al.*, "Costs of Complementary and Alternative Medicine (CAM) and Frequency of Visits to CAM Practitioners: United States, 2007", *National Health Statistics Reports*, nº 18 (Hyattsville, Maryland: National Center for Health Statistics, 2009).
6. "Exploring the Science of Complementary and Alternative Medicine: Third Strategic Plan 2011-2015", http://nccam.nih.gov/about/plans/2011.
7. R. Chou *et al.*, "Diagnostic Imaging for Low Back Pain: Advice for High-Value Health Care from the American College of Physicians", *Annals of Internal Medicine* 154 (2011), pp. 181-89.
8. W. E. Mehling e N. Krause, "Alexithymia and 7.5-Year Incidence of Compensated Low Back Pain in 1207 Urban Public Transit Operators", *Journal of Psychosomatic Research* 62, nº 6 (2007), pp. 667-74; T. Pincus *et al.*, "Cognitive-Behavioral Therapy and Psychosocial Factors in Low Back Pain: Directions for the Future", *Spine* 27, nº 5 (2002), E133-38; S. J. Linton, "A Review of Psychological Risk Factors in Back and Neck Pain", *Spine* 25, nº 9 (2000),

pp. 1148-156; S. J. Keefe *et al.*, "Psychological Aspects of Persistent Pain: Current State of the Science", *Journal of Pain*, 5, nº 4 (2004), pp. 195-211.

9. Para imagens motoras e dor, ver G. L. Mosely, "Imagined Movements Cause Pain and Swelling in a Patient with Complex Regional Pain Syndrome", *Neurology* 62, nº 9 (2004), p. 1644.
10. B. M. Wand e N. E. O'Connell, "Chronic Non-specific Low Back Pain – Sub-groups or a Single Mechanism", *BMC Musculoskeletal Disorders* 25, nº 9 (2008), p. 11; J. M. Fritz *et al.*, "Subgrouping Patients with Low Back Pain: Evolution of a Classification Approach to Physical Therapy", *Journal of Orthopedic Sports and Physical Therapy* 37, nº 6 (2007), pp. 290-302; S. Z. George e A. Delitto, "Clinical Examination Variables Discriminate among Treatment-based Classification Groups: A Study of Construct Validity in Patients with Acute Low Back Pain", *Physical Therapy* 85, nº 4 (2005), pp. 306-14.
11. H. M. Langevin e K. J. Sherman, "Pathophysiological Model for Chronic Low Back Pain Integrating Connective Tissue and Nervous System Mechanisms", *Medical Hypotheses* 68, nº 1 (2007), pp. 74-80.
12. H. M. Langevin *et al.*, "Reduced Thoracolumbar Fascia Shear Strain in Human Chronic Low Back Pain", *BMC Musculoskeletal Disorders* 19, nº 12 (2011), p. 203.
13. S. M. Corey *et al.*, "Stretching of the Back Improves Gait, Mechanical Sensitivity and Connective Tissue Inflammation in a Rodent Model", *PLoS One* 7, nº 1 (2012), e29831.
14. Para outras bibliografias sobre fáscia, ver Tom Myers, *Anatomy Trains: Myofascial Meridians for Manual and Movement Therapists* (Filadélfia: Churchill Livingstone, 2008); R. L Schultz e R. Feitus, *The Endless Web: Fascial Anatomy and Physical Reality* (Berkeley: North Atlantic Books, 1996); H. M. Langevin, "Connective Tissue: A Body-wide Signaling Network?" *Medical Hypotheses* 66 (2006), pp. 1074-077; R. Schleip, "Fascial Plasticity – a New Neurobiological Explanation: Parte 1", *Journal of Bodywork and Movement Therapies* 7 (2003), pp. 11-9.
15. O desenvolvimento de uma forte estrutura vertical é um elemento importante em muitas terapias de movimento e artes de cura, como integração estrutural, técnica de Alexander e movimento através da conscientização.
16. Para uma boa revisão do possível papel dos padrões musculoesqueléticos e da dor lombar, ver S. F. Nadler *et al.*, "Relationship between Hip Muscle Imbalance and Occurrence of Low Back Pain in Collegiate Athletes: A Prospective Study", *American Journal of Physical Medicine and Rehabilitation* 80, nº 8 (2001), pp. 572-77; J. H. Abbott *et al.*, "Lumbar Segmental Mobility Disorders: Comparison of Two Methods of Defining Abnormal Displacement Kinematics in a Cohort of Patients with Non-specific Mechanical Low Back Pain", *BMC Musculoskeletal Disorders* 19 (2006), p 45; P. H. Ferreira *et al.*, "Changes in Recruitment of Transversus Abdominis Correlate with Disability in People with Chronic Low Back Pain", 44, nº 16 (2010), pp. 1166-172. Para uma boa discussão sobre o *kwah* e a sua grande importância no Tai Chi, ver Bruce Frantzis, *Opening the Energy Gates of Your Body: Chi Gung for Lifelong Health*, (Berkeley: Blue Snake Books, 1993); ver também William Chen, "The Vastus Medialis and Inner Thigh", *T'AI CHI Magazine* 35, nº 1 (2011).
17. Maior amplitude de movimento do tornozelo foi relatada por Wu *et al.*, "Spatial, Temporal and Muscle Action Patterns of Tai Chi Gait", *Journal of Electromyography and Kinesiology* 14, nº 3 (2004), pp. 343-54; D. W. Mao *et al.*, "Plantar Pressure Distribution during Tai Chi Exercise", *Archives of Physical Medicine and Rehabilitation* 87, nº 6 (2006), pp. 814-20. Entre os estudos mais gerais sobre biomecânica do pé e Tai Chi destaca-se D. W. Mao *et al.*, "The Duration and Plantar Pressure Distribution during One-leg Stance in Tai Chi Exercise", *Clinical Biomechanics* 21 (2006), pp. 640-45.
18. Bruce Frantzis, *Tai Chi: Health for Life* (Berkeley: Blue Snake Books, 2006).

19. Para uma boa revisão de cinesiofobia, ver M. Leeuw *et al.*, "The Fear-Avoidance Model of Musculoskeletal Pain: Current State of Scientific Evidence", *Journal of Behavioral Medicine* 30, nº 1 (2007), pp. 77-94.
20. Alguns exemplos são J. Kingston *et al.*, "A Pilot Randomized Control Trial Investigating the Effect of Mindfulness Practice on Pain Tolerance, Psychological Well-being, and Physiological Activity", *Journal of Psychosomatic Research* 62, nº 3 (2007), pp. 297-300; K. H. Kaplan *et al.*, "The Impact of a Meditation-based Stress Reduction Program on Fibromyalgia", *General Hospital Psychiatry* 15, nº 5 (1993), pp. 284-89; P. Creamer *et al.*, "Sustained Improvement Produced by Nonpharmacologic Intervention in Fibromyalgia: Results of a Pilot Study", *Arthritis Care and Research* 13, nº 4 (2000), pp. 198-204; S. E. Sephton *et al.*, "Mindfulness Meditation Alleviates Depressive Symptoms in Women with Fibromyalgia: Results of a Randomized Clinical Trial", *Arthritis and Rheumatism* 57, nº 1 2007), pp. 77-85; E. Lush *et al.*, "Mindfulness Meditation for Symptom Reduction in Fibromyalgia: Psychophysiological Correlates", *Journal of Clinical Psychology in Medical Settings* 16, nº 2 (2009), pp. 200-07; F. Zeidan *et al.*, "The Effects of Brief Mindfulness Meditation Training on Experimentally Induced Pain", *Journal of Pain* 11, nº 3 (2010), pp. 199-209.
21. L. E. Carlson *et al.*, "One Year Pre-post Intervention Follow-up of Psychological, Immune, Endocrine and Blood Pressure Outcomes of Mindfulness-based Stress Reduction (MBSR) in Breast and Prostate Cancer Outpatients", *Brain Behavior and Immunity* 21, nº 8 (2007), pp. 1038-49; L. Witek-Janusek *et al.*, "Effect of Mindfulness Based Stress Reduction on Immune Function, Quality of Life and Coping in Women Newly Diagnosed with Early Stage Breast Cancer", *Brain Behavior and Immunity* 22, nº 6 (2008), pp. 969-81.
22. M. R. Irwin e R. Olmstead, "Mitigating Cellular Inflammation in Older Adults: A Randomized Controlled Trial of Tai Chi", *American Journal of Geriatric Psychiatry* 20, nº 9 (2012), pp. 764-72. M. C. Janelsins *et al.*, "Effects of Tai Chi Chuan on Insulin and Cytokine Levels in a Randomized Controlled Pilot Study on Breast Cancer Survivors", *Clinical Breast Cancer* 11 (2011), pp. 161-70; B. Oh *et al.*, "Effect of Medical Qigong on Cognitive Function, Quality of Life, and a Biomarker of Inflammation in Cancer Patients: A Randomized Controlled Trial", *Supportive Care in Cancer* 20 (2012), pp. 1235-242; H. H. Chen *et al.*, "The Effects of Baduanjin Qigong in the Prevention of Bone Loss for Middle-Aged Women", *American Journal of Chinese Medicine* 34 (2006), pp. 741-47.
23. J. A. Grant e P. Rainville, "Pain Sensitivity and Analgesic Effects of Mindful States in Zen Meditators: A Cross-sectional Study", *Psychosomatic Medicine* 71, nº 1 (2008), pp. 106-14.
24. F. Zeidan *et al.*, "Brain Mechanisms Supporting the Modulation of Pain by Mindfulness Meditation", *Journal of Neuroscience* 31, nº 14 (2011), pp. 5540-548; J. A. Grant *et al.*, "A Non-elaborative Mental Stance and Decoupling of Executive and Pain-related Cortices Predicts Low Pain Sensitivity in Zen Meditators", *Pain* 152, nº 1 (2011), pp. 150-56.
25. Para boas revisões, ver D. G. Finniss *et al.*, "Biological, Clinical, and Ethical Advances of Placebo Effects", Lancet 375, nº 9715 (20 de fevereiro de 2010), pp. 686-95; Fabrizio Benedetti, Placebo Effects: Understanding the Mechanisms in Health and Disease (Oxford: Oxford University Press, 2008); Anne Harrington, The Placebo Effect (Cambridge, Massachusetts: Harvard University Press, 1999).
26. F. Benedetti *et al.*, "Somatotopic Activation of Opioid Systems by Target-directed Expectations of Analgesia", *Journal of Neuroscience* 19, nº 9 (1999), pp. 3639-648. Vale ressaltar que, sem querer, os pesquisadores usaram centros importantes de energia focados na prática do Tai Chi. Na medicina chinesa, os centros da palma das mãos são chamados de "Laogong" e ajudam a regular a energia de fogo do coração. Os pontos da sola dos pés usados correspondem ao "Yongquan", ou poços borbulhantes, e ajudam a enraizar o corpo e a regular a ener-

gia dos rins. Ambos recebem bastante atenção durante o treinamento de Tai Chi, portanto não admira que a intenção focada nesses pontos produza um efeito fisiológico significativo.

27. W. E. Mehling *et al.*, "Randomized, Controlled Trial of Breath Therapy for Patients with Chronic Low-back Pain", *Alternative Therapies in Health and Medicine* 11, nº 4 (2005), pp. 44-52.
28. A. J. Zautra *et al.*, "The Effects of Slow Breathing on Affective Responses to Pain Stimuli: An Experimental Study", *Pain* 149, nº 1 (2010), pp. 12-8.
29. N. I. Eisenberger e M. D. Lieberman, "Why It Hurts To Be Left Out: The Neurocognitive Overlap between Physical and Social Pain" *in* K. D. Williams, J. P. Forgas e W. van Hippel (orgs.), *The Social Outcast: Ostracism, Social Exclusion, Rejection, and Bullying* (Nova York: Cambridge University Press, 2005), pp. 109-27.
30. A. M. Hall *et al.*, "Tai Chi Exercise for Treatment of Pain and Disability in People with Persistent Low Back Pain: A Randomized Controlled Trial", *Arthritis Care and Research* 3, nº 11 (2011), pp. 1576-583.
31. E. N. Lee *et al.*, "Tai Chi for Disease Activity and Flexibility in Patients with Ankylosing Spondylitis – a Controlled Clinical Trial", *Evidence-Based Complementary and Alternative Medicine* 5, nº 4 (2008), pp. 457-62.
32. H. W. Tian *et al.*, "Taijiquan as Adjuvant Treatment of Senility and Middle-age Lumbar Vertebrae Disease", *Journal of Hubei Institute for Nationalities, Medical Edition* 21 (2004), pp. 24-6; C. Y. Chin, "Prevention of Falls in the Elderly with Taijiquan", *Chinese Aging* 28 (2008), pp. 2055-056.
33. Y. Liu e C. G. Wang, "Clinical Observation on Rectifying Spinal Curvature by Practicing Chenshe Hexagram Boxing (Taijiquan) and Athletic Rehabilitation", *Guiding Journal of TCM* 21 (2007), pp. 24-6; S. L. Hou e Y. Ding, "Benefits of Long-term Taijiquan Practice for Lumbosacral Health", *J Qigong* 19 (1988), pp. 483-85; L. W. Zhang *et al.*, "Clinical Observation of Combined Tuina and Taijiquan for Lumbosacral Conditions", *China Medical Herald* 5 (2008), pp. 82-3; C. F. Yue *et al.*, "Clinical Observation on Combined Acupuncture and Taijiquan for Lumbosacral Conditions", *China Medical Herald* 5 (2008), pp. 86-7.
34. K. J. Sherman *et al.*, "A Randomized Trial Comparing Yoga, Stretching, and a Self-care Book for Chronic Low Back Pain", *Archives of Internal Medicine* 171 (2011), pp. 2019-026; K. J. Sherman *et al.*, "Comparing Yoga, Exercise, and a Self-care Book for Chronic Low Back Pain: A Randomized, Controlled Trial", *Annals of Internal Medicine* 143, nº 12 (2005), pp. 849-56. Ver também R. Saper *et al.*, "Yoga for Chronic Low Back Pain in a Predominantly Minority Population: A Pilot Randomized Controlled Trial", *Alternative Therapies in Health and Medicine* 15 (2009), pp. 18-27.
35. M. A. Minor *et al.*, "Exercise Tolerance and Disease Related Measures in Patients with Rheumatoid Arthritis and Osteoarthritis", *Journal of Rheumatology* 15, nº 6 (1988), pp. 905-11.
36. G. Jamtvedt *et al.*, "Physical Therapy Interventions for Patients with Osteoarthritis of the Knee: An Overview of Systematic Reviews", *Physical Therapy* 88, nº 1 (2008), pp. 123-36; A. K. Lange, "Strength Training for Treatment of Osteoarthritis of the Knee: A Systematic Review", *Arthritis and Rheumatism* 59, nº 10 (2008), pp. 1488-494.
37. C. Wang, "Tai Chi and Rheumatic Diseases", *Rheumatic Diseases Clinics of North America* 37, nº 1 (2011), pp. 19-32; M. S. Lee *et al.*, "Tai Chi for Osteoarthritis: A Systematic Review", *Clinical Rheumatology* 27, nº 2 (2008), pp. 211-18.
38. C. Wang *et al.*, "Tai Chi is Effective in Treating Knee Osteoarthritis: A Randomized Controlled Trial", *Arthritis and Rheumatism* 61, nº 11 (2009), pp. 1545-553.
39. M. Fransen *et al.*, "Physical Activity for Osteoarthritis Management: A Randomized Controlled Clinical Trial Evaluating Hydrotherapy or Tai Chi Classes", *Arthritis and Rheumatism* 57, nº 3 (2007), pp. 407-14.

40. R. Song *et al.*, "Effects of Tai Chi Exercise on Pain, Balance, Muscle Strength, and Perceived Difficulties in Physical Functioning in Older Women with Osteoarthritis: A Randomized Clinical Trial", *Journal of Rheumatology* 30, nº 9 (2003), pp. 2039-044; R. Song *et al.*, "A Randomized Study of the Effects of T'ai Chi on Muscle Strength, Bone Mineral Density, and Fear of Falling in Women with Osteoarthritis", *Journal of Alternative and Complementary Medicine* 16, nº 3 (2010), pp. 227-33.
41. J. M. Brismee *et al.*, "Group and Home-based Tai Chi in Elderly Subjects with Knee Osteoarthritis: A Randomized Controlled Trial", *Clinical Rehabilitation* 21, nº 2 (2007), pp. 99-111; C. L. Shen *et al.*, "Effects of Tai Chi on Gait Kinematics, Physical Function, and Pain in Elderly with Knee Osteoarthritis – a Pilot Study", *American Journal of Chinese Medicine* 36, nº 2 (2008), pp. 219-32.
42. Outros importantes estudos de Tai Chi e Qigong relacionados com artrite são C. A. Hartman *et al.*, "Effects of T'ai Chi Training on Function and Quality of Life Indicators in Older Adults with Osteoarthritis", *Journal of American Geriatrics Society* 48, nº 12 (2000), pp. 1553-559; H. J. Lee *et al.*, "Tai Chi Qigong for the Quality of Life of Patients with Knee Osteoarthritis: A Pilot, Randomized, Waiting List Controlled Trial", *Clinical Rehabilitation* 23, nº 6 (2009), pp. 504-11; P. F. Tsai *et al.*, "The Effect of Tai Chi on Knee Osteoarthritis Pain in Cognitively Impaired Elders: Pilot Study", *Geriatric Nursing* 30, nº 2 (2009), pp. 132-39.
43. Para revisões sistemáticas sobre Tai Chi para artrite reumatoide, ver C. Wang, "Tai Chi and Rheumatic Diseases", *Rheumatic Disease Clinics of North America* 37, nº 1 (2011), pp. 19-32; M. S. Lee *et al.*, "Tai Chi for Rheumatoid Arthritis: Systematic Review", *Rheumatology* 46, nº 11 (2007), pp. 1648-650.
44. C. Wang *et al.*, "Effect of Tai Chi in Adults with Rheumatoid Arthritis", *Rheumatology* 44, nº 5 (2005), pp. 685-87.
45. Em outro estudo randomizado e controlado que avaliou o Tai Chi para artrite reumatoide na Coreia, 42 pacientes receberam 12 semanas de treinamento de Tai Chi ou tratamento convencional. Os pacientes do grupo de Tai Chi apresentaram melhora significativa no humor, mas não exibiram alteração na dor nem na fadiga. (E. N. Lee *et al.*, "Effects of a Tai-Chi Program on Pain, Sleep Disturbance, Mood and Fatigue in Rheumatoid Arthritis Patients", *Journal of Muscle and Joint Health* 12 (2005), pp. 57-68. Outro grande estudo randomizado e controlado realizado nos Estados Unidos avaliou um programa de dança "inspirado" no Tai Chi. Nesse estudo, o grupo de dança de Tai Chi apresentou um aumento significativo na amplitude de movimento da parte superior do corpo e do tornozelo: J. Van Deusen e D. Harlow, "The Efficacy of the ROM Dance Program for Adults with Rheumatoid Arthritis", *American Journal of Occupational Therapy* 41, nº 2 (1987), pp. 90-5. Ver também A. E. Kirstein *et al.*, "Evaluating the Safety and Potential Use of a Weight-bearing Exercise, Tai-Chi Chuan, for Rheumatoid Arthritis Patients", *American Journal of Physical Medicine and Rehabilitation* 70, nº 3 (1991), pp. 136-41; T. Uhlig *et al.*, "No Improvement in a Pilot Study of Tai Chi Exercise in Rheumatoid Arthritis", *Annals of the Rheumatic Diseases* 64, nº 3 (2005), pp. 507-09; T. Uhlig *et al.*, "Exploring Tai Chi in Rheumatoid Arthritis: A Quantitative and Qualitative Study", *BMC Musculoskeletal Disorders* 5 (2010), p. 43.
46. C. Wang *et al.*, "A Randomized Trial of Tai Chi for Fibromyalgia", *New England Journal of Medicine* 363, nº 8 (2010), pp. 743-54.
47. H. M. Taggart *et al.*, "Effects of T'ai Chi Exercise on Fibromyalgia Symptoms and Health-Related Quality of Life", *Orthopaedic Nursing* 22, nº 5 (2003), pp. 353-60; A. Carbonell-Baeza *et al.*, "T'ai-Chi Intervention in Men with Fibromyalgia: A Multiple-Patient Case Report", *Journal of Alternative and Complementary Medicine* 17, nº 3 (2011), pp. 187-89.

48. J. A. Astin *et al.*, "The Efficacy of Mindfulness Meditation plus Qigong Movement Therapy in the Treatment of Fibromyalgia: A Randomized Controlled Trial", *Journal of Rheumatology* 30, nº 10 (2003), pp. 2257-262.
49. K. H. Kaplan *et al.*, "The Impact of a Meditation-based Stress Reduction Program on Fibromyalgia", *General Hospital Psychiatry* 15, nº 5 (1993), pp. 284-89; P. Creamer *et al.*, "Sustained Improvement Produced by Nonpharmacologic Intervention in Fibromyalgia: Results of a Pilot Study", *Arthritis Care and Research* 13, nº 4 (2000), pp. 198-204; S. E. Sephton *et al.*, "Mindfulness Meditation Alleviates Depressive Symptoms in Women with Fibromyalgia: Results of a Randomized Clinical Trial", *Arthritis and Rheumatism* 57, nº 1 (2007), pp. 77-85; E. Lush *et al.*, "Mindfulness Meditation for Symptom Reduction in Fibromyalgia: Psychophysiological Correlates", *Journal of Clinical Psychology in Medical Settings* 16, nº 2 (2009), pp. 200-07.
50. Segundo a teoria da Medicina Tradicional Chinesa, se as articulações das mãos estiverem muito inflamadas e quentes, o ideal é não adicionar mais calor. Nesse caso, pode-se usar imagens mentais com uma qualidade mais fresca, como banhar os tecidos com energia calmante do "céu azul".

Capítulo 6

1. P. Taggart *et al.*, "Anger, Emotion, and Arrhythmias: from Brain to Heart", *Frontiers in Physiology* 2 (2011), p. 67; A. Golabchi e N. Sarrafzadegan, "Takotsubo Cardiomyopathy or Broken Heart Syndrome: A Review Article", *Journal of Research in Medical Sciences* 16, nº 3 (2011), pp. 340-45; J. Macleod, "Commentary: Broken Hearts and Minds – Depression and Incident Heart Disease and Stroke", *International Journal of Epidemiology* 39, nº 4 (2010), pp. 1025-026.
2. Ted Kaptchuk, *The Web That Has No Weaver* (Nova York: McGraw-Hill, 2000); Thomas Ots, "The Angry Liver, the Anxious Heart, and the Melancholy Spleen: The Phenomenology of Perception in Chinese Culture", *Culture, Medicine, and Psychiatry* 14, nº 1 (1990), pp. 21-58.
3. W. Rosamond *et al.*, "Heart Disease and Stroke Statistics – 2007 Update: A Report from the American Heart Association Statistics Committee and Stroke Statistics Subcommittee", *Circulation* 115, nº 5 (2007), e 69-171.
4. *Ibid.*
5. Ver, por exemplo, "Your Guide to Lowering Your Cholesterol with TLC", Departamento de Saúde e Serviços Humanos dos Estados Unidos, National Institutes of Health National Heart, Lung, and Blood Institute (Publicação do NIH nº 06-5235, dezembro de 2005); D. J. Becker *et al.*, "Simvastatin vs. Therapeutic Lifestyle Changes and Supplements: Randomized Primary Prevention Trial", *Mayo Clinic Proceedings* 83, nº 7 (2008), pp. 758-64; N. F. Gordon *et al.*, "Effectiveness of Therapeutic Lifestyle Changes in Patients with Hypertension, Hyperlipidemia, and/or Hyperglycemia", *American Journal of Cardiology* 94, nº 12 (2004), pp. 1558-561.
6. G. Y. Yeh *et al.*, "Use of Complementary Therapies in Patients with Cardiovascular Disease", *American Journal of Cardiology* 98, nº 5 (2006), pp. 673—80; Y. W. Leung *et al.*, "The Prevalence and Correlates of Mind-Body Therapy Practices in Patients with Acute Coronary Syndrome", *Complementary Therapies in Medicine* 16, nº 5 (2008), pp. 254-61.
7. Departamento de Saúde e Serviços Humanos dos Estados Unidos, *Physical Activity and Health: A Report of the Surgeon General* (Atlanta, Georgia. Public Health Service, CDC, National Center for Chronic Disease Prevention and Health Promotion, 1996).
8. G. Wannamethee *et al.*, "Changes in Physical Activity, Mortality, and Incidence of Coronary Heart Disease in Older Men", *Lancet* 351, nº 9116 (1998), pp. 1603-608.

9. Ver revisões de C. Lan *et al.*, "The Exercise Intensity of Tai Chi Chuan", *Medicine and Sport Science* 52 (2008), pp. 12-9.
10. W. J. Kop, "Chronic and Acute Psychological Risk Factors for Clinical Manifestations of Coronary Artery Disease", *Psychosomatic Medicine* 61, nº 4 (1999), pp. 476-87; A. Rozanski *et al.*, "Impact of Psychological Factors on the Pathogenesis of Cardiovascular Disease and Implications for Therapy", *Circulation* 99, nº 16 (1999), pp. 2192-217; D. S. Krantz, "Mental Stress as a Trigger of Myocardial Ischemia and Infarction", *Cardiology Clinics* 14, nº 2 (1996), pp. 271-87; J. Suls e J. Bunde, "Anger, Anxiety, and Depression as Risk Factors for Cardiovascular Disease: The Problems and Implications of Overlapping Affective Dispositions", *Psychological Bulletin* 131, nº 2 (2005), pp. 260-300; Willem J. Kop e Jennifer L. Francis, "Psychological Risk Factors and Pathophysiological Pathways Involved in Coronary Artery Disease: Relevance to Complementary Medicine Interventions", *in* Vogel e Krucoff, orgs., *Integrative Cardiology: Complementary and Alternative Medicine for the Heart* (Nova York: McGraw-Hill Medical); B. W. Penninx *et al.*, "Effects of Social Support and Personal Coping Resources on Mortality in Older Age: The Longitudinal Aging Study Amsterdam", *American Journal of Epidemiology* 146, nº 6 (1997), pp. 510-19.
11. D. E. Ford *et al.*, "Depression is a Risk Factor for Coronary Artery Disease in Men: the Precursors Study", *Archives of Internal Medicine* 158 (1998), pp. 1422-426; A. H. Glassman, "Depression and Cardiovascular Comorbidity", *Dialogues in Clinical Neuroscience* 9, nº 1 (2007), pp. 9-17.
12. M. A. Mittleman *et al.*, "Triggering of Acute Myocardial Infarction Onset by Episodes of Anger: Determinants of Myocardial Infarction Onset Study Investigators", *Circulation* 92, nº 7 (1995), pp. 1720-725.
13. D. R. Witte *et al.*, "A Meta-Analysis of Excess Cardiac Mortality on Monday", *European Journal of Epidemiology* 20, nº 5 (2005), pp. 401-06.
14. T. Raupach *et al.*, "Slow Breathing Reduces Sympathoexcitation in COPD", *European Respiratory Journal* 32, nº 2 (2008), pp. 387-92; L. Bernardi *et al.*, "Effect of Rosary Prayer and Yoga Mantras on Autonomic Cardiovascular Rhythms, Comparative Study", *BMJ* 323, nº 7327 (2001), pp. 1446-449; K. Narkiewicz *et al.*, "Sympathetic Neural Outflow and Chemoreflex Sensitivity Are Related to Spontaneous Breathing Rate in Normal Men", *Hypertension* 47, nº 1 (2006), pp. 51-5; B. Oneda *et al.*, "Sympathetic Nerve Activity Is Decreased during Device--guided Slow Breathing", *Hypertension Research* (2010), pp. 1-5; R. Jerath *et al.*, "Physiology of Long Pranayamic Breathing: Neural Respiratory Elements May Provide a Mechanism that Explains How Slow Deep Breathing Shifts the Autonomic Nervous System", *Medical Hypotheses* 67, nº 3 (2006), pp. 566-71.
15. Por exemplo, ver F. Li *et al.*, "Tai Chi, Self-efficacy, and Physical Function in the Elderly", *Prevention Science* 2, nº 4 (2001), pp. 229-39; R. E. Taylor-Piliae e E. S. Froelicher, "Measurement Properties of Tai Chi Exercise Self-efficacy among Ethnic Chinese with Coronary Heart Disease Risk Factors: A Pilot Study", *European Journal of Cardiovascular Nursing* 3, nº 4 (2004), pp. 287-94; F. Li *et al.*, "Falls Self-efficacy as a Mediator of Fear of Falling in an Exercise Intervention for Older Adults", *Journals of Gerontology Series B: Psychological Sciences and Social Sciences* 60, nº 1 (2005), pp. 34-40.
16. B. N. Uchino. "Understanding the Links between Social Support and Physical Health", *Perspectives on Psychological Science* 4 (2009), pp. 236-55; F. Mookadam e H. M. Arthur, "Social Support and Its Relationship to Morbidity and Mortality after Acute Myocardial Infarction: Systematic Overview", *Archives of Internal Medicine* 164 (2004), pp. 1514-518.
17. G. Y. Yeh, C. C. Wang, P. M. Wayne, R. Phillips, "Tai Chi Exercise for Patients with Cardiovascular Conditions and Risk Factors: A Systematic Review", *Journal of Cardiopulmonary Rehabilitation and Prevention* 29, nº 3 (2009), pp. 152-60; R. E. Taylor Pillie e E. S. Froelicher,

"Effectiveness of Tai Chi Exercise in Improving Aerobic Capacity: A Meta-Analysis", *The Journal of Cardiovascular Nursing* 19, nº 1 (2004), pp. 48-57; G. Y. Yeh, C. C. Wang, P. M. Wayne, R. Phillips, "The Effect of Tai Chi Exercise on Blood Pressure: A Systematic Review", *Preventive Cardiology* 11, nº 2 (2008), pp. 82-9; M. S. Lee *et al.*, "Tai Chi for Cardiovascular Disease and Its Risk Factors: A Systematic Review", *Journal of Hypertension* 25 (2007), pp. 1974-977; M. S. Lee *et al.*, "Tai Chi for Lowering Resting Blood Pressure in the Elderly: A Systematic Review", *Journal of Evaluation in Clinical Practice* 16, nº 4 (2010), pp. 818-24; R. E. Taylor Pilliae, "Tai Chi as an Adjunct to Cardiac Rehabilitation Exercise Training", *Journal of Cardiopulmonary Rehabilitation* 23, nº 2 (2003), pp. 90-6.

18. G. Y. Yeh, C. C. Wang, P. M. Wayne, R. Phillips, "The Effect of Tai Chi Exercise on Blood Pressure: A Systematic Review", *Preventive Cardiology* 11, nº 2 (2008), pp. 82-9; M. S. Lee *et al.*, "Tai Chi for Cardiovascular Disease and Its Risk Factors: A Systematic Review", *Journal of Hypertension* 25 (2007), pp. 1974-977; M. S. Lee *et al.*, "Tai Chi for Lowering Resting Blood Pressure in the Elderly: A Systematic Review", *Journal of Evaluation in Clinical Practice* 16, nº 4 (2010), pp. 818-24.
19. D. R. Young *et al.*, "The Effects of Aerobic Exercise and T'ai Chi on Blood Pressure in Older People: Results of a Randomized Trial", *Journal of the American Geriatrics Society* 47, nº 3 (1999), pp. 277-84.
20. J. C. Tsai *et al.*, "The Beneficial Effects of Tai Chi Chuan on Blood Pressure and Lipid Profile and Anxiety Status in a Randomized Controlled Trial", *Journal of Alternative and Complementary Medicine* 9 (2003), pp. 747-54; G. N. Thomas *et al.*, "Effects of Tai Chi and Resistance Training on Cardiovascular Risk Factors in Elderly Chinese Subjects: A 12-Month Longitudinal, Randomized, Controlled, Intervention Study", *Clinical Endocrinology* 63 (2005), pp. 663-69; Z. S. Sheng e X. H. Su, "The Effect of Tai Chi Qigong Form 18 on Hypertension", *Modern Rehabilitation* 4 (2000), pp. 33-4; S. L. Wolf *et al.*, "The Influence of Intense Tai Chi Training on Physical Performance and Hemodynamic Outcomes in Transitionally Frail, Older Adults", *Journals of Gerontology Series A: Biological Sciences and Medical Sciences* 61, nº 2 (2006), pp. 184-89.
21. Em um estudo clínico randomizado e controlado, os pesquisadores de Taiwan recrutaram 76 adultos mais velhos sedentários, média de 51 anos de idade, com hipertensão arterial limítrofe ou em estágio I que não estavam tomando medicamentos. Esses participantes foram designados para 12 semanas de Tai Chi três vezes por semana ou nenhuma intervenção (controles). Os autores relataram vários casos de melhora no perfil lipídico no grupo de Tai Chi, como redução do colesterol total (−15.2 md/dL), colesterol LDL (−20 md/dL), triglicérides (−23.8 mg/dL) e aumento do colesterol HDL (+ 4.7 mg/dL): J. C. Tsai *et al.*, "The Beneficial Effects of Tai Chi Chuan on Blood Pressure and Lipid Profile and Anxiety Status in a Randomized Controlled Trial", *Journal of Alternative and Complementary Medicine* 9 (2003), pp. 747-54).
22. T. M. Liu e S. X. Li, "Effect of Shadow Boxing on the Cardiovascular Excitability, Adaptability and Endurance in Middle-aged and Elderly Patients with Hypertension", *Chinese Journal of Clinical Rehabilitation* 8 (2004), pp. 7508-509; S. C. Chen *et al.*, "Effect of Tai Chi on Biochemical Profiles and Oxidative Stress Indicators in Obese Patients with Type 2 Diabetes", *Journal of Alternative and Complementary Medicine* 16 (2010), pp. 1153-159; C. Lan *et al.*, "Effect of T'ai Chi Chuan Training on Cardiovascular Risk Factors in Dyslipidemic Patients", *Journal of Alternative and Complementary Medicine* 14 (2008), pp. 813-19; G. T. Ko *et al.*, "A 10-Week Tai-Chi Program Improved the Blood Pressure, Lipid Profile and SF-36 Scores in Hong Kong Chinese Women", *Medical Science Monitor* 12, nº 5 (2006), CR196-99.
23. G. N. Thomas *et al.*, "Effects of Tai Chi and Resistance Training on Cardiovascular Risk Factors in Elderly Chinese Subjects: A 12-Month Longitudinal, Randomized, Controlled, In-

tervention Study", *Clinical Endocrinology* 63 (2005), pp. 663-69; Y. Zhang e F. H. Fu, "Effects of 14-Week Tai Ji Quan Exercise on Metabolic Control in Women with Type 2 Diabetes", *American Journal of Chinese Medicine* 36, nº 4 (2008), pp. 647-54.

24. P. W. Wilson e W. B. Kannel, "Obesity, Diabetes, and Risk of Cardiovascular Disease in the Elderly", *American Journal of Geriatric Cardiology* 11, nº 2 (2002), pp. 119-23, p. 125.
25. S. S. Hui *et al.*, "Evaluation of Energy Expenditure and Cardiovascular Health Effects from Tai Chi and Walking Exercise", *Hong Kong Medical Journal*, nº 1, 15 suplemento 2 (2009), p. 4; R. Song *et al.*, "Effect of Tai Chi Self Help Program on Glucose Control, Cardiovascular Risks and Quality of Life in Type II Diabetic Patients", *Journal of Muscle and Joint Health* 12 (2007), pp. 13-25 (em coreano); J. W. Hung *et al.*, "Effect of 12-week Tai Chi Chuan Exercise on Peripheral Nerve Modulation in Patients with Type 2 Diabetes Mellitus", *Journal of Rehabilitation Medicine* 41 (2009), pp. 924-29.
26. Um estudo realizado em Hong Kong com 207 adultos sadios comparou 12 semanas de Tai Chi para treinamento de força e resistência, bem como com um grupo que recebeu tratamento convencional (controle). Os participantes mais velhos nesse estudo tinham vários fatores de risco cardiovascular. Os resultados mostram que os níveis de glicemia em jejum e de outros marcadores de açúcar no sangue nos dois grupos de exercício não diferiram dos níveis do grupo de controle: G. N. Thomas *et al.*, "Effects of Tai Chi and Resistance Training on Cardiovascular Risk Factors in Elderly Chinese Subjects: A 12 Month Longitudinal, Randomized, Controlled Intervention Study", *Clinical Endocrinology* 63 (2005), pp. 663-69. Ver também T. Tsang *et al.*, "Effects of Tai Chi on Glucose Homeostasis and Insulin Sensitivity in Older Adults with Type 2 Diabetes: A Randomized Double-blind Sham-controlled Exercise Trial", *Age and Ageing* 37 (2008), pp. 64-71.
27. P. Libby *et al.*, "Inflammation in Atherosclerosis", *Nature* 420, nº 6917 (2002), pp. 868-74.
28. P. M. Ridker *et al.*, "Relation of Baseline High-sensitivity C-reactive Protein Level to Cardiovascular Outcomes with Rosuvastatin in the Justification for Use of Statins in Prevention: An Intervention Trial Evaluating Rosuvastatin (JUPITER)", *American Journal of Cardiology* 106, nº 2 (2010), pp. 204-09; B. M. Everett *et al.*, "Rosuvastatin in the Prevention of Stroke among Men and Women with Elevated Levels of C-reactive Protein: Justification for the Use of Statins in Prevention: An Intervention Trial Evaluating Rosuvastatin (JUPITER)", *Circulation* 121, nº 1 (2010), pp. 143-50.
29. S. C. Chen *et al.*, "Effect of T'ai Chi Exercise on Biochemical Profiles and Oxidative Stress Indicators in Obese Patients with Type 2 Diabetes", *Journal of Alternative and Complementary Medicine* 16, nº 11 (2010), pp. 1153-159.
30. T. W. Tsang *et al.*, "A Randomized Controlled Trial of Kung Fu Training for Metabolic Health in Overweight/Obese Adolescents: The 'Martial Fitness' Study", *Journal of Pediatric Endocrinology and Metabolism* 22, nº 7 (2009), pp. 595-607. Ver também: C. Lan *et al.*, "Effect of T'ai Chi Chuan Training on Cardiovascular Risk Factors in Dyslipidemic Patients", *Journal of Alternative and Complementary Medicine* 14, nº 7 (2008), pp. 813-19.
31. S. S. Hui *et al.*, "Evaluation of Energy Expenditure and Cardiovascular Health Effects from Tai Chi and Walking Exercise", *Hong Kong Medical Journal* 15, nº 1, suplemento 2 (2009), pp. 4-7.
32. C. Lan *et al.*, "Changes of Aerobic Capacity, Fat Ratio and Flexibility in Older TCC Practitioners: A Five-year Follow-up", *American Journal of Chinese Medicine* 36, nº 6 (2008), pp. 1041-050.
33. Ver, por exemplo, J. F. Audette *et al.*, "Tai Chi versus Brisk Walking in Elderly Women", *Age and Ageing* 35, nº 4 (2006), pp. 388-93; R. E. Taylor-Piliae *et al.*, "Improvement in Balance, Strength, and Flexibility after 12 Weeks of Tai Chi Exercise in Ethnic Chinese Adults with Cardiovascular Disease Risk Factors", *Alternative Therapies in Health and Medicine* 12, nº 2

(2006), pp. 50-8; R. E. Taylor-Piliae *et al.*, "Tai Chi as an Adjunct Physical Activity for Adults Aged 45 Years and Older Enrolled in Phase III Cardiac Rehabilitation", *European Journal of Cardiovascular Nursing* 11, nº 1 (2012), pp. 34-43; R. E. Taylor-Piliae *et al.*, "Hemodynamic Responses to a Community-based Tai Chi Exercise Intervention in Ethnic Chinese Adults with Cardiovascular Disease Risk Factors", *European Journal of Cardiovascular Nursing* 5, nº 2 (2006), pp. 165-74.

34. G. Y. Yeh *et al.*, "Effect of Tai Chi Mind-Body Movement Therapy on Functional Status and Exercise Capacity in Patients with Chronic Heart Failure: A Randomized Controlled Trial", *American Journal of Medicine* 117, nº 8 (2004), pp. 541-48; G. Y. Yeh *et al.*, "Enhancement of Sleep Stability with Tai Chi Exercise in Patients with Chronic Heart Failure: Preliminary Findings Using an ECG-based Spectrogram Method", *Sleep Medicine* 9, nº 5 (2008), pp. 527-36.
35. G. Y. Yeh *et al.*, "Tai Chi Exercise in Patients with Chronic Heart Failure: A Randomized Clinical Trial", *Archives of Internal Medicine* 117, nº 8 (2011), pp. 750-57.
36. G. Y. Yeh *et al.*, "Tai Chi in Patients with Heart Failure with Preserved Ejection Fraction: A Pilot Study", *Congestive Heart Failure* (publicado *on-line* em 12 de outubro de 2012.
37. G. Caminiti *et al.*, "Tai Chi Enhances the Effects of Endurance Training in the Rehabilitation of Elderly Patients with Chronic Heart Failure", *Rehabilitation Research and Practice* (2011): Id do artigo 761958.
38. D. E. Barrow *et al.*, "An Evaluation of the Effects of Tai Chi Chuan and Chi Kung Training in Patients with Symptomatic Heart Failure: A Randomised Controlled Pilot Study", *Postgraduate Medical Journal* 83, nº 985 (2007), pp. 717-21; J. A. Fontana *et al.*, "T'ai Chi Chih as an Intervention for Heart Failure", *Nursing Clinics of North America* 35, nº 4 (2000), pp. 1031-046.
39. Ver revisões de G. Y. Yeh, C. C. Wang, P. M. Wayne e R. Phillips, "Tai Chi Exercise for Patients with Cardiovascular Conditions and Risk Factors: A Systematic Review", *Journal of Cardiopulmonary Rehabilitation and Prevention* 29, nº 3 (2009), pp. 152-60; e A. Dalusung-Angosta, "The Impact of Tai Chi Exercise on Coronary Heart Disease: A Systematic Review", *Journal of the American Academy of Nurse Practitioners* 23, nº 7 (2011), pp. 376-81.
40. K. S. Channer *et al.*, "Changes in Haemodynamic Parameters following Tai Chi Chuan and Aerobic Exercise in Patients Recovering from Acute Myocardial Infarction", *Postgraduate Medical Journal* 72, nº 848 (1996), pp. 349-51.
41. R. Y. Chang *et al.*, "The Effect of T'ai Chi Exercise on Autonomic Nervous Function of Patients with Coronary Artery Disease", *Journal of Alternative and Complementary Medicine* 14, nº 9 (2008), pp. 1107-113; S. Sato *et al.*, "Effect of Tai Chi Training on Baroreflex Sensitivity and Heart Rate Variability in Patients with Coronary Heart Disease", *International Heart Journal* 51, nº 4 (2009), pp. 238-41.
42. C. Lan *et al.*, "The Effect of Tai Chi on Cardiorespiratory Function in Patients with Coronary Artery Bypass Surgery", *Medicine and Science in Sports and Exercise* 31, nº 5 (1999), pp. 634-38.
43. "Post-Stroke Rehabilitation Fact Sheet", *NINDS*, outubro de 2008, NIH Publicação, nº 08-4846.
44. S. S. Au-Yeung *et al.*, "Short-form Tai Chi Improves Standing Balance of People with Chronic Stroke", *Neurorehabilitation and Neural Repair* 23, nº 5 (2009), pp. 515-22.
45. J. Hart *et al.*, "Tai Chi Chuan Practice in Community-dwelling Persons after Stroke", *International Journal of Rehabilitation Research* 27, nº 4 (2004), pp. 303-04.

Capítulo 7

1. H. J. Schunemann *et al.*, "Pulmonary Function Is a Long-term Predictor of Mortality in the General Population: 29-year Follow-up of the Buffalo Health Study", *CHEST* 118, nº 3 (2000), pp. 656-64.
2. W. B. Kannel *et al.*, "Vital Capacity as a Predictor of Cardiovascular Disease: the Framingham Study", *American Heart Journal* 105, nº 2 (1983), pp. 311-15.
3. H. J. Schunemann *et al.*, "Pulmonary Function Is a Long-term Predictor of Mortality in the General Population: 29-year Follow-up of the Buffalo Health Study", *CHEST* 118, nº 3 (2000), pp. 656-64.
4. Margaret Pisani, org., *Aging and Lung Disease: A Clinical Guide* (Nova York: Humana Press, 2012).
5. N. Berend, "Normal Ageing of the Lung: Implications for Diagnosis and Monitoring of Asthma in Older People", *Medical Journal of Australia* 183, suplemento 1 (2005), S28-9.
6. *Ibid.*
7. *Ibid.*
8. T. J. Kaptchuk, J. M. Kelley, A. Deykin, P. M. Wayne, L. C. Lasagna, I. O. Epstein, I. Kirsch, M. E. Wechsler, "Do 'Placebo Responders' Exist?" *Contemporary Clinical Trials* 29, nº 4 (2008), pp. 587-95.
9. Dado o pluralismo do Tai Chi e suas diversas aplicações (p.ex., arte marcial, saúde, meditação), não admira que as instruções sobre como (ou não) respirar e coordenar a respiração com os movimentos variam bastante entre os estilos e até mesmo entre os professores de um estilo. Por exemplo, em alguns sistemas os alunos aprendem a inspirar durante os movimentos de expansão, enquanto em outros eles aprendem a expirar durante os movimentos de expansão (p.ex., durante um soco). Outros instrutores, ainda, sugerem que os alunos não tentem coordenar os padrões respiratórios com os movimentos, mas apenas deixem que eles ocorram naturalmente. Alguns exemplos de boas discussões sobre esse tópico podem ser encontrados em Robert Chuckrow, *Tai Chi Dynamics* (Boston: YMAA Publications, 2008); M. Mellish, *A Tai Chi Imagery Workbook: Spirit, Intent, and Motion* (Londres: Singing Dragon, 2011); Mantak Chia e Juan Li, *The Inner Structure of Tai Chi: Tai Chi Chi Kung I* (Nova York: Healing Tai Books, 1996) [*A Estrutura Interior do Tai Chi: Tai Chi Kung I*, publicado pela Editora Pensamento, São Paulo, 2001.]; e J. Loupos, *Tai Chi Connections: Advancing Your Tai Chi Experience* (Boston: YMAA Publication Center, 2005).
10. C. Lan *et al.*, "Changes in Aerobic Capacity, Fat Ratio, and Flexibility in Older TCC Practitioners: A Five Year Follow-up", *American Journal of Chinese Medicine* 36 (2008), pp. 1041-150; C. Lan *et al.*, "The Aerobic Capacity and Ventilatory Efficiency during Exercise in Qigong and Tai Chi Chuan Practitioners", *American Journal of Chinese Medicine* 32, nº 1 (2004), pp. 141-50; C. Lan *et al.*, "Cardiorespiratory Function, Flexibility, and Body Composition among Geriatric Tai Chi Chuan Practitioners", *Archives of Physical Medicine and Rehabilitation* 77, nº 6 (1996), pp. 612-16; J. S. Lai *et al.*, "Two-year Trends in Cardiorespiratory Function among Older Tai Chi Chuan Practitioners and Sedentary Subjects", *Journal of the American Geriatrics Society* 43, nº 11 (1995), pp. 1222-227; J. S. Lai *et al.*, "Cardiorespiratory Responses of Tai Chi Chuan Practitioners and Sedentary Subjects during Cycle Ergometry", *Journal of the Formosan Medical Association* 92, nº 10 (outubro de 1993), pp. 894-99.
11. R. Taylor-Piliae *et al.*, "Improvement in Balance, Strength, and Flexibility after 12 Weeks of Tai Chi Exercise in Ethnic Chinese Adults with Cardiovascular Disease Risk Factors", *Alternative Therapies in Health and Medicine* 12 (2006), pp. 50-8.
12. L. Pomidori *et al.*, "Efficacy and Tolerability of Yoga Breathing in Patients with Chronic Obstructive Pulmonary Disease: A Pilot Study", *Journal of Cardiopulmonary Rehabilitation and*

Prevention 29, nº 2 (2009), pp. 133-37; L. Bernardi *et al.*, "Effect of Breathing Rate on Oxygen Saturation and Exercise Performance in Chronic Heart Failure", *Lancet* 351, nº 9112 (1998), pp 1308-311.

13. T. Raupach *et al.*, "Slow Breathing Reduces Sympathoexcitation in COPD", *European Respiratory Journal* 32, nº 2 (2008), pp. 387-92; L. Bernardi *et al.*, "Effect of Rosary Prayer and Yoga Mantras on Autonomic Cardiovascular Rhythms, Comparative Study", *BMJ* 323, nº 7327 (2001), pp. 1446-449; K. Narkiewicz *et al.*, "Sympathetic Neural Outflow and Chemoreflex Sensitivity Are Related to Spontaneous Breathing Rate in Normal Men", *Hypertension* 47, nº 1 (2006), pp. 51-5.
14. Kubzansky *et al.*, "Angry Breathing: A Prospective Study of Hostility and Lung Function in the Normative Aging Study", *Thorax* 61 (2006), pp. 863-68; Weuve *et al.*, "Forced Expiratory Volume in 1 Second and Cognitive Aging in Men", *Journal of the American Geriatrics Society* 59 (2011), pp. 1283-292.
15. E. Agostoni e H. Rand, "Abdominal and Thoracic Pressures at Different Lung Volumes", *Journal of Applied Physiology* 15 (1960), pp. 1087-092; G. E. Tzelepis *et al.*, "Transmission of Pressure within the Abdomen", *Journal of Applied Physiology* 81, nº 3 (1996), pp. 1111-114; Mead *et al.*, "Abdominal Breathing Transmission in Humans during Slow Breathing Maneuvers", *Journal of Applied Physiology* 68, nº 5 (1990), pp. 1850-853.
16. T. Osada *et al.*, "Determination of Comprehensive Arterial Inflow in Abdominal-Pelvic Organs: Impact of Respiration and Posture on Organ Perfusion", *Medical Science Monitor* 17 (2011), CR57-66.
17. Ken Rose e Yu Huan Zhang, *A Brief History of Qi* (Brookline, Massachusetts: Paradigm Publications, 2001).
18. Martin Mellish, *A Tai Chi Imagery Workbook: Spirit, Intent, and Motion* (Londres: Singing Dragon, 2011).
19. J. Menzin *et al.*, "The Economic Burden of Chronic Obstructive Pulmonary Disease (COPD) in a U.S. Medicare Population", *Respiratory Medicine* 102, nº 9 (2008), pp. 1248-256.
20. E. Sutherland e R. Cherniack, "Management of Chronic Obstructive Pulmonary Disease", *New England Journal of Medicine* 350 (2004), pp. 2689-697.
21. G. Y. Yeh, D. H. Roberts, P. M. Wayne, R. B. Davis, M. T. Quilty, R. S. Phillips, "Tai Chi Exercise for Patients with Chronic Obstructive Pulmonary Disease: A Pilot Study", *Respiratory Care* 55, nº 11 (2010), p. 1475-482.
22. A. W. Chan *et al.*, "Tai Chi Qigong Improves Lung Functions and Activity Tolerance in COPD Clients: A Single Blind, Randomized Controlled Trial", *Complementary Therapies in Medicine* 19, nº 1 (2011), pp. 3-11. A. W. Chan *et al.*, "Effectiveness of a Tai Chi Qigong Program in Promoting Health-related Quality of Life and Perceived Social Support in Chronic Obstructive Pulmonary Disease Clients", *Quality of Life Research* 19, nº 5 (2010), pp. 653-64. Ver também R. W. Leung *et al.*, "A Study Design to Investigate the Effect of Short-form Sun-style Tai Chi in Improving Functional Exercise Capacity, Physical Performance, Balance and Health Related Quality of Life in People with Chronic Obstructive Pulmonary Disease (COPD)", *Contemporary Clinical Trials* 32, nº 2 (2011), pp. 267-72.
23. For Qigong, ver B. H. Ng *et al.*, "Functional and Psychosocial Effects of Health Qigong in Patients with COPD: A Randomized Controlled Trial", *Journal of Alternative and Complementary Medicine* 17, nº 3 (2011), pp. 243-51. Para Yoga, ver A. Fulambarker *et al.*, "Effect of Yoga in Chronic Obstructive Pulmonary Disease", *American Journal of Therapeutics* (22 de outubro de 2012); L. Pomidori *et al.*, "Efficacy and Tolerability of Yoga Breathing in Patients with Chronic Obstructive Pulmonary Disease: A Pilot Study", *Journal of Cardiopulmonary Rehabilitation and Prevention* 29, nº 2 (2009), pp. 133-37; D. Donesky-Cuenco *et al.*, "Yoga Therapy Decreases Dyspnea-related Distress and Improves Functional Performance in People with

Chronic Obstructive Pulmonary Disease: A Pilot Study", *Journal of Alternative and Complementary Medicine* 15, nº 3 (2009), pp. 225-34.
24. Estatística de Saúde dos Adultos Norte-americanos: Inquérito Nacional de Saúde, 2008, e Estatística de Saúde das Crianças Norte-americanas: Inquérito Nacional de Saúde, 2008; Organização Mundial da Saúde, "Global Surveillance, Prevention and Control of Chronic Respiratory Diseases: A Comprehensive Approach", 2007; Centro de Controle e Prevenção de Doenças (CDC). Vigilância de Asma – Estados Unidos, 1960-1995, *Morbidity and Mortality Weekly Report*, 47 (1998), SS-1.
25. W. Maziak, "The Asthma Epidemic and Our Artificial Habitats", *BMC Pulmonary Medicine* 5, nº 1 (2005).
26. Y. F. Chang *et al.*, "Tai Chi Chuan Training Improves the Pulmonary Function of Asthmatic Children", *Journal of Microbiology, Immunology, and Infections* 41 (2008), pp. 88-95.
27. S. Kiatboonsri *et al.*, "Effects of Tai Chi Qigong Training on Exercise Performance and Airway Inflammation in Moderate to Severe Persistent Asthma", *CHEST* 134, nº 4 (2008), 54003.

Capítulo 8

1. B. Horrigan, "Meditation and Neuroplasticity: Training Your Brain (Entrevista com Richard Davidson, Ph.D.)", *Explore* 1 (2005), pp. 381-88.
2. Para uma boa discussão sobre o *continuun* Shen-Jing e o conceito chinês de mente, ver E. Korngold e H. Beinfield, "Chinese Medicine and the Mind", *Explore* 2, nº 4 (2006), pp. 321-33.

   De maneira mais geral, segundo a medicina chinesa os pensamentos e as emoções não se originam no cérebro nem são regulados somente pelo cérebro, mas sim por todos os órgãos e suas interações energéticas. Por exemplo, a raiva excessiva está associada com desequilíbrio na energia hepática, e a perda da memória de curto prazo pode estar relacionada com Qi renal fraco. Esse conceito mais holístico da mente, bem como a ideia de que as memórias, as emoções e outros aspectos da mente talvez não sejam armazenados ou processados exclusivamente no cérebro, mas também em outras partes e outros tecidos corporais, também são discutidos em várias tradições ocidentais, inclusive na literatura médica recente. Por exemplo, os bancos de dados de estudos de caso com pacientes transplantados indicam que os receptores de transplantes de órgãos às vezes herdam as memórias e os comportamentos dos doadores – nesses casos, claramente não por intermédio do tecido cerebral; ver P. Pearsall, G. E. Schwartz, L. G. Russek, *Nexus Magazine* 12, nº 3 (abril-maio de 2005). Do mesmo modo, os praticantes e pacientes de muitas formas de terapias manuais e de movimento dizem que alterações físicas podem desencadear a liberação de memórias e emoções aparentemente "armazenadas" no corpo.

   Para ler mais sobre o conceito de "corporificação", ver F. Varela e E. Thompson, *The Embodied Mind* (Cambridge, Massachusetts: MIT Press, 1991); W. E. Mehling *et al.*, "Body Awareness: A Phenomenological Inquiry into the Common Ground of Mind-Body Therapies", *Philosophy, Ethics, and Humanities in Medicine* 7, nº 6 (2011), p. 6; E. Thompson, *Mind in Life; Biology, Phenomenology, and the Sciences of Mind* (Cambridge, Massachusetts: Belknap Press of Harvard University Press, 2007); e D. H. Johnson, *Groundworks: Narratives of Embodiment* (Berkeley: North Atlantic Books, 1997).
3. Shi Ming, *Mind Over Matter: Higher Martial Arts* (Berkeley: Blue Snake Books, 1994).
4. Para uma excelente revisão das pesquisas sobre plasticidade relacionadas especificamente com meditação, ver H. A. Slagter *et al.*, "Mental Training as a Tool in the Neuroscientific Study of Brain and Cognitive Plasticity", *Frontiers in Neuroscience Research* 5 (2011), p. 17.

5. A. Nelson e S. Gilbert, *The Harvard Medical School Guide to Achieving Optimal Memory* (Nova York: McGraw Hill, 2005).
6. A. Pascual-Leone *et al.*, "Modulation of Muscle Responses Evoked by Transcranial Magnetic Stimulation during the Acquisition of New Fine Motor Skills", *Journal of Neurophysiology* 74, nº 5 (1995), pp. 1037-045; ver também C. Papadelis *et al.*, "Effects of Imagery Training on Cognitive Performance and Use of Physiological Measures as an Assessment Tool of Mental Effort", *Brain and Cognition* 64, nº 1 (2007), pp. 74-85.
7. R. C. Peterson *et al.*, "Prevalence of Mind Cognitive Impairment Is Higher in Men: The Mayo Clinic Study of Aging", *Neurology* 75, nº 10 (2010), pp. 889-97; Associação de Alzheimer, "2011 Alzheimer's Disease Facts and Figures", *Alzheimer's & Dementia* 7, nº 2 (2011), pp. 208-44.
8. L. C. W. Lam *et al.* "Interim Follow-up of a Randomized Controlled Trial Comparing Chinese Style Mind-Body (Tai Chi) and Stretching Exercises on Cognitive Function in Subjects at Risk of Progressive Cognitive Decline", *International Journal of Geriatrics Psychology* 26 (2011), pp. 733-40; L. C. W. Lam *et al.*, "A 1-year Randomized Controlled Trial Comparing Mind-Body Exercise (Tai Chi) with Stretching and Toning Exercise on Cognitive Function in Older Chinese Adults at Risk of Cognitive Decline", *Journal of the American Medical Directors Association* (2012), e1-e6.
9. S. C. Burgener *et al.*, "The Effects of a Multimodal Intervention on Outcomes of Persons with Early-stage Dementia", *American Journal of Alzheimer's Disease and Other Dementias* 23, nº 4 (2008), pp 382-94.
10. S. C. Burgener *et al.*, "A Combined, Multimodal Intervention for Individuals with Dementia", *Research in Gerontological Nursing* 4, nº 1 (2011), 64-75.
11. R. E. Taylor-Piliae *et al.*, "Effects of Tai Chi and Western Exercise on Physical and Cognitive Functioning in Healthy Community-dwelling Older Adults", *Journal of Aging and Physical Activity* 18, nº 3 (2010), pp. 261-79.
12. J. Mortimer *et al.*, "2012: Changes in Brain Volume and Cognition in a Randomized Trial of Exercise and Social Interaction in a Community-based Sample of Non-demented Chinese Elders", *Journal of Alzheimer's Disease* 30, nº 4 (2012), pp. 757-66.
13. M. M. Matthews e H. G. Williams, "Can Tai Chi Enhance Cognitive Vitality? A Preliminary Study of Cognitive Executive Control in Older Adults after a Tai Chi Intervention", *Journal of the South Carolina Medical Association* 104, nº 8 (2008), pp. 255-57; C. D. Hall *et al.*, "Effects of Tai Chi Intervention on Dual-task Ability in Older Adults: A Pilot Study", *Archives of Physical Medicine and Rehabilitation* 90, nº 3 (2009), pp. 525-29; M. H. Nguyen e A. Kruse, "A Randomized Controlled Trial of Tai Chi for Balance, Sleep Quality and Cognitive Performance in Elderly Vietnamese", *Journal of Clinical Interventions in Aging* 7 (2012), pp. 185-90.
14. W. K. Man *et al.*, "Do Older Tai Chi Practitioners Have Better Attention and Memory Function?", *Journal of Alternative and Complementary Medicine* 16 (2009), pp. 1259-264.
15. A. S. Chan *et al.*, "Association between Mind-Body and Cardiovascular Exercises and Memory in Older Adults", *Journal of the American Geriatrics Society* 53 (2005), pp. 1754-763. Ver também L. C. Lam *et al.*, "Modality of Physical Exercise and Cognitive Function in Hong Kong Older Chinese Community", *International Journal of Geriatric Psychiatry* 24, nº 1 (2009), pp. 48-53.
16. C. Voelcker-Rehage *et al.*, "Physical and Motor Fitness Are Both Related to Cognition in Old Age", *Cognitive Neuroscience* 31, nº 1 (2010), pp. 167-76; C. Voelcker-Rehage *et al.*, "Cardiovascular and Coordination Training Differentially Improve Cognitive Performance and Neural Processing in Older Adults", *Frontiers Human Neuroscience* 1, nº 5 (2011), p. 26.
17. S. Colcombe e A. F. Kramer, "Fitness Effects on the Cognitive Function of Older Adults: A Meta-Analytic Study", *Psychological Science* 14, nº 2 (2003), pp. 125-30.

18. C. N. Tseng *et al.*, "The Effectiveness of Exercise on Improving Cognitive Function in Older People: A Systematic Review", *Journal of Nursing Research* 19, nº 2 (2011), pp. 119-31. Ver também M. Angavaren *et al.*, "Physical Activity and Enhanced Fitness to Improve Cognitive Function in Older People without Known Cognitive Impairment", *Cochrane Database of Systematic Reviews* 6, nº 3 (2008), CD005381.
19. K. I. Erickson *et al.*, "Exercise Training Increases Size of Hippocampus and Improves Memory", *Proceedings of the National Academy of Sciences of the United States of America* 108, nº 7 (2010), pp. 3017-022.
20. Entre as alterações relatadas em estudos com seres humanos estão níveis mais altos de fluxo sanguíneo cerebral e de volume sanguíneo [R. L. Rogers *et al.*, "After Reaching Retirement Age Physical Activity Sustains Cerebral Perfusion and Cognition", *Journal of the American Geriatrics Society* 38, nº 2 (1990), pp 123-28; A. C. Pereira *et al.*, "An in Vivo Correlate of Exercise-induced Neurogenesis in the Adult Dentate Gyrus", *Proceedings of the National Academy of Sciences of the United States of America* 104, nº 113 (2007), pp. 5638-643]; maior atividade nas regiões frontal e parietal do cérebro, que se acredita estarem envolvidas no controle eficiente da atenção [S. J. Colcombe *et al.*, "Cardiovascular Fitness, Cortical Plasticity, and Aging", *Proceedings of the National Academy of Sciences of the United States of America* 101, nº 9 (2004), pp. 3316-321]; maior volume de substância cinzenta e substância branca no córtex pré-frontal [S. J. Colcombe *et al.*, "Aerobic Exercise Training Increases Brain Volume in Aging Humans", *Journals of Gerontology Series A: Biological Sciences and Medical Sciences* 61, nº 11 (2006), pp. 1166-170]; maior funcionamento de nodos importantes no controle executivo do cérebro [Waton *et al.*, "Executive Function, Memory, and Gait Speed Decline in Well-functioning Older Adults", *Journals of Gerontology Series A: Biological Sciences and Medical Sciences* 65, nº 10 (2010), pp. 1093-100]; e redes neurais de modo padrão [M. W. Voss *et al.*, "Plasticity of Brain Networks in a Randomized Intervention Trial of Exercise Training in Older Adults", *Frontiers in Aging Neuroscience*, 26, nº 2 (2010)].
21. E. B. Larson, "Exercise Is Associated with Reduced Risk for Incident Dementia among Persons 65 Years of Age and Older", *Annals of Internal Medicine* 144 (2006), pp. 73-81.
22. K. Yaffe *et al.*, "A Prospective Study of Physical Activity and Cognitive Decline in Elderly Women: Women Who Walk", *Archives of Internal Medicine* 161, nº 14 (2001), pp. 1703-708.
23. C. Voelcker-Rehage *et al.*, "Physical and Motor Fitness Are Both Related to Cognition in Old Age", *European Journal of Neuroscience* 31, nº 1 (2010), pp. 167-76; C. Voelcker-Rehage *et al.*, "Cardiovascular and Coordination Training Differentially Improve Cognitive Performance and Neural Processing in Older Adults", *Frontiers in Human Neuroscience* 5 (2011), p. 26.
24. M. C. Tierney *et al.*, "Intensity of Recreational Physical Activity throughout Life and Later Life Cognitive Functioning in Women", *Journal of Alzheimer's Disease* 22, nº 4 (2010), pp. 1331-338.
25. P. W. Landfield *et al.*, "Hippocampal Aging and Adrenocorticoids: Quantitative Correlations", *Science* 202, nº 4372 (1978), pp. 1098-102; R. M. Sapolsky e N. Y. Ann, "The Physiological Relevance of Glucocorticoid Endangerment of the Hippocampus", *Academy of Sciences* 746 (1994), pp. 294-304, e discussão, pp. 304-07.
26. S. J. Lupien *et al.*, "Cortisol Levels during Human Aging Predict Hippocampal Atrophy and Memory Deficits", *Nature Neuroscience* 1, nº 1 (1998), pp. 69-73; A. S. Karlamangla *et al.*, "Urinary Cortisol Excretion as a Predictor of Incident Cognitive Impairment", *Neurobiology of Aging* 26, suplemento 1 (2005), pp. 80-4.
27. R. S. Wilson *et al.*, "Proneness to Psychological Distress Is Associated with Risk of Alzheimer's Disease", *Neurology* 961 (2003), pp. 1479-485.
28. C. Wang *et al.*, "Tai Chi on Psychological Well-being: Systematic Review and Meta-analysis", *BMC Complementary and Alternative Medicine* 21, nº 10 (2010), p. 23; L. Zhang *et al.*, "A Re-

view of the Psychological Effectiveness of Tai Chi on Different Populations", *Evidence-Based Complementary and Alternative Medicine* (2012), ID678107.

29. T. Esch *et al.*, "Mind/Body Techniques for Physiological and Psychological Stress Reduction: Stress Management via Tai Chi Training – a Pilot Study", *Medical Science Monitor* 13, nº 11 (2007), CR488-97; P. Jin, "Changes in Heart Rate, Noradrenaline, Cortisol, and Mood during Tai Chi", *Journal of Psychosomatic Research* 33 (1989), pp. 197-206; G. Y. Yeh *et al.*, "Effect of Tai Chi Mind-Body Movement Therapy on Functional Status and Exercise Capacity in Patients with Chronic Heart Failure: A Randomized Controlled Trial", *American Journal of Medicine* 117, nº 8 (2004), pp. 541-48; E. N. Lee, "The Effects of Tai Chi Exercise Program on Blood Pressure, Total Cholesterol and Cortisol Level in Patients with Essential Hypertension", *Taehan Kanho Hakhoe Chi* 34 (2004), pp. 829-37 (em coreano).
30. M. L. Galantino *et al.*, "The Effect of Group Aerobic Exercise and T'ai Chi on Functional Outcomes and Quality of Life for Persons Living with Acquired Immunodeficiency Syndrome", *Journal of Alternative and Complementary Medicine* 11, nº 6 (2005), pp. 1085-092. Um excelente estudo qualitativo descrevendo as experiências subjetivas após o Tai Chi é de Y. Yang *et al.*, "Subjective Experiences of Older Adults Practicing Taiji and Qigong", *Journal of Aging Research* (2011), ID650210.
31. H. A. Slagter *et al.*, "Mental Training as a Tool in the Neuroscientific Study of Brain and Cognitive Plasticity", *Frontiers in Neuroscience Research* 5 (2011), p. 17.
32. A. Chiesa *et al.*, "Does Mindfulness Training Improve Cognitive Abilities? A Systematic Review of Neuropsychological Findings", *Clinical Psychology Review* 31, nº 3 (2010), pp. 449-64; A. Moore e P. Malinowski, "Meditation, Mindfulness and Cognitive Flexibility", *Consciousness and Cognition* 18 (2009), pp. 176-86; P. A. van den Hurk, "Greater Efficiency in Attentional Processing Related to Mindfulness Meditation", *Quarterly Journal of Experimental Psychology* 63 (2010), pp. 1168-180.
33. A. P. Jha *et al.*, "Examining the Protective Effects of Mindfulness Training on Working Memory Capacity and Affective Experience", *Emotion* 10, nº 1 (2010), pp. 54-64.
34. A. Mohan *et al.*, "Effect of Meditation on Stress-induced Changes in Cognitive Functions", *Journal of Alternative and Complementary Medicine* 17 (2011), pp. 207-12; B. K. Holzel *et al.*, "Stress Reduction Correlates with Structural Changes in the Amygdala", *Social Cognitive and Affective Neuroscience* 5, nº 1 (2010), pp. 11-7; P. van der Hurk *et al.*, "Mindfulness Meditation Associated with Alterations in Bottom-up Processing: Psychophysiological Evidence for Reduced Reactivity", *International Journal of Psychophysiology* 78 (2010), pp. 151-57; A. Lutz *et al.*, "Attentional Regulation and Monitoring in Meditation", *Trends in Cognitive Science* 12 (2008), pp. 163-69.
35. S. W. Lazar *et al.*, "Functional Brain Mapping of the Relaxation Response and Meditation", *Neuroreport* 11, nº 7 (2000), pp. 1581-585.
36. B. K. Holzel *et al.*, "Mindfulness Practice Leads to Increases in Regional Brain Gray Matter Density", *Psychiatry Research* 191, nº 1 (2011), pp. 36-43.
37. E. Luders *et al.*, "The Underlying Anatomical Correlates of Long-term Meditation: Larger Hippocampal and Frontal Volumes of Gray Matter", *Neuroimage* 45, nº 3 (2009), pp. 672-78; B. K. Holzel *et al.*, "Investigation of Mindfulness Meditation Practitioners with Voxel-based Morphometry", *Social Cognitive and Affective Neuroscience*, 3, nº 1 (2008), pp. 55-61.
38. N. A. Farb *et al.*, "Attending to the Present: Mindfulness Meditation Reveals Distinct Neural Modes of Self-Reference", *Social Cognitive and Affective Neuroscience* 2, nº 4 (2007), pp. 313-22; A. Lutz *et al.*, "Regulation of the Neural Circuitry of Emotion by Compassion Meditation: Effects of Meditative Expertise", *PloS One* 3, nº 3 (2008), e 1897.

39. L. A. Kilpatrick *et al.*, "Impact of Mindfulness-Based Stress Reduction Training on Intrinsic Brain Connectivity", *Neuroimage* 56, nº 1, pp. 290-98; E. Luders *et al.*, "Enhanced Brain Connectivity in Long-term Meditation Practitioners", *Neuroimage* 57, nº 4 (2011), pp. 1308-316.
40. J. Driemeyer *et al.*, "Changes in Gray Matter Induced by Learning—Revisited", *PLoS One* 23 (2008), e2669; J. Boyke *et al.*, "Training-induced Brain Structure Changes in the Elderly", *Journal of Neuroscience* 28, nº 28 (2008), pp. 7031-035.
41. C. Voelcker-Rehage e K. Willimczik, "Motor Plasticity in a Juggling Task in Older Adults – A Developmental Study", *Age and Ageing* 35, nº 4 (2006), pp. 422-27.
42. M. Groussard *et al.*, "When Music and Long-term Memory Interact: Effects of Musical Expertise on Functional and Structural Plasticity in the Hippocampus", *PLoS One* 5, nº 10 (2010), pii: e13225; M. Herdener *et al.*, "Musical Training Induces Functional Plasticity in Human Hippocampus", *Journal of Neuroscience* 30, nº 4 (2010), pp. 1377-384.
43. J. C. Kattenstroth *et al.*, "Superior Sensory, Motor, and Cognitive Performance in Elderly Individuals with Multi-year Dancing Activities", *Frontiers in Aging Neuroscience* 2 (2010), p 31.
44. E. A. Mcguire *et al.*, "Navigation-related Structural Change in the Hippocampi of Taxi Drivers", *Proceedings of the National Academy of Sciences of the United States of America* 97, nº 8 (2000), pp.: 4398-403.
45. J. Verghese *et al.*, "Leisure Activities and the Risk of Dementia in the Elderly", *New England Journal of Medicine* 348, nº 25 (2003), pp. 2508-516. Ver também: C. B. Hall *et al.*, "Cognitive Activities Delay Onset of Memory Decline in Persons Who Develop Dementia", *Neurology* 73, nº 5 (2009), pp. 356-61.
46. S. S. Bassuk *et al.*, "Social Disengagement and Incident Cognitive Decline in Community--Dwelling Elderly Persons", *Annals of Internal Medicine* 131 (1999), pp. 165-73; R. C. Sims *et al.*, "The Influence of Functional Social Support on Executive Functioning in Middle-aged African Americans", *Neuropsychology, Development, and Cognition, Section B, Aging, Neuropsychology, and Cognition* 18, nº 4 (2011), pp. 414-31.
47. Cheng Man Ch'ing, *Cheng-Tzu's Thirteen Treatises on Tai Chi Chuan* (Berkeley: North Atlantic Books, 1985).
48. Boas discussões sobre estar "na zona" em relação ao Tai Chi e às artes marciais podem ser encontradas em Shi Ming, *Mind Over Matter: Higher Martial Arts* (Berkeley: Blue Snake Books, 1994). Ver também Rick Barrett, *Taijiquan: Through the Western Gate* (Berkeley: Blue Snake Books, 2006).
49. R. Chuckrow, "Practicing Correct Strength (Jin) in T'ai-Chi Movement", http://chuckrow-taichi.com/PracticingPengJin.html.
50. Para revisões, ver C. Schuster *et al.*, "Best Practices for Motor Imagery: A Systematic Review of Motor Imagery Training Elements in Five Different Disciplines", *BMC Medicine* 9 (2011), p. 75.
51. V. K. Ranganathan *et al.*, "From Mental Power to Muscle Power – Gaining Strength by Using the Mind", *Neuropsychologia* 42, nº 7 (2004), pp. 944-56.
52. F. Bakker *et al.*, "Changes in Muscular Activity while Imagining Weight Lifting Using Stimulus or Response Propositions", *Journal of Sport and Exercise Psychology* 18 (1996), pp. 313-24. Ver também Driskell *et al.*, "Does Mental Practice Enhance Performance?" *Journal of Sports Psychology* 79 (1994), pp. 481-92.
53. T. Mulder *et al.*, "Observation, Imagination and Execution of an Effortful Movement: More Evidence for a Central Explanation of Motor Imagery", *Experimental Brain Research* 163, nº 3 (2005), pp. 344-51. Ver também M. Jeannerod, "Neural Simulation of Action: A Unifying Mechanism for Motor Cognition", *NeuroImage* 14, nº 1, parte 2 (2001), S10309; M. Jeannerod, "Mental Imagery in the Motor Context", *Neuropsychologia* 33, nº 11 (1995), pp. 1419-432.

54. Para imagens motoras no AVC, ver J. Zimmermann-Schlater *et al.*, "Efficacy of Motor Imagery in Post-stroke Rehabilitation: A Systematic Review", *Journal of Neuroengineering and Rehabilitation* 5 (2008), p 8; S. J. Page *et al.*, "Mental Practice in Chronic Stroke: Results of a Randomized, Placebo-controlled Trial", *Stroke* 38, nº 4 (2009), pp. 1293-297; M. Ietswaart *et al.*, "Mental Practice with Motor Imagery in Stroke Recovery: Randomized Controlled Trial of Efficacy", *Brain* 134, parte 5 (2011), pp. 1373-386. Para imagens motoras na doença de Parkinson, ver Braun *et al.*, "Rehabilitation with Mental Practice Has Similar Effects on Mobility as Rehabilitation with Relaxation in People with Parkinson's Disease", *Journal of Physiotherapy* 57 (2001), pp. 27-34; E. Heremans *et al.*, "Motor Imagery Ability in Patients with Early- and Mid-stage Parkinson Disease", *Neurorehabilitation and Neural Repair* 25, nº 2 (2011), pp. 168-77; R. Tamir *et al.*, "Integration of Motor Imagery and Physical Practice in Group Treatment Applied to Subjects with Parkinson's Disease", *Neurorehabilitation and Neural Repair* 21, nº 1 (2007), pp. 68-75. As evidências clínicas da eficácia do Tai Chi em caso de doenças neurológicas incluem F. Li *et al.* "Tai Chi and Postural Stability in Patients with Parkinson's Disease", *New England Journal of Medicine* 366, nº 6 (9 de fevereiro de 2012), pp. 511-19; S. S. Au-Yeung, "Short-form Tai Chi Improves Standing Balance of People with Chronic Stroke", *Neurorehabilitation and Neural Repair* 23, nº 5 (2009), pp. 515-22.

Capítulo 9

1. Organização Mundial da Saúde, "Promoting Mental Health: Concepts, Emerging Evidence, Practice: A Report of the World Health Organization", Departamento de Saúde Mental e Abuso de Substâncias em colaboração com a Fundação Vitoriana de Promoção da Saúde Mental e a Universidade de Melbourne (Genebra: Organização Mundial da Saúde, 2005).
2. "The Changing Organization of Work and the Safety and Health of Working People", Departamento de Saúde e Serviços Humanos dos Estados Unidos (National Institute for Occupational Safety and Health), publicação nº 2002-116.
3. G. P. Chrousos e P. W. Gold, "The Concept of Stress and Stress System Disorders", *Journal of the American Medical Association* 267 (1992), pp. 1244-252; R. P. Juster *et al.*, "Allostatic Load Biomarkers of Chronic Stress and Impact on Health and Cognition", *Neuroscience and Biobehavioral Reviews* 35 (2010), pp. 2-16; E. M. Backe *et al.*, "The Role of Psychosocial Stress at Work for the Development of Cardiovascular Disease: A Systematic Review", *International Archives of Occupational and Environmental Health* 85 (2011), pp. 67-79.
4. http://www.stress.org/
5. Ver Richard Lazarus e Susan Folkman, *Stress, Appraisal, and Coping* (Nova York: Springer Publishing Company, 1984) para uma revisão abrangente da avaliação do estresse.
6. S. S. Luthar *et al.*, "The Construct of Resilience: A Critical Evaluation and Guidelines for Future Work", *Child Development* 71, nº 3 (2000), pp. 543-62; D. Cicchetti, "Resilience under Conditions of Extreme Stress: A Multilevel Perspective", *World Psychiatry* 9, nº 3 (2010), pp. 145-54.
7. "The Numbers Count: Mental Disorders in America", http://www.nimh.nih.gov/health/publications/the-numbers-count-mental-disorders-in-america.shtml.
8. Relatório de Saúde Mental do Surgeon General, 1999. Estados Unidos, Public Health Service, Office of the Surgeon General Center for Mental Health Services National Institute of Mental Health.
9. J. W. Smoller *et al.*, "Genetics of Anxiety Disorders: The Complex Road from DSM to DNA", *Depression and Anxiety* 26, nº 11 (2009), pp. 965-75; A. Weiss *et al.*, "Happiness Is a Personal(ity) Thing: The Genetics of Personality and Well-being in a Representative Sample", *Psychological Science* 19, nº 3 (2008), pp 205-10.

10. Anne Harrington e Arthur Zajonc, *The Dalai Lama at MIT* (Cambridge, Massachusetts: Harvard University Press, 2006).
11. R. Veenhoven, "Healthy Happiness: Effects of Happiness on Physical Health and the Consequences for Preventive Health Care", *Journal of Happiness Studies* 9 (2008), pp. 449-69. Ver também: C. D. Ryff *et al.*, "Positive Health: Connecting Well-being with Biology", *Philosophical Transactions of the Royal Society of London* 359, nº 1449 (2004), pp. 1383-394; Barbara Fredrickson, *Positivity: Groundbreaking Research Reveals How to Embrace the Hidden Strength of Positive Emotions, Overcome Negativity, and Thrive*, (Nova York: Crown, 2009).
12. A. Lutz *et al.*, "Long-term Meditators Self-induce High-amplitude Gamma Synchrony during Mental Practice", *Procedures of the National Academy of Sciences of the United States of America* 101, nº 46 (2004), pp. 16369-373.
13. A. Lutz *et al.*, "Regulation of the Neural Circuitry of Emotion by Compassion Meditation: Effects of Meditative Expertise", *PloS One* 3, nº 3 (2008), e1897.
14. Por exemplo, em um estudo, os pesquisadores da Universidade Emory designaram aleatoriamente 61 adultos sadios que nunca tinham meditado antes para seis semanas de treinamento de meditação compassiva ou um grupo de discussão sobre saúde. Os resultados deste pequeno estudo foram provocadores: quanto mais os participantes do grupo de meditação praticavam, menos angústia eles sentiam. O que é mais extraordinário, a meditação parecia afetar o sistema imunológico desses participantes. O grupo de meditação apresentou reduções no marcador de inflamação induzida pelo estresse chamado interleucina-6 ou IL-6. Níveis cronicamente elevados desse marcador foram associados com depressão maior e com o desenvolvimento de várias doenças, como doença vascular e diabetes: T. W. Pace *et al.*, "Effect of Compassion Meditation on Neuroendocrine, Innate Immune and Behavioral Responses to Psychosocial Stress", *Psychoneuroendocrinology* 34, nº 1 (2009), pp. 87-98. Ver também A. Ikeda, "Optimism in Relation to Inflammation and Endotheial Dysfunction in Older Men: The VA Normative Aging Study", *Psychosomatic Medicine* 73 (2011), pp. 664-71; M. Matsunaga *et al.*, "Association between Perceived Happiness Levels and Peripheral Circulating Pro-inflammatory Cytokine Levels in Middle-aged Adults in Japan", *Neuro Endocrinol Letter* 32, nº 4 (2011), pp. 458-63.
15. Ver Elisa Rossi, *Shen: Psycho-Emotional Aspects of Chinese Medicine* (Filadélfia: Churchill Livingstone, 2007).
16. G. Maciocia, *The Psyche in Chinese Medicine: Treatment of Emotional and Mental Disharmonies with Acupuncture and Chinese Herbs* (Filadélfia: Churchill Livingstone, 2009).
17. *Ibid.*
18. C. Wang *et al.*, "Tai Chi on Psychological Well-being: Systematic Review and Meta-analysis", *BMC Complementary and Alternative Medicine* 10 (2010), p. 23. Para outras revisões de Tai Chi para o bem-estar psicológico, ver: L. Zhang *et al.*, "A Review Focused on the Psychological Effectiveness of Tai Chi on Different Populations", *Evidence Based Complementary and Alternative Medicine* (2012), ID 678107; W. C. Wang *et al.*, "The Effect of Tai Chi on Psychosocial Well-being: A Systematic Review of Randomized Controlled Trials", *Journal of Acupuncture and Meridian Studies* 2, nº 3 (2009), pp. 171-81; A. Deschamps *et al.*, "Effects of Tai Chi Exercises on Self-Efficacy and Psychological Health", *European Review of Aging and Physical Activity* 4 (2007), pp. 25-32.
19. C. Wang *et al.*, "Tai Chi and Rheumatic Diseases", *Rheumatic Diseases Clinic of North America*, 37, nº 1 (2011), pp. 19-32.
20. G. Y. Yeh *et al.*, "Tai Chi Exercise in Patients with Chronic Heart Failure: A Randomized Clinical Trial", *Archives of Internal Medicine* 171, nº 8 (2011), pp. 750-57.
21. Em um estudo, 112 adultos com depressão maior, de 60 anos ou mais, inicialmente foram tratados com escitalopram, um inibidor seletivo de recaptação da serotonina, por aproxima-

damente quatro semanas. Os 73 pacientes que responderam parcialmente ao medicamento continuaram a tomá-lo diariamente e também foram designados aleatoriamente para fazer dez semanas de Tai Chi ou participar de um programa educativo de saúde duas horas por semana. Depois de dez semanas, os participantes do grupo de escitalopram e do grupo de Tai Chi tiveram mais propensão a exibir maior redução dos sintomas depressivos ou a ficar totalmente livres da depressão, comparado com os que receberam escitalopram e programa educativo de saúde: H. Lavretsky *et al.*, "Complementary Use of Tai Chi Chih Augments Escitalopram Treatment of Geriatric Depression: A Randomized Controlled Trial", *American Journal of Geriatric Psychiatry* 19, nº 10 (2011), pp. 839-50. Ver também K. L. Chou *et al.*, "Effect of Tai Chi on Depressive Symptoms amongst Chinese Older Patients with Depressive Disorders: A Randomized Clinical Trial", *International Journal of Geriatric Psychiatry* 19 (2004), pp. 1105-107.

22. A. Yeung, G. Yeh, L. Slipp, M. Fava, J. Denninger, H. Benson, G. Fricchione V. Lepoutre e P. Wayne, "Tai Chi Treatment for Depression in Chinese Americans: A Pilot Study", *American Journal of Physical Medicine and Rehabilitation* 91, nº 10 (2012), pp. 863-70.
23. J. C. Tsai *et al.*, "The Beneficial Effects of Tai Chi Chuan on Blood Pressure and Lipid Profile and Anxiety Status in a Randomized Controlled Trial", *Journal of Alternative and Complementary Medicine* 9, nº 5 (2003), pp. 747-54.
24. C. Wang *et al.*, "Tai Chi on Psychological Well-being: Systematic Review and Meta-analysis", *BMC Complementary and Alternative Medicine* 10 (2010), p. 23.
25. I. Janssen e A. G. Leblanc, "Systematic Review of the Health Benefits of Physical Activity and Fitness in School-aged Children and Youth", *International Journal of Behavioral Nutrition and Physical Activity* 7 (2010), p. 40; L. M. Haarasilta *et al.*, "Correlates of Depression in a Representative Nationwide Sample of Adolescents (15-19 years) and Young Adults (20-24 years)", *European Journal of Public Health* 14, nº 3 (2004), pp. 280-85; P. Lampinen *et al.*, "Changes in Intensity of Physical Exercise as Predictors of Depressive Symptoms among Older Adults: An Eight-year Follow-up", *Preventive Medicine* 30, nº 5 (2000), pp. 371-80; M. E. Farmer *et al.*, "Physical Activity and Depressive Symptoms: The NHANES I Epidemiologic Follow-up Study", *Journal of Epidemiology* 128, nº 6 (1988), pp. 1340-351; I. Helmich *et al.*, "Neurobiological Alterations Induced by Exercise and Their Impact on Depressive Disorders", *Clinical Practice and Epidemiololgy in Mental Health* 30, nº 6 (2010), pp. 115-25.
26. Estudos clínicos prospectivos confirmam essas associações. Uma recente Revisão Sistemática do Banco de Dados Cochrane publicada em 2009 resumiu os resultados dos estudos que avaliaram o papel do exercício na depressão. Uma metanálise de 23 estudos descobriu que o exercício produzia grandes efeitos positivos na elevação do humor quando comparado com ausência de tratamento ou controles. E. Mead *et al.*, "Exercise for Depression", *Cochrane Database of Systematic Reviews* 3 (8 de julho de 2009), CD004366. Ver também Blake *et al.*, "How Effective Are Physical Activity Interventions for Alleviating Depressive Symptoms in Older People? A Systematic Review", *Clinical Rehabilitation* 23, nº 23 (2009), pp. 873-87; A. Strohle, "Physical Activity, Exercise, Depression and Anxiety Disorders", *Journal of Neural Transmission* 116, nº 6 (2009), pp. 777-84.
27. Uma série notável de estudos realizados por pesquisadores do Centro Médico da Universidade Duke comparou os benefícios do exercício com os de antidepressivos em pacientes mais velhos com transtorno depressivo maior. Em um estudo randomizado, 156 homens e mulheres com mais de 50 anos foram designados para um de três grupos: exercício, medicamento ou uma combinação de exercício e medicamento. Os participantes do grupo de exercício fizeram bicicleta ergométrica, caminharam ou correram por 30 minutos três vezes por semana. Depois de 16 semanas, todos os três grupos mostraram melhoras estatisticamente significantes – e idênticas – em medidas padronizadas de depressão: J. A. Blumenthal *et al.*,

"Effects of Exercise Training on Older Patients with Major Depression", *Archives of Internal Medicine* 159, nº 19 (1999), pp. 2349-356.

28. J. A. Blumenthal *et al.*, "Exercise and Pharmacotherapy in the Treatment of Major Depressive Disorder", *Psychosomatic Medicine* 69, nº 7 (2007), pp. 587-96.
29. A. Strohle, "Physical Activity, Exercise, Depression and Anxiety Disorders", *Journal of Neural Transmission* 116, nº 6 (2009), pp. 777-84.
30. M. P. Herring *et al.*, "The Effect of Exercise Training on Anxiety Symptoms among Patients: A Systematic Review", *Archives of Internal Medicine* 170, nº 4 (2010), pp. 321-31.
31. Um estudo realizado na Inglaterra avaliou especificamente o impacto do exercício em adultos com sintomas de ansiedade. Os participantes foram designados aleatoriamente para treinamento aeróbico moderado ou treinamento de força e flexibilidade durante dez semanas. O programa de exercício aeróbico levou a melhoras significativas no condicionamento físico e também foi associado com reduções significativamente maiores na tensão/ansiedade, depressão e outros humores, junto com aumento na capacidade percebida de lidar com o estresse, em comparação com o grupo de força/flexibilidade. Esses efeitos positivos foram mantidos por três meses: A. Steptoe *et al.*, "The Effects of Exercise Training on Mood and Perceived Coping Ability in Anxious Adults from the General Population", *Journal of Psychosomatic Research* 33 (1989), pp. 537-47.
32. A. B. Diaz e R. Motta, "The Effects of an Aerobic Exercise Program on Posttraumatic Stress Disorder Symptom Severity in Adolescents", *International Journal of Emergency Mental Health* 10, nº 1 (2008), pp. 49-59.
33. D. Meron *et al.*, "Promoting Walking as an Adjunct Intervention to Group Cognitive Behavioral Therapy for Anxiety Disorders – A Pilot Group Randomized Trial", *Journal of Anxiety Disorders* 22, nº 6 (2008), pp. 959-68.
34. Exemplos disso são as abordagens desenvolvidas por Alexander Lowen (p. ex.,*The Language of the Body*, Bioenergetics Press, 2006); Moshe Feldenkrais (p. ex., *Body and Mature Behavior: A Study of Anxiety, Sex, Gravitation, and Learning*, Frog Books, 2005); Ida Rolf (p. ex., *Rolfing: Reestablishing the Natural Alignment and Structural Integration of the Human Body for Vitality and Well-Being*, Healing Arts Press, 1989); e Frederick Alexander (*Body Learning: An Introduction to the Alexander Technique* by Michael Gelb, Holt Paperbacks, 1996).
35. Charles Darwin, *The Expression of the Emotions in Man and Animals* (Londres: John Murray, 1872). Para pesquisas mais recentes, ver F. Strack *et al.*, "Inhibiting and Facilitating Conditions of the Human Smile: A Nonobtrusive Test of the Facial Feedback Hypothesis", *Journal of Personality and Social Psychology* 54, nº 5 (1988), pp. 768-77; J. H. Riskind e C. C. Gotay, "Physical Posture: Could It Have Regulatory or Feedback Effects on Motivation and Emotion?" *Motivation and Emotion* 6, nº 3 (1982), pp. 273-98.
36. D. R. Carney *et al.*, "Power Posing: Brief Nonverbal Displays Affect Neuroendocrine Levels and Risk Tolerance", *Psychological Science* 21, nº 10 (2010), pp. 1363-368.
37. C. Hammen, "Stress and Depression", *Annual Review of Clinical Psychology* 1 (2005), pp. 293-319.
38. Charles Genoud, *Gesture of Awarenesss: A Radical Approach to Time, Space, and Movement* (Boston: Wisdom Publications, 2006).
39. M. A. Killingsworth e D. T. Gilbert, "A Wandering Mind Is an Unhappy Mind", *Science* 330, nº 6006 (2010), p. 932.
40. J. M. Greeson, "Mindfulness Research Update: 2008", *Complementary Health Practice Review* 14, nº 1 (2009), pp. 10-8. Ver também Grossman *et al.*, "Mindfulness-Based Stress Reduction and Health Benefits: A Meta-analysis", *Journal of Psychosomatic Research* 57, nº 1 (2004), pp. 35-43; M. Merkes, "Mindfulness-based Stress Reduction for People with Chronic Diseases", *Australian Journal of Primary Health* 16, nº 3 (2010), pp. 200-10.

41. S. Jain *et al.*, "A Randomized Controlled Trial of Mindfulness Meditation versus Relaxation Training: Effects on Distress, Positive States of Mind, Rumination, and Distraction", *Annals of Behavioral Medicine* 33, nº 1 (2007), pp. 11-21.
42. J. Piet e E. Hougaard, "The Effect of Mindfulness-based Cognitive Therapy for Prevention of Relapse in Recurrent Major Depressive Disorder: A Systematic Review and Meta-analysis", *Clinical Psychology Review* 31, nº 6 (2011), pp. 1032-040.
43. M. H. Bonnet *et al.*, "Hyperarousal and Insomnia: State of the Science", *Sleep Medicine Reviews* 14, nº 9 (2010), pp. 9-15; M. M. Ohayon, "Epidemiology of Insomnia: What We Know and What We Still Need to Learn", *Sleep Medicine Reviews* 6, nº 2 (2002), pp. 97-111.
44. F. E. Cappuccio *et al.*, "Sleep Duration Predicts Cardiovascular Outcomes: A Systematic Review and Meta-analysis of Prospective Studies", *European Heart Journal* 32, nº 12 (2011), pp. 1484-492.; D. Foley *et al.*, "Sleep Disturbances and Chronic Disease in Older Adults: Results of the 2003 National Sleep Foundation Sleep in America Survey", *Journal of Psychosomatic Research* 56, nº 5 (2004), pp. 497-502; K. L. Knutson *et al.*, "Role of Sleep Duration and Quality in the Risk and Severity of Type 2 Diabetes Mellitus", *Archives of Internal Medicine* 166 (2006), pp. 1768-764; E. Kasasbeh *et al.*, "Inflammatory Aspects of Sleep Apnea and Their Cardiovascular Consequences", *Southern Medical Journal* 99, nº 1 (2006), pp. 58-67; S. Taheri, "The Link between Short Sleep Duration and Obesity: We Should Recommend More Sleep to Prevent Obesity", *Archives of Disease in Childhood* 91, nº 11 (2006), pp. 881-84.
45. D. J. Kupfer e C. F. Reynolds III, "Management of Insomnia", *New England Journal of Medicine* 336, nº 5 (1997), pp. 341-46; J. Glass *et al.*, "Sedative Hypnotics in Older People with Insomnia: Meta-analysis of Risks and Benefits", *BMJ* 331, nº 7526 (2005), p 1169.
46. B. Sivertsen *et al.*, "Cognitive Behavioral Therapy vs Zopiclone for Treatment of Chronic Primary Insomnia in Older Adults: A Randomized Controlled Trial", *Journal of the American Medical Association* 295, nº 24 (2006), pp. 2851-858; G. D. Jacobs *et al.*, "Cognitive Behavior Therapy and Pharmacotherapy for Insomnia: A Randomized Controlled Trial and Direct Comparison", *Archives of Internal Medicine* 164, nº 17 (2004), pp. 1888-896.
47. G. D. Jacobs, "Clinical Applications of the Relaxation Response and Mind-Body Interventions", *Journal of Alternative and Complementary Medicine* 7, suplemento 1 (2001), S93-101; W. F. Waters, "Behavioral and Hypnotic Treatments for Insomnia Subtypes", *Behavioral Sleep Medicine* 1, nº 2 (2003), p. 81-101; M. K. Means *et al.*, "Relaxation Therapy for Insomnia: Nighttime and Daytime Effects", *Behaviour Research and Therapy* 38 (2000), pp. 665-78.
48. A. N. Vgontzas *et al.*, "Middle-aged Men Show Higher Sensitivity of Sleep to the Arousing Effects of Corticotropin-releasing Hormone than Young Men: Clinical Implications", *Journal of Clinical Endocrinology and Metabolism* 86, nº 4 (2001), pp. 1489-495.
49. A. N. Vgontzas *et al.*, "Chronic Insomnia Is Associated with Nyctohemeral Activation of the Hypothalamic-Pituitary-Adrenal Axis: Clinical Implications", *Journal of Clinical Endocrinology and Metabolism* 86, nº 8 (2001), pp. 3787-394.
50. J. D. Lattimore *et al.*, "Obstructive Sleep Apnea and Cardiovascular Disease", *Journal of American College of Cardiology* 41, nº 9 (2003), pp. 1429-437.
51. A. Dechamps *et al.*, "Pilot Study of a 10-Week Multidisciplinary Tai Chi Intervention in Sedentary Obese Women", *Clinical Journal of Sports Medicine* 19 (2009), pp. 49-53.
52. M. R. Irwin *et al.*, "Improving Sleep Quality in Older Adults with Moderate Sleep Complaints: A Randomized Controlled Trial of Tai Chi Chih", *Sleep* 31, nº 7 (2008), pp. 1001-008.
53. F. Li *et al.*, "Tai Chi and Self-rated Quality of Sleep and Daytime Sleepiness in Older Adults: A Randomized Controlled Trial", *Journal of the American Geriatrics Society* 52, nº 6 (2004), pp. 892-900; ver também: M. H. Nguyen e A. Kruse, "A Randomized Controlled Trial of Tai

Chi for Balance, Sleep Quality and Cognitive Performance in Elderly Vietnamese", *Journal of Clinical Interventions in Aging* 7 (2012), pp. 185-90.

54. G. Y. Yeh *et al.*, "Enhancement of Sleep Stability with Tai Chi Exercise in Chronic Heart Failure: Preliminary Findings Using an ECG-based Spectrogram Method", *Sleep Medicine* 9, nº 5 (2008), pp. 527-36.
55. C. Wang, "A Randomized Trial of Tai Chi for Fibromyalgia", *New England Journal of Medicine* 363, nº 8 (2010), pp. 743-54; C. Wang, "Tai Chi and Rheumatic Diseases", *Rheumatic Diseases Clinic of North America* 37, nº 1 (2011), pp. 19-32; C. Wang *et al.*, "Tai Chi Exercise versus Rehabilitation for the Elderly with Cerebral Vascular Disorder: A Single-blinded Randomized Controlled Trial", *Psychogeriatrics* 10, nº 3 (2010), pp. 160-66.

Capítulo 10

1. Alguns livros que incluem uma discussão significativa sobre Tai Chi interativo são: Cheng Man Ch'ing *et al.*, *Cheng Tzu's Thirteen Treatises on T'ai Chi Ch'uan* (Berkeley: Blue Snake Books, 1993); Stuart Olson, *Tai Chi Sensing Hands* (Prescott Valley, Califórnia: Unique Publications, 1999); Wolfe Lowenthal, *There Are No Secrets: Professor Cheng Man Ch'ing and His T'ai Chi Chuan* (Berkeley: North Atlantic Books, 1993); T. T. Liang, *T'ai Chi Ch'uan for Health and Self-Defense: Philosophy and Practice* (Nova York: Vintage, 1977); Rick Barrett, *Taijiquan: Through the Western Gate* (Berkeley: Blue Snake Books, 2006); Bruce Kumar Frantzis, *The Power of Internal Martial Arts and Chi: Combat and Energy Secrets of Ba Gua, Tai Chi and Hsing-I* (Berkeley: Blue Snake Books, 2007); Yang Jwing-Ming, *Tai Chi Chuan Martial Applications: Advanced Yang Style Tai Chi Chuan* (Boston: YMAA Publication Center, 1996).
2. Ver, por exemplo, R. Dunbar, "The Social Role of Touch in Humans and Primates: Behavioural Function and Neurobiological Mechanisms", *Neuroscience and Biobehavioral Reviews* 34 (2010), pp. 260-68; A. Gallace e C. Spencer, "The Science of Interpersonal Touch: An Overview", *Neuroscience and Biobehavioral Reviews* 34 (2010), pp. 246-59; K. M. Grewen *et al.*, "Effects of Partner Support on Resting Oxytocin, Cortisol, Norepinephrine, and Blood Pressure before and after Warm Partner Contact", *Psychosomatic Medicine* 67 (2005), pp. 531-38; K. C. Light *et al.*, "More Frequent Partner Hugs and Higher Oxytocin Levels Are Linked to Lower Blood Pressure and Heart Rate in Premenopausal Women", *Biological Psychology* 69 (2005), pp. 5-21.
3. Cabrera e L. Colosi, "The World at Our Fingertips: The Connection between Touch and Learning", *Scientific American* (setembro de 2010).
4. K. Huang, "PianoTouch: A Wearable Haptic Piano Instruction System for Passive Learning of Piano Skills", *12th IEEE International Symposium on Wearable Computers* (2008), pp. 41-4; J. Bluteau *et al.*, "Haptic Guidance Improves the Visuo-Manual Tracking of Trajectories", *PLoS One* 3, nº 3 (2008), e1775.
5. W. W. Tsang *et al.*, "Trunk Position Sense in Older Tai Chi Sword Practitioners", *Hong Kong Physiotherapy Journal* 27, nº 1 (2009), pp. 55-60; B. H. Jacobson, "The Effect of T'ai Chi Chuan Training on Balance, Kinesthetic Sense, and Strength", *Perception and Motor Skills* 84, nº 1 (1997), pp. 27-33.
6. C. E. Kerr *et al.*, "Tactile Acuity in Experienced Tai Chi Practitioners: Evidence for Use Dependent Plasticity as an Effect of Sensory-Attentional Training", *Experiential Brain Research* 188, nº 2 (2008), pp. 317-22.
7. Y. Zhou, "The Effect of Traditional Sports on the Bone Density of Menopause Women", *Journal of Beijing Sport University* 27 (2004), pp. 354-60.
8. H. C. Chen *et al.*, "The Defense Technique in Tai Chi Push Hands: A Case Study", *Journal of Sports Science* 28, nº 14 (2010), pp. 1595-604; L. H. Wang *et al.*, "Ground Reaction Force and

Postural Adaptation of the Push Movement in Tai Chi", *Journal of Biomechanics* 40 (2007), S430.
9. Angus Clark, *The Complete Illustrated Guide to Tai Chi. A Practical Approach to the Ancient Chinese Movement for Health and Well-being* (Boston: Element Books, 2000).
10. S. M. Jourard, *Healthy Personality: An Approach from the Viewpoint of Humanistic Psychology* (Nova York: Macmillan, 1974).

Capítulo 11

1. W. W. Tsang *et al.*, "The Effects of Aging and Tai Chi on Fingerpoint toward Stationary and Moving Visual Targets", *Archives of Physical Medicine and Rehabilitation* 91, nº 1 (2010), pp. 149-55.
2. M. Timothy Gallwey, *The Inner Game of Tennis: The Classic Guide to the Mental Side of Peak Performance* (Nova York: Random House, 1977).

Capítulo 12

1. http://www.stress.org/
2. M. M. Clark *et al.*, "Stress Level, Health Behaviors, and Quality of Life in Employees Joining a Wellness Center", *American Journal of Health Promotion* 26, nº 1 (2011), pp. 21-5.
3. Observação: apenas cerca de 5% das empresas menores, com 50 a 99 empregados, oferecem programas abrangentes. Ver: L. Linnan *et al.*, "Results of the 2004 National Worksite Health Promotion Survey", *American Journal of Public Health* 98, nº 8 (2008), pp. 1503-509.
4. L. L. Berry *et al.*, "What's the Hard Return on Employee Wellness Programs?" *Harvard Business Review* (dezembro de 2010): http://hbr.org/2010/12/whats-the-hard-return-on-employee-wellness-programs/ar/1.
5. D. R. Anderson *et al.*, "Conceptual Framework, Critical Questions, and Practical Challenges in Conducting Research on the Financial Impact of Worksite Health Promotion", *American Journal of Health Promotion* 15 (2001), pp. 281-88.
6. M. Carnethon *et al.*, "Worksite Wellness Programs for Cardiovascular Disease Prevention: A Policy Statement from the American Heart Association", *Circulation* 120 (2009), pp. 1725-741.
7. D. R. Anderson, *et al.*, "The Relationship between Modifiable Health Risks and Group-level Health Care Expenditures: Health Enhancement Research Organization (HERO) Research Committee", *American Journal of Health Promotion* 15, nº 1 (2000), pp. 45-52.
8. K. S. Calderon *et al.*, "Kennedy Space Center Cardiovascular Disease Risk Reduction Program Evaluation", *Vascular Health and Risk Management* 4, nº 2 (2008), pp. 421-26; R. Merrill *et al.*, "Effectiveness of a Workplace Wellness Program for Maintaining Health and Promoting Healthy Behaviors", *Journal of Occupational and Environmental Medicine* 53, nº 7 (2011), pp. 782-87.
9. W. F. Stewart *et al.*, "Lost Productive Work Time Costs from Health Conditions in the United States: Results from the American Productivity Audit", *Journal of Occupational and Environmental Medicine* 45, nº 12 (2003), pp. 1234-246; W. F. Stewart *et al.*, "Cost of Lost Productive Work Time among US Workers with Depression", *Journal of the American Medical Association* 289, nº 23 (2003), pp. 3135-344.
10. W. N. Burton *et al.*, "The Association between Health Risk Change and Presenteeism Change", *Journal of Occupational and Environmental Medicine* 48, nº 3 (2006), pp. 252-63.
11. S. G. Aldana, "Financial Impact of Health Promotion Programs: A Comprehensive Review of the Literature", *American Journal of Health Promotion* 15, nº 5 (2001), pp. 296-320.

12. N. Kawakami *et al.*, "Effects of Perceived Job Stress on Depressive Symptoms in Blue-Collar Workers of an Electrical Factory in Japan", *Scandinavian Journal of Work, Environment, and Health*, 18 (1992), pp. 195-200.
13. Karl H. E. Kroemer, *Office Ergonomics* (Boca Raton, Flórida: CRC Press, 2001).
14. H. Tamin *et al.* "Tai Chi Workplace Program for Improving Musculoskeletal Fitness among Female Computer Users", *Work* 34, nº 3 (2009), pp. 331-38.
15. M. V. Palumbo *et al.*, "Tai Chi for Older Nurses: A Workplace Wellness Pilot Study", *Applied Nursing Research* 25, nº 1 (2010), pp. 54-9.

Capítulo 13

1. Cheng Man Ch'ing e Mark Hennessy, *Master of Five Excellences* (Berkeley: Frog Books, 1995).
2. Tam Gibbs, "Cheng Tzu: Master of the Five Excellences: A Life Biography of Cheng Man Ching", 1978, http://www.sinobarr.com/cheng/cheng_life_bio.htm.
3. I. Foxman e B. J. Burgel, "Musician Health and Safety: Preventing Playing-related Musculoskeletal Disorders", *AAOHN* Journal 54, nº 7 (2006), pp. 309-16.

Posfácio

1. D. U. Himmelstein *et al.*, "Medical Bankruptcy in the United States, 2007, Results of a National Study", *American Journal of Medicine* 122, nº 8 (agosto de 2009), p. 699.
2. S. Blumenthal *et al.*, "Putting Prevention into Practice in Health Care Reform", *Huffington Post*, 18 de julho de 2009, http://www.huffingtonpost.com/susan-blumenthal/putting-prevention-into-p_b_239260.html.
3. A. Singh, *et al.*, "Physical Activity and Performance at School: A Systematic Review of the Literature including a Methodological Quality Assessment", *Archives of Pediatric and Adolescent Medicine* 166, nº 1 (janeiro de 2012), pp. 49-55; C. N. Rasberry *et al.*, "The Association between School-based Physical Activity, including Physical Education, and Academic Performance: A Systematic Review of the Literature", *Preventive Medicine* 52, suplemento 1 (2011), S10-20. Ver também J. Ratey, *Spark: The Revolutionary New Science of Exercise and the Brain* (Nova York: Little, Brown and Company, 2008).
4. Ver, por exemplo, "Tai Chi for Kids" (www.taichiforkids.com); e G. Gurman "Tai Chi Animal Frolics: Introducing Tai Chi and Qigong in Public School Settings", http://imos-journal.net/?p=3511.
5. L. Baron e C. Faubert, "The Role of Tai Chi Chuan in Reducing State Anxiety and Enhancing Mood of Children with Special Needs", *Journal of Bodywork and Movement Therapies* 9, nº 2, (2005), pp. 120-23.
6. C. Witt *et al.*, "Qigong for Schoolchildren: A Pilot Study", *Journal of Alternative and Complementary Medicine* 11, nº 1 (fevereiro de 2005), pp. 41-7; L. S. White, "Reducing Stress in School-age Girls through Mindful Yoga", *Journal of Pediatric Health Care* 26, nº 1 (2012), pp. 45-56; G. S. Birdee, G. Y. Yeh, P. M. Wayne, R. S. Phillips, R. B. Davis e P. Gardiner, "Clinical Applications of Yoga for the Pediatric Population: A Systematic Review", *Academic Pediatrics* 9 (2009), pp. 212-20; e muitos outros.
7. R. Wall, "Tai Chi and Mindfulness-based Stress Reduction in a Boston Public Middle School", *Journal of Pediatric Health Care* 19 (2005), pp. 230-37.
8. J. J. Noggle, *et al.*, "Benefits of Yoga for Psychosocial Well-being in a US High School Curriculum: A Preliminary Randomized Controlled Trial", *Journal of Developmental and Behavioral Pediatrics* 33, nº 3 (abril de 2012), pp. 193-201; ver também S. B. Khalsa *et al.*, "Evaluation

of the Mental Health Benefits of Yoga in a Secondary School: A Preliminary Randomized Controlled Trial", *Journal of Behavioral Health Services and Research* 39, nº 1 (2012), pp. 80-90.

9. K. Caldwell *et al.*, "Changes in Mindfulness, Well-being, and Sleep Quality in College Students through Taijiquan Courses: A Cohort Control Study", *Journal of Alternative and Complementary Medicine* 17, nº 10 (2011), pp. 931-38; K. Caldwell *et al.*, "Developing Mindfulness in College Students through Movement-based Courses: Effects on Self-regulatory Self-efficacy, Mood, Stress, and Sleep Quality", *Journal of American College Health* 58, nº 5 (2010), pp. 433-42; K. Caldwell *et al.*, "Effect of Pilates and Taiji Quan Training on Self-efficacy, Sleep Quality, Mood, and Physical Performance of College Students", *Journal of Bodywork Movement Therapy* 13, nº 2 (2009), pp. 155-63; Y. T. Wang *et al.*, "Effects of Tai Chi Exercise on Physical and Mental Health of College Students", *American Journal of Chinese Medicine* 32, nº 3 (2004), pp. 453-59.
10. P. A. Saunders *et al.*, "Promoting Self-awareness and Reflection through an Experiential Mind-Body Skills Course for First Year Medical Students", *Medical Teacher* 29, nº 8 (outubro de 2007), pp. 778-84; B. W. MacLaughlin *et al.*, "Stress Biomarkers in Medical Students Participating in a Mind-Body Medicine Skills Program", *Evidence-Based Complementary and Alternative Medicine* (2011), ID 950461. Para se informar sobre programas em outras faculdades de medicina, ver C. Finkelstein *et al.*, "Anxiety and Stress Reduction in Medical Education: An Intervention", *Medical Education* 41, nº 3 (2007), pp. 258-64; S. L. Shapiro *et al.*, "Effects of Mindfulness-based Stress Reduction on Medical and Premedical Students", *Journal of Behavioral Medicine* 21 (1998), pp. 581-99.
11. S. L. Shapiro *et al.*, "Mindfulness-Based Stress Reduction for Health Care Professionals: Results from a Randomized Trial", *International Journal of Stress Management* 12 (2005), pp. 164-76.
12. E. Frank *et al.*, "Physician Disclosure of Healthy Personal Behaviors Improves Credibility and Ability to Motivate", *Archives of Family Medicine* 9, nº 3 (2000), pp. 287-90; M. Howe *et al.*, "Patient-related Diet and Exercise Counseling: Do Providers' Own Lifestyle Habits Matter?" *Preventive Cardiology* 13, nº 4 (outono de 2010), pp. 180-85.

Índice remissivo